# 治理视域下的公安群众工作能力研究

王世卿 等 著

『新一轮双一流学科建设和国家级一流本科专业建设』

犯罪学系列丛书

中国人民公安大學
PEOPLE'S PUBLIC SECURITY UNIVERSITY OF CHINA

法律出版社 LAW PRESS · CHINA
北京

**图书在版编目(CIP)数据**

治理视域下的公安群众工作能力研究 / 王世卿等著
. -- 北京 : 法律出版社, 2023
ISBN 978-7-5197-8464-5

Ⅰ. ①治… Ⅱ. ①王… Ⅲ. ①公安—群众工作—研究
—中国 Ⅳ. ①D631.19

中国国家版本馆 CIP 数据核字(2023)第 206131 号

**治理视域下的公安群众工作能力研究**
**ZHILI SHIYU XIA DE GONG'AN QUNZHONG GONGZUO NENGLI YANJIU**

王世卿 等 著

责任编辑 陈昱希
装帧设计 贾丹丹

**出版发行** 法律出版社
**编辑统筹** 法规出版分社
**责任校对** 张红蕊
**责任印制** 耿润瑜
**经　　销** 新华书店

**开本** 710 毫米×1000 毫米 1/16
**印张** 20.25 **字数** 341 千
**版本** 2023 年 11 月第 1 版
**印次** 2023 年 11 月第 1 次印刷
**印刷** 北京虎彩文化传播有限公司

地址:北京市丰台区莲花池西里 7 号(100073)
网址:www.lawpress.com.cn
投稿邮箱:info@lawpress.com.cn
举报盗版邮箱:jbwq@lawpress.com.cn
销售电话:010-83938349
客服电话:010-83938350
咨询电话:010-63939796


**书号**:ISBN 978-7-5197-8464-5
**定价**:78.00 元
凡购买本社图书,如有印装错误,我社负责退换。电话:010-83938349

# 《治理视域下的公安群众工作能力研究》
# 编 委 会

# 前　言

群众路线是我们党的生命线和根本工作路线。群众工作能力作为基层民警最基本的技能，是公安机关贯彻党的群众路线的重要保证。在实现国家治理体系和治理能力现代化进程中，群众工作是公安工作的奠基石，只有把群众工作做扎实，公安工作才能实现其价值体系的核心作用和稳定长足的发展。

人民警察来自人民、植根人民，全心全意为人民服务是我们党的根本宗旨，也是人民警察的宗旨和性质本色所在。必须牢牢把握以人民为中心的根本立场，坚定贯彻执行党的群众路线，忠实践行人民公安为人民的初心使命，坚持统筹发展和安全，坚持总体国家安全观，坚持国家利益至上，以政治安全为根本，以人民安全为宗旨，把实现好维护好发展好最广大人民的根本利益作为一切公安工作的出发点和落脚点，做到一切为了人民、一切依靠人民，在共建、共治、共享中推进更高水平的平安中国建设，切实履行好捍卫国家政治安全、维护社会安定、保障人民安宁的新时代使命任务，努力使人民群众获得感、幸福感、安全感更加充实、更有保障、更可持续。

当前，国内外环境深刻变化，社会风险日益增多，给社会治理带来极大挑战。特别是随着社会转型加速发展、全面改革深入推进，社会分化逐步加剧、利益格局深刻调整，核心价值有待重塑、价值观念多元多变，敏感问题多发频发、治理任务多向并重，人工智能、大数据、云计算、区块链、物联网等信息科技飞速发展、社会舆论蔓延发酵，虚拟问题和现实问题互相交织，利益问题与道德问题遥相呼应，我国迎来了中国特色社会主义事业乘风破浪的“飞跃期”也同时迎来了完成第二个百年目标、实现中华民族伟大复兴的“关键期”和社会“转型期”，各种利益群体、群众的价值取向，社会的发展方式正在经历剧烈变动的“重塑期”，这使群众思想和行为的独立性、自主性、多样性、变动性空前增强，群众的世界观、人生观、价值观也都潜移默化发生了改变。群众工作的核心是正确处理人民内部矛盾，从而最大限度地增加和谐因素、减少不和谐因素，增强社会凝聚力，激发社会创造活力，这些新增的风险挑战一方面激发了社会活力，另一方面也引发了不同社会阶层之间的矛盾和冲突，使做好群众工作的宏观社会环境更为复杂，也更加艰巨。

能力可分为技能和特质。特质往往是先天形成的，而技能是可以后天学习的。总体上看，能力是在先天基础上，经过后天的努力而形成的技能，尤其是学习加实践基础上提升得来的综合能力。公安群众工作的能力，主要是在当前加强社会治理体系和治理能力现代化的背景下，公安机关的人民警察在警务工作中，在服务广大群众的伟大实践中，通过研究群众、宣传群众、服务群众、组织群众和依靠群众的工作中所形成的综合能力。公安战线作为和群众联系最全面、最深入、最紧密的队伍，能不能做好最基础、最根本、最艰巨的群众工作，能不能具备最核心、最重要、最复杂的群众工作能力，对于维护国家统筹发展与安全的战略目标、建设新时期平安中国、继续谱写“两个伟大奇迹”的崭新篇章而言最为紧要、也最为紧迫。无论是历史的感召，还是新时代的呼唤，都迫切要求我们公安队伍，尤其是公安队伍领导干部转变意识，适应新形势，积极迅速地投入到为全面建设社会主义现代化国家、实现第二个百年目标奋进的磅礴伟力中。

本书主要依托“治理视域下的公安群众工作能力研究”专项研究，课题组主要成员是来自中国人民公安大学、甘肃政法大学公安学的专家学者以及来自地方公安机关民警、基层律师等。本书是由课题组负责人王世卿教授担任主编，带领课题组成员历时三年，努力成就，全力推出这本公安群众工作的理论与实践相结合的著作。在本书的整体设计、研究统筹以及撰写实施过程中多次向多位专家学者问言献策，务求解决在新时代、新任务、新要求下，公安机关如何围绕国家大局、回应群众呼声，如何永葆公安本色、坚守精神家园，如何践行群众路线、培育为民情怀，如何维护发展安全、巩固政治堡垒等反映公安群众工作初心和灵魂的问题，从而进一步做好新时代下的群众工作，提升执法公信力和战斗力，当好人民的勤务员。

本书的结构布局是，围绕公安群众工作这一主线，着重讲述新时代下公安机关开展群众工作所需具备的各项能力，为了凸显本书的实战价值，本书调研总结了全国各地基层公安的优质的历史和现实实践经验，并在此基础上进行凝练和提升，共分成十个专题依次展开研究。专题一为基础概论篇，主要叙述了国家治理体系和治理能力现代化建设进程中公安群众工作及其能力等方面的基本概念。专题二为历史发展篇，主要讲述了公安群众工作的历史渊源及发展历程。专题三为现状特点篇，主要叙述了当前国内公安群众工作的实际现状、特点、薄弱环节及其影响因素。专题四为思想理论篇，主要对照介绍了中外为民思想以及公安群众工作能力现代化所需的基础能力。专题五为政治素养篇，目的主要是提升公安群众工作的政治站位，主动适应时代的要求，增强做群众工作的初心和使命意识。专题六为法律素养篇，主要叙述了在刑事和解制度、行政争议解决、民间纠纷调解等方面所需的基本法律知识。专题七为经验荟萃篇，按照时间顺序，重点介绍了“东莱精神”、“枫桥经验”、“上海警民联系箱”、“漳州 110”、“无锡水乡苑‘五个一’智慧社区警务”、“浙江湖州‘马长林群众工作法’”以及周俊军、高荣生做群众工作的成熟经验。专题八为实践能力篇，主要叙述了基层民警摸索总结出来的开展群众工作的六项经验做法。专题九为专业实训篇，重点分析叙述了开展群众工作的经典案例。专题十为未来展望篇，主要叙述了在国家治理体系和治理能力现代化进程中公安机关的担当和使命，并与开篇专题一遥相呼应，形成一套严密的逻辑体系。

当然，限于编者水平，本书难免存在纰漏，欢迎社会各界、公安领导干部及广大民警提出宝贵意见。

# 目　录

# 专题一　基础概论篇

## 一、公安群众工作概述

### (一) 公安群众工作的概念

马克思主义的群众观点认为:人民群众是人类历史的主体,是变革社会的决定性力量,是社会物质财富和精神财富的创造者,也是历史创造的源头之水和根本动力。我国是人民民主专政的社会主义国家,人民是国家和社会的主人,国家的一切权力属于人民。因此,“全心全意为人民服务”是我们中国共产党作为执政党的宗旨,群众路线是我党开展一切工作的基本路线。由此,“全心全意为人民服务”是公安机关及其人民警察的宗旨,群众路线也是公安工作的基本路线,群众工作也是公安工作的基本方法。

公安群众工作是公安机关及其人民警察在依法履行职责过程中,宣传、服务、组织群众,以期获得其配合和支持的各项活动的总称。[①] 公安工作群众路线的基本观点认为,人民群众是维护社会治安的基本力量,是搞好社会治安的真正铜墙铁壁。所以,公安机关及其民警开展公安工作就要“一切依靠群众”,坚持将公安工作与群众工作相结合,实行“专群结合”的工作方针。但是,人民群众参与社会治安工作在大部分情况下具有一定的被动性,大多数人民群众不会自发地投身到维护社会治安工作中来,这就需要公安民警去宣传、教育、组织和发动群众。公安工作要实现“一切为了群众”和“一切依靠群众”,其基本方法就是坚持“从群众中来,到群众中去”,循环往复、周而复始,一次比一次更生动、

① 《公安群众工作教程》编写组编著:《公安群众工作教程》,中国人民公安大学出版社 2013 年版,第 4 页。

更丰富、更正确。只有将群众路线常态化地贯彻实施，才能真正实现公安事业的兴旺发达，背离群众的孤立路线必然受到挫折。

### （二）新时代加强公安群众工作的必要性

群众工作是我国公安工作的优良传统和政治优势。纵观公安发展史，许多事实反复证明了一个真理：什么时候公安群众工作做得好，警民关系就融洽，公安机关的战斗力就强，安全保卫工作就会顺利发展，反之就会受到挫折。可以说，公安群众工作是公安机关在社会主义革命建设和新时期改革发展中不断取得胜利的重要法宝。当下，中国特色社会主义进入新时代，公安工作进入了新的发展时期，强化群众观念，加强群众工作，既是公安工作发展的时代呼唤，也是推进国家治理现代化的必然要求。

1. 加强公安群众工作是应对社会主要矛盾变化，回应群众诉求的需要

中国特色社会主义进入新时代，意味着中国踏上了实现中华民族伟大复兴的新征程。新时代，我国社会主要矛盾已由人民日益增长的物质文化需要同落后的社会生产之间的矛盾转化为人民日益增长的美好生活需要和不平衡不充分的发展之间的矛盾。社会主要矛盾的变化对党的执政能力建设提出了新的要求，也给公安群众工作带来了新的挑战。

新时代，社会主要矛盾的变化既需要公安机关结合出现的新情况和新态势转变工作理念，又需要公安机关根据人民群众的实际需要和不断变化的社会现实调整工作思路、革新工作方法。① 加强公安机关及其人民警察的群众工作能力，提升公安群众工作效果，是应对社会主要矛盾变化和回应群众诉求的理性选择。公安机关提升公安群众工作能力有助于缓解社会矛盾，及时回应人民群众诉求，贯彻落实"专群结合"的工作方针，更好实现"全心全意为人民服务"的宗旨。了解民情社情，掌握第一手资料，是公安机关及其人民警察从事群众工作所必需具备的能力之一。公安机关只有充分了解群众，才能巩固和扩大群众基础，为发展社会治安组织和推动社会治理打下坚实根基，实现更好的平安建设的任务目标。群众工作能力建设既是各地公安机关长期贯彻实施群众路线

---

① 秦娟、王淑合：《新时代公安群众工作面临的主要问题及其改进》，载《广西警察学院学报》2018年第5期。

的“试金石”,也是衡量和检验公安机关群众工作能力高低的“天平”。一方面,可以使公安机关积极回应群众诉求,筑牢群众根基;另一方面,在合理应对部分需求没有得到满足的群众的消极情绪和过激行为的过程中,有利于公安机关收集和了解相关情报,排查治安隐患,做到防患于未然,从而有利于维护国家安全、保持社会稳定。因此,对于公安机关来说,只有第一时间掌握了群众的相关信息、了解群众的相关诉求,才能及时处理有关问题,避免社会矛盾进一步升级、维护和谐稳定的社会治安环境。

2. 加强公安群众工作是新时代构建和谐警民关系的要求

公安机关是人民民主专政的重要工具,是维护国家安全和稳定社会秩序的重要保障。公安机关处于维护社会和谐稳定的最前沿,是维护社会和谐稳定的第一道防线。公安机关是政府与人民群众之间的“桥梁”和“纽带”。

人民警察和人民群众的关系(警民关系)是和谐社会的重要组成部分。在众多复杂的社会关系中,警民关系因为涉及社会治安和行政管理的方方面面,关系着党和政府的形象,因而显得比较重要和敏感。对于公安机关来说,只有提升公安群众工作能力,加强公安群众工作,才能密切与群众的联系,建立良好的警民互动关系,进而提高公安执法和服务水平,推动公安工作向前发展。

人民警察既是构建和谐社会、维护社会稳定的专门力量,也是构建和谐社会的重要主体之一。只有加强公安群众工作,才有可能避免和减少警察与群众之间的冲突,促进警民关系和谐,进一步促进社会和谐发展。因此,强化公安群众工作,加强警民关系建设,打造警民“鱼水情谊”,是新时代构建和发展和谐稳定社会的要求。

3. 加强公安群众工作是新时代解决警力不足的重要方法

“警力有限,民力无限。”人民群众是公安机关可以依靠的强大力量,是公安工作的无尽资源。在警务工作中,若能调动群众的治安积极性,充分发挥群众的智慧和力量,则能大大缓解公安机关警力不足的困境,并能提高公安工作的效率。这就要求公安机关认真吸取公安群众工作实践的优良历史经验,在新时代背景下持续强化群众观念,加强公安群众工作。通过加强和改进公安群众工作,增强群众对公安工作和人民警察的认可度和理解,发展壮大社会治安队伍,积极吸纳更多群众参与治安综合治理,调动更多群众关心公安工作,激励更多群众支持和协助人民警察执行职务,有效缓解公安机关警力不足的现状。因此,新时代加强公安群众工作可以实现公安工作“无增长改善警力”,弥补警力不足,壮大社会治安力量。

4. 加强公安群众工作是落实基层社会治理的重要途径

强化公安机关人民警察的群众观念,在各项公安业务中积极开展群众工作,可以增强基层社会治理的效果。例如,刑事案件发生后,人民警察在围绕案件办理向群众收集线索之外,可以向群众收集相关治安信息,甚至帮助群众排查治安隐患,或者对群众反映的治安问题进行调查走访。在治安案件办理中,人民警察要积极发现和鼓励政治觉悟高、责任感强烈的群众加入社会治安防控队伍中来,为进一步开展群防群治,落实基层社会治理打下坚实基础。在社区警务建设中,社区民警要充分利用群众这一资源,积极物色和增设治安耳目,帮助公安机关第一时间获取辖区内的治安信息,为深入开展阵地控制,或者落实其他基层治理措施等做好铺垫。因此,在各项公安业务中加强群众工作,是落实基层社会治理的重要途径。

## 二、治理及其相关理论概述

党的十九届四中全会指出,要“把提高治理能力作为新时代干部队伍建设的重大任务。通过加强思想淬炼、政治历练、实践锻炼、专业训练,推动广大干部严格按照制度履行职责、行使权力、开展工作,提高推进‘五位一体’总体布局和‘四个全面’战略布局等各项工作能力和水平”。公安群众工作能力是我国人民警察的独特优势,也是新时代治理视域下人民警察必备的能力。

### (一)“治理”的提出及词源

“冷战”结束后,国际政治格局发生了重大变化,国际安全与发展面临重大挑战。世界主要大国之间的全面军事对抗和整体毁灭的可能性大大降低,被两极对抗所掩盖的地区性矛盾与冲突纷纷爆发,如宗教激进主义、恐怖主义、民族分裂主义、难民潮等已成为国际社会越来越突出的新的安全威胁。经济全球化、区域经济集团化导致人类的相互依存关系日益加深,各国的命运也更多地与外部的稳定和发展紧密相连。各国在利用外部环境发展经济的同时也共同面临诸多挑战,如金融危机、跨国犯罪、高危传染性疾病、网络黑客的袭击等。再者,由于人类过度崇尚经济主义,以牺牲人类自身的生存家园为代价而出现的经济高速发展又引发了能源短缺、环境恶化和生态系统失衡等问题。一切都表明,国际形势正处在新的转折点上,世界多极化、经济全球化、社会信息化、文化多样化深入发展,各国相互关联、相互依存度前所未有,国际形势进入了加速演变和深刻调整的时期。① 人类社会的生存环境逐渐恶化,各国面临的安全形势日益严峻,维护国际秩序,保障国家安全,俨然成为一项棘手的难题。

当下是一个与以往完全不同的新的历史时代。科技革命不断深化,交通和通信事业空前发展,计算机和互联网技术逐渐普及;全球化浪潮席卷全球,人类的生产生活方式发生了巨大变革,国际交往行为激增;各国经济不断发展,政治民主化不断深入,公共政策稳步调整,法治体系不断完善。在这样的时代背景之下,为解决人类社会千百年来苦苦追寻的秩序问题、安全问题和发展问题,“治理”学说被提出并开始流行起来。“治理”学说是新的历史时期国际社会、民族国家处理公共事务、促进社会发展的一套学说体系。在学界,出现了各具特色的“治理”学说,治理学说已经成为各国治国安邦的重要理论学说。我国政府亦与时俱进,积极借鉴相关学说和思想,将治理理论应用于治国理政中。2013年,党的十八届三中全会通过了《中共中央关于全面深化改革若干重大问题的决定》,文件首次明确地宣布“全面深化改革的总目标是完善和发展中国特色社会主义制度,推进国家治理体系和治理能力现代化”。随后,“治理”“国家治理”“社会治理”“基层治理”等相关概念迅速成为我国学界研究的焦点。同时,在安全领域,国家安全治理、社会安全治理等相关提法不断受到重视,并对新时代的公安工作提出了崭新的要求。

在古汉语中,“治”是形声字。小篆从水,台声。隶变后楷书写作“治”。《说文解字》之《卷十一 · 水部》中记载,“治,水。出东莱曲城阳丘山,南入海。从水,台声”。在这里,治的本义就是一条河的名字,该河从东莱曲城阳丘山流出,向南注入大海。后引申为治水,如《孟子 · 告子下》:“禹之治水,水之道也,是故禹以四海为壑。”泛指治理、整治、修治,如《孟子 · 滕文公上》:“劳心者治人,劳力者治于人。”又特指治疗、治病,如《史记 · 扁鹊仓公列传》:“君有疾在腠理,不治将恐深。”又引申指惩处、惩办,如诸葛亮《出师表》:“不效则治臣之

---

① 卫庶:《坚持总体国家安全观　走中国特色国家安全道路》,载《人民日报 · 海外版》2018年4月26日,第3版。

罪,以告先帝之灵。”还特指社会安定或太平,与“乱”相对,如《论语·泰伯》:“舜有臣五人而天下治。”可以说,在古汉语中,“治”的含义相对广泛,具体可指处理、管理、惩治、整理、医治、研究、安定和地方政府所在地等含义。

同样地,许慎在《说文解字》中写道,“伦,从人,辈也,明道也;理,从玉,治玉也”。理,从玉里声,本义是治玉,即把玉从石中加工出来。玉石坚硬而有一定的纹路,顺着纹路加工就容易把玉从石中雕琢出来,所以,“理”引申为纹理,后又引申为事与物的条理、秩序、层次与逻辑性、规律、准则等意,甚至有时还可等同于“道”;它是衡量事物与行为规范的尺度。

“治”与“理”的复合词“治理”很早就出现在汉语文献之中,其表层含义可指管理、控制、整治和修治等,多用于政府官僚系统管理、统治国家与人民;其深层含义,便是指遵循大道治理国家,国强民富,安定团结,含有“善治”之意。例如,战国时《韩非子》中就有:“其法通乎人情,关乎治理也。”由此而观,“治理”在古文言之中的含义,已经隐含一种正面的政治评价,包括国家稳定有序、社会安定和谐、百姓安居乐业等国泰民安的意向。因此,形成合理有序的治理格局,不仅是执掌权柄的帝王与各级政府官僚的政治追求,亦是普通百姓渴望以此实现安居乐业的美好愿景。

### (二)治理的内涵

关于治理的相关理论,中西方的认识受制于各自不同的政治环境,在很多方面存在较大差异。

1. 治理的内涵:西方学者的观点

西方学者对治理有多种定义。治理理论的奠基人罗西瑙,将“治理”视为一系列活动领域里的管理机制,它们虽未得到正式授权,却能有效发挥作用。他认为,与“统治”不同,“治理”是一种“由共同的目标支持的活动,这些治理活动的主体未必是政府,也无须依靠国家的强制力量来实现”。[①] 美国学者弗兰西斯·福山则把“治理”定义为“政府制定或执行规则、提供服务的能力,而不管这个政

---

① [英]鲍勃·杰索普:《治理的兴起及其失败的风险:以经济发展为例的论述》,漆蕪译,载《国际社会科学(中文版)》1999年第1期。

府是否民主”。[①] 全球治理委员会在1995年发表的《我们的全球伙伴关系》中指出:“治理是各种公共的或私人的个体和机构管理其共同事务的诸多方式的总和。它是使相互冲突的或不同的利益得以调和并且采取联合行动的持续过程。它既包括有权迫使人们服从的正式制度与规则,也包括各种人们同意或以为符合其利益的非正式制度与规则。”[②]一般认为,该委员会对“治理”的定义较为权威,社会的接受度和认可度较高。治理的本质不是程序化、标准化的规则,也不是一种国家强制力主体的意识活动,而是一个综合的过程,其基础在于协调,而非控制;治理过程涉及面相对较广,其既涉及公共部门,也包括对私人和群众的管理。总而言之,治理不是一项程序化、标准化的制度,而是一种长期性、持续性的互动。

2. 治理的内涵:我国学者的观点

对于治理,我国也有不少学者提出了自己的见解。“治理”一词,本身即包含政治社会中有意识、有组织地处理公共事务的活动。[③] 我国学者在对“治理”一词的内涵认识中一般认为与“管理”的含义有所不同,两者是相辅相成的关系。参与治理的主体应当对自身的主体性有积极正面的认识,同时所遵循的也应当是相对成熟稳定的制度规范,因而国家治理较以往的封建统治或管理而言,更加具有公平正义、追求民主、崇尚法治的属性。北京大学教授俞可平认为“治理”,是指官方的或民间的公共管理组织在一个既定的范围内运用公共权威维持秩序,满足公众的需要;[④]王海东教授认为,“治理是达成一定共识的主体对公共事务的有效应对行为与过程的简称。一致同意或多数人认同是治理行动的前提条件”,[⑤]侧重于从公民与政府所能达到的共识性上对治理的含义进行进一步的界定。还有部分学者认为“治理”本身就是一种社会管理的过程,是一种服务定位的管理,主张治理主体要充分发挥主观能动性来有效进行服务,从而达到优化社会资源配置的作用。[⑥] 对比可得,在国外视角中的“治理”研究,大

---

① [美]弗兰西斯·福山:《什么是治理?》,郑寰译,载《国家行政学院学报》2013年第6期。

② 全球治理委员会:《我们的全球伙伴关系》,牛津大学出版社1995年版,第23页。转引自王海东:《道、认同与善治:治理范式略论》,载《云南行政学院学报》2017年第5期。

③ 杨海:《习近平国家安全风险防范思想初探》,载《马克思主义研究》2017年第10期。

④ 俞可平:《治理和善治:一种新的政治分析框架》,载《南京社会科学》2001年第9期。

⑤ 王海东:《道、认同与善治:治理范式略论》,载《云南行政学院学报》2017年第5期。

⑥ 张康之:《公共管理伦理学》,中国人民大学出版社2009年版,第7~41页。

多是从政府为主导的视角出发，强调的是通过加强政府的宏观调控、通过出台相关政策和法律规范来达到治理格局的稳定；我国学者更多的是从社会公众参与以及政府的宏观调控的双重视角来对“治理”的含义进行界定，与我国人民民主专政的国体相互呼应。

3.“治理”的内涵：三重视角

综上所述，在关于“治理”概念众说纷纭的学术视角中，对“治理”概念的理解大致有三种倾向性：一是将“治理”等同于“管理”，二是将“治理”分离于“管理”，三是将其置于前两者之间。然而，从我国现行的政治体制框架来看，具有中国特色且符合我国国情的“治理”理论似乎更倾向于第三种，即认为治理与管理有一定的内在关联性，但又有明显的区分，它们是不同时代精神的政治活动。治理是达成一定共识的主体对公共事务的有效应对行为与过程的简称。[①] 因此，治理行动的前提条件在于：能够达到一致同意或多数人认同的状态，也就是对某些信息、事务与采取的措施及其后果达成一定的共识。其主体既可以是政府，也可以是非政府组织、民间机构、团体，甚至还可以是个人。对象则是那些正向或负向影响着人们生存与发展的事务，即不仅牵连着自我的利益，还关乎着他人的利益，若只涉及自我的利益，则是私人事务。而且处理方式是妥当的，其结果是有效的。治理本身就暗含着结果，那就是善治，也就是好的治理，能够实现公共利益最大化。[②]

治理的主体应当是包含政府和社会公众在内的多重主体，治理的对象也不仅仅涉及政府事务，而是关系到社会生存发展的诸多事项的总和。良好的治理格局应当是政府与社会多方参与的结果，是在集思广益的基础上形成的利益最大化的总和。治理内涵的多元化决定了治理理论的研究存在多种方向，从中国实际出发的治理内涵应当既涉及政府的宏观决策，又包含社会公众的参与性。这不仅与我国人民民主专政的国体相适应，而且体现着我国协商民主的智慧结晶。

4.有关“治理”的理论

关于治理的学说众多，研究者从不同的层面和侧重点提出了观点各异的治

① 现今的哲学潮流已日趋淡化“主体”一词，为了表述的方便，本书权且一用。但这不表明主体与对象有着“对立性”，它们依然是相互关联的，互为对方存在的根据。

② 王海东：《道、认同与善治：治理范式略论》，载《云南行政学院学报》2017 年第 5 期。

理理论。以下选取在我国比较流行、对我国国家治理影响比较大的四种治理理论进行介绍，以期加深对治理的理解。

(1)善治理论

“善治”是指良好的治理，是随着治理理论的不断发展而衍生的新概念。“善治表示国家与社会或者说政府与公民社会之间的良性互动与合作，代表着政治发展的方向。”①既要保证以国家和政府为主的公权力进行有序治理，又要保证社会公众的广泛参与，集思广益。善治的出发点是治理，其理论基础也是治理，治理理论是善治的奠基之石。治理的最终目标导向是善治，是治理理论的良善发展和有序运行。简言之，善治就是使公共利益最大化的社会管理过程，是政治国家与公民社会的一种良性互动关系，是两者协调配合、互为补充的最佳状态。

(2)多元治理理论

近年来，随着社会主义市场经济的飞速发展，我国产业结构的调整升级和城镇化运动的兴起为国家治理带来了新的挑战和机遇。随着新一轮科技革命的兴起，面对日趋复杂的犯罪态势，国家公权力机关“独木难支”，因此便兴起了以社会公众主体参与为代表的多元共治理论。多元治理是指社会多元主体通过有效参与、平等协商、良性互动的方式，对国家和社会事务进行共管共治的理论方法。这一治理理论要求治理主体立足于国家和市民社会关系这一广角视野来审视国家治理及其理论建构，并着力建立国家和市民社会分立互动、双向制衡、民主合作的良性互动关系。只有着力培育市民社会的自主意识和维护社会事务的自觉性建设，才能真正面向市民社会需要缩减开支，真正实现政府职能的转变，确立多元主体的治理体系，使国家治理体系与市民社会理性规则相互呼应、彼此契合。在公共安全治理领域，随着公民经济实力的提升和自主意识的增强，公民自主参与犯罪防控和治安保障的意愿也在不断高涨。“以社区矫正、治安承包、警民协作等新兴要素构建的多元治理样态确实取得了非常不错的效果，多元治理已经在我国犯罪治理过程中缓慢兴起。”②

① 黄晓玲、陈焕荣：《善治理论视角下农村治安管理社会化研究》，载《江西警察学院学报》2015 年第 6 期。

② 张凌、张枝涛：《犯罪治理体系现代化研究——对多元治理的现状分析与理论解读》，载张凌、袁林主编：《中国犯罪学学会年会论文集(2014 年)》，中国检察出版社 2014 年版，第 2 ~ 9 页。

(3)多中心治理理论

公共性是现代社会治理的价值核心。多中心治理理论的本质,是社会治理公共性的再造。① 公共性再造的基础和手段,是信任与合作,这也是多中心治理的根本依归。多中心治理理论具有多重范畴,它既包括宏观的经济秩序理论、公共经济理论,也包括城市治理的可持续发展理论和自主治理理论等。其内涵包括:建立不同类型的公共服务提供组织,并且通过契约、谈判、冲突处理等不同制度安排来协调这些不同尺度和层次的组织之间关系,使整个地区存在一种多重中心的稳定秩序。在这种多中心组织中,不同人员通过自己的努力来自发解决组织内部面临的困境和难题。多中心治理在结构上意味着制度安排的多样性,存在多种机制来解决公共物品和服务供给的难题。② 多中心治理作为一种社会治理结构,是嵌在服务型社会治理模式之中的。行为主体多元化的特征决定了多中心治理必须以行为主体间的相互信任为基础,采取合作的手段进行治理,治理的效果取决于社会网络组织(包括政府在内)的构建、信任关系的形成与合作方式的建立。

(4)网络治理理论

网络治理是一种新的治理模式,它致力于实现新的良性互动和互利互补的合作。网络治理结构不同于市场(自愿的个体)与科层(强制的命令服从)的复杂结构,而是一个有共同价值诉求的自组织系统。信任机制和协调机制的培育是网络治理机制的关键。信任机制是网络治理的运作基础,其地位类似于市场的价格机制或科层的权威机制;而信任机制的落实,又需要回到协调机制的构件上;只有在价值协同、信息共享以及诱导与动员等方面建立其良好协调机制的基础上,才能真正的培育起成员间的信任关系以及成员与集体之间的信任关系,最终实现互惠互利的合作。③ 简言之,从网络治理理论的兴起来看,社会治理不再是政府部门的“大权独揽”,越来越多的非政府部门正在扮演越来越重要的角色。以政府为主导的公权力机关与社会主体之间的行动方式,应当是合作和协同。当前影响人民群众安全和社会稳定的各种安全因素、社会矛盾和社会

① 李明强、王一方:《多中心治理:内涵、逻辑和结构》,载《中共四川省委省级机关党校学报》2013年第6期。

② 李文钊:《理解中国城市治理:一个界面治理理论的视角》,载《中国行政管理》2019年第9期。

③ 鄞益奋:《网络治理:公共管理的新框架》,载《公共管理学报》2007年第1期。

风险呈现交织和叠加态势，引入网络治理理论，完善党委领导、政府负责、社会协同、公众参与，法治保障的社会治理体制，加强和创新基层社会治理，是及时化解社会安全隐患、妥善处理社会矛盾、排除社会风险的必然要求。

### （三）安全治理概述

安全治理是国家治理的重要方面。社会治安防控体系是社会公共安全体系的核心要素，是驾驭动态社会治安的主要抓手。党的十八大报告明确提出，“深化平安建设，完善立体化社会治安防控体系”，由此，社会治安防控体系建设已经上升为国家治安治理的基本策略，成为推进国家治理体系和治理能力现代化的标志性工程。2016 年 10 月 10 日至 11 日，全国社会治安综合治理创新工作会议在江西南昌召开，会议对立体化、信息化社会治安防控体系建设相关问题做了安排和部署。[①] 党的十九大报告指出：“加强社会治理制度建设，完善党委领导、政府负责、社会协同、公众参与、法治保障的社会治理体制。”在我国，从执政党、政府到社会组织，再到公民个体，其社会治理的根本利益是一致的，由此就决定了我国的社会治理体制具有现代国家社会治理之多元、协商、依法、共治等共性。[②] 2019 年 10 月 28 日至 31 日在北京召开的中国共产党第十九届中央委员会第四次全体会议审议通过了《中共中央关于坚持和完善中国特色社会主义制度　推进国家治理体系和治理能力现代化若干重大问题的决定》。党的十九届四中全会明确指出，“坚持和完善共建共治共享的社会治理制度，保持社会稳定、维护国家安全。必须加强和创新社会治理，完善党委领导、政府负责、民主协商、社会协同、公众参与、法治保障、科技支撑的社会治理体系，建设人人有责、人人尽责、人人享有的社会治理共同体，确保人民安居乐业、社会安定有序，建设更高水平的平安中国”。2020 年 10 月 26 日至 29 日在北京举行的中国共产党第十九届中央委员会第五次全体会议审议通过了《中共中央关于制定国民经济和社会发展第十四个五年规划和二〇三五年远景目标的建议》。党的十九届五中全会提出，“统筹发展和安全，建设更高水平的平安中国。坚持总体国

---

① 《习近平：完善中国特色社会主义社会治理体系　努力建设更高水平的平安中国》，载新华网，http://www.xinhuanet.com//politics/2016 - 10/12/c_1119704461.htm。

② 黄高晓：《打造新时代共建共治共享的社会治理格局》，载《解放军报》2018 年 1 月 8 日，第 7 版。

家安全观，实施国家安全战略，维护和塑造国家安全，统筹传统安全和非传统安全，把安全发展贯穿国家发展各领域和全过程，防范和化解影响我国现代化进程的各种风险，筑牢国家安全屏障。加强国家安全体系和能力建设，确保国家经济安全，保障人民生命安全，维护社会稳定和安全”。2022 年 10 月 16 日，习近平总书记在中国共产党第二十次全国代表大会上指出：“国家安全是民族复兴的根基，社会稳定是国家强盛的前提。必须坚定不移贯彻国家安全观，把维护国家安全贯穿党和国家工作的各方面全过程，确保国家安全和社会稳定。”

1. 安全治理的概念及范围

(1)安全治理的概念

安不忘危，治不忘乱。安全是人类的基本生存需求，国泰民安更是人类建立国家之后国家治理的重要目标之一。国家安全是安邦定国的重要基石，良好的安全环境是开展其他一切工作的必要基础。2014 年 4 月 15 日，习近平总书记在中央国家安全委员会第一次全体会议上首次提出“总体国家安全观”。习近平总书记指出：“当前我国国家安全内涵和外延比历史上任何时候都要丰富，时空领域比历史上任何时候都要宽广，内外因素比历史上任何时候都要复杂，必须坚持总体国家安全观，以人民安全为宗旨，以政治安全为根本，以经济安全为基础，以军事、文化、社会安全为保障，以促进国际安全为依托，走出一条中国特色国家安全道路。”①总体国家安全观是以习近平同志为核心的党中央对国家安全理论的重大创新，是新形势下维护国家安全的重要指导思想，赋予了国家治理能力建设全新的内涵，更对国家治理能力建设提出了全新的系统性要求。

安全是国家的命脉，安全关乎国家的兴衰存亡。国家安全是国家生存与发展的前提条件，是人民安居乐业的重要保障，也是一个国家社会制度保持稳定的重要基础。保障国家安全是提高国家治理能力的重要前提，而国家治理能力的提高又能为国家安全提供更强的保障。② 国家治理与安全治理是一种彼此支撑的关系，安全治理是国家治理体系的重要组成部分。安全治理，是指国家、社

---

① 《习近平：坚持总体国家安全观　走中国特色国家安全道路》，载《人民日报》2014 年 4 月 16 日，第 1 版。

② 熊光清：《国家安全治理能力新要求》，载《北京日报》2020 年 4 月 20 日，第 13 版。

会等主体在公共安全事务方面的治理活动，主要涉及国家安全、公共秩序安全以及经济安全、文化安全等多重领域，安全治理的运行主体既包括以政府为主导的公权力机关，也包括社会公众的广泛参与、社会团体的有序运行等。

(2)安全治理的范围

国家层面的安全治理体系，就是用科学完善的制度体系来治理国家的系统工程，①这既要求体系内在构建的科学完善，又要求体系得以合理有序地贯彻实施。体系间的各部分应当紧密衔接、相互协调，能够有效发挥各组织和单元的最大效能。在总体国家安全观背景下，“国家安全”概念内涵发生重大变化，国家安全的范围越来越宽广，与之相对应的安全治理的范围也随之增大。国家安全学主要整合了现有的军事科学、公安学、外交学、情报学、保密学、边疆学、海关学，以及新兴的文化安全学、信息安全学、网络空间安全学等，构建了一个新的国家安全学学科门类。② 安全治理则是要随着国家总体安全范畴的不断完善而丰富发展。国家安全治理体系的建构不仅要依靠政府的主导，从宏观的上层建筑层面予以保障，而且应调动市场主体、社会主体及公民个体的有效参与，形成多元共治的主体结构。因此，安全治理的范围从广义上说涉及政治、经济、文化、社会、法治、网络等多个环节和要素。

2. 安全治理的主要特点

第一，安全治理涉及领域具有全面性和广泛性。由于国家安全观涉及的领域和要素非常广泛、全面，安全治理的外延比我国此前各类国家安全观的外延都更广泛。总体国家安全观涉及外部安全与内部安全、国土安全与国民安全、传统安全与非传统安全、中国自身安全与国际社会的共同安全、发展与安全的关系、国内安全与海外利益安全等多方面的问题。可以说，一切影响中国社会稳定的重大因素和领域都被纳入总体国家安全观的范畴。安全治理的首要任务是保证国家总体安全，其次才是安全基础上的总体治理。构建安全治理格局，必须要与我国总体国家安全的范畴相适应，只有实现国家总体安全基础上的治理，才能保证一切工作有条不紊地扎实推进。因此必须要把握安全治理领域的广泛性和全面性，推进安全治理格局的延伸和广度。

---

① 李培林：《总体国家安全观指导下的社会治理》，载《社会治理》2017 年第 5 期。

② 刘跃进：《新冠疫情与国家安全治理》，载《河南警察学院学报》2020 年第 3 期。

第二,重视执政党内部的政治安全。国家的安全治理不仅要聚焦于境外反华势力和境内敌对势力的干涉和破坏,还应当首先保证内部安全。党的十八大以来,党中央非常重视党内政治生态和党员纪律问题,将党内纪律与政治安全、国家安全紧密地联系在一起。政治安全的一个重要内容是党的执政安全。中央纪委曾指出:“党和国家安全首先是政治安全,政治安全中最重要的就是党的执政安全。”①相比于以往,总体国家安全观更加重视党内的政治安全、政治纪律问题,强调全党的统一与团结。中国共产党作为中国工人阶级的先锋队、中国人民和中华民族的先锋队,应当在保证自身组织安全的基础上开展对外的安全治理。习近平总书记在党的十八届一中全会上提出从严治党的重要性:“新形势下,我们党的自身建设面临一系列新情况新问题新挑战,落实党要管党、从严治党的任务比以往任何时候都更为繁重、更为紧迫。”②习近平总书记和党中央若干次强调从严治党的重要性和必要性,强化了党内纪律检查工作。目的就是使中国共产党保持刀刃向内的决心和勇气,排除党内的政治隐患和巩固党的执政根基。

第三,国家安全治理工作具有协调性与系统性。习近平总书记在论述总体国家安全观时强调,各地区各部门要贯彻总体国家安全观,准确把握我国国家安全形势变化新特点新趋势,坚持既重视外部安全又重视内部安全、既重视国土安全又重视国民安全、既重视传统安全又重视非传统安全、既重视发展问题又重视安全问题、既重视自身安全又重视共同安全,切实做好国家安全各项工作。③ 党的十九大报告也指出要坚持总体国家安全观,统筹发展和安全、外部安全和内部安全、国土安全和国民安全、传统安全和非传统安全、自身安全和共同安全。党的二十大报告也从国家安全体系、国家安全能力、公共安全治理水平、社会治理体系四个维度重申了我党积极推动国家安全体系和能力现代化,坚决维护国家安全和社会稳定的必胜决心。在总体国家安全观的指导下,中共中央设立了中央国家安全委员会。中央国家安全委员会是将国家安全工作的协调性和系统性落实到实践中的重要平台和组织保障。安全治理格局的形成涉及

① 《贯彻落实六中全会精神　推进全面从严治党之四》,载 http://www.nnlz.gov.cn/zt/LZQH/jj1/201611/t20161128_694272.html。

② 习近平:《全面贯彻落实党的十八大精神要突出抓好六个方面工作》,载《求是》2013 年第 1 期。

③ 《习近平:切实维护国家安全和社会安定》,载《人民日报》2014 年 4 月 27 日,第 1 版。

国家内政、外交的方方面面,既需要一个科学完善的协调组织进行部门衔接,同时也需要完善国家安全治理的系统构造和有序参与。既要保证中立机构的配合衔接,又要集中起国家安全资源和部门力量,确保安全治理格局的安全稳定。同时还必须提高对于国家安全治理工作的研判能力,研判并且化解可能出现的重大风险。提高危机的预防和紧急处置能力,增强安全治理的前置性和应急性处理机制,保证国家安全形势的总体稳定。

第四,安全治理在国家治理体系中具有重要地位。安全治理是实现国家治理体系和治理能力现代化的重要组成部分,当前全球范围内意识形态碰撞加剧,安全治理体系的现代化是应对源自国内外的各种安全威胁的必由之路,也是实现国家全面依法治国的法治进程、推动建设国家治理体系现代化的客观需要。从整体上实现国家安全治理体系的现代化,需要集中国家安全资源和力量、统筹协调安全工作,及时捕捉、综合研判安全情报信息,快速应对安全危机,防范化解国内国外的重大风险。同时也亟须在观念上贯彻总体国家安全观,坚持走中国特色国家安全道路;并且在制度上构建党的领导、政府主导、社会协同、公众参与的多元治理结构,依靠法治手段确立安全治理的现代化模式和具体制度,以此实现国家的长治久安。① 因此,安全治理格局的构建是实现中华民族伟大复兴征程上的重要保障,是保证国家繁荣发展和社会秩序和谐稳定的重要基石。坚持国家治理格局的科学良性发展,首先就要坚持安全层面的良性治理。其内容不仅包括国家安全、社会安全等,更包括诸如资源安全、军事安全等多重领域。安全治理是一项系统性的工程,是实现国家长治久安的重要保障。

**3. 国外安全治理的先进经验**

(1)社区警务

社区警务的英文全称是"Community - oriented Policing",中文直译为"社区导向警务",可以理解为"以社区为主导的警务"。西方第四次警务革命的产物之一就是社区警务,它指的是警方与社区能动地相互作用,共同发现和解决社区所关注的治安问题,并采取各种合法手段和方式,开发社区资源,强化自治自

---

① 傅丽、梁丽萍:《国家安全治理体系现代化的观念与制度分析——以国家意识形态安全治理为视角》,载《甘肃政法学院学报》2018 年第 6 期。

助，以全面、系统、长效地维护社区治安秩序的思想模式和方法体系。[①] 我国社区警务工作正式启动于2002年3月公安部在杭州召开的全国公安派出所工作会议，会上提出要在全国推行社区警务战略，力争到2004年全国大中城市全面实现社区警务；要求全国公安机关要适应城市社区改革的要求，全面调整民警责任区和警力配置，以一名民警负责管理1000户或3000人为标准，分别实行"一社区一警、一社区两警、一社区多警"等多种配置模式；社区民警主要承担收集掌握情报信息、实有人口管理、治安管理、安全防范和服务群众五项职责。在社区警务推行的过程中，社区治安工作取得了明显的改善，证明这一制度具有明显的优越性。

（2）第三方警务

"第三方警务"这一理念最早是由迈克尔·伯格和洛林·梅热罗尔等人在1998年提出。第三方警务是以社区警务为基础发展出的一个新概念，它是一种警方采取的干预工作，主要是指警务部门通过说服或强制各种社会组织或非犯罪人（没有违法行为的人），如廉租房（政府为低收入者建的住房）管理机构、业主（财产所有者）、家长、卫生与建筑监督员以及企业主们共同担负起预防犯罪和减少犯罪的职责。[②] 因其符合当代犯罪分析计算机化、将民事救济措施应用于犯罪问题，以及以"日常生活质量"为中心的三大警务发展趋势，并在应对白领犯罪、毒品犯罪、青少年犯罪等问题的实践中发挥了有效作用，故而在安全治理方面受到了一定重视。第三方警务的主旨与核心是，警务部门综合运用民事法律、刑事法律与市场监管规则和法律等手段，促使（或迫使）第三方承担起更多的犯罪控制职责。[③] 故而第三方警务是当代社会背景中一种减少一系列犯罪问题的有效方法。[④] 第三方警务的发展是当代社会政府管理与治理模式全面变革转型的组成部分。[⑤] 第三方警务为我国研究警务本质及未来警务发展趋势提供了一个全新的

---

① 孙强：《社区警务的社会自治渊源》，载《政法学刊》2007年第1期。

② ［澳］洛林·梅热罗尔、［澳］珍妮特·兰斯莉：《第三方警务》，但彦铮等译，中国人民公安大学出版社2012年版，第2～3页。

③ ［澳］洛林·梅热罗尔、［澳］珍妮特·兰斯莉：《第三方警务》，但彦铮等译，中国人民公安大学出版社2012年版，第3页。

④ 王婧：《第三方警务理论实现路径的具体考察》，载《山东警察学院学报》2019年第5期。

⑤ ［澳］洛林·梅热罗尔、［澳］珍妮特·兰斯莉：《第三方警务》，但彦铮等译，中国人民公安大学出版社2012年版，第2页。

视角,对完善犯罪防控理论、指导社会治安防控实践具有重要借鉴意义。

(3)恢复性司法

20世纪70年代,美国学者巴内特发表了一篇题目为《赔偿:刑事司法中的一种新范式》的文章,文中首次提出了"恢复性司法"这一概念。他以美国早期进行的在被害人和加害人之间做出调解实验作为论据,通过在刑事诉讼中运用好尺度,把握好缓诉、不起诉等方式的适用,以一个崭新的视角和思维理念探索一种新型的处理犯罪的司法模式。到21世纪初,联合国犯罪和刑事司法委员会第十一届会议在奥地利首都维也纳通过了《关于在刑事事项中采用恢复性司法方案的基本原则》的决议草案。根据这个决议,"所谓恢复性司法程序,是指在调解人帮助下,受害人和罪犯及酌情包括受犯罪影响的任何其他个人或社会成员,共同积极参与解决由犯罪造成的问题的程序总称。恢复性司法程序通常包括调解、调和、会商和共同确定责任"①。当下,恢复性司法的理念被广泛应用于刑事司法制度中,为构建安全和谐的社会秩序注入了积极活力。

针对警察处置违法犯罪案件,形成了恢复性警察执法理念和恢复性警务等概念。恢复性警察执法理念是一种来源于恢复性司法的执法理念,意指警察在刑事犯罪执法过程中,应当致力于使犯罪人知悉其所造成的伤害,知悉其有责任修复该伤害,并使其能够落实这种责任,以及确定能够预防未来犯罪的发生。② 恢复性警务是一种与恢复性理念相契合的警务制度,是警察在执法过程中、执行相关法律政策时,尽力考虑弥补受害人及受害单位、社区等的损失,依法促成社会关系的修复,达到责任人自我悔悟、真诚悔过认错的一种警务执法活动。③ 恢复性警务和恢复性警察执法理念都是通过转变警察执法关注点,使犯罪人对被害人所采取的修复措施的形式和力度以及旨在预防犯罪的方案都能得到加强。通过建立一种促使犯罪人、被害人共同参与的、正式的或非正式的对话机制,促使犯罪人和被害人之间的关系得以修复和改善,并使犯罪人能够重新融入安分守法的正常生活。因此,恢复性警务和恢复性警察执法理念对于减少和预

---

① 何磊:《浅析警察执法理念——以恢复性司法为视角》,载《河北公安警察职业学院学报》2020年第1期。

② 何磊:《浅析警察执法理念——以恢复性司法为视角》,载《河北公安警察职业学院学报》2020年第1期。

③ 谢全发:《恢复性警务理论溯源》,载《江苏警官学院学报》2020年第1期。

防违法犯罪,维护公共安全,促进公平正义与社会和谐发展,具有重要意义。

4. 中国特色社会主义国家安全治理的基本理论

(1)总体国家安全观

①总体国家安全观的提出

国安才能国治,治国必先治安。保证国家安全是坚持和发展中国特色社会主义、保证国家治理体系和治理能力现代化的重要组成部分。中国特色社会主义的发展进入了新时代,既要求新的改革观和发展观,也需要新的国家安全观。习近平总书记在 2014 年 4 月 15 日中央国家安全委员会第一次会议上提出,"要坚持总体国家安全观,走出一条中国特色国家安全道路"。[①] 总体国家安全观是对以往传统国家安全观的内涵和外延的丰富和深化,所涉及的时空领域比以往任何时期都要宽广,背景因素比历史任何时期都要复杂。面临国内外不断严峻的时代发展趋势,全球经济一体化快速推进,新一轮技术革命声势浩大,恐怖主义等非传统问题更加突出,"总体国家安全观"的提出既适应了时代发展的趋势,又顺应了民意诉求,对于统筹国家发展,应对国内外挑战至关重要。

②总体国家安全观的核心要义

习近平总书记指出,当前我国国家安全内涵和外延比历史上任何时候都要丰富,时空领域比历史上任何时候都要宽广,内外因素比历史上任何时候都要复杂,必须坚持总体国家安全观,以人民安全为宗旨,以政治安全为根本,以经济安全为基础,以军事、文化、社会安全为保障,以促进国际安全为依托,走出一条中国特色国家安全道路。[②] 党的十九大报告指出:"坚持总体国家安全观。统筹发展和安全,增强忧患意识,做到居安思危,是我们党治国理政的一个重大原则。必须坚持国家利益至上,以人民安全为宗旨,以政治安全为根本,统筹外部安全和内部安全、国土安全和国民安全、传统安全和非传统安全、自身安全和共同安全,完善国家安全制度体系,加强国家安全能力建设,坚决维护国家主权、安全、发展利益。"在党的二十大上,习近平总书记进一步指出:"我们要坚持以人民安全为宗旨、以政治安全为根本、以经济安全为基础、以军事科技文化社会

---

① 中共中央党史研究室编:《党的十八大以来大事记》,人民出版社 2017 年版,第 26 页。

② 《习近平:坚持总体国家安全观 走中国特色国家安全道路》,载《人民日报》2014 年 4 月 16 日,第 1 版。

安全为保障、以促进国际安全为依托，统筹外部安全和内部安全、国土安全和国民安全、传统安全和非传统安全、自身安全和共同安全，统筹维护和塑造国家安全，夯实维护国家安全和社会稳定基层基础，完善参与全球安全治理机制，建设更高水平的平安中国，以新安全格局保障新发展格局。”总体国家安全观内容丰富，涉及的问题广泛，大体上可以概括为：提出要走一条“以人民安全为宗旨”的中国特色国家安全道路；要求构建一个集外部与内部、传统与非传统安全问题为一体的国家安全体系；把安全与发展放在同等重要地位上，形成一种以安全与发展为中心的新思维；超越本国安全的狭隘思维，把他国安全与本国安全紧密联系起来，倡导“以促进国际安全为依托”的共同安全理念。

作为以习近平同志为核心的党中央治国理政思想的重要组成部分，总体国家安全观是维护国家安全稳定、推动政治经济文化发展、社会和谐和人民生活富足、实现中华民族伟大复兴的重要指导思想。总体国家安全观虽然主要是国家安全问题，但它并不局限于国家安全，而是把国家安全作为一个开放系统，与整个社会发展联系起来进行思考。[①] 习近平总书记曾指出，要“既重视发展问题，又重视安全问题，发展是安全的基础，安全是发展的条件”[②]。这种安全与发展并重的思想，把国家安全与经济社会发展同时作为党和政府的中心工作。

总体国家安全观不仅突破了国家安全，而且还超越了本国安全，把本国安全与他国安全及整个人类的安全联系起来进行思考。在学习总体国家安全观时，我们应分别从“国际安全”“外部安全”“共同安全”三个重要理念来理解本国安全与他国安全的关系。在阐述“走出一条中国特色国家安全道路”时，习近平总书记强调要“以促进国际安全为依托”，从而把国家安全与国际安全联系起来进行思考；在阐述“贯彻落实总体国家安全观”时，习近平总书记要求“既重视外部安全，又重视内部安全”，这就把国家安全理解为内部安全与外部安全的统一，从而在理论逻辑上把本国安全天然地与国际安全、他国安全紧密联系在一起；在看待和处理国际安全、外部安全、他国安全问题上，总体国家安全观超越

---

① 刘跃进：《总体国家安全观视野下的传统国家安全问题》，载《当代世界与社会主义》2014年第6期。

② 《习近平：坚持总体国家安全观　走中国特色国家安全道路》，载《人民日报》2014年4月16日，第1版。

传统安全思维，强调共同安全，强调他国安全、国际安全对本国安全的重要性。[①]

③总体国家安全观对国家安全治理的指导意义

总体国家安全观的提出，既是对中华人民共和国成立以来国家安全观的高度总结和概括，又是党的十八大以来党中央对国家安全实践的理论创新。总体国家安全观作为一种新型的国家安全治理范式，其理论精髓在于高度凝练了实现国家安全需要秉持的"一条中国特色国家安全道路、五个既重视又重视、构成国家安全体系的相关安全要素、安全问题和发展问题相统一"等逻辑性、全面性、总体性、深刻性和时代性内涵。总体国家安全观的构建既是我们党治国理政、维护国家安全经验的历史总结，也是对国家安全认知（观念）的深入和升华，更是我们党维护和保障国家安全理论的超越和实践的创新。其植根于中国优秀历史文化的基因，是体现中国国情、展现中国特色的安全治理理论。因此，总体国家安全观是新时代中国特色社会主义的国家安全观。把各种传统要素和非传统要素有机统一到"以人民安全为宗旨"的中国特色国家安全体系之中，是一种民主的系统国家安全观，也是一种高级非传统国家安全观。党的十九大报告阐述坚持和发展中国特色社会主义基本方略时，明确把"坚持总体国家安全观"列入其中，指出"统筹发展和安全，增强忧患意识，做到居安思危，是我们党治国理政的一个重大原则"，从而在强化"坚持总体国家安全观"在国家基本方略中重要地位的同时，再次明确把国家安全与经济社会发展置于平等的地位。

（2）中国特色社会主义法治理论

中国特色社会主义法治理论是中国特色社会主义理论体系的有机组成部分，是对马克思主义经典作家关于国家与法学说的继承和发展，是对中国特色社会主义法治最新实践经验的科学总结和理论升华，是传承中华法律文化精华、汲取世界法治文明精髓的理论成果，是中华民族对当代世界法治文明的原创性贡献。[②] 党的十八大以来，以习近平同志为核心的党中央站在党和国家工作全局高度，着眼于实现"两个一百年"奋斗目标，立足推进国家治理体系和治理能力现代化，提出全面依法治国的一系列新理念新思想新战略，开启了全面

---

① 刘跃进：《以总体国家安全观构建国家安全总体布局》，载《人民论坛》2017 年第 34 期。

② 莫纪宏、翟国强：《中国特色社会主义法治理论的新发展》，载《人民日报》2018 年 3 月 5 日，第 7 版。

依法治国的新征程。习近平新时代中国特色社会主义思想极大地推动了全面依法治国实践深入发展,也极大地推动了中国特色社会主义法治理论创新。[①]

法治是上层建筑的重要组成部分。新时代中国特色社会主义法治理论即全面依法治国战略思想,是习近平新时代中国特色社会主义思想的重要组成部分,是中国共产党人理论联系实际将马克思主义法学理论中国化的最新理论成果,是对中国法治实践过程、实践经验的理论总结,是中国共产党团结带领全国各族人民走中国特色社会主义法治道路所必须坚持的行动指南,是中国法治建设和法治发展的新理论。[②] 新时代中国特色社会主义法治理论产生于我国的经济基础和生产方式,同时又体现着我国国体,符合中国特色社会主义现代化建设的现实规律,体现着人民的利益和意愿。"现阶段,全面推进依法治国是中国特色社会主义法治理论的核心议题,也是关系我们党执政兴国、人民幸福安康、党和国家长治久安的重大战略。""全面推进依法治国的一个重要战略特征,就是坚持中国特色社会主义法治道路、法治理论、法治体系、法治文化'四位一体'。"[③]推进全面依法治国,要求法治与中国经济社会发展的大局相适应,符合新时代中国现代化建设实践要求,走中国特色社会主义法治道路。中国特色社会主义法治理论要体现我国的国体,体现党的政治立场,体现坚持以人民为中心。中国特色社会主义法治理论要切实体现人民利益,公平正义的法治理念要贯穿法治建设的全过程,并在整个法治过程中充满人民的意愿和智慧,因此,中国特色社会主义法治理论是人民的理论。党的十九大报告提出:"必须把党的领导贯彻落实到依法治国全过程和各方面,坚定不移走中国特色社会主义法治道路,完善以宪法为核心的中国特色社会主义法律体系,建设中国特色社会主义法治体系,建设社会主义法治国家,发展中国特色社会主义法治理论,坚持依法治国、依法执政、依法行政共同推进,坚持法治国家、法治政府、法治社会一体建设,坚持依法治国和以德治国相结合,依法治国和依规治党有机统一,深化司

---

① 莫纪宏、翟国强:《中国特色社会主义法治理论的新发展》,载《人民日报》2018 年 3 月 5 日,第 7 版。

② 石冠彬:《新时代中国特色社会主义法治理论的宏观解读——以十九大报告文本为中心》,载《云南社会科学》2018 年第 2 期。

③ 莫纪宏、翟国强:《中国特色社会主义法治理论的新发展》,载《人民日报》2018 年 3 月 5 日,第 7 版。

法体制改革,提高全民族法治素养和道德素质。”党的二十大再次强调,全面依法治国是国家治理的一场深刻革命,关系党执政兴国,关系人民幸福安康,关系党和国家长治久安。必须更好发挥法治固根本、稳预期、利长远的保障作用,在法治轨道上全面建设社会主义现代化国家。

在全面依法治国的时代背景下,在总体国家安全观和中国特色社会主义法治理论引领下,我国国家安全和公共安全法治建设呈现出了新局面。在立法方面,我国制定了一批以维护国家安全为核心目标的法律,为保障国家安全和社会公共安全提供了法律依据。例如,全国人民代表大会常务委员会 2014 年 11 月通过并于 2022 年进行修正的《反间谍法》、2015 年 7 月通过的《国家安全法》、2015 年 12 月通过的《反恐怖主义法》、2016 年 9 月通过的《国防交通法》等。在执法实践中,间谍分子、暴恐分子等危害国家安全的违法犯罪人员被依法惩处,有效维护了国家安全和社会稳定,推动了依法治国的进程。

(3)社会治安综合治理理论

1991 年 3 月 2 日第七届全国人民代表大会常务委员会第十八次会议通过《关于加强社会治安综合治理的决定》,我国开始实施社会治安综合治理。该决定指出,加强社会治安综合治理,是坚持人民民主专政的一项重要工作,也是解决我国社会治安问题的根本途径。此后,社会治安综合治理一直是作为维护国家和社会长治久安的系统工程,也是在新的历史时期我国社会治安工作的总方针。社会治安综合治理的基本任务是在各级党政组织的统一领导下,各部门协调一致,齐抓共管,依靠广大群众,运用政治的、经济的、行政的、法律的、文化的、教育的等多种手段,打击和预防违法犯罪,保证正常的生产生活秩序,维护社会的稳定,为改革发展和经济建设创造良好的治安环境。三十多年的实践证明,社会治安综合治理方略是解决我国社会治安问题的根本出路,对维护社会秩序、保障社会稳定、促进社会平安发挥了巨大作用。因此,社会治安综合治理理论是中国特色社会主义国家安全治理的基本理论,是一项能够保障中国治安切实得到有效治理的特色理论。随着我国全面依法治国进程的不断推进和社会治安综合治理实践的不断丰富,社会治安综合治理理论的内涵逐渐丰富。

①综合治理。

现代社会,政府、市场、社会扮演着不同角色,政府单打独斗已不适应人们对公共服务需求多样化、社会问题复杂化的新形势,只有分工负责、良性互动,才能实现优势互补，共同治理好社会。要以开放心态、宽广胸襟，平等对待各类社会主体，以开放性架构、市场机制吸纳社会力量、破解社会治理难题，形成多样化治理模式，努力实现社会共治。社会综合治理理论的核心是在党委领导下综合运用政府与社会“两只手”来维护国家安定和社会有序。社会治安问题是社会各种矛盾的综合反映，因而必须动员和组织全社会的力量，运用多种手段进行综合治理，因此社会治安综合治理理论的着重点即在于“综合”二字，即强调在各级党委、政府的统一领导下，充分发挥政府与社会的双重治理功效，从根本上促进和提升我国社会治理，乃至整个社会公共安全的治理能力水平，从而推进国家治理体系和治理能力现代化建设。综合治理是由各级党委和政府统领、高效治理社会的一整套制度、政策、方法、手段的运行体系，是一个动态、协调的科学运行系统，特别注重整体性、系统性和协同性效能的形成和发挥。① 社会治安综合治理理论认为，要综合运用好政府之手与社会之手两手力量，汇聚全社会力量，把治安问题视为社会病症，分清症候、对症下药、辨证施治。政府之手，着重在关键部位、重点问题，要起到引导协调作用，主要特征是“硬”，需要约束和规范；社会之手，着重在覆盖全面和影响深远，要产生传动承托效应，主要特征是“软”，需要指导和管理。两只“手”，着力领域不同，运用手段不同，追求目标不同，关注重点不同，必须实现合理部署、科学布局、软硬结合，实现协同的最佳效应。② 此外，要善于运用市场思维、市场机制推进社会治理创新，善于运用利益引导、商业运作推进开放共治，善于通过购买服务、项目外包、保险等方式化解矛盾、防控风险，提高社会治理市场化水平。要充分发挥各类企业资源、技术、人才等优势，积极参与社会治理，共同维护公共安全。据此，贯彻落实社会治安综合治理，要正确认识和把握政府、市场与社会之间的关系，完善社会治安综合治理体制机制，更好运用政府治理和社会调节两只手，构建全民共建共享的社会治安多元共治格局。

统筹各方资源力量对社会治安进行综合治理，是我国的特色和优势，也是深化平安建设的重要保证。各级党委和政府要把社会治理作为“一把手”工程来抓，纳入经济社会发展规划，及时研究解决重大问题，切实肩负起促一方发

① 程小白、杨瑞清：《社会治安综合治理的体系结构初探》，载《江西警察学院学报》2016 年第 2 期。
② 蒋熙辉：《推进社会治安综合治理现代化》，载《光明日报》2016 年 1 月 6 日，第 13 版。

展、保一方平安的政治责任。各有关部门、单位要把社会治理与业务工作同部署、同落实，分领域、分行业抓好各项部署和措施的落实。各级党委、政法委、综治委要履行好统筹协调、督办落实的职能，推动形成问题联治、工作联动、平安联创的局面。2016 年 10 月 10 日至 11 日，在江西南昌举行的全国社会治安综合治理创新工作会议指出，当前，各类风险跨界性、关联性增强，没有哪类风险不需要综合施策，没有哪个地方和部门不需要协调配合。要以联动融合理念为引领，更加注重设施联通、信息互通，更加注重力量统筹、资源共享，更加注重程序对接、工作联动，更加注重地区协作、条块互补，更加注重线上线下一体互动、相辅相成，提高社会治理系统性、整体性、协同性，积极破解难题、应对挑战，努力防范化解各类风险，把社会治理提高到新水平。

②系统治理。

社会治安综合治理理论除了强调综合治理，还强调系统治理、依法治理和源头治理。综合治理体系作为一个综合化、系统化的有机整体，内涵十分丰富，其基本体系架构内涵宽广，包括政治治理、经济治理、文化治理、教育治理、行政治理、法律治理和社会治理等多个方面，并且体现在运行体制、机制方面等多重领域的有机综合。根据综合治理体系的内涵，综合治理体制内的各体系结构之间相互作用、相互影响、相互适应、相互促进，共同构建出综合治理的科学体系。系统治理吸收和借鉴了国外社会治理的相关规则和模式，强调社会各方主体的广泛参与，实现政府治理与居民自治、社会自我调节机制的良性互动。同时，根据我国国情，强调和重视党委政府的领导，充分发挥政府的主导作用。系统治理的整体是由相互作用、相互依赖的若干组成部分结合而成、具有特定功能的有机结合体，要从事物的总体和全局上、从要素的联系与结合上研究治理的经验与逻辑，探寻治理规律、建立稳定秩序，用开放、复杂、系统的观点，用从定性到定量的综合集成方法研究治理问题。

一个国家各领域基础性制度建设，是国家治理体系和治理能力现代化的重要支撑。2016 年 10 月 10 日至 11 日，在江西南昌举行的全国社会治安综合治理创新工作会议指出，要更加注重基础性制度建设，推动从事后处置应对向长效治理机制转型，为实现社会善治提供制度保障。实践证明，实名制是预防打击违法犯罪的重要一招。当前，身份不实、信用记录缺失等问题仍较突出，对此，要出台落实实名制的办法，健全信用管理制度，推动以公民身份号码为基础的信任根和相关配套制度建设,建立违法犯罪记录与相关信用、职业准入等挂钩制度,让守信者“一路畅通”、失信者“寸步难行”。要健全依法保护产权的配套制度,加大对产权的司法保护力度,依法惩治知识产权侵权行为,规范涉嫌违法企业和人员财产处置程序,有效保护企业、公民合法财产权益。针对校园暴力、欺凌事件频发,要落实政府、学校、家庭的责任,从关爱、帮助的角度统筹做好法治宣传教育、道德熏陶、心理疏导工作,完善对未成年人不良行为早期干预机制。在严厉打击惩治网络犯罪的同时,还要完善公安、教育、医疗、金融等重点领域信息安全保护体系,依法打击买卖个人信息和企业商业秘密等违法犯罪活动,维护公民、企业合法权益。

③依法治理。

推进国家治理现代化离不开国家治理法治化。甚至可以说,推进国家治理现代化的关键在于法治化,推进国家治理法治化的过程本身就是推进国家治理现代化的过程,二者具有同步性。[①] 人类社会发展的事实证明,依法治理是最可靠、最稳定的治理,法治是国家治理体系和治理能力的重要依托。社会治安依法治理是全面依法治国的必然要求,也是社会治安实现有效治理的普遍要求,更是国家治理现代化的内在要求。

中国特色社会主义法治理论要求提高社会治安综合治理的法治化水平。法治虽无法消灭纠纷,但法治为纠纷的解决提供了公正的标准和平和的轨道,从而最大限度地化解社会矛盾,达到社会的和谐稳定。[②] 法治通过为公民设置公众参与途径,赋予其各项权利,让社会吸纳不同观点,包容不同立场,从而将社会不满情绪降到最低程度。[③] 社会治理和平安建设要坚持宪法法律至上,坚持法律面前人人平等,任何组织和个人都不得凌驾于宪法法律之上,这样才能保证国家法律的稳定性和连续性。在30多年综治实践经验制度化法制化的基础上,当下,首先,要强化治安治理主体的法治思维、提升法治能力和法治水平,其中,既包括处于“关键少数”地位的领导干部法治素质提高,也包括公民普遍守法的意识和观念增强。其次,要促进社会治安治理方式的法治转型,要求引

---

① 胡建淼:《依法治理是最可靠最稳定的治理》,载《光明日报》2020年1月15日,第11版。

② 胡建淼:《依法治理是最可靠最稳定的治理》,载《光明日报》2020年1月15日,第11版。

③ 胡建淼:《依法治理是最可靠最稳定的治理》,载《光明日报》2020年1月15日,第11版。

导综治参与主体运用法治方式把治安难题转化为执法司法的法治问题来加以解决，但绝不意味着以法律手段来全部替代政治、经济、行政、文化、教育等其他手段。“法治是社会纠纷的协调器”，法治无法消灭纠纷，但法治为纠纷的解决提供公正的标准和平和的轨道，从而最大限度地化解社会矛盾，达到社会的和谐稳定，进而推动国家治理机制的合规有序运转。[①]

④源头治理。

“风起于青萍之末，浪成于微澜之间。”任何社会矛盾都有一个从萌芽到成势、从个别到一般、从量变到质变的过程。在工业化、城市化进程中，社会中出现了许多新矛盾、新问题，也暗藏了许多新风险。社会治安综合治理理论认为，只有正本清源，从源头减少和消除危害治安稳定的因素，才能提高治理效果，因此要坚持源头治理。由此出发，社会治安综合治理理论提出，检验社会治安综合治理水平的高低，不仅要看紧急情况下应急处置能力，更要看常态下社会矛盾预防化解效果。[②] 社会治安综合治理要依托基层组织，广泛发展信息员，努力把工作触角延伸到每个角落，确保对矛盾发现在早、防范在先、处置在小，努力把矛盾解决在萌芽状态。要在运用好传统的矛盾排查机制基础上，善于运用大数据等新技术，提高对矛盾的研判、预警能力，把源头治理、动态管理、应急处置有机结合起来，完善社会矛盾排查预警和调处化解综合机制，牢牢掌握预防化解社会矛盾主动权。[③] 例如，针对近年来给人民群众财产造成重大损失、严重影响社会安定的电信网络诈骗犯罪，若要遏制其高发势头，必须发挥好电信、银行等单位重要作用，完善银行账户异常资金交易风险防控系统，严格落实电话用户真实身份信息登记制度，落实源头防控责任。抓源头治理，创新工作机制，建立反电信网络诈骗中心，形成依法打击合力，实现防范、打击、治理一体化。又如，针对近年来频发的非法集资案件，要处理好创新与监管的关系，推动建立立体化、社会化、信息化监测预警体系，既保护社会创造活力，又防控金融风险。针对分享经济存在监管不到位、信用机制不健全等问题，要找准鼓励创新与防控风险的平衡点，坚持在发展中规范、在规范中发展，积极防范、妥善化解新经

---

① 蒋熙辉：《推进社会治安综合治理现代化》，载《光明日报》2016 年 1 月 6 日，第 13 版。

② 汪永清：《完善社会治安综合治理体制机制》，载《求是》2015 年第 22 期。

③ 汪永清：《完善社会治安综合治理体制机制》，载《求是》2015 年第 22 期。

济业态存在的风险隐患,让群众享受安全便捷服务。

综上,总体国家安全观、中国特色社会主义法治理论和社会治安综合治理理论等是符合中国安全治理实践的理论,也是推动中国公共安全治理和平安建设取得重要成就的理论,这些理论将在进一步推动中国安全治理和国家治理现代化建设中持续发挥积极作用。

### (四)平安建设

#### 1."平安"的含义

《诗经·小雅·鹿鸣之什·常棣》云:"丧乱既平,既安且宁。虽有兄弟,不如友生?"平安,是人们自古以来的追求与理想。进入21世纪,我党提出建设"平安中国"的号召,在各级党委领导和组织下,平安中国、平安省市、平安区县、平安乡镇、平安村居、平安工厂、平安校园等全民参与维护社会稳定的群众性创建活动广泛开展。平安建设成为构建和谐社会、解决社会现实矛盾的具体举措。

从字面理解,"平安"即指没有事故,没有危险之义,作为人生诉求,自古有之。作为执政目标和实践,"平安"的内涵则深刻得多,可以概括为"政治层面安全、经济层面安定、治安层面安宁"三个方面。平安是和谐的基础,平安是发展的前提,平安是人民的福祉,平安是各级党委政府应尽的职责,平安建设是新形势下社会管理综合治理的创新与发展。

#### 2.平安建设的政策推进

多年来,党中央、国务院始终坚持稳定压倒一切的方针,正确处理改革、发展、稳定的关系,采取了一系列维护社会和谐稳定的有效措施,使我国呈现出经济发展、社会稳定、人民群众安居乐业的良好局面。但是,我们也要清醒地看到,当前国际国内环境中都存在一些需要高度重视并妥善处理的矛盾和问题,特别是敌对势力加紧对我国实施西化、分化的战略图谋,国内既处于发展机遇期,也是矛盾凸显的时期,协调社会利益关系的难度明显加大。这些都给我们搞好社会治安、维护社会稳定提出了新的更高的要求。

平安建设作为新形势下加强社会治安综合治理工作的新举措,是构建社会主义和谐社会、促进经济社会协调发展的保障工程,是维护广大人民群众根本利益、为人民群众所期盼的民心工程,是提高党的执政能力、巩固党的执政地位的基础工程。[①] 2013 年 5 月 31 日,深化平安中国建设工作会议在江苏苏州召开。中共中央总书记、国家主席、中央军委主席习近平就建设平安中国作出重要指示,强调平安是人民幸福安康的基本要求,是改革发展的基本前提;要深入贯彻落实党的十八大精神,把平安中国建设置于中国特色社会主义事业发展全局中来谋划,紧紧围绕“两个一百年”奋斗目标,把人民群众对平安中国建设的要求作为努力方向,坚持源头治理、系统治理、综合治理、依法治理,努力解决深层次问题,着力建设平安中国,确保人民安居乐业、社会安定有序、国家长治久安。[②]

2016 年 10 月,习近平总书记就加强和创新社会治理作出重要指示,强调要继续加强和创新社会治理,完善中国特色社会主义社会治理体系,努力建设更高水平的平安中国,进一步增强人民群众安全感。习近平总书记指出,要更加注重联动融合、开放共治,更加注重民主法治、科技创新,提高社会治理社会化、法治化、智能化、专业化水平,提高预测预警预防各类风险能力。要坚持问题导向,把专项治理和系统治理、综合治理、依法治理、源头治理结合起来。要完善社会治安综合治理体制机制,加快建设立体化、信息化社会治安防控体系。各级党委和政府要高度重视社会治理工作,落实社会治安综合治理领导责任制,切实肩负起促一方发展、保一方平安的政治责任[③]。

2018 年 11 月 1 日,中央政法委员会、中央社会治安综合治理委员会发布《关于深入开展平安建设的意见》,提出平安建设的指导思想和目标任务、主要措施以及加强领导、落实责任、确保平安建设取得实效的工作机制。

2020 年 4 月,党中央决定成立平安中国建设协调小组。2020 年 11 月 10 日,平安中国建设工作会议在京召开。会议深刻指明了平安中国建设的战略定位,强调要树立安全发展理念,把平安中国建设置于中国特色社会主义事业发展全局中来谋划,紧紧围绕“两个一百年”奋斗目标来推进。会议深刻指明了平

---

① 《中央政法委员会、中央社会治安综合治理委员会关于深入开展平安建设的意见》,载政府网 2020 年 11 月 21 日,http://www.njgc.gov.cn/ztzl/cxgc/zcfg/201811/t20181101_1463759.html。

② 《习近平:把人民群众对平安中国建设的要求作为努力方向》,载《人民日报》2013 年 6 月 1 日,第 1 版。

③ 《习近平:完善中国特色社会主义社会治理体系　努力建设更高水平的平安中国》,载《人民日报》2016 年 10 月 13 日,第 1 版。

安中国建设的总体目标，强调要树立总体国家安全观，防范和化解影响我国现代化进程的各种风险，筑牢国家安全屏障，确保人民安居乐业、社会安定有序、国家长治久安。会议深刻指明了平安中国建设的根本保证，强调要坚持党的绝对领导，把党的领导落实到平安中国建设各领域各方面各环节。会议深刻指明了平安中国建设的价值追求，强调要坚持以人民为中心的发展思想，把人民群众对平安中国建设的要求作为努力方向，在共建共治共享中推进平安中国建设，不断增强人民群众获得感、幸福感、安全感。会议深刻指明了平安中国建设的重点任务，强调把维护政治安全放在首位，健全风险防控机制，完善正确处理新形势下人民内部矛盾有效机制，推进社会治安防控体系建设，健全公共安全体制机制。会议深刻指明了平安中国建设的工作机制，强调要创新完善平安建设工作协调机制，形成问题联治、工作联动、平安联创的良好局面。会议深刻指明了平安中国建设的科学方法，强调要坚持和发展新时代"枫桥经验"，把专项治理和系统治理、综合治理、依法治理、源头治理结合起来，正确处理维权和维稳、秩序和活力等关系，全面提升平安中国建设科学化、社会化、法治化、智能化水平。会议深刻指明了平安中国建设的重要载体，强调把市域社会治理现代化作为重要抓手，树立全周期管理意识，注重在科学化、精细化、智能化上下功夫，让城市运转更聪明、更智慧。会议深刻指明了平安中国建设的工作重心，强调要把重心落到城乡社区，加强基层组织、基础工作、基本能力建设，构建富有活力和效率的新型基层社会治理体系，将和谐稳定创建在基层，将矛盾纠纷化解在基层。会议深刻指明了平安中国建设的责任要求，强调各地各部门主要负责同志要落实好平安建设领导责任制，履行好维护一方稳定、守护一方平安的政治责任。

**3. 平安建设的实际成效**

平安建设工作包括社会治安大防控、突出治安问题大整治、矛盾纠纷大化解、政法队伍大建设等。平安建设的目标任务有以下几项：一是对敌对势力的渗透破坏活动以及"法轮功"等邪教组织的非法活动发现得早、控制得住、处置得好，防止严重危害国家安全和政治稳定的情况发生。二是从源头上预防和减少矛盾纠纷，努力化解不和谐因素，防止严重危害社会稳定的重大群体性事件发生。三是维护城乡社会治安秩序，使突出治安问题和治安乱点得到有效整治，防止严重危害群众安全感的重大治安问题发生。四是预防和减少重特大安全生产事故,防止严重危害人民群众生命财产安全的群死群伤事故发生,努力把人员伤亡、财产损失和负面影响降到最低程度。五是依法查处经济犯罪案件,及时消除经济领域的不稳定因素,防止严重危害社会主义市场经济秩序的经济案件发生。①

党的十八大以来,全国各地积极探索实践,普遍建立平安建设领导(协调)小组和各专项组,广泛开展了“平安单位”“平安企业”“平安医院”“平安乡镇”“平安社区”“平安校园”“平安村”“平安家庭”等一系列平安建设基层创建活动,有力维护了社会治安稳定,保障了人民群众生命财产安全,巩固了国家政权,促进了经济社会持续健康发展。

深入开展平安建设,对于社会治安综合治理工作拓宽领域、充实内容、提高层次、完善机制、取得实效具有重要作用。特别是平安中国建设协调小组成立以来,各地有效整合各方资源力量,推动各项工作有效深入开展,平安建设的体制机制逐步完善;加强风险评估、源头化解、应急处置等工作,强化防风险、保安全、护稳定各项措施,有效防范化解了一系列重大矛盾风险,风险防控的整体水平稳步提升。巩固了社会大局持续稳定的局面;聚焦人民群众反映强烈的突出问题,深入开展扫黑除恶专项斗争,依法打击各类违法犯罪活动,加快社会治安防控体系建设。2020 年 1 月至 9 月,全国刑事立案下降 4.5%,八类主要刑事犯罪案件下降 11.6%。2019 年人民群众对平安建设的满意度达到 97.38%,人民群众的平安质感不断增强。②

**4. 更高水平的平安中国建设**

平安是国家繁荣昌盛、人民幸福安康的前提。深入推进社会治理创新是建设平安中国的基本途径,对推进国家治理体系和治理能力现代化具有重要意义。党的十九届五中全会对建设更高水平的平安中国作出了重要部署。2020 年 11 月 10 日平安中国建设工作会议对建设更高水平的平安中国的意义、总体

---

① 《中央政法委员会、中央社会治安综合治理委员会关于深入开展平安建设的意见》,载政府网 2020 年 11 月 21 日,http://www.njgc.gov.cn/ztzl/cxgc/zcfg/201811/t20181101_1463759.html。

② 最高人民法院新闻局:《平安中国建设工作会议召开!努力建设更高水平的平安中国》,载百度网 2020 年 11 月 21 日,https://baijiahao.baidu.com/s?id=1683226387307986645&wfr=spider&for=pc。

要求、内涵、方法手段、载体抓手、组织保障等作了明确说明。①

(1)建设更高水平的平安中国的重大意义

中华民族伟大复兴战略全局与世界百年未有之大变局同步交织、相互激荡、相互作用,是当今最鲜明的时代特征。要从更好统筹“两个大局”的战略高度,主动适应国际国内形势的深刻复杂变化,切实增强建设更高水平的平安中国的使命感、责任感、紧迫感。

建设更高水平的平安中国是助推“中国之治”谱写新篇章的战略之举。党的十八大以来,在以习近平同志为核心的党中央坚强领导下,我国创造了经济快速发展和社会长期稳定“两大奇迹”。特别是应对新型冠状病毒肺炎疫情,我国取得重大战略成果,“中国之治”优势更加凸显。建设更高水平的平安中国是顺应社会主要矛盾新变化的长远之策。只有更好满足人民群众对美好生活的向往,从更宽领域、以更高标准推进平安中国建设,才能让人民群众获得感、幸福感、安全感更加充实、更有保障、更可持续。建设更高水平的平安中国是应对各类风险挑战的制胜之道。只有正确认识我国发展仍然处于重要战略机遇期,准确把握机遇和挑战正在发生的新的发展变化,构建从源头、传导、转化各环节进行防控的完整链条,才能从整体上提升风险防范化解能力水平,打好化危为机的战略主动仗。建设更高水平的平安中国是实现全面建设社会主义现代化国家新目标的题中之义。只有立足新发展阶段,牢固树立新发展理念,更好统筹发展安全“两件大事”,才能不断提升平安中国建设的层次质效,为实现全面建设社会主义现代化国家宏伟目标提供更加有力的保障。

(2)建设更高水平的平安中国的总体要求

对标“十四五”规划的宏伟蓝图,对标人民群众对平安的新期待,建设更高水平的平安中国的总体思路是:坚持以习近平新时代中国特色社会主义思想为指导,全面贯彻党的十九大和党的十九届历次全会及党的二十大精神,认真学习贯彻习近平总书记关于平安中国建设的重要指示精神,增强“四个意识”、坚定“四个自信”、做到“两个维护”,紧紧围绕坚持和完善中国特色社会主义制度、推进国家治理体系和治理能力现代化总目标,坚定不移走中国特色社会主

---

① 最高人民法院新闻局:《平安中国建设工作会议召开,努力建设更高水平的平安中国》,载百度网2020年11月13日,https://baijiahao.baidu,com/s? id=1683226380730798664&wfr=sprder&for=pc。

义社会治理之路，落实总体国家安全观，以共建共治共享为导向，以防范化解影响安全稳定的突出风险为重点，以市域社会治理现代化、基层社会治理创新、平安创建活动为抓手，不断推进理念思路、体制机制、方法手段创新，全面提升平安中国建设科学化、社会化、法治化、智能化水平，确保政治更安全、社会更安定、人民更安宁、网络更安靖，让人民群众的获得感成色更足、幸福感更可持续、安全感更有保障，为实现“两个一百年”奋斗目标和中华民族伟大复兴的中国梦创造安全稳定的政治社会环境。

(3)建设更高水平的平安中国的丰富内涵

建设更高水平的平安中国，具有丰富的内涵。建设更高水平的平安中国，意味着领域更宽广，把平安中国建设融入“五位一体”总体布局，实现经济安全、政治安全、文化安全、社会安全和生态安全的全方位之治。建设更高水平的平安中国，意味着制度更完善，党的领导优势和我国社会主义制度优势得到充分发挥，共建共治共享的格局不断深化拓展，全社会参与平安建设的自觉性、主动性显著增强。建设更高水平的平安中国，意味着成效更明显，既能更快更好地解决突出问题，又能更有力更有效地从源头上进行预防。建设更高水平的平安中国，意味着人民更满意，人民群众对平安建设的关切和感受得到有效回应，人民群众获得感、幸福感、安全感更加充实、更有保障、更可持续，促进全体人民共同富裕取得更为明显的实质性进展。

(4)建设更高水平的平安中国的原则

建设更高水平的平安中国，关键要把握好六项原则：一是坚持党的领导；二是坚持人民至上；三是坚持安全发展；四是坚持统筹推进；五是坚持主动创安；六是坚持科学治理。

(5)建设更高水平的平安中国的重点任务

建设更高水平的平安中国，最终落脚点在于更有效地应对重大风险、解决突出问题，确保人民安居乐业、社会安定有序、国家长治久安。聚焦聚力建设更高水平的平安中国的重点任务主要有：

第一，深入推进体系能力建设，确保政治更安全。深入贯彻总体国家安全观，紧紧抓住影响国家政治安全的风险点，深入推进维护国家政治安全工作体系和能力建设，打好维护国家政治安全主动仗。

第二，防范化解重点领域风险，确保社会更安定。紧盯影响社会稳定的重大风险，加大源头治理力度，有效维护社会大局稳定。一要防范化解经济金融风险。围绕贯彻新发展理念、推动高质量发展、构建新发展格局，健全执法、司法、法律服务衔接配套的综合服务保障体系。完善政法机关与金融机构、行业监管部门协同配合机制，严防经济金融风险向社会领域传导。加大惩治洗钱犯罪力度，有效维护国家金融安全。二要防范化解社会矛盾风险。深入开展矛盾风险动态排查、防范化解，加强风险评估研判，努力把各类不稳定因素解决在萌芽、化解在基层。三要防范化解个人极端风险。建立健全经常性社会心理服务疏导和预警干预机制，努力把各类社会不良心态和苗头隐患疏导在早、化解在小，防止引发个人极端案事件。

第三，提升维护公共安全效能，确保人民更安宁。坚持以人民安全为宗旨，把保护人民生命安全摆在首位，全面提高公共安全保障能力，努力为人民群众创造安业、安居、安康、安心的良好环境。一要提高对影响群众安全突出问题的精准打击力。聚焦"六清"行动目标，打好专项斗争决胜战；谋划常态化推进扫黑除恶"六建"工作，推动扫黑除恶常治长效。完善对重点地区、突出问题的常态打击整治机制，深入打击整治涉枪涉爆、电信网络诈骗、侵犯公民个人信息、侵害未成年人和"盗抢骗""黄赌毒""食药环"等违法犯罪，维护社会良好秩序。二要提高对动态环境下社会治安的主动防控力。坚持立体化、法治化、专业化、智能化方向，加强社会治安防控体系建设。深入总结疫情防控中联防联控、群防群治的经验，坚定不移走专群结合之路。三要提高对安全生产风险隐患的综合治理力。加快建立健全安全生产责任和管理制度体系、隐患排查治理和风险防控体系，强化消防、交通等安全隐患常态化治理，加强对寄递物流、危爆物品等行业监管，防范遏制重特大安全事故。

第四，推进网络社会综合治理，确保网络更安靖。不断健全网络社会综合防控体系，努力营造清朗网络空间。一要有效打击网络违法犯罪活动。依法打击整治网络贩枪、网络黄赌毒、网络传销、网络套路贷等新型网络犯罪，坚决遏制网络违法犯罪多发高发势头，有力铲除网络安全领域黑色产业链。二要有效维护网络信息数据安全。严格落实安全责任和防护措施，完善数据安全风险报告、研判处置机制，提升信息安全保障水平和风险防范能力。加大对涉及国家秘密、商业秘密、个人隐私等重要数据的保护力度，依法严厉打击相关违法犯罪活动。完善对新技术新应用的安全监管体系。

(6)创新完善建设更高水平的平安中国的工作机制

建设更高水平的平安中国,最根本的是要发挥党的领导优势和我国社会主义制度的政治优势,不断创新完善工作机制,有效统筹资源力量,提升共治共建共享水平,真正把政治优势转化为平安中国建设的强大效能。建设更高水平的平安中国,需要创新完善更高水平的平安中国的工作机制。具体包括以下几个方面:第一,创新纵横联动机制。加强地方、部门联动融合,构建纵横交织的网状治理结构,是建设更高水平的平安中国的必然要求。第二,创新政社互动机制。在党的领导下实现政府和社会优势互补、良性互动,是建设更高水平的平安中国的重要途径。第三,创新专群齐动机制。创新专群结合、组织发动群众的思路和方式,充分发挥群防群治威力。

(7)积极探索建设更高水平的平安中国的方法手段

建设更高水平的平安中国,既要坚持行之有效的好方法,又要探索实践所需的新手段,综合运用系统治理、综合治理、依法治理、源头治理、专项治理等科学方法和有效手段,提高解决突出问题的实效性。建设更高水平的平安中国,必须找准载体抓手,创新实现路径,不断拓展平安中国建设的广度和深度。第一,以推进市域社会治理现代化为抓手,把大问题大风险解决在当地。第二,以创新基层社会治理为基础,把小矛盾小问题解决在基层。第三,以平安创建活动为载体,积小平安为大平安。

(8)夯实筑牢建设更高水平的平安中国的组织保障

建设更高水平的平安中国是一项系统工程,离不开坚强有力的组织保障。要加强组织领导,强化统筹协调,狠抓工作落实,努力把宏伟蓝图变成美好现实。

第一,加强组织领导。认真落实平安建设领导责任制和目标管理责任制,压实主体责任和行业监管责任,推动形成环环相扣、一级抓一级的责任链条。各级党委和政府要把平安建设作为重大政治任务,摆上重要议事日程,加强人财物保障,及时研究解决体制性、机制性、政策性重大问题。各级党委主要负责同志要严格落实平安建设第一责任,亲自研究部署、推动落实、督导问效,切实担负起护一方平安、保一方稳定的政治责任。各地平安建设领导(协调)小组要履行好统筹谋划、协调推动、督办落实、考评激励等职责,系统谋划本地平安建设目标任务、总体思路、工作重点、政策措施,完善实体化运作制度机制,发挥各专项组职能作用,有效整合各方资源力量协调推进平安建设。各成员单位要结合部门职责,紧扣安全发展问题,深度融入平安建设,把本领域、本系统、本行业平安建设与业务工作同部署、同推进、同落实,确保行业发展与保障安全同步推进。

第二,强化考评激励。一要优化考评体系。健全科学合理、可操作性强的平安建设绩效考评指标体系,实现对平安建设状况的实时、动态、客观评估,不断提升考评的科学化水平。二要开展评比表彰。每四年由人力资源和社会保障部、中央政法委对全国平安建设先进集体和先进工作者进行表彰,对平安建设成效突出的市县授予全国平安建设优秀市县称号,对连续三次获得全国平安建设优秀市县称号的授予"长安杯"。三要加强督促检查。推动各级党委和政府将平安建设纳入工作督促检查范围,适时组织开展专项督促检查。有针对性地开展实行项目化、清单式考核,督促责任地区、部门和单位补齐短板、加固底板、打造样板。四要注重结果运用。把平安建设成效纳入各级党政领导班子和领导干部政绩考核指标体系,将考核结果作为领导班子和领导干部业绩评价的重要依据,与晋职晋级、评优评先、奖励惩处挂钩。定期对工作扎实、成效显著的按规定予以褒奖,对问题突出的地区和部门依法依规依纪严肃问责。

第三,营造良好氛围。坚持把遵循平安建设规律和遵循新闻传播规律、遵循互联网发展规律结合起来,着力提升平安宣传和舆论引导的能力水平。一要建设好传播平台。发挥传统媒体和网络新媒体优势互补作用,适应分众化、差异化、个性化等传播新模式,积极构建平安建设全媒体传播体系,不断提升平安宣传覆盖面、穿透力。二要讲述好平安故事。大力宣传我国创造的经济快速发展和社会长期稳定"两大奇迹",宣传平安建设的实践成果、理论成果、制度成果。深入开展"平安之星"网络宣传活动,大力弘扬平安建设中涌现出的时代楷模、时代正气、时代风采。

**5. 中国特色社会主义国家平安建设的基本经验**

(1)坚持"以人民为中心"的理念

人民警察来自人民,人民公安为人民。以人民为中心,站在人民的立场上,是中国特色社会主义国家平安建设的重要经验。平安建设坚持以"人民为中心",是由人民公安机关的阶级属性决定的。我国公安机关是人民民主专政的重要工具,人民性是其阶级属性和基本特征。公安机关是国家设置的武装性质的国家治安行政力量和刑事司法力量，承担依法预防、制止和惩治违法犯罪活动，保护人民，服务经济社会发展，维护国家安全，维护社会治安秩序的职责，具体担负维护国家安全、维护社会公共秩序、保护公民人身自由、人身安全和合法财产、保护公共财产、预防、制止和惩治违法犯罪活动等五项基本任务。平安建设是构建社会主义和谐社会、促进经济社会协调发展的保障工程，是维护广大人民群众根本利益、为人民群众所期盼的民心工程，是提高党的执政能力、巩固党的执政地位的基础工程。公安机关平安建设始终以人民为中心，以积极履行党和人民赋予的职责为使命。全心全意为人民服务既是中国共产党的根本宗旨，也是公安机关的宗旨。在平安建设中，公安机关及其人民警察始终牢固树立宗旨意识，摆正位置，明确公安民警与人民群众之间的服务与被服务关系；同时又坚持群众利益至上，一切从人民群众的根本利益出发。既认真履行好岗位职责，提高执法服务质量；又虚心接受人民群众的监督，将群众满意作为公安工作的最高追求。主动访民意、听民声，为人民群众提供更多更好的服务，让群众满意。

《中共中央关于坚持和完善中国特色社会主义制度　推进国家治理体系和治理能力现代化若干重大问题的决定》中指出，“坚持立党为公、执政为民，保持党同人民群众的血肉联系，把尊重民意、汇集民智、凝聚民力、改善民生贯穿党治国理政全部工作之中，巩固党执政的阶级基础，厚植党执政的群众基础，通过完善制度保证人民在国家治理中的主体地位，着力防范脱离群众的危险”。“十四五”时期经济社会发展要以满足人民日益增长的美好生活需要为根本目的，为切实提高公共安全治理效果，建设高水平的平安国家，公安机关必须积极贯彻党的群众路线，完善党员、干部联系群众制度，创新互联网时代公安群众工作机制，深入群众、深入基层，始终做到为了群众、相信群众、依靠群众、引领群众。坚持以人民为中心的发展理念，依旧是开展平安建设和安全治理的基本思路。

(2)坚持党的绝对领导

坚持党对公安工作的绝对领导，是公安工作的根本原则。在我国的各种政治力量中，只能由中国共产党领导公安工作；公安机关服从中国共产党的领导，必须是绝对的、无条件的、全面的和直接的。平安建设就是在各级党委和政府的统一领导下，组织动员社会各方面的力量，以建立健全长效工作机制为核心，以加强基层基础工作为重点，以落实社会治安综合治理各项措施为主线，广泛开展平安地区和平安单位建设,确保人民群众安居乐业,确保社会稳定和国家长治久安的一项基础工程。平安建设工作由各级党委和政府统一组织实施。在平安建设中,各级党委和政府将其纳入本地经济社会发展总体规划。各级党政主要领导是平安建设第一责任人,严格履行保一方平安、维护一方稳定的政治责任,定期研究本地区平安建设工作,解决平安建设中的突出问题,推动平安建设深入开展。因此,平安建设是作为"一把手"工程来抓的。分管领导是直接责任人,其他领导承担分管工作范围内平安建设的责任。各级社会治安综合治理委员会是在党委和政府的领导下,充分发挥组织协调作用,加强调查研究和督促检查,不断总结推广典型经验,查找薄弱环节,狠抓工作措施的落实,有计划、有步骤地组织推动平安建设深入开展的。

平安建设取得的成绩表明,在党的集中统一领导下,公安机关可以最大限度地广泛动员和组织各种社会力量和人民群众,调动人民群众参与公安工作的积极性,为制定正确的公安决策,保持经济建设和社会稳定提供更多的方向支持和智力保证。党的十九届四中全会指出,"中国共产党领导是中国特色社会主义最本质的特征,是中国特色社会主义制度的最大优势,党是最高政治领导力量。必须坚持党政军民学、东西南北中,党是领导一切的,坚决维护党中央权威,健全总揽全局、协调各方的党的领导制度体系,把党的领导落实到国家治理各领域各方面各环节"。因此,坚持党对公安工作的政治、思想、组织领导,认真学习和领会党的路线、方针、政策的内容和含义,切实做到"对党忠诚、服务人民、执法公正、纪律严明"是保证公安队伍的战斗力和纯洁性的根本原则,也是社会治理取得成效的法宝。

(3)坚持法治原则

平安建设是新时期社会治安综合治理发展的必然要求,也是新形势下加强社会治安综合治理工作的重要举措。平安建设的目标任务主要有:打击境内外敌对势力渗透破坏活动,防止严重危害国家安全和政治稳定情况发生;从源头上预防和减少矛盾纠纷,努力化解不和谐因素,防止严重危害社会稳定的重大群体性事件发生;维护城乡社会治安秩序,使突出治安问题和治安乱点得到有效整治,防止严重危害群众安全感的重大治安问题发生;预防和减少重特大安全生产事故,防止严重危害人民群众生命财产安全的群死群伤事故发生,努力把人员伤亡、财产损失和负面影响降到最低程度;依法查处经济犯罪案件,及时消除经济领域的不稳定因素，防止严重危害社会主义市场经济秩序的经济案件发生。为实现以上目标，公安机关在平安建设中始终坚持执法为民的理念，树立法治思维和法治原则，按照习近平新时代中国特色社会主义指导思想，坚定做到“四个坚持”“两个维护”，同时严格秉持依法办事的理念，把实现好、维护好、发展好最广大人民的根本利益作为公安工作的出发点和落脚点，在各项工作中切实做到以人为本、执法公正、一心为民。

党的十九届四中全会指出，“建设中国特色社会主义法治体系、建设社会主义法治国家是坚持和发展中国特色社会主义的内在要求”。平安建设取得的成绩告诉我们，在社会治理中，公安机关必须树立法治思维，坚持依法治理，依法执行职务。既要牢固树立依法履职的观念，同时又要树立在法律面前人人平等的观念，严格尊重和保障人权，强化证据意识、程序意识和自觉接受监督的意识，严格按照法律规定行使权力、履行职责。

(4)充分发挥公安机关的专门职能作用

多年来，社会治安综合治理始终坚持“打防结合、预防为主，专群结合、依靠群众”的方针，各级党委、政府统一领导，政法、综治部门组织协调，各部门发挥各自职能作用，利用多种手段齐抓共管，广大人民群众积极参与，形成了比较完善的工作制度、形式多样的群防群治队伍和严密的综治工作网络，为维护社会治安和社会稳定发挥了重要作用。公安机关是社会治安综合治理和平安建设的重要参与部门，它因肩负着维护国家安全和社会治安秩序的职责，在平安建设中发挥着专门机关的重要职能作用。

充分发挥公安机关等专门机关或部门的职能作用是平安建设的重要经验。从政治关系上看，公安机关的基本职能是人民民主专政职能，也就是专政的职能和民主的职能。在当下平安建设的背景下，公安机关担负着发现、侦查、打击、制裁危害国家安全和社会公共安全的敌对势力和敌对分子的职责，发挥着专政职能；又肩负着保护群众安全和合法权益、服务人民群众的职责，发挥着民主职能。换言之，公安机关作为人民民主专政的重要工具，在安全治理的过程中，既行使打击犯罪的职能，又行使维护社会治安的职能，还要服务群众，公安机关是平安建设的主力军。

(5)充分调动人民群众参与安全治理

专门机关与广大群众相结合是公安工作的基本方针，是公安机关在维护国家安全和社会治安秩序的过程中,主动将自身业务工作与广大人民群众参与社会治安防范工作有机结合的产物。人民群众需要公安机关保障自身权益,公安机关也需要人民群众的支持和配合,两者之间的结合应当是多角度、多层次、多形式的全方位结合。平安建设活动中,公安机关将人民群众视为安全治理和平安建设的积极主体,重视人民群众的作用,并充分调动广大人民群众积极参与安全治理活动。公安机关通过广场图板展、发放宣传页及现场宣讲等形式,通过广播、电视、报纸、网络、微信等媒体手段,大力宣传平安主题创建活动,提高群众知晓率和参与度;通过法治宣传咨询工作站、“法律大讲堂”等平台,进行普法宣传,增强群众的平安主题创建主体意识。通过对群众进行安全感满意度测评,积极听取群众意见和建议,了解当前社会治安状况存在的薄弱点,并动员群众参与平安建设。通过优化社区警务建设,深入基层,关心群众,尊重群众,虚心向群众学习,加强警民互动,落实便民利民措施,开展群防群治工作。

充分调动人民群众的治安积极性,强化群众治安意识,增强群众的主体意识,优化社区警务建设等具体做法都是平安建设的成功经验。党的十九届四中全会指出,要“完善社会治安防控体系。坚持专群结合、群防群治,提高社会治安立体化、法治化、专业化、智能化水平,形成问题联治、工作联动、平安联创的工作机制,提高预测预警预防各类风险能力,增强社会治安防控的整体性、协同性、精准性”。充分调动人民群众参与社会治理,认真贯彻落实专门机关与广大群众相结合的方针,是提高国家治理效能的必然要求。因此,党的十九届五中全会强调,实现“十四五”规划和二〇三五年远景目标,必须坚持党的全面领导,充分调动一切积极因素,广泛团结一切可以团结的力量,形成推动发展的强大合力。建设更高水平的平安中国必须坚持党的全面领导,充分调动一切积极因素,广泛发动群众参与平安建设和安全治理。

## 三、治理视域下的公安群众工作能力概述

“从群众中来,到群众中去”“一切为了群众,一切依靠群众”是公安群众工作必须坚持的路线,它决定了公安群众工作的基本内容是研究群众、服务群众、宣传群众和组织群众。这四项公安群众工作基本内容要求公安机关人民警察必须具备研究群众、服务群众、宣传群众和组织群众的能力。思维方式决定思想高度,思维方式也决定行动成效。在治理视域下,公安机关人民警察的群众

工作能力应积极适应新时代国家治理体系、治理能力现代化建设需要，应积极满足社会安全治理工作需求和人民群众的要求。结合新时代我国社会主要矛盾变化和社会安全治理现状以及公安群众工作的特点，当下公安机关人民警察的群众工作能力应以一系列科学思维为基础，并运用这一系列思维去构建立体化的公安群众工作能力。2017 年 5 月，习近平总书记在中国政法大学考察时指出，“养成了历史思维、辩证思维、系统思维、创新思维的习惯，终身受用”。[①] 2019 年 1 月 22 日，在省部级主要领导干部坚持底线思维着力防范化解重大风险专题研讨班开班式上，习近平总书记要求领导干部“提高战略思维、历史思维、辩证思维、创新思维、法治思维、底线思维能力，善于从纷繁复杂的矛盾中把握规律，不断积累经验、增长才干”。[②] 结合公安群众工作实际，治理视域下公安群众工作能力应包括：树立战略思维，将宏观战略与微观实践结合的能力；涵养历史思维，汲取成功经验的能力；增强辩证思维，统筹处理复杂问题的能力；强化法治思维，规范执法的能力；培育创新思维，将警务与科技相融合的能力；坚守“底线思维”，积极化解矛盾纠纷的能力。

## （一）树立战略思维，将宏观战略与微观实践结合的能力

党的十八大以来，我们党形成了全面深化改革的重要战略思想，使党的改革方略达到全新高度。新时代，提升战略思维能力，对于我们更好地观察和把握当今世界百年未有之大变局，推进中华民族伟大复兴具有重要意义。战略思维能力，就是高瞻远瞩、统揽全局，善于把握事物发展总体趋势和方向的能力。[③]“不谋全局者不足以谋一域，不谋万世者不足以谋一时。”战略思维展示的是看问题的高度和深度。

新时代，深入贯彻国家总体安全观，创建“共建共治共享”的社会治理模式，建设高水平的平安中国建设，要求公安机关人民警察树立战略思维，对国家治理的“大格局”了然于胸，并主动提升思想政治修养，努力提高政治站位。公安工作关系到国家安全和社会稳定，公安机关各级领导干部和基层人民警察必须

---

① 李锦云：《养成辩证思维习惯终身受用》，载《光明日报》2017 年 11 月 20 日，第 2 版。

② 《习近平谈治国理政》（第三卷），外文出版社 2020 年版，第 223 页。

③ 中央党校（国家行政学院）习近平新时代中国特色社会主义思想研究中心：《战略思维的深刻内涵和时代价值》，载《光明日报》2019 年 7 月 9 日，第 6 版。

具备战略思维，坚持正确的政治方向，在思想上、政治上、行动上始终同以习近平同志为核心的党中央保持高度一致，全力维护国家安全和社会稳定，坚决捍卫政治安全、政权安全。战略思维能力的强弱，取决于思考问题的高度、理论研究的深度、知识视野的广度和观察世界的时间跨度，战略思维能力的水平在一定程度上也决定着全面深化公安改革、加强和创新公安群众工作、更高水平平安国家建设等伟大事业能登多高、能走多远、将抵达何处。

同样地，新时代，深入贯彻总体国家安全观，创建"共享共治共建"的社会治理模式，建设高水平的平安中国，也要求人民警察将国家战略要求细化为以基层岗位为核心的具体执法服务工作，强化群众工作，对基层群众工作充满干劲。战略思维要求公安民警首先应当坚持以习近平同志为核心的党中央的领导，着眼于我党关于社会治理的大政方针，坚决拥护党的领导和各项决策。其次，要将国家"大战略"化整为零，切分为一项项适应实际情况、符合实际需要且易于操作的"小任务""小方法"，将打击违法犯罪、开展治安整顿、矛盾纠纷调处、提供安全服务等都视为国家治理"大战略"中的一部分。最后，在坚持宏观战略的基础上，结合自身公安群众工作中出现的问题和不足进行查漏补缺，及时调整，以便于国家宏观战略能够做到一切以时间、地点和条件为转移。只有不断提升公安机关人民警察的战略思维，才能做到从局部把握全局，着眼战略整体；统筹兼顾，着眼战略重点；高瞻远瞩，着眼战略未来。①

只有运用战略思维，才能使公安群众工作真正实现"想民之所想，忧民之所忧"。我国的社会治理一贯强调集中，这与我国单一制的国家结构形式以及长期中央集权的历史传统是密不可分的，具体落实到群众工作建设上表现为：必须在党委集中统一领导下，实施专门机关与群众路线相结合的工作方针。公安机关人民警察要充分把握好集中与分散的关系，既要坚持"分散治理、重心下沉"的工作方法，又要坚持好、落实好党的集中领导，增强宏观战略性思维。在实践中，国家治理、地方基层治理和公安群众工作在一定程度上具有相通性，反映到公安群众工作上就是既要遵循国家宏观战略导向，又要注重地方平安建设实际，将上层建筑与当地实际的经济基础相结合；既要着眼地方社会治理总目

---

① 中央党校（国家行政学院）习近平新时代中国特色社会主义思想研究中心：《战略思维的深刻内涵和时代价值》，载《光明日报》2019年7月9日，第6版。

标，又要立足本职工作岗位职责义务，系统地分析社区民意、治安态势，切实把握群众关心的根本所在，提出科学化、系统化的治理方案供党委和政府参考，当好党委和政府的参谋和助手；既要提高战略思维，又要增强群众观念，革新群众工作思路，创建多元协同共治的公共安全治理模式。战略思维体现的是一种内在的辩证关系，好的战略方针能够提供给公安机关更明晰的工作思路，公安机关在落实群众工作的过程中，也需要将宏观理论具体到微观实践；同时公安机关在实践中发现的问题也可以逐级上报，以增强制定者战略制定的科学性和完善性。这样，公安群众工作就坚持了宏观战略思维的集中性与地方平安建设分散性的有机结合，促进了新时代公安工作群众路线的新发展。

新时代下，加强公安群众工作必须提升各级公安领导干部和民警的战略思维，并培养将宏观战略与公安微观具体工作相结合的能力。战略思维能力和将宏观战略与微观实践相结合的能力并不是与生俱来的，而是要在深入学习新时代中国特色社会主义理论基础上通过长期实践探索才能逐步形成和提高的。"实践出真知"，公安机关人民警察只有带着我党最先进的思想经常深入基层、深入群众，多层次、多方位、多渠道地开展实践探索和调查研究，才能搞清楚社会治安的真实情况和存在的问题，才能知道人民对公安机关的期望是什么，才能掌握公安工作的主动权，才能找到解决问题的新思路、新政策、新办法，不断提高政治站位和高度，不断提升宏观战略与微观实践结合的能力。

### （二）涵养历史思维，汲取成功经验的能力

《旧唐书·魏徵传》曾言："以铜为镜，可以正衣冠；以古为镜，可以知兴替；以人为镜，可以知得失。"历史思维是一种长时段思维，要求人们思接千载、视通万里，以贯通古今的智慧，分析当下碰到的问题，既知其然又知其所以然；历史思维是一种整体思维，要求人们看到历史的连续性，对历史心存"温情与敬意"，避免人为割裂历史，甚至搞历史虚无主义；历史思维，也是一种发展思维，要求人们以史为鉴、鉴往知来，在历史前进的逻辑中前进，在时代发展的潮流中发展；历史思维，也是坚持辩证唯物主义和历史唯物主义世界观和方法论的具体

体现。[①] 历史思维能力，就是以史为鉴、知古鉴今，善于运用历史眼光认识发展规律、把握前进方向、指导现实工作的能力。[②]

历史、现实、未来是相通的。历史是过去的现实，现实是未来的历史。公安机关的人民警察需要树立正确的历史思维，形成看待历史的正确态度，并充分认识历史的重要性，从历史中获取社会安全治理的营养。人民警察欲提高其群众工作能力，就必须涵养“历史思维”，因为只有读懂历史这本教科书，才能总结安全治理的历史经验、把握安全治理的历史规律、增强推进安全治理现代化的勇气和力量。伴随着我国社会的转型，因经济利益引起的纠纷不断增多，治安案件也呈持续上升态势。矛盾纠纷和治安案件若得不到及时处理，很有可能会发展升级为刑事案件，成为危害公共安全的重大隐患。公安机关肩负着维护社会治安稳定和化解社会矛盾的重大责任，是各级政府与群众之间的桥梁与纽带，是社会治理的有力推动力量。面对治安案件处置和社会矛盾纠纷化解方面的难题，公安机关人民警察要重视开展群众工作，注重吸取安全治理方面的历史经验，从经验中汲取营养并结合实际情况采取应对策略。中华民族自古以来就有“以和为贵”“喜调厌讼”的纠纷调解意识，一向注重官方调解、民间调解、宗族调解制度的作用，具备着眼长远、追求和谐的纠纷解决艺术。中华人民共和国成立初期，面对反革命分子对新生政权的破坏和对社会治安的扰乱，公安机关全面动员和组织群众，以群众性治安保卫组织为骨干，带动广大群众开展防奸、防谍、防盗、防火，有效配合了镇压反革命运动。20 世纪 60 年代初，浙江省绍兴市诸暨县(现诸暨市)枫桥镇干部群众创造了“发动和依靠群众，坚持矛盾不上交，就地解决。实现捕人少，治安好”的“枫桥经验”，为此，1963 年毛泽东同志就曾亲笔批示“要各地仿效，经过试点，推广去做”。时间虽然过去了 60 多年，但枫桥镇以人民为主体，“小事不出村，大事不出镇，矛盾不上交，就地化解”的纠纷调处经验却依然闪烁着光辉，枫桥镇在重点企业建立调解组织，开展民间纠纷调处，对曾经有过违法行为的人员坚持“不推一把拉一把，不帮一时帮一世”的原则，对刑满释放人员的帮扶改造措施，对外来务工人员管理的新模式等

① 范正伟:《涵养我们的历史思维——从历史中汲取走向未来的智慧》，载《人民日报》2019 年 1 月 25 日，第 4 版。

② 赵凡:《不断提高历史思维能力》，载《光明日报》2019 年 7 月 10 日，第 6 版。

做法也依旧有着可取之处，都值得我们公安机关人民警察结合当下社会治安问题进行研究、学习和借鉴。

同样地，国外优秀的社会治安治理经验和纠纷解决做法，也值得我国公安机关人民警察关注和参考。诸多国家的实践也证明，社会治理仅依靠政府力量和司法审判制度是远远不够的。英国民间自治警务理念源远流长，无论是“泰兴制”还是十户区制，抑或十户联保制、守夜人制，都体现了全民皆警、公众广泛参与社会治理的思想，这种社会自治的思想和实践都为我国公安机关积极推行社会治理现代化和构建全民共建共享的社会治安多元共治格局提供启发和借鉴。随着美国的 ADR 机制①的逐渐成熟，部分西方国家和地区逐步建立起了行政调解机制。法国在 1973 年正式建立了调解专员制度，其调解工作具有法律效力。日本在解决社会矛盾的制度中设立了“苦情处理”制度②。在长期的发展过程中，西方发达国家形成了一套具有西方文化特色的调解机制，其基本原则是以预防和疏导为重点，以全社会普遍接受的法律规则和价值观念为基础，形成社会集体的自我约束，以便把社会不稳定因素限制在可控的范围内，避免矛盾激化。国外这些化解和调处社会矛盾纠纷的制度，也为我国健全和完善矛盾纠纷调解机制，成功将矛盾控制在初始阶段，消灭在萌芽状态，有效地避免矛盾纠纷扩大和升级，夯实社会维稳基石提供了制度参考。

公安机关群众工作能力建设既要着眼于历史上社会治理优良经验，又要结合新时期社会主义建设的新特点，在吸取历史经验的基础上，将人民公安制度自身优势和时代潮流相结合，以史为鉴，借古鼎新。从做好公安群众工作而言，公安机关及其人民警察既要注重吸取历史上的处理经验，又要与时俱进地进行

---

① ADR，即 Alternative Dispute Resolution 的缩写，在我国通常翻译为替代性纠纷解决方式或可选择性纠纷解决方式，指的是 20 世纪逐步发展起来的各种诉讼外（审判外或判决外）纠纷解决方式的总称。

② 苦情处理制度，是日本行政法用语，是指行政机关听取公民对行政的不满情绪，通过简易程序采取必要措施的一种非正式救济制度。苦情指国民或团体对行政行为的不满或不服。主管行政机关为解决因不满或不服所发生的争议所采取的措施，称为广义的苦情处理。主管苦情调停的行政机关（专门机关）进行的苦情调停，称为狭义的苦情处理。苦情处理的目的在于避免将一般的行政争议纳入诉讼程序，从而避免国民与行政机关的直接对抗，也可以防止争议的激化，以便迅速、简便地解决行政争议。

工作手段和工作能力上的革新和发展。例如,以开展“安全生产月”[①]“全国法制宣传日”[②]等传统群众性社会安全治理活动为载体,在深入走访的基础上,通过网络社交平台密切警民联络与互动,广泛、全面、及时收集社情民意,密切掌握社会动态,积极摸排和处置矛盾纠纷,迅速回应群众求助。各派出所和分局各部门按照属地管辖的原则和联系派出所工作制度的要求,每月定期与街道综治部门和社区治保、调解组织开展矛盾纠纷联合排查工作,广辟信息渠道,确保对各类矛盾纠纷早发现、早处理,防患于未然。各辖区一旦发生纠纷,社区民警要迅速介入,及时、妥善开展联合调处化解工作,治安大队要全面掌握全局大调解工作的开展情况,研判形势,整合资源,协调推进。在刑事犯罪防控中,公安机关在“依靠群众、抓住战机、积极侦查、及时破案”方针引领下开展侦防,人民警察要在坚持历史思维的同时积极创新,寻找侦查防控工作向群众借力的时代新样态。例如,为了有效应对频频发生的电信诈骗等新型犯罪,除了积极吸取和利用防控犯罪的历史经验外,也要不断革新和发展公安机关人民警察的群众工作能力。动员全社会力量构建立体化治安防控体系,与大数据公司合作改进大数据侦查模式,构建警民联动的“智慧警务”和人工智能警务等,都是新时期坚持历史思维的基础上,与时俱进、开拓创新的产物。因此,只有人民警察坚持历史思维,注意吸收历史经验,同时以史为鉴、借古鼎新,才能保证其公安群众工作能力获得长足进步。

---

① 全国安全生产月活动是经国务院批准,每年6月由国务院安全生产委员会办公室主办、全国各行各业参与的一项全国性安全生产宣传教育活动,其主要活动内容是深入宣传和落实党和国家关于加强安全生产工作重大决策部署和法律法规,普及安全知识、强化安全意识、弘扬安全文化、提升安全素质、营造安全氛围。1980年5月,全国首次开展安全生产月,此后每年6月都开展安全生产月(1991—2001年改为“安全生产周”),使之经常化、制度化。启动“安全生产月”,通过对典型事故和身边事故案例进行剖析等活动,增强企业自我防范意识和自主保安能力,采取切实有效措施防止同类事故发生,坚决遏制重特大事故。

② 1986年至2000年,全国实施了三个五年普法规划。十五年的法制宣传教育效果显著。随着普法教育的深入,依法治理工作全面展开,为推进依法治国进程,维护社会稳定,促进经济发展和社会全面进步都发挥了积极重要的作用。2001年4月,党中央、国务院批转了《中央宣传部、司法部关于在公民中开展法制宣传教育的第四个五年规划》,第九届全国人大常委会第二十一次会议又通过了《关于进一步开展法制宣传教育的决议》。为了全面贯彻落实中央文件和全国人大常委会的决议,2001年5月,中宣部、司法部联合召开了第五次全国法制宣传教育工作会议,对“四五”普法工作进行了全面的部署。经党中央、国务院批转的“四五”普法规划明确规定,“将我国现行宪法实施日即12月4日,作为每年一次的全国法制宣传日”。2001年12月4日是我国历史上第一个法制宣传日,此后,每年12月4日都是全国法制宣传日。全国法制宣传日的确立有助于广大人民群众树立法律意识,增强法制观念。

### (三)增强辩证思维,统筹处理复杂问题的能力

辩证法是马克思主义哲学的重要组成部分,是中国共产党人的世界观和方法论,是人们认识世界和改造世界的思想武器。辩证思维就是运用辩证唯物主义进行思考的一种科学理论思维。辩证思维是马克思主义思维方法的灵魂,也是我们在新时代攻坚克难的思维法宝。[①] 要做一个真正的马克思主义者,就必须掌握好辩证思维。辩证思维是反映和符合客观事物辩证发展过程及其规律性的思维,它强调从对象的内在矛盾的运动变化中,从其各个方面的相互联系中进行考察和认识事物,是运用逻辑范畴及其体系从整体上、本质上完整地认识事物的一种思维形式。辩证思维的方法包括归纳和演绎、分析和综合、抽象与具体、逻辑与历史相统一。其中,归纳与演绎是最初的和最基本的思维方法,抽象与具体、逻辑与历史相统一是辩证思维所特有的方法。当前,我国社会各种利益关系十分复杂,这就要求我们善于处理局部和全局、当前和长远、重点和非重点的关系,在权衡利弊中趋利避害、作出最为有利的战略抉择。

搞好安全治理,落实高水平平安中国建设,公安机关人民警察必须坚持辩证思维。关于人民群众和社会历史发展的辩证关系问题,马克思主义做出了经典论断:人民群众是社会历史的创造者、是变革社会的决定性力量,是社会物质财富和精神财富的创造者。这一伟大的辩证法观点为安全治理事业和公安工作的发展和前进提供了理论源泉和方法指导。习近平总书记强调:“要学习掌握唯物辩证法的根本方法,不断增强辩证思维能力,提高驾驭复杂局面、处理复杂问题的本领。”[②]治理视域下,人民警察在群众工作中必须坚持和增强辩证思维,坚决反对主观主义、形式主义、机械主义、教条主义、经验主义等形而上学的思想方法。[③] 首先,坚持辩证思维,意味着人民警察必须反对主观主义和形式主义,强化群众观念,并将对党对人民对国家对法律的忠诚真正融入灵魂深处并真正体现在行动上,而不是仅仅停留在口头上;真正重视群众工作,开展群众工作,并乐于创新群众工作。其次,坚持和增强辩证思维能力,要求人民警察重视

---

① 宋圭武:《不断增强辩证思维能力》,载《光明日报》2019 年 1 月 8 日,第 2 版。
② 孙正聿、高超:《辩证唯物主义党员干部读本》,人民出版社 2015 年版,第 100 页。
③ 宋圭武:《不断增强辩证思维能力》,载《光明日报》2019 年 1 月 8 日,第 2 版。

调查研究,能够把深入基层、走进群众开展调查研究变为一种日常行为,随时随地进行调查研究,而不是走马观花式的调研或形式主义的调研。正如习近平总书记强调,"要反对形而上学的思想方法……要加强调查研究,坚持发展地而不是静止地、全面地而不是片面地、系统地而不是零散地、普遍联系地而不是单一孤立地观察事物,准确把握客观实际,真正掌握规律,妥善处理各种重大关系"。①

在新时代新形势下,面对新情况新问题新矛盾,公安机关人民警察必须不断增强辩证思维能力,提高统筹处理和解决复杂问题的能力。在风险社会背景下,越来越多的社会问题具有复杂性,仅依靠公安机关难以实现公共安全有效治理,因此多元综合治理成为必由之路。面对日益复杂的治安问题,人民警察必须具备统筹处理复杂问题的能力。首先,人民警察要增强辩证思维能力,积极主动维护国家安全和社会治安,正确处理安全领域中的主动与被动、全局与局部、当前与长远等辩证统一关系。在复杂严峻的国内外安全形势下,人民警察既要有全局意识、世界眼光,也要立足现实、稳扎稳打,要善于从大局出发防范局部问题,善于把握机遇、直面挑战,积极主动防范化解风险,不能让小问题演变成大风险,局部问题演变成全局风险。② 其次,增强辩证思维能力,要求公安机关的人民警察坚持以问题为导向,积极主动化解各种问题和矛盾,特别是主要矛盾和矛盾的主要方面。③ 当前我国改革开放正处于深水区和攻坚期,问题错综复杂、矛盾空前尖锐,我国社会的主要矛盾已由人民日益增长的物质文化需要同落后的社会生产之间的矛盾,转化为人民日益增长的美好生活需要和不平衡不充分的发展之间的矛盾。在社会主要矛盾发生变化的情况下,以从严治警、科教强警为抓手,提高公安队伍专业化建设,不断深化公安改革,创新公安群众工作方式,增强公安机关公共安全治理的能力和为社会提供公共安全服

---

① 《习近平:坚持运用辩证唯物主义世界观方法论提高解决我国改革发展基本问题本领》,载人民网 2023 年 8 月 25 日,www. jhsjk. pecple. cn/article/26445123。

② 中国社会科学院习近平新时代中国特色社会主义思想研究中心:《把握辩证思维的深刻内涵与时代价值——学习〈习近平新时代中国特色社会主义思想学习纲要〉》,载《光明日报》2019 年 9 月 9 日,第 5 版。

③ 中国社会科学院习近平新时代中国特色社会主义思想研究中心:《把握辩证思维的深刻内涵与时代价值——学习〈习近平新时代中国特色社会主义思想学习纲要〉》,载《光明日报》2019 年 9 月 9 日,第 5 版。

务的能力，不断满足人民群众的公共安全需求和服务要求。最后，增强辩证思维能力，要求公安机关充分发挥社会协同作用，合力解决重大复杂治安问题。创新党建带群建制度机制，充分发挥“工青妇”等群团组织在平安建设中的重要作用。健全政府购买服务机制，把适合由社会组织提供的公共服务和解决的事项交由社会组织承担。加大对公益性、服务性、互助性组织的支持，提升其专业化服务、规范化管理和社会化运作的水平。完善社会志愿服务体系，健全志愿者权益保障与救济机制，完善志愿服务激励机制。引导各类社会组织和市场主体充分发挥专业优势，积极参加服务社会、防控风险、化解纠纷等工作，助力解决平安建设难题。

### (四)强化法治思维，规范执法的能力

法律是对社会行为的基本约束，也是治理国家的基本方式。新时代，依法治国是党领导人民治理国家的基本方略，法治是治国理政的基本方式。法治思维就是将法律作为判断是非和处理事务的准绳，它要求崇尚法治、尊重法律，善于运用法律手段解决问题和推进工作。[①] 习近平总书记在首都各界纪念现行宪法公布施行30周年大会上的讲话中提出：“各级党组织和党员领导干部要带头厉行法治，不断提高依法执政能力和水平，不断推进各项治国理政活动的制度化、法律化。”在市场经济条件下，人们的思想观念多元多样多变，各种利益分歧、矛盾冲突相互交织，只有法治才能有效整合各种张力、化解各种冲突，为社会和谐稳定奠定根基。各级领导干部的法治思维和依法治国能力强弱，直接影响着党的执政根基和国家的长治久安。[②] 因此，习近平总书记在首都各界纪念现行宪法公布施行30周年大会上的讲话中提出：“各级领导干部要提高运用法治思维和法治方式深化改革、推动发展、化解矛盾、维护稳定能力，努力推动形成办事依法、遇事找法、解决问题用法、化解矛盾靠法的良好法治环境，在法治轨道上推动各项工作。”

法治思维能力是公安机关人民警察群众工作能力的重要构成。公安机关

---

① 杨永加：《习近平强调的思维方法》，载人民网2020年9月1日，http://theory.people.com.cn/n/2014/0901/c40531-25580902.html? from=groupmessage&isappinstalled=0。

② 杨永加：《习近平强调的思维方法》，载人民网2020年9月1日，http://theory.people.com.cn/n/2014/0901/c40531-25580902.html? from=groupmessage&isappinstalled=0。

既是执法机关,也是群众工作机关,公安民警既是执法工作者,也是群众工作者,公安机关的执法工作与群众工作有着天然的密切联系。众所周知,公安机关是国家重要的治安行政和刑事司法部门,其执法行为涉及刑事司法领域和治安行政领域,执法范围之广泛是许多执法机关无法相比的,且其执法的各个环节都与人民群众有着广泛而密切的联系。在新时代,提高公安机关人民警察的执法能力和水平,加强警察执法过程中的公安群众工作,是建设法治国家、法治政府、法治公安的必然要求,也是推进国家治理能力现代化的必由之路。

公安机关人民警察高水平的法治思维和规范执法能力是新时代公安群众工作创新的必要保障。新时代,社会治安问题日益复杂,新型违法犯罪不断增多,公民法治意识不断提高,公安机关只有坚持民本思想和问题导向,用法治为公安工作"把脉",运用法治思维和法治方式着力解决社会普遍关注、群众反响强烈的突出问题,强化法制宣传教育,才能推动治安防控建设、平安建设和社会和谐。在执法服务中,公安机关人民警察必须强化法治思维,以法治方式解决矛盾问题。善于用法律上的事实辨别是非,用权利义务思维分清对错,推动矛盾问题在法治轨道内彻底解决。既解决好人民群众合理合法利益诉求,又依法打击处理违法犯罪人员。以贯彻实施《民法典》为契机,更多地引导人民群众依法保护自身权益。加大对生产安全、生态环境、食品药品等领域执法力度,用法治提升人民群众平安质感。人民警察还要以法治力量引领社会风尚。把法治宣传教育作为平安中国建设的战略性、基础性工程来抓,严格落实普法责任制,完善以案释法制度,不断提高人民群众的法治意识和法治观念。坚持依法治国和以德治国相结合,推动法治和德治相互贯通、协同发力。

坚持严格、公正、文明、理性、高效执法,是公安执法的基本要求,也是公安工作的生命线。公安机关要重视各级领导干部和基层民警的执法规范化建设,实现从法治思维向规范执法的升级。首先,要树立和坚定公安民警的中国特色社会主义法治理念和法治信仰,使"有法可依、有法必依、执法必严、违法必究"的法治方针深入人心,让执法为民、公平正义、严守法纪等理念根植于每个警察的头脑,落实到每一个警察的实际行动中,贯穿到每一项执法工作和每一个执法环节中。其次,要加强警察执法规范化建设,提高民警执法水平,切实减少执法不规范、不公正、不文明和不作为、乱作为的问题。在强化法治思维的前提下,加大对人民警察的执法规范化教育培训,通过反复强化训练让人民警察牢固掌握各类执法标准和程序,熟悉规范化执法环节,学会统一规范的执法语言和执法动作,最终实现执法程序规范,言行文明,举止得当。再次,培育人民警察正确的权力观和依法履行警察职权的能力,保障警察权力在阳光下运行。公安机关要教育人民警察权力因权利而生,必须正确认识并处理好权与法的关系,要依法履行警察职权,不搞权大于法、以言代法、选择性执法。公安机关要教育其民警,将权力关进制度的笼子里,不搞特权,不搞潜规则,自觉守法,维护法律和制度的严肃性,自觉接受社会和公众监督,保证权力在阳光下运行。最后,通过依法治警增强公安机关人民警察遵纪守法和廉洁从警的自觉性,让法律真正成为维护社会公平正义的最后一道防线。司法腐败是危害最大的腐败,是压垮政府公信力的最后一根稻草。公安机关要坚持依法治警、从严治警,坚决抵御和打击公安机关人民警察的权力腐败问题,提高公安执法公信力,努力实现公安执法工作法律效果和政治效果的有效统一。通过依法治警和从严治警,增强民警的法治思维,养成遵纪守法的自觉性,增强广大民警干事创业、廉洁从警的自觉性,并形成自觉与权力腐败作斗争的思想意识。

### (五)培育创新思维,将警务与科技相融合的能力

20 世纪后半叶,以电子信息业的迅猛发展为标志的新科技革命骤然爆发,大数据、云计算、物联网、互联网 + 、人工智能等新技术的迅速发展影响了人类的生活和工作。互联网、云计算和大数据引发了 IT 行业颠覆性的技术革命,同样地,互联网、云计算和大数据也以其活跃和创新的特质全面渗透到打击犯罪和警务服务的各领域,已成为推动公安工作和队伍建设可持续发展的重要引擎。① 2016 年 10 月 10 日至 11 日,在江西南昌举行的全国社会治安综合治理创新工作会议指出,大数据已成为促进国家治理变革的基础性力量,将极大地提高社会治理的可预见性、精准性、高效性。要把大数据等现代科技手段与社会治理深度融合起来,为社会治理插上腾飞的翅膀。要统筹有关地方、部门和互联网企业资源力量,推动数据资源从人工采集为主向机器采集为主转变,从无偿提供向平等交换交易转变,尽快建立科学的数据标准体系,努力实现政法综

---

① 王春梅:《新时代西北地区警察专业化建设研究——以公安教育为视角》,中国人民公安大学出版社 2019 年版,第 169 页。

治专业数据与各类公共数据的集成应用。要善于把科技革命与机制变革融合起来,推进职能优化,提升社会治理的层次和水平。

伴随着大数据时代和移动互联时代的飞速发展,受科技革命浪潮的推动,公安机关的群众工作已经开始转型,线上和线下双线结合的工作方法已经成为深化警务改革的大势所趋。互联网及微信、微博等社交网络平台广泛普及,这些平台因互动性强,沟通效率高,而为拉近社区民警与群众间的关系提供了新渠道,一定程度上解决了公安民警"进不了门、见不着人、说不上话"的难题。随着全国公安"微警务"的普及和发展,从全国首个公安微博"平安肇庆",再到公安微博、微信平台阵地的开拓与增长,公安机关汇集民意民智的渠道不断增多,公众能够与公安机关进行沟通的方式也随之增加。各地兴起的"网上警务室"也在服务群众方面变被动管制为主动服务、变"单项交流"为"双向沟通"、变"复杂繁琐"为"便捷高效规范",已迅速发展成为密切警民关系的新平台。

从传统的公安群众工作方式转变为线上线下双轨的公安群众工作方式,反映了公安机关人民警察在群众工作能力方面的创新思维能力。创新思维是指因时制宜、知难而进、开拓创新的科学思维。变革创新是推动人类社会向前发展的根本动力,排斥变革、拒绝创新则会落后,甚至会被历史淘汰。从治国理政实践来看,"综合国力竞争说到底是创新的竞争"。在科学技术迅猛发展并改变世界的当下,习近平总书记指出:"人民的需要和呼唤,是科技进步和创新的时代声音。"①这种"时代声音"来自人民群众的期待,来自人民群众利益的诉求,来自人民对美好生活的向往,因此,人民至上是创新思维的价值坐标,创新应体现出以人民为中心的价值取向,是对反映人民群众利益的重大问题的创造性分析与解决。② 由于互联网、云计算和大数据已经全面渗透到社会生产生活,并在公安机关执法活动和安全服务的各领域都已开始推广应用,故在新时代科技飞速发展背景下,贯彻落实以人民为中心的价值理念和发展思路,必须运用创新思维,探索符合时代特征和人民期待的公安群众工作方式。

创新思维根本目的是要回答事物"向何处去"的理论和实践问题,创新思维能力则是新时代公安群众工作能力的重要构成。公安工作中的创新思维实则

---

① 《习近平:为建设世界科技强国而奋斗》,载《人民日报》2016年6月1日,第2版。

② 王刚:《深刻理解创新思维》,载《光明日报》2019年7月16日,第6版。

指向中国公安工作发展的时代方向,即数据思维或者大数据思维。大数据是在信息社会背景下,对海量信息进行收集、分析和处理,挖掘出隐藏在数据背后的规律,从而进行科学预测并辅助各项决策的一种技术和科学。① 当下,大数据在商业、医疗、图书情报等领域有了较为广泛的应用,但在哲学社会科学领域的应用并不充分,还有很大发展空间,需要各个学科携手合作、跨界探讨,相互借鉴、彼此启发。② 数据思维既是公共安全治理所需要的,也是公安群众工作所必需的。数据思维是以数据为基础线索,从数据的角度,运用数据语言、原理、方法和技术,来发现问题、分析问题和解决问题的思维方式。人类已进入数字经济时代,一切皆可数据化,一切皆可量化,数据已经顺理成章地成为人类认识和解读世界的通用语言,数据思维成为引领时代发展方向的创新思维。治理视野下的公安群众工作能力要求人民警察必须努力转换思维方式,积极培养大数据思维,将大数据应用于各项公安业务工作,不断增强创新实践。值得欣慰的是,当前公安机关已经初步建立和完善了各类公安大数据平台和数据库,并对大数据开展了一定的分析、整合、挖掘和关联比对,例如,浙江省公安厅的"云上公安、智能防控"、甘肃省的大数据警务云等,都体现了公安工作专业化、科学化、前瞻化的趋势。还有大量城市运用大数据构建了智能交通管理系统,运用大数据开展交通安全治理,并通过基于大数据和人工智能技术的计算和应用平台实现了智能交通管理系统的集成创新和整合共享。再者,RFID 汽车电子标识③的试点和推广应用,都有助于突破原有交通信息采集技术的"瓶颈",实现车辆信息的精准化采集、动态采集,实现智能交通管理和交通安全服务的创新升级。然而,从公安队伍及现有状况来看,目前我国公安机关科信部门人员量少质弱,既缺乏高端人才,也缺乏中低端技术保障,直接影响了警务信息化、数据化的效能。④

① 马宁:《公安民警大数据思维的培养》,载《辽宁警察学院学报》2016 年第 6 期。

② 刘学:《信息快递:积极培养大数据思维——"第二届大数据与哲学社会科学研讨会"述要》,载《人民日报》2019 年 7 月 30 日,第 8 版。

③ RFID,即汽车电子身份证,是基于物联网对智慧交通的延伸。RFID 是一张含有射频芯片的无源电子卡片,可安装在汽车挡风玻璃上,用于汽车身份的识别,相当于汽车的电子身份证。RFID 是由公安部牵头,以车辆管控为目的的标准规范。除了实现车辆管控外,RFID 还能充当城市交通管理、环保限行、小额支付等应用场景,诸如车险、交强险的电子化就是其中最基础的部分。

④ 任捷、冯聪:《人力资源管理理论视角下公安科技信息化人才队伍建设研究》,载《黑河学院学报》2017 年第 1 期。

因此,公安机关必须加大科技信息专门人才培养力度,对公安科技信息化人才队伍的职业发展进行科学管理,帮助公安科技信息化人才分析未来职业发展的可能性,鼓励其积极建立和实施职业发展计划。[①] 此外,必须加强整个公安队伍的数据思维培育,让公安民警充分认识大数据的价值,接纳和关注大数据,能够尝试和探索将大数据技术和警务工作结合起来,用大数据思维和应用能力来提升警务效能。特别是,要让公安民警立足公安系统全局,打破壁垒,整合数据,处理与事物相关的全部数据,关注事物间的相关关系分析,通过海量数据分析,掌握事物的运行规律和趋势,科学预测,为决策提供参考性意见,进而提高决策的准确性。或者依靠数据的整体性和全面性,在公安各项业务改革中不断探索和创新便民利民的新内容、新方式,用大数据思维引领警务工作的变革。

### (六)坚守"底线思维",积极化解矛盾纠纷的能力

习近平总书记强调:"要善于运用'底线思维'的方法,凡事从坏处准备,努力争取最好的结果,做到有备无患、遇事不慌,牢牢把握主动权。"[②]底线即最下限,是不可逾越的界限和事物发生质变的临界点,守之则安稳,越之则危险。[③]底线思维注重对危机和风险等负面因素进行管控,而不是降低标准、无所作为。底线思维首先是防控风险型思维。古人说,"君子安而不忘危,存而不忘亡,治而不忘乱,是以身安而国家可保也"。当前我国面临着"四大考验""四种危险"等方面的挑战,若要防控各种风险,我们必须明确底线并精准把握底线。底线不保,风险即至。正如2014年7月29日,习近平总书记在党外人士座谈会上强调指出,我们必须审时度势,全面把握和准确判断国内国际经济形势变化,坚持底线思维,做好应对各种新挑战的准备。底线思维还是积极发展型思维。只有明确底线,心里有底,才能不踩"红线"、不闯"雷区",变被动为主动,变压力为动力,变风险为契机。[④] 2014年12月5日,习近平总书记在中共中央政治局第十九次集体学习时强调:"要坚持底线思维、注重防风险,做好风险评估,努力排

---

① 王春梅:《新时代西北地区警察专业化建设研究——以公安教育为视角》,中国人民公安大学出版社2019年版,第170页。

② 人民日报理论部编:《深入学习习近平同志重要论述》,人民出版社2013年版,第131页。

③ 吴家庆:《坚持和运用好底线思维方法》,载《光明日报》2019年7月18日,第6版。

④ 吴家庆:《坚持和运用好底线思维方法》,载《光明日报》2019年7月18日,第6版。

除风险因素，加强先行先试、科学求证，加快建立健全综合监管体系，提高监管能力，筑牢安全网。”①综合来说，底线思维就是在对于自身形势进行研判的基础上，未雨绸缪，从自身不利的境地出发，谋求最佳的结果。

国家安全治理和社会安全治理工作必须强化底线思维，居安思危、未雨绸缪，积极主动应对各种风险、威胁和挑战。2014 年 4 月 25 日，习近平总书记在十八届中央政治局第十四次集体学习时强调：“新形势下我国国家安全和社会安定面临的威胁和挑战增多，特别是各种威胁和挑战联动效应明显。我们必须保持清醒头脑、强化底线思维，有效防范、管理、处理国家安全风险，有力应对、处置、化解社会安定挑战。”②当前，我国已进入中国式现代化建设的重要时期，公安机关执法环境充满挑战。只有牢固树立底线思维，科学运用底线思维，善于在变与不变中判断形势，把握规律，解决存在的“瓶颈”问题，才能有效增强公安工作的前瞻性，掌握公安工作的主动权。③ 对公安机关而言，坚持和强化底线思维，就意味着坚持下“先手棋”、打主动仗，有效防控安全风险，深入开展反渗透、反颠覆、反分裂、反邪教斗争，坚决遏制和打击境内外敌对势力伺机进行的各种分裂渗透破坏活动；积极做好预防和化解社会矛盾工作，有力应对、处置各种不安定因素。时任公安部部长赵克志在 2020 年 7 月 27 日的全国公安机关视频调度会上强调：“坚持底线思维，强化责任担当，全力抓好当前维护安全稳定各项工作。”“切实增强忧患意识，牢固树立底线思维，坚持居安思危、未雨绸缪，凡事从最坏处着想、向最好处努力。”

公安民警开展群众工作必须坚持底线思维，防患于未然，掌握群众工作的主动权。底线思维能力是公安群众工作能力的重要构成。底线思维能力，就是客观地设定最低目标，立足最低点，争取最大期望值的能力。从公安工作群众路线出发，第一，要求公安机关人民警察树立原则意识，要明确群众工作的基本原则、基本方向和基本目标，不能脚踩西瓜皮，滑到哪里算哪里。第二，要求公安民警明确底线、正视自己，客观认识公安群众工作中的优良传统与劣势，发扬优良传统和自身优势，正视存在的问题和自我不足。第三，要求公安民警准确、

---

① 《加快实施自由贸易区战略　加快构建开放型经济新体制》，载《人民日报》2014 年 12 月 7 日，第 1 版。

② 《习近平：切实维护国家安全和社会安定》，载《人民日报》2014 年 4 月 27 日，第 1 版。

③ 陈光明：《关于运用底线思维推动公安工作可持续发展的思考》，载《公安研究》2014 年第 9 期。

全面地识别底线,清楚哪些工作项目涉及底线,哪些工作项目已经触及底线或已经处于底线之下,从而有的放矢地规范和约束自我行为,做到全心全意为人民服务,约束危害群众利益的违法行为。第四,要求公安民警在群众工作中更要学会运用底线思维,积极有所作为。在法治公安建设中,公安机关领导干部和普通民警对法纪制度要时刻怀有敬畏之心,要牢固确立法律红线不能触碰、法律底线不能逾越的观念,但是,又要带头营造办事依法、遇事找法、解决问题用法、化解矛盾靠法的法治环境。[①] 公安机关是通过群众工作成为常年密切接触群众的一个政府职能机关,其群众工作既要实现执法公正,又要为人民群众提供更贴心的服务和帮助,因此,要善于运用底线思维,化被动为主动,为人民群众谋求最大利益和幸福。

随着改革开放不断深化与社会经济快速发展,对公安机关群众工作提出了更大的挑战。基于此,底线思维对公安群众工作具有重要的指导意义。首先,明确"底线思维"既可以明确防范风险,又可以有针对性地定位危险,发掘问题根源,"对症下药"地解决群众工作过程中出现的难题与困境。在公安群众工作实践中,具备底线思维意味着公安民警能够紧盯影响社会稳定的重大风险,积极主动化解风险,重视开展源头治理,有效维护社会大局稳定。通过深入群众开展矛盾风险动态排查、防范化解,加强风险评估研判,努力把各类不稳定因素解决在萌芽、化解在基层,通过深入群众和与群众沟通交流,努力把各类社会不良心态和苗头隐患疏导在早、化解在小,防止引发个人极端事件。其次,底线思维在面对不断出现的新问题时,为公安机关提供了一种居安思危的忧患意识。古人云:"天下之患,最不可为者,名为治平无事,而其实有不测之忧。"只有凡事做好最坏的打算,但能尽最大的努力,才能转危为安。最后,底线思维在相当长的时期内将为我们应对错综复杂的局面、处理繁杂的矛盾冲突、维护社会秩序提供科学的思维方式。这要求公安机关强化使命担当,以全心全意为人民服务为宗旨,依靠群众、联系群众、服务群众。只有如此,才能保证公安群众工作积极有序、健康良好的良性发展。

---

① 吴家庆:《坚持和运用好底线思维方法》,载《光明日报》2019 年 7 月 18 日,第 6 版。

# 专题二　历史发展篇

马克思指出："一方面，共产党人强调的是整个无产阶级的部分民族的共同利益，另一方面，共产党人始终代表无产阶级整个运动的利益。"①人民性是中国共产党的本质属性，人民立场是中国共产党的根本政治立场。我们党自成立之日起，就是一个以马克思列宁主义理论为基础的政党，始终把人民利益深深镌刻在自己的旗帜上，一切为了人民，一切依靠人民。习近平总书记生动指出：中国共产党根基在人民、血脉在人民。《中国共产党章程》明确规定：中国共产党是中国工人阶级的先锋队，同时是中国人民和中华民族的先锋队，是中国特色社会主义事业的领导核心，代表中国先进生产力的发展要求，代表中国先进文化的前进方向，代表中国最广大人民的根本利益。2013 年 1 月 5 日，习近平总书记在新进中央委员会的委员、候补委员学习贯彻党的十八大精神研讨班开班式上的讲话中指出："衡量一名共产党员、一名领导干部是否具有共产主义远大理想，是有客观标准的，那就要看他能否坚持全心全意为人民服务的根本宗旨，能否吃苦在前、享受在后，能否勤奋工作、廉洁奉公，能否为理想而奋不顾身去拼搏、去奋斗、去献出自己的全部精力乃至生命。"在中国近百年的奋斗历程中，中国共产党始终与人民同呼吸、共命运，带领中国人民历经革命、建设、改革并进入新时代的伟大征程，共谋中华民族伟大复兴的中国梦，其中的宝贵经验之一就是始终坚持马克思主义群众观，争民主、重民意、体民情、惠民生。

---

① 《马克思恩格斯选集》(第 1 卷)，中共中央马克思恩格斯列宁斯大林著作编译局编译，人民出版社 1995 年版，第 264 页。

## 一、历史溯源:党领导人民建立人民政权的伟大历程

从中国近代社会发展历程来看,各个社会阶级为了挽救民族危亡均进行了一定的努力,农民阶级开展了太平天国运动、地主阶级开展了洋务运动、资产阶级维新派开展了戊戌维新运动、资产阶级革命派开展了辛亥革命,但无一例外地以失败告终。从20世纪20年代至20世纪40年代末,国民党政府依靠大地主、大资产阶级执政,未能解决内部腐化和争论,成为政治角逐的失败者。中国共产党以明确的反帝反封建的新民主主义革命纲领和科学的理论为指导,扛起近代中国救亡图存的历史使命,最终带领人民成立新中国。中华人民共和国成立70多年来,在中国共产党的坚强领导下,我们确立并不断发展和完善中国特色社会主义制度,持续推进国家治理体系和治理能力现代化,创造了一个又一个经济奇迹,迎来从站起来、富起来到强起来伟大飞跃。

### (一)人民民主专政:中国共产党国家建设理论的生动实践

#### 1.发动工农,形成"工农武装割据"科学理论

1925年12月5日,毛泽东在《〈政治周报〉发刊理由》一文中阐明中国共产党的奋斗目标:"为了使中华民族得到解放,为了实现人民的统治,为了使人民得到经济的幸福。"[①]从1928年10月到1930年1月,他陆续发表了《中国的红色政权为什么能够存在?》[②]《井冈山的斗争》《星星之火,可以燎原》等文章,科学论证了党领导下的土地革命、开展武装斗争和建立工农民主政权三者之间的关系,形成了"工农武装割据"的科学理论。此外,他还提出"农村工作是第一

---

① 《毛泽东选集》(第1卷),人民出版社1991年版,第21页。

② 《中国的红色政权为什么能够存在?》是1928年10月5日毛泽东同志为湘赣边界党的第二次代表大会写的决议的一部分,原题为《政治问题和边界党的任务》。在这篇重要文章中,毛泽东同志指明了在反动统治薄弱的农村积聚力量,实行工农武装割据,以农村包围城市,最后夺取城市取得全国政权的道路。这是毛泽东思想开始形成的一个标志,是马克思主义中国化的里程碑。毛泽东同志非常重视这篇文献,延安整风时期,这个决议被收入他先后主持编辑的《六大以来》和《两条路线》,供党的高级干部阅读学习。1950年,毛泽东同志对决议的第一部分进行修改润色,然后拟题为《中国的红色政权为什么能够存在?》,收入《毛泽东选集》(第1卷),作为第二次国内革命战争时期的开篇。

步，城市工作是第二步”[①]的思想，即在农村建立革命根据地，走农村包围城市、武装夺取政权的道路。这一系列论述标志着中国化马克思主义即毛泽东思想的初步形成，是对马克思主义创造性的运用和发展，为中国革命在城市遭遇失败后要想向前进一步发展指明了道路。土地革命战争时期，中国共产党在广大农村开展政治动员，号召农民起来为维护革命利益而斗争。毛泽东据此指出：“政治动员是反‘围剿’斗争中第一个重要问题。这就是说，明确、坚决而充分地告诉红军人员和根据地的人民，关于敌人进攻的必然性和迫切性，敌人进攻危害人民的严重性，同时，关于敌人的弱点，红军的优良条件，我们一定要胜利的志愿，我们工作的方向等。号召红军和人民全体为反对‘围剿’、保卫根据地而斗争。除开军事秘密外，政治动员是必须公开的，而且力求普及于每一个可能拥护革命利益的人员。”[②]中华苏维埃共和国临时中央政府成立后发布了《关于战争紧急动员》，要求“紧急动员全体工农劳苦群众，以最积极的革命热情和实际行动来为争取胜利而努力而斗争，因此各级政府立即实行对于全苏区工农群众充分的政治动员，使每个工农分子都了解这一战争关于本身前途的意义，关于苏维埃在全国胜利的重要关节，认识现在全国革命力量增大和反革命的挣扎，来鼓起工农群众的战争热情和阶级的决心，积极地准备和参加前线和后方的战争中一切实际工作，去为粉碎敌人大举进攻而战斗，这是我们阶级战争胜利的基本条件。”[③]

2. 回应民意，提出新民主主义国家建设方案

在抗日战争即将取得胜利之际，中共中央于1945年4月23日—6月11日在延安召开第七次全国代表大会，毛泽东在会上作了《论联合政府》的报告，围绕“放手发动群众，壮大人民力量，在我党的领导下，打败日本侵略者，解放全国人民，建立一个新民主主义的中国”[④]核心政治任务展开。大会指出，由于国民党继续实行法西斯独裁统治，拒绝进行民主改革，抗战胜利后仍然可能会发生

① 《中共中央关于执行新的中央路线问题给红四军前委的信》(1930年6月15日)，载中共中央文献研究室、中央档案馆编：《建党以来重要文献选编(一九二一—一九四九)》(第7册)，中央文献出版社2011年版，第276页。

② 《毛泽东选集》(第1卷)，人民出版社1991年版，第200页。

③ 江西省档案馆、中共江西省委党校党史教研室选编：《中央革命根据地史料选编》(中)，江西人民出版社1982年版，第651页。

④ 《毛泽东选集》(第3卷)，人民出版社1991年版，第1101页。

内战,因此中国面临着两个前途、两种命运的抉择,中国共产党的任务就是要竭尽全力去争取光明的前途。大会的核心议题之一是如何建立一个独立、自由、民主、统一和富强的新中国。毛泽东指出,应"立即宣布废止国民党一党专政,成立一个由国民党、共产党、民主同盟和无党无派分子的代表人物联合组成的临时的中央政府,发布一个民主的施政纲领……以便恢复民族团结,打败日本侵略者"。[①] 具体步骤是先经过各党各派和无党派代表人物的协议,成立临时的联合政府;将来再经过自由的无拘束的选举,召开国民大会,成立正式的联合政府。

抗日战争取得胜利,全中国人民欢欣鼓舞。饱经战火摧残的中国人民渴望和平,渴望休养生息,重建国家。中国向何处去,成为摆在全中国人民面前的紧迫问题。中国共产党对战后中国政治前途的态度非常明确,即力争和平,反对内战。1945 年 8 月 25 日,中国共产党发出《对目前时局的宣言》,提出和平、民主、团结三大口号以及解决时局问题的六项要求,向全国人民公布了自己的政治主张。8 月 28 日,毛泽东等由延安飞抵重庆参与国共谈判,在机场发表了书面谈话:"目前最迫切者,为保证国内和平,实施民主政治,巩固国内团结……建设一个独立、自由与富强的新中国。"[②]10 月 10 日,国共双方代表签署了《会谈纪要》即"双十协定",提出:以和平、民主、团结、统一为基础,国共双方长期合作,坚决避免内战,建设独立、自由和富强的新中国;召开政治协商会议,讨论和平建国方案及国民大会、宪法等问题;保证人民各项自由;党派平等合法;释放政治犯,等等。1946 年 1 月 10 日,政治协商会议在重庆开幕,国民党、共产党、民主同盟、青年党和无党派人士共 38 名代表出席会议。周恩来在发言中表示希望各党代表和社会贤达,对人民负责,对国家负责,一定要使这个会议的历史任务达到成功。要在共同纲领的基础之上,实现各党各派、无党无派代表人士合作的举国一致的政府。1 月 31 日,政协会议闭幕并通过了五项协议。其中,《和平建国纲领》声明:建设统一、自由、民主之新中国,实现政治民主化,军队国家化,党派平等合法,人民享有各项自由,实行地方自治。政协协议的达成,是战后中共和平民主主张的一大胜利。周恩来在政协闭幕式上讲话时说:"中国

① 《毛泽东选集》(第 3 卷),人民出版社 1991 年版,第 1067 ~ 1068 页。
② 《毛泽东文集》(第 4 卷),人民出版社 1996 年版,第 19 页。

共产党愿意拥护这些协议,并保证为这些协议的全部实现,不分地区,不分党派地努力奋斗。”[①]不久,蒋介石及国民党政府撕毁政协协议,挑起内战。根据战争走势,1947 年 10 月,毛泽东公开发表《中国人民解放军宣言》,明确提出了“打倒蒋介石,解放全中国”的口号,阐述了中国共产党的基本政策纲领就包括“成立民主联合政府”及“实行人民民主制度,保障人民自由”。1947 年 12 月 25 日至 28 日,中共中央在陕北米脂县杨家沟召开会议,部署党在新形势下的全国工作,准备夺取人民解放战争在全国范围内的胜利。毛泽东在会上作了《目前形势和我们的任务》的重要报告,强调指出:中共的政治纲领就是联合工农兵学商各被压迫阶级,团结一切可以团结的力量,组成最广泛的统一战线,打倒国民党统治,成立民主联合政府。这个报告是对中国共产党新民主主义革命理论的丰富和发展,也是中国共产党成立新中国的纲领性文件之一。

3. 依靠人民,建立人民民主专政的国家政权

1949 年 3 月,中共中央在西柏坡召开七届二中全会,会议决定将中国共产党的工作重心由乡村转移到城市,并讨论决定了革命胜利之后的政治、经济、外交等方面的基本政策。1949 年 7 月 1 日,中国共产党建党 28 周年前夕,毛泽东发表了著名的《论人民民主专政》一文,阐述即将诞生的新中国的性质是,工人阶级领导的、以工农联盟为基础的、包括城市小资产阶级和民族资产阶级在内的人民民主专政的国家,这个指导新中国成立的纲领性文件,对于统一全国人民对新中国性质的认识具有重要作用。9 月 21 日,中国人民政治协商会议第一届全体会议在北平隆重开幕,会议期间通过了《中国人民政治协商会议共同纲领》《中国人民政治协商会议组织法》《中央人民政府组织法》,作为成立新中国的指导原则。10 月 1 日,中华人民共和国中央人民政府宣告成立。一个独立、自主、统一的中国出现在世界东方,具有五千年文明历史的中国翻开了自身历史新的一页。正如毛泽东所说:“我们的工作将写在人类的历史上,它将表明:占人类总数四分之一的中国人从此站立起来了。中国人民从来就是一个伟大的勇敢的勤劳的民族,只是在近代落伍了。这种落伍,完全是被外国帝国主义和本国反动政府所压迫和剥削的结果。一百多年以来,我们的先人以不屈不挠

---

① 《中国共产党代表周恩来在政协会议闭幕式上致辞》,载重庆市政协文史资料委员会、中共重庆市委党校编:《政治协商会议纪实》(上),重庆出版社 2016 年版,第 310 页。

的斗争反对内外压迫者,从来没有停止过,其中包括伟大的中国革命先行者孙中山先生所领导的辛亥革命在内。我们的先人指示我们,叫我们完成他们的遗志。我们现在这样做了。我们团结起来,以人民解放战争和人民大革命打倒了内外压迫者,宣布中华人民共和国成立了。我们的民族将从此列入爱好和平自由的世界各民族的大家庭,以勇敢而勤劳的姿态工作着,创造自己的文明和幸福,同时也促进世界的和平和自由。”“随着经济建设高潮的到来,不可避免地将要出现一个文化建设的高潮。中国人被认为不文明的时代已经过去了,我们将以一个具有高度文化的民族出现于世界。”①

**4. 服务人民,丰富、发展和完善中国特色社会主义政治制度体系**

中华人民共和国成立后,我们党继续领导人民建立人民当家作主的国家政权,探索构建人民当家作主制度,体现出党性与人民性的高度契合与统一。1954 年通过的《宪法》明确规定,“中华人民共和国是工人阶级领导的、以工农联盟为基础的人民民主国家”,“中华人民共和国的一切权力属于人民”。党的十九大报告强调要坚持人民主体地位,健全人民当家作主制度体系,加强人民当家作主制度保障。中华人民共和国成立 70 多年来,确立了社会主义基本制度、实现了人民民主的伟大飞跃,构建起一整套保障人民当家作主的制度体系,即人民代表大会制度、中国共产党领导的多党合作和政治协商制度、民族区域自治制度和基层群众自治制度。② 在坚持中国共产党的领导下,我国人民主体地位日益巩固、人民民主不断丰富发展。

毛泽东同志说:“我们的责任,是向人民负责。每句话,每个行动,每项政策,都要适合人民的利益……人民要解放,就把权力委托给能够代表他们的、能够忠实为他们办事的人,这就是我们共产党人。我们当了人民的代表,必须代表得好。”③中国近代以来的历史进程中,中国人民选择了中国共产党带领自己解放,中国共产党人牢记人民嘱托,将依靠谁、为了谁深深镌刻在建立人民政权的伟大实践中。

---

① 毛泽东:《中国人民站起来了》,载《毛泽东著作选读》(下册),人民出版社 1986 年版,第 691 ~ 692 页。

② 冯玉军:《人民当家作主制度体系不断健全》,载《人民日报》2020 年 2 月 14 日,第 9 版。

③ 《毛泽东选集》(第 4 卷),人民出版社 1991 年版,第 1128 页。

### （二）人民公安：党领导下公安政权建设的辉煌历程

1948 年，在西柏坡召开的九月会议上，毛泽东指出："人民民主专政的国家，是以人民代表会议产生的政府来代表它的"，"各级政府都要加上'人民'二字，各种政权机关都要加上'人民'二字，如法院叫人民法院，军队叫人民解放军，以示和蒋介石政权不同。"①人民公安的历史同中国共产党在革命、建设、改革与新时代的历史紧密相连。公安队伍从人民中走出，既来源于人民，又植根于人民，因此也必须服务于人民、维护人民的根本利益，这也充分体现出中国共产党的根基在人民、力量在人民的根本政治立场以及为了人民美好生活而努力的奋斗目标。

1. 捍卫工农利益：成立国家政治保卫局

专门的政权保卫机构成立前，中央苏区各级苏维埃政府设立有裁判肃反委员会，负责中央苏区内部的治安保卫工作。1931 年六七月，江西中央苏区成立中共苏区中央局政治保卫处。1931 年 11 月，随着中华苏维埃共和国成立，国家政治保卫局随之组建。《中华苏维埃共和国宪法大纲》规定："国家政治保卫局是中华苏维埃组织的一部分，是苏维埃特别组织之机关。这个机关是在政府领导之下进行公开的、秘密的与一切军事的、政治的、经济的反革命作斗争，和保卫苏维埃政权的一个机关。"1932 年 1 月 27 日，中华苏维埃共和国中央执行委员会颁布《中华苏维埃共和国国家政治保卫局组织纲要》，规定了国家政治保卫局的组织机构、工作职责。文件指出，国家政治保卫局是"在临时中央政府人民委员会管辖之下执行侦查、压制和消灭政治上、经济上一切反革命组织活动、侦探及盗匪等任务"。

（1）组织方式

业务往来上，下级分局对上级的命令绝对服从。但在政治上，各分局及特派员受当地该级政府或红军中军事政治负责者指导，各分局长必须列席同级政府主席团会议；各级政府或红军中军政首长一律无权改变或停止国家政治保卫

---

① 全国人大常委会办公厅、中共中央文献研究室编：《人民代表大会制度重要文献选编》（第 1 卷），中国民主法制出版社 2015 年版，第 5 ~ 6 页。

分局执行国家政治保卫局的命令,如有意见只能提交到中央人民委员会解决。[①]各省苏维埃政府与中央军事委员会有其代表机关,指挥国家政治保卫局在地方机关与红军中的工作,拥有分局长、委员及特派员的任免处分权。

(2)机构职能

《中华苏维埃共和国国家政治保卫局组织纲要》规定:国家政治保卫局及其各分局和特派员,是代表政权侦查、接收与处理一切反革命案件的……一般的对于反革命犯人及嫌疑犯的拘捕、审问权……当地群众及政府机关、共产党部和共产青年团部,各革命团体、红军,均负有向其供给和报告各种消息的责任。

(3)工作方式

分为侦查与执行(审查侦查所得的材料与复查均在内)两个工作系统,不相隶属。国家政治保卫局及各省、县保卫分局都建有常备的政治保卫大队,实际是苏区的武装警察部队,接受国家政治保卫局及各级分局的指挥,而不受红军及各级苏维埃政府军事部门的指挥。负责对各类案犯的拘捕、看押及一些重要机关、重要人物的安全保卫工作,处理一些突发事件。对反革命案件有侦查、逮捕、预审之权,并且可以原告身份向审判机关提起诉讼。[②] 除便衣人员外,国家政治保卫局工作人员均须随身携带特制证件。

**2.巩固和保卫党的组织:成立中共中央社会部**

1939年2月18日,中共中央发布的《关于成立社会部的决定》指出,“目前日寇汉奸及顽固分子用一切方法派遣奸细,企图混入我们内部,进行阴谋破坏工作,为了保障党的组织的巩固,中央决定在党的高级组织内,成立社会部”。正式组建专门的中央保卫组织——中央社会部,内部称“中共中央情报部”,对外称“中共中央敌区工作委员会”。各抗日根据地也因此加强了保卫组织的建立和领导,分别建立公安总局、公安局、公安处、司法科(保安科)、保安处等。中共中央社会部的任务是:“1.有系统地与汉奸敌探作斗争,防止他们混入党的内部,保证党的政治军事任务的执行和组织的巩固;2.有计划地派遣同志和同情分子,利用一切机会一切可能打入敌人的内部,利用敌人中一切可能利用的人,从加强敌人内部的工作达到保卫自己;3.搜集敌探汉奸奸细活动之具体材料和

---

① 肖居孝编著:《中央苏区司法工作文献资料选编》,中国发展出版社2015年版,第11页。

② 肖居孝编著:《中央苏区司法工作文献资料选编》,中国发展出版社2015年版,第12页。

事实教育同志，提高同志的警惕性；4. 管理机要部门的工作，保障秘密工作的执行；5. 经常选择和教育可以做此种工作的干部。”①

3. 依靠群众锄奸反特：成立陕甘宁边区保安处

1935 年 10 月，中共中央长征到达陕北后，以原国家政治保卫局干部为骨干，于 11 月 5 日在瓦窑堡成立了西北政治保卫局。1937 年 2 月，西北办事处改为陕甘宁特区政府。中央机关和领导人的警卫、西北苏区的政权保卫工作主要由中央警卫营、西北政治保卫局负责。4 月 16 日，西北政治保卫局以保卫队为基础，和特务队、警卫科一并改编为保卫营，下辖两个连和防空队、巡逻队，担负看守犯人及城防、机关、会场、护送警卫和协助中央警卫团担负中央首长、外宾的现场警卫工作。全面抗战开始后，根据国共两党协议，1937 年 9 月，陕甘宁边区政府成立，首府设在延安，作为中共中央和中央军委所在地。西北政治保卫局与边区保安司令部合并更名为陕甘宁边区政府保安司令部保安处，12 月又改称陕甘宁边区政府保安处，一直到 1949 年 3 月。

（1）组织机构

陕甘宁边区政府设保安处，各专署设保安科（1943 年 4 月改称保安分处），县政府设保安科，区政府设保安助理员，乡设锄奸主任，村设锄奸小组，负责锄奸保卫工作。在延安、绥德、庆阳等人口较稠密、商业比较发达的市镇设立公安局，其职责与县保安科相同，但侧重于社会治安管理工作。另在边区政府设立保卫营（团），专署、县政府设立警卫队，由该级保安处（科）领导，负责党政机关警卫、城防、武装护送、逮捕看押犯人、剿匪等项任务。保安处设有保卫部、地方部、检察部等机构。

（2）具体职能

具体职能分为以下三个方面：一是关于汉奸、敌探之侦查、捕缉、处治事项；二是关于人民锄奸组织之指导事项；三是其他有关边区锄奸工作之事项。

4. 护航平安中国：成立中华人民共和国公安部

公安部是主管全国公安工作的国务院组成部门，全国公安工作的最高领导机关和指挥机关。1954 年 10 月以前简称中央公安部，主要职责是镇压反革命活动，防范和制止刑事犯罪活动，保卫国家、集体财产和公民的合法财产和合法

① 董纯朴编著：《中国警察史》，吉林人民出版社 2005 年版，第 97 ~ 98 页。

权益,履行国家治安行政管理、户籍管理、交通管理、出入境管理、边防管理、消防监督、内卫、警卫等职能;依照法律执行侦查预审和看守任务;领导地方各级公安机关的业务工作,管理全国人民警察的警政、警务工作;指导群众性治安保卫工作。公安部设办公厅、政治部以及政治保卫、经济文化保卫、刑事侦查、治安、交通、消防、边防、出入境管理、预审、法制、警备等业务管理机构。[①] 党的十八大以来,公安机关主动适应新形势新变化,研拟制定了《关于全面深化公安改革若干重大问题的框架意见》,对部分职能和机构进行了新的调整和划分,不断推进公安队伍正规化、专业化、职业化建设,切实增强人民群众的获得感、幸福感、安全感,为平安中国保驾护航。

## 二、发展进程:人民群众是我党革命和建设事业的铜墙铁壁

中国共产党成立伊始,就是一个坚持人民利益至上、以马克思主义为理论武器的政党。党的十九大报告中指出,“人民是历史的创造者,是决定党和国家前途命运的根本力量。必须坚持人民主体地位,坚持立党为公、执政为民,践行全心全意为人民服务的根本宗旨,把党的群众路线贯彻到治国理政全部活动之中,把人民对美好生活的向往作为奋斗目标,依靠人民创造历史伟业”。2020年,习近平总书记向中国人民警察队伍授旗并在训词中强调,要坚持以人民为中心,坚定贯彻执行党的群众路线,做到一切为了人民、一切依靠人民,坚持总体国家安全观,在共建共治共享中推进平安中国建设,维护人民利益,全心全意为增强人民群众获得感、幸福感、安全感而努力工作。《人民警察法》明确规定:人民警察必须依靠人民的支持,保持同人民的密切联系,倾听人民的意见和建议,接受人民的监督,维护人民的利益,全心全意为人民服务。公安机关坚持以人民为中心,要做到“三个必须”,“必须以最广大人民根本利益作为一切工作的出发点和落脚点,必须把人民对美好生活的向往作为矢志不渝的奋斗目标,必须把顺应民心、尊重民意、关注民情贯穿工作始终”。[②] 无论是在革命、建设、改革还是新时代,我们的公安工作始终坚持了群众路线,既服务群众更依靠群众,从群众那里汲取智慧、学习经验,取得了一个又一个胜利。

---

① 陈光中主编:《中华法学大辞典·诉讼法学卷》,中国检察出版社1995年版,第795页。

② 《始终坚持以人民为中心的发展思想》,载《人民公安报》2018年12月21日,第1版。

### (一)新民主主义革命时期:组织群众开展锄奸反特运动

毛泽东强调:“人民,只有人民,才是创造世界历史的动力。”他在《论联合政府》一文中指出:“共产党人区别于其他任何政党的又一个显著标志,就是和最广大的人民群众取得最密切的联系。”①

从新民主主义革命时期党领导下公安工作的实践经验来看,密切联系群众是中国共产党最大的政治优势,因全部公安工作也都围绕以人民为中心这一根本政治立场展开。尤其是抗日战争时期,为保卫抗日民主政权,保卫党和抗日根据地军民的安全,维护抗日根据地的社会治安,中国共产党领导下公安工作的重心是:在党的领导下,动员民众集中主要力量,严厉镇压日本特务和汉奸分子,打击他们的破坏活动,巩固抗日根据地,保卫党和根据地军民的安全,为巩固抗日民族统一战线配合抗日武装,战胜日本帝国主义的侵略的斗争。1938年,毛泽东在《论持久战》一文中指出,“依靠民众则一切困难能够克服,任何强敌能够战胜,离开民众则将一事无成”。② 1939年陕甘宁边区政府颁布《陕甘宁边区抗战时期惩治汉奸条例》(草案)对“肃奸”内容进行了精简:“1. 企图颠覆国民政府所属各级政权,阴谋建立傀垒(儡)伪政权者;2. 破坏人民抗日运动或抗战动员者;3. 进行各种侦探间谍及一切秘密特务工作者;4. 组织及领导土匪活动扰乱者;5. 施放信号,显示敌人轰炸或射击目标者;6. 组织领导军队叛变或逃跑者;7. 宣传煽惑人民,组织领导叛乱者;8. 谋害党政军及人民团体之领袖或其负责者;9. 诱逼人民以供敌人使用,侮辱凌虐或毒害人民生命者;10. 拖抢逃跑哗变投降敌人者;11. 藏匿贩运及买卖军火意图叛乱者;12. 以粮食军器资送敌人者;13. 破坏交通,妨碍交通运输者;14. 破坏货币,紊乱金融财政者;15. 捏造或散布谣言者;16. 乘机纵火抢劫者;17. 以文字图画书报宣传或以宗教迷信破坏抗战者;18. 有意放纵汉奸分子逃跑者,或诬捏别人为汉奸者。”截至1939年4月,陕甘宁边区共设立700个以上的锄奸委员会,近9000个锄奸小组,拥有10万多锄奸组员。其中,仅陇东、关中一带就成立除奸委员会38个,锄奸小组

① 《毛泽东选集》(第3卷),人民出版社1991年版,第1094页。
② 《毛泽东军事文集》(第1卷),中央文献出版社1993年版,第381页。

2245 个,有成员 4822 人。[①] 这些锄奸群众组织成员并非专职,没有脱离生产,但是承担了地方治安的任务。此外,边区还建立了人民抗战自卫队及抗敌后援会,快速有效地发动人民群众开展锄奸斗争。陕甘宁边区的成功经验也推广到中国共产党领导下的其他敌后抗日根据地,出现了一批经典案例,如北平锄奸案、华北地区锄奸案等。

1. 北平锄奸案

1943 年 4 月,昌(平)延(庆)联合县人民政府公安科成立,董玉亭(本名王文礼)被派往公安科,领导延庆家乡的锄奸保卫工作。他带领区小队宣传发动群众,积极开展抗日活动,打击敌人,成功截获敌人运粮队伍,带领锄奸队员先后除掉两名危害百姓的汉奸,威震延庆敌伪。1945 年 11 月,公安科改为公安局,董玉亭被任命为县公安局延庆派出所所长。1947 年 2 月 1 日夜,他在阜高营村工作时,得知敌人要去杨户庄村抓捕区干部,立即赶去营救。因他及时赶到,区委干部安全撤退,董玉亭却在掩护同志撤离的时候寡不敌众,负伤被俘。5 月 8 日被杀害。董玉亭牺牲一年后,延庆县解放。

通县(今北京市通州区)人民政府公安局的公安助理员李文斗牺牲时,年仅 21 岁。李文斗在部队时,就异常勇敢机警,被选派到公安局后,组织上交给他的任务是侦察敌情、锄奸反霸。他多次冒险将搜集到的敌情交给组织,有时还请母亲和妻子代为递送情报。他还带领一群众破坏桥梁和公路,以阻止敌人的行动。1947 年 9 月的一个深夜,李文斗在给部队征粮的路上,因叛徒出卖,被敌人包围,他使用双枪抗击敌人,不幸被敌人的手榴弹炸伤被捕。第二天,英勇就义。

房山县(今北京市房山区)大安山村锄奸队员于振边从 1941 年到 1944 年春,带领锄奸队队员先后捕杀了叛徒、特务、汉奸 15 人,打击了敌人的嚣张气焰,鼓舞了人民的抗日热情。张明太是于振边除掉的第一个叛徒,他原是大安山西苑村农会主任,共产党员。日本侵略者进入大安山后,叛变投敌,为敌人筹粮捐款,敲诈勒索百姓,并出卖了该村民政委员王喜怀,致使王喜怀被敌人杀害。为除掉张明太,1941 年 7 月的一天深夜,于振边带领几名队员,翻山越岭来

---

① 中共甘肃省委党史研究室编:《中国共产党甘肃历史知识简明读本》(一),甘肃文化出版社 2011 年版,第 180 页。

到西苑村，埋伏在张明太家附近。天亮时，张明太骑着马从大安山村返回，刚一迈进家门，便被于振边和几个战士捉住处死。

1944 年 3 月 6 日，于振边等领导的区小队和民兵 20 余人，与宛平县公安科科长王再田带领的手枪队 10 余名队员，以及二区民兵大队队长杜凤鸣等，在房山黑龙关公路打完伏击战后，宿营在大安山中山村。第二天，于振边利用情报关系，准备把盘踞在大安山的敌人引出来。情报员张志太把于振边拟的假情报交给伪自卫团政治教官杨国栋后，杨国栋试探并威胁利诱张志太，张志太叛变后说出了实情。与此同时，中山村的游击队中队长杨兴广也叛变通敌，给敌人送去了于振边等宿住中山村的情报，并利用中队长的职权，撤掉了于振边布置在村边的岗哨。当夜零点，日军以及伪军共 50 余人包围了中山村。为了掩护队员们和村里的群众从村南突围，于振边率几名游击队员冲向被敌人封锁住的村北，吸引敌人。弹尽粮绝后，他带领战士退到水峪村夹湖沟口时，中弹倒地，见摆脱不掉敌人，就把枪埋在地下，吞掉身上带的文件，沉着地面对扑上来的敌人，就义在他负伤的地方。与于振边一起牺牲的还有王占勤、杨国臣、李万怀、许小东 4 名锄奸队员。①

2. 华北地区锄奸案

1941 年 2 月，晋冀鲁豫根据地太行区中共潞城县委、县政府机关驻地南山岭，突然遭到敌人包围，县公安局局长王天仁带领公安队员掩护领导机关突围，经过同是他们数十倍的敌人的激烈战斗，保卫领导机关安全突出重围，十几名公安队员在激战中牺牲，王天仁不幸被捕，驮在马背上解往微子镇。途中，王天仁几次从马背上翻滚下来，高呼“打倒日本汉奸”“中国共产党万岁”等口号，后被日伪军杀害。

1942 年 11 月，日本侵略军对山东抗日根据地胶东区实行冬季“拉网大扫荡”，为粉碎敌人的“扫荡”，中共胶东区党委、行政主任公署和军区决定以胶东公安局机关干部和警卫部队为主，组成胶东军区战时戒严指挥部，组织和领导群众坚持斗争。公安局警卫连政治指导员王殿元和三科科长唐慈，率领警卫连的三排，组成一个小分队，坚持在马石山南麓。23 日，敌人把绵亘数十里的马石山团团围住，有几千名群众和一些地方干部被困在包围圈中。王殿元、唐慈等

① 穆玉敏:《北京警察百年》，中国人民公安大学出版社 2004 年版，第 330 ~ 331 页。

迅速组织几个村庄的干部,带领群众从敌人布防薄弱的山峦沟壑突围转移,先后有1000多名群众脱险。至24日拂晓以后,敌人开始从南坡发动进攻,为使更多的群众脱离虎口,王殿元等带领战士在山上顽强阻击敌人,一直坚持到中午。敌人屡攻不下,遂在飞机大炮的掩护下改从北坡包抄,王殿元、唐慈等18名公安干部、战士,打完最后一颗子弹后因寡不敌众,全部壮烈牺牲。①

### (二)完成社会主义革命和推进社会主义建设时期:动员群众保卫新生政权

中华人民共和国成立初期,全国范围的统治尚未建立,土匪、恶霸横行不法,国民党政府残留在大陆的势力采取"长期埋伏,待机而动,重点破坏,进行暗害,武装袭扰"方式破坏新生政权,"一贯道""九宫道"等反动会道门造谣惑众,不法资本家投机倒把发横财,自然灾害严重、国民经济处于崩溃边缘,加上外国宗教、传媒、文化势力的干扰,民族分离主义的活跃等因素,给人民群众的正常生产生活造成极大困扰。据统计,仅1950年各地有近4万名干部群众惨遭反革命分子杀害。1950年10月10日中共中央发出《关于镇压反革命活动的指示》,要求各级党委坚决纠正在前一段时间和一些地区曾经存在的对反革命分子"宽大无边"的偏向,全面执行镇压与宽大相结合的政策,即"首恶者必办,胁从者不问,立功者受奖",对罪大恶极、怙恶不悛的反革命分子实行坚决镇压。②毛泽东指出:"目前在全国进行的镇压反革命的运动,是一场伟大的、激烈的和复杂的斗争。全国各地已经实行的有效的工作路线,是党的群众路线。这就是:党委领导,全党动员,群众动员,吸收各民主党派及各界人士参加,统一计划,统一行动,严格地审查捕人和杀人的名单,注意各个时期的斗争策略,广泛地进行宣传教育工作(各种代表会、干部会、座谈会、群众会,在会上举行苦主控诉,展览罪证,利用电影、幻灯、戏曲、报纸、小册子和传单作宣传,做到家喻户晓,人人明白),打破关门主义和神秘主义,坚决地反对草率从事的偏向。凡是完全遵照这个路线去做的,就是完全正确的。凡是没有遵照这个路线去做的,

---

① 中国人民公安史稿编写组:《中国人民公安史稿》,警官教育出版社1997年版,第105~106页。

② 中共中央党史研究室:《中国共产党的九十年(社会主义革命和建设时期)》,中共党史出版社、党建读物出版社2016年版,第386页。

就是错误的。凡是大体上遵照了这个路线，但没有完全遵照这个路线去做的，就是大体上正确但不完全正确的。我们认为这个工作路线是继续深入镇压反革命工作和取得圆满胜利的保证。在今后镇反工作中必须完全遵守这个工作路线。”他要求全国公安系统，“必须于此次镇压反革命的伟大斗争过程中，如像南京公安局所提出的计划那样，认真地加以审查、清理和补充，使公安系统健全起来……全国各地，必须在此次镇压反革命的伟大斗争中普遍地组织群众的治安保卫委员会。此项委员会，农村以乡为单位，城市以机关、学校、工厂、街道为单位，经过人民选举组织之。委员人数少者三人，多者十一人，必须吸收可靠的党外爱国分子参加，成为统一战线的保卫治安的组织。此项委员会受基层政府和公安机关的领导，担负协助人民政府肃清反革命，防奸、防谍，保卫国家和公众治安的责任。此项委员会，乡村须在土改完成之后，城市须在镇反工作开展之后有领导地进行组织，以免坏人乘机侵入”。①

“镇反”运动是在广泛的群众动员基础上开展的，这场运动基本清楚了反动势力的破坏行动，保障了人民群众正常生活，带来了社会安定局面，治安情况也大为好转。

### （三）改革开放和社会主义现代化建设时期：依靠群众构筑治安群防群治网络

改革开放以来，随着经济社会深层次变革发生、利益格局重组，人民群众的生活环境、社会环境发生了翻天覆地的变化，各种社会治安问题随之而来，表现在“违法犯罪总量趋于高位、群死群伤案件多发、非法集资等涉众型经济犯罪时有发生、犯罪组织化程度越来越严密、违法犯罪手段日趋专业、犯罪国际化日趋明显、群体性事件日益增多”。② 其中，王志刚北京火车站爆炸案就是一起典型的个人诉求未能满足发生的泄愤行为。

1980 年 10 月 29 日下午 6 时 15 分，北京火车站发生爆炸案。当时北京站候车大厅有 8000 余名旅客。爆炸中心位于车站二楼南走廊的正中。爆炸当场炸死 1 人，9 人在送往医院途中或抢救中死亡，炸伤 89 人。这个案件影响大、案

---

① 《毛泽东文集》（第 5 卷），人民出版社 1996 年版，第 161 ~ 162 页。

② 田显俊：《变革时期社会治安治理体系研究》，电子科技大学出版社 2016 年版，第 115 ~ 117 页。

发位置特殊、抢救活动规模大，很快关于案情的消息四处流传。经过现场勘查和尸体解剖，侦查人员明确案发现场炸死的男尸生前就是爆炸案的制造者。由于死者被炸得面目全非，难以辨认，专案组决定先为其画像并对无名尸体进行了复原，最终确认死者年龄、面部特征并判定死者是体力劳动者。根据死者的衣物以及携带物品，分析该人可能是北京地区或者与北京地区有密切联系的人。于是，贴有无名死者复原头像的《关于辨认查找无名男尸的紧急通报》广泛下发到北京的厂矿、企业、机关、部队、学校、团体、各信访单位及招待所、城市街道、农村生产队等，发动群众进行辨认查找。11 月 2 日上午，崇文分局光明西里一名治保积极分子找到民警，说这个无名尸的头像是她邻居家的孩子，名叫王志刚。这名积极分子还提供，10 月 30 日，也就是北京站爆炸事件发生的第二天，王志刚的工作单位山西省运城拖拉机厂给王家发来电报，并报告了电报全文。当侦查员把无名男尸的照片递给王志刚的弟弟王志强时，王志强认出正是王志刚。调查组又远赴山西运城调查取证，最终确认王志刚是爆炸案的真凶，案件自此水落石出。[①]

群防群治工作是社会治安综合治理的关键环节。王志刚案充分说明，维护社会治安，需要公安机关和群众路线结合，发动和依靠基层群众力量，实行群防群治，夯实社会治理的基层基础，编织严密的基层治安防控网络。

### （四）中国特色社会主义新时代：与群众携手共建共治共享更高水平的平安中国

党的十八大以来，公安工作坚持以习近平新时代中国特色社会主义思想为指导，始终围绕人民的根本利益展开，本着群众利益无小事的原则，把人民群众是否满意作为公安工作成效与否的检验标准，抓住人民最关心最直接最现实的利益问题，坚持办案“零门槛”，小案大案两手抓，让人民群众在每一起案件中都能感受公平正义。

1. 推广“枫桥经验”，动员基层群众参与社会治理

随着我国社会主要矛盾已经转化为人民日益增长的美好生活需要和不平衡不充分的发展之间的矛盾，公安工作也开始发生新的全局性变化，需要各地

---

① 穆玉敏：《北京警察百年》，中国人民公安大学出版社 2004 年版，第 603 ~605 页。

公安机关积极适应人民在安全、法治、公平、正义等方面日益增长的新需求，站在人民新需求的立场上做决策、干事业，急人民所急，忧人民所忧，努力让人民群众的获得感、幸福感、安全感更加充实、更有保障、更可持续。2018 年 9 月 7 日至 9 日，时任公安部部长赵克志在浙江调研时指出：为了群众、依靠群众，是新时代“枫桥经验”的价值本质。广大公安民警要始终牢记人民公安为人民的根本宗旨，不忘初心使命，发扬优良传统，坚持以人民为中心，坚持党的群众路线，坚持严格公正规范文明执法，不断密切与群众的血肉联系，妥善解决涉及群众切身利益的矛盾和问题，有效维护社会和谐稳定。

“少捕，矛盾不上交，把问题解决在基层，解决在萌芽状态。”毛泽东曾专门批示学习推广的“枫桥经验”在新时期和新时代焕发出新的光彩。从“小事不出村，大事不出镇，矛盾不上交”，到全国各地公安机关大力推广以“专群结合、群防群治，预防化解矛盾，维护社会治安”以及新时代“矛盾不上交　平安不出事　服务不缺位”等为主要内容的“枫桥经验”的创新和发展，为做好基层社会矛盾纠纷化解工作，动员基层群众参与社会治理，形成共建共治共享的现代基层社会治理新格局做出应有的贡献。

2. 践行“服务人民”，牢记人民公安为人民的初心

名必有实，事必有功。人民公安为人民的服务理念最重要的是落在实处。党的十八大以来，在公安部党委统一部署和安排下，各地公安机关践行“服务人民”的理念，深入推行以“简政放权、放管结合、优化服务改革”为内容的公安机关“放管服”改革，取得了一系列丰硕成果。例如，通过“互联网 + 公安政务服务”，将多半与群众生活相关事项实现“网上办”、“自助办”、“零跑腿”或最多“跑一次”；深入推进户籍制度改革，换补领身份证无须在户籍地和居住地来回奔波，户口登记不再设有门槛；全面放宽重点群体落户限制，为各类人才落户提供便利；探索建立农村“三权”维护和自愿有偿退出机制；各种“奇葩证明”加快取消；持续优化边检查验政策措施，出入境更加便捷；驾考在线自主报考约考……2018 年 1 月召开的中央政法工作会议指出，与 2012 年相比，人民群众对社会治安满意度从 87. 55% 上升到 2017 年的 95. 55%，对政法队伍满意度从 69. 43% 上升到 2017 年的 80. 24%。

针对人民群众反映强烈的突出问题，如非法集资、网络传销、电信诈骗等经济犯罪，公安部展开多个专项行动，坚决遏制电信、网络诈骗，严厉打击侵犯公

民个人信息等违法犯罪行为，不断增强人民群众的满意度和安全感。2017 年全国公安机关共破获电信网络诈骗案件 7.8 万起；共立跨国电信网络诈骗案件 3 万余起，同比下降 36.9%，北京、江苏、浙江、上海、广东等地此类案件降幅高达 50%以上。2017 年全国公安机关当年累计侦破侵犯公民个人信息案件 4911 起，抓获犯罪嫌疑人 15,463 名，打掉涉案公司 164 个。[①] 2018 年 1 月，中共中央、国务院印发《关于开展扫黑除恶专项斗争的通知》，一场为期 3 年的扫黑除恶专项斗争正式打响，全国公安机关迅速响应，摸线索，打犯罪，挖“保护伞”，治源头，强组织。10 月 17 日，公安部在湖北武汉召开全国扫黑除恶专项斗争推进会，会议强调要持续加大依法打击整治力度，推动专项斗争不断向纵深发展；要进一步强化线索摸排核查，着力提升对黑恶势力犯罪的主动发现能力；要进一步深入开展专案攻坚，始终保持严打高压态势；要进一步准确把握法律政策，不断提高侦查办案质量；要进一步深挖彻查黑恶势力“保护伞”，坚决清除公安队伍害群之马。2018 年全年公安机关“共打掉涉黑组织 1292 个，恶势力犯罪集团 5593 个，社会治安环境明显改善”。[②]

---

① 《对党忠诚　服务人民　执法公正　纪律严明——公安队伍落实习近平总书记重要指示大力践行人民公安为人民的生动实践》，载《光明日报》2018 年 5 月 19 日，第 9 版。

② 《筑牢平安中国的铜墙铁壁——党的十八大以来全国公安工作综述》，载《人民日报》2019 年 5 月 7 日，第 1 版。

# 专题三　现状特点篇

## 一、公安群众工作实际现状

关于公安群众工作的实际现状，这里首先需要界定一个时间节点，所谓的现状，是指一个相对短的时间段里，公安群众工作所呈现出的宏观和微观方面可以让人们对公安群众工作有一些更为直观的认知。因此，这里我们的公安群众工作现状立足于党的十八大以来一个相对短的时间段。在党的十九大报告中，党中央结合当前社会发展阶段的新特点提出了新时代社会基本矛盾是“人民日益增长的美好生活需要和不平衡不充分的发展之间的矛盾”。这里主要呈现的是针对当前新时代的特点，公安机关人民警察在群众工作方面的工作情形。

### （一）宏观现状

第一，党高度重视群众工作。在党的十九大报告中，习近平总书记有 203 次提到“人民”二字，体现了中国共产党人“初心不变　心系人民”“牢记使命　造福人民”的“人民至上”观。在谈到群众工作时，使用了这些语句：“践行全心全意为人民服务的根本宗旨，把党的群众路线贯彻到治国理政全部活动之中”“党的一切工作必须以最广大人民根本利益为最高标准。我们要坚持把人民群众的小事当作自己的大事，从人民群众关心的事情做起，从让人民群众满意的事情做起，带领人民不断创造美好生活”“凡是群众反映强烈的问题都要严肃认真对待，凡是损害群众利益的行为都要坚决纠正”，还提到要“善于结合实际创造性推动工作，善于运用互联网技术和信息化手段开展工作”，等等。

在具体谈到关心困难群众时，习近平总书记指出，对困难群众，我们要格外关注、格外关爱、格外关心，千方百计帮助他们排忧解难，把群众的安危冷暖时刻放在心上，把党和政府的温暖送到千家万户。[①] 所谓“格外”，就是普遍中的特殊，一般中的重点。马克思主义是人民的理论，共产党是代表人民利益的党，社会主义是人民当家作主的社会。中国是以马克思主义为指导的共产党执政的社会主义国家，人民的地位怎么强调都不为过。然而，人民不是抽象的、笼统的。关怀人民，既要全面，又要有重点。这个重点就是那些需要关怀的困难群众。任何社会中，对社会上层、强势群体、富裕阶层拥有更多的资源，相对来说更有能力解决遇到的困难。难得的是对社会下层、弱势群体、贫困阶层的真正的关心。与社会上层相比，恰恰是他们遇到的困难最多，最需要关心。消除贫困、改善民生、实现共同富裕，是社会主义的本质要求。全面建成小康社会，一个也不能少；共同富裕路上，一个也不能掉队。对于“可能少”“可能掉队”的群体，必须采取特殊的措施。“三个格外”体现深切的人道关怀。扶弱济困，是中华民族代代相传的美德。“使老有所终，壮有所用，幼有所长，鳏、寡、孤、独、废疾者皆有所养。”由于每个人禀赋不同、能力有异，业绩有优劣、机遇有差异，因而获得的报酬和生活水平是有差别的，但社会应该提供基本生活保障。这既是基于满足基本生活需求的原则，也是基于保障生存权发展权的原则。由于各种原因，社会中还有一些困难群众。诸如低保户、特困户、孤儿、老年人、残疾人等特殊群体，对他们的关爱是社会主义制度的本质要求，是党和政府义不容辞的责任。我们的民生建设目标从“五有”拓展到“七有”，补齐了“幼有所育”“弱有所扶”，正是这种关爱的体现。在疫情防控中，我们强调把公共资源向最需要关心的困难群众、弱势群体倾斜，确保不发生冲击社会道德底线的事件，也是凸显这种关爱。“三个格外”体现了对历史使命的担当。全面建成小康社会，是我们对全国人民的庄严承诺，必须实现而且必须全面实现，没有任何讨价还价的余地。不能到时候我们一边宣布全面建成了小康社会，另一边还有几千万人生活在扶贫标准线以下。必须不折不扣完成现行标准下的农村贫困人口全部脱贫、贫困县全部摘帽、解决区域性整体贫困的目标任务。要厚植人民情怀，彰显仁爱之心，强化责任担当，做实做细做好困难群众兜底保障工作，真正使全面建成

---

① 何毅亭：《学习习近平总书记重要讲话》，人民出版社2013年版，第10页。

小康社会得到人民认可,经得起历史检验。①

第二,公安机关自上而下关于公安群众工作的理念认知上有了质的提高。“治国有常,而利民为本。”为什么人的问题,是检验一个政党、一个政权性质的试金石。岁月变迁,初心不改。中华人民共和国成立初期,周恩来就在警察前面加上了“人民”两字,成就了“人民警察”这一响亮的名字。人民公安是党绝对领导下的纪律部队,党的宗旨就是公安机关的根本宗旨。全心全意为人民服务,既是立警之本,也是公安工作获得最广泛、最可靠、最牢固群众基础的可靠保障。新时代,人民公安为人民就要始终坚持以人民为中心,进一步丰富发展全心全意为人民服务的时代内涵,积极适应人民群众对公安工作的新期待新需要,不断增强人民群众的获得感、幸福感、安全感。安全,客观上是“没有威胁”,主观上“不存在恐惧”。安全是人民群众满足基本生活需要后的最基本的需求。履行好打击犯罪、保护人民的职责,紧紧依靠群众、广泛发动群众,既是公安机关有效驾驭复杂治安形势的内在需要,也是党的群众路线在公安工作中的具体体现。公安机关要坚持总体国家安全观、以人民安全为宗旨、以政治安全为根本,在共建共治共享中大力推进平安中国建设,始终对危害人民利益的各类违法犯罪保持高压严打态势,坚决捍卫政治安全,全力维护社会安定,切实保障人民安宁。“警察即公众,公众即警察”,人民公安来自人民,人民公安的宗旨是服务人民,要始终把服务人民放在心上,要做群众的主心骨、贴心人,把群众工作作为一项基础性、长期性工作来做,积极预防、妥善化解各类社会矛盾,确保社会既充满生机活力又保持安定有序。新时代要处理好维稳和维权的关系,不断完善正确处理新形势下人民内部矛盾的有效机制,切实维护好人民群众合理合法诉求和切身利益。要坚持和发展新时代“枫桥经验”,努力把各类矛盾风险解决在基层、解决在当地、解决在萌芽状态,最大限度汇集民力,开创专群结合、群防群治新局面,在伟大复兴中国梦的指引下,努力打造平安中国伟业。“民有所呼,政有所应。”人民群众对美好生活的向往,是公安工作的“指针”;人民群众满意不满意,是衡量公安工作成效的“标尺”。要把不断提高人民群众满意度和获得感作为公安工作的导向和目标,以改革破难题、增活力、提质效,持续深化公

---

① 陶文昭:《“最牵挂的还是困难群众”》,载新华网,www. xinhuanet. con/politics/2020 - 09/28/C - 1126552172. htm。

安"放管服"改革和"互联网 + 公安政务服务",继续研究推出更多服务经济社会发展、惠民便民利民的新举措,让人民公安服务人民之花,结出更加丰硕的果实。

第三,当前加强公安群众工作能力建设正契合当前加强社会治理体系和治理能力的国家战略,也取得了党和人民满意的成就。总体上,公安机关走群众路线的历史比较长,经验也非常丰富。尤其是公安部党委不断围绕党和国家的中心工作,开展公安保卫工作、专项行动、便民利民措施等,公安机关的广大公安民警和干部,在不断的实践中进行不断的探索,尤其是在动员群众、组织群众、服务群众和依靠群众方面的能力有很大的提高。2020 年 8 月 26 日,习近平总书记向中国人民警察队伍授旗并致训词时明确"实践证明,我国人民警察是一支党和人民完全可以信赖的有坚强战斗力的队伍"。他进一步强调,要坚持党的绝对领导,坚持政治建警方针,增强"四个意识"、坚定"四个自信"、做到"两个维护",始终以党的旗帜为旗帜、以党的方向为方向、以党的意志为意志,坚决听从党中央命令、服从党中央指挥,确保绝对忠诚、绝对纯洁、绝对可靠,真正做到对党忠诚、服务人民、执法公正、纪律严明。

### (二)微观现状

从全国公安机关组织的一些大的评选活动,我们可以清晰地看到几个突出的亮点。第一,全国"最美基层民警"评选及表彰活动。公安部在全国举行的这些评选活动,得到了全国公安民警的积极响应,各省以及全国评选出来的"最美基层民警"都是在公安群众工作中表现最为突出的警察代表。第二,学习"枫桥经验"和创建"枫桥式公安派出所"活动。为认真贯彻落实习近平总书记关于"把'枫桥经验'坚持好、发展好,把党的群众路线坚持好,贯彻好"的重要指示精神,按照中央有关规定和公安部部署要求,从 2019 年开始,公安部开展"枫桥式公安派出所"创建活动,并确定两年评选一批,每一批共创建评选出 100 个"枫桥式派出所"。2019 年和 2021 年共评选出了 2 批共 200 个"枫桥式派出所",有力地推动了全国基层派出所服务群众、保护群众、宣传群众、组织群众和依靠群众的水平和能力,同时全国的其他公安派出所从此也都有了学习的标杆和努力的方向。第三,全国功模表彰大会五年一次。中华人民共和国成立以来,全国共举行了九次公安系统英雄模范立功集体表彰大会,大会表彰了一大批全国公安英模。这些被表彰的功模集体和个人都是在公安系统贯彻群众路线，做好群众工作的典范。第四，默默坚守在基层一线，服务人民群众的广大警察群体和各种群防群治力量的优秀代表。我们最不能忘记的是千千万万战斗在一线，默默奉献于广大人民群众的公安民警、公安辅警等，他们谱写了一曲曲为人民服务的英雄赞歌。结合当前加强基层社会治理体系和治理能力现代化的实践，公安机关在动员、组织、依靠群众方面，一直是走在前列，带领辖区的辅警、社会治安组织、网格员、各种社会志愿者组织等，在基层社会治安秩序的维护，打造社区建设中做出了他们应有的贡献。例如，浙江枫桥的“红枫义警”“枫桥大妈”，浙江湖州的“老乡帮帮团”，北京的“朝阳群众”、“海淀网友”、“西城大妈”、丰台劝导队、大兴老街坊等群防群治组织，犹如一道道亮丽的风景线。2019 年年底新型冠状病毒肺炎疫情暴发，在这次防控中，最为大家关注的各种社会基层组织和公安、辅警一起，共筑防控疫情的最基层防线。

## 二、公安群众工作的特点

### （一）公安群众工作环境复杂化、矛盾呈现多样化

#### 1. 工作环境复杂化

当前处于社会转型期、矛盾多发期、改革攻坚期，回顾公安群众工作的历程，从中华人民共和国成立至今，公安群众工作环境的复杂程度不可同日而语。首先，公安群众工作的社会环境、氛围复杂。通过文献调研发现，20 世纪 50 年代，经过广泛的宣传发动，群众的觉悟普遍提高，很多人自发地加入到群防群治工作中来，群众工作环境除了一些反动势力的破坏外，广大人民群众乐于参与、自愿协助公安工作的氛围相对要单纯得多。目前，工作环境比之前整体上复杂许多。其次，网上空间增加了很多环境要素，导致舆论环境复杂化。通过网上调研发现，因为“互联网＋”，人们信息来源广泛、快捷，思想观念发生了深刻的变化，民主意识、法治意识、平等意识、参与意识不断增强。但随之而来的是群众工作遇到的问题多元化、复杂化，过去是政治问题多，新时代则是政治、经济、思想、文化、生活等各种问题的交织。最后，网上网下的交叉融合，使工作环境复杂化。网上网下信息传播的渠道多元化，环境的复杂化程度更高。当前社会相比较历史上的任何一个时期，传播渠道的多元化加剧了群众工作环境的复杂化。从传统媒体看，报纸、期刊杂志等电子和纸媒同时并存。随着 5G 时代的到

来,“互联网+”运转速度将更快,作为主要传播手段的手机客户端将越来越普及。2018年7月12日,在2018年中国互联网大会闭幕论坛上,中国互联网协会正式发布《中国互联网发展报告2018》,据统计,截至2017年年底,中国网民规模达7.72亿,普及率为55.5%。人均周上网市场为27小时。到2018年6月,我国网民规模达8.02亿,普及率为57.7%。截至2017年9月,微信日均登录数量为9.09亿人;2019年年初,达到10亿,2020年春节超过10亿用户数。不可否认,很多网民现在深陷信息鱼龙混杂、真假难辨的境地。因此,应该推动传统媒体和新兴媒体融合发展,这要求遵循新闻传播规律和新兴媒体发展规律,强化互联网思维,坚持传统媒体和新兴媒体优势互补、一体发展,坚持先进技术为支撑、内容建设为根本,推动传统媒体和新兴媒体在内容、渠道、平台、经营、管理等方面的深度融合,着力打造一批形态多样、手段先进、具有竞争力的新型主流媒体,建成几家拥有强大实力和传播力、公信力、影响力的新型媒体集团,形成立体多样、融合发展的现代传播体系。①

*2. 矛盾呈现多样化*

第一,社会基本矛盾发生了变化。中国特色社会主义进入新时代,我国社会主要矛盾已经转化为人民日益增长的美好生活需要和不平衡不充分的发展之间的矛盾。第二,具体矛盾产生的原因是利益与非利益矛盾交织。过去我们说很多案件、事件,尤其是群体性事件的发生发展,其根本的原因或深层次矛盾是利益问题,后来产生了非利益纠纷引起的群体性事件,有的还发展成为打砸抢烧等暴力事件。第三,传统安全和非传统安全问题混合出现。明者因时而变,知者随事而制。总体国家安全观应势而生,恰逢其时。正如习近平总书记所言,“当前我国国家安全内涵和外延比历史上任何时候都要丰富,时空领域比历史上任何时候都要宽广,内外因素比历史上任何时候都要复杂”。② 第四,个别传播媒体的恶意炒作,少数地方、个别党员干部的违法违纪案件的查处和过度炒作等导致工作环境更为复杂。在网络上很多媒体利用标题进行恶意炒作,加剧了工作环境的复杂化,有时甚至会影响到党和政府的公信力。当然,这里

---

① 参见2014年8月18日习近平总书记在中央全面深化改革领导小组第四次会议上的讲话。

② 《习近平:坚持总体国家安全观 走中国特色国家安全道路》,载《人民日报》2014年4月16日,第1版。

不可忽视的还有一种“茧房效应”引起的炒作,其也是加剧矛盾复杂化的情形之一。“茧房效应”是由哈佛大学法学院教授、原美国总统奥巴马的法律顾问凯斯·桑斯坦在其2006年出版的著作《信息乌托邦——众人如何生产知识》中提出的。桑斯坦指出,在信息传播中,因公众自身的信息需求并非全方位的,公众只注意自己选择的东西和使自己愉悦的通信领域,久而久之,会将自身桎梏于像蚕茧一般的“茧房”中。① 这几年一些涉警舆情事件,很多媒体平台报道之后,最初的网友发表了一些偏激评论,这虽然可能代表了一部分网友的观点,但后来的很多有同样观点的网友就会“添油加醋”,助长这一偏激言论的扩散,甚至正确的言论也被覆盖或者根本不能引起人们的关注,最后完全听不到其他的声音。这当然是加剧了网上群众工作环境的复杂化。

### (二)公安群众工作对象多元化、利益诉求多元化

#### 1. 群众工作对象构成多元化

经济的快速发展,社会环境的急剧变迁,社会格局复杂化程度越来越高;尤其是改革开放以来,随着管理体制、经济体制的改革创新,经济成分、经营方式的变化和发展,广大人民群众的职业需求也发生了很大的变化,其实质上是群众身份的变化。随着国家各项福利保障、社会保险等的不断发展和完善,人民的职业选择面更加自由、宽泛,形成了多元化的新时代群众主体,这也直接导致人民群众个体构成多维化,需求多元化、功利化、现实性强等特点。首先,群众工作对象复杂程度越来越高。就以公安工作的主要专业工作刑侦工作为例,公安群众工作对象的复杂化表现可见一斑。就群众工作自身而言,工作核心始终是对人的工作,人民群众在背景、年龄、地域、文化素质、思想观念上等方面都表现出了巨大的差异。同时,由于每一个刑事案件发生的背景不同,案件发生、发展的情景不同,结果自然就不一样,相关涉案或作证的群众对办案人员的态度也有所不同,从主要涉案人员来看,总想逃避法律的制裁,或存在侥幸心理是其犯罪心理的共性,因此,在面对办案人员的讯问时就千方百计地逃避、回避、抵抗等;从相关案件的相关证人来看,一些人热心帮助、鼎力支持,有些人随波逐

---

① 《网络事件中,小心“茧房效应”》,载360网,https://www.360kuai.com/pc/9bc20f3a508b41483?cota=3&kuai_so=1&sign=360_57c3bbd1&refer_scene=so_1。

流、犹豫观望,甚至有些人由于其他一些原因(受到过公安机关的处理或者是在其"朋友圈"内有人受过公安机关的处理)而冷漠敌视、消极抵触,更加极端的还有的会从中作梗,影响刑侦工作的正常开展。即使在面对同一个工作对象时,由于时间、场合、工作方式、方法的不同,也会出现工作对象的不同的态度和表现。其次,"互联网+"时代,更加剧了对工作对象认识的难度。随着互联网普及,工作对象的复杂化增加,为新时代的刑侦工作增加了难度。在互联网大数据装备下的公安工作犹如插上了空中的翅膀,公安工作、公安群众工作如虎添翼,互联网、大数据的确为公安工作提供了便利的条件,但同时也带来了新的困难和挑战。

例如,网上广为传播的吴某某杀母案:

2016年3月3日,福州警方发布了一则悬赏通告。通告称,2月14日警方发现受害人谢某某被人杀死在福州市晋安区一所中学教职工宿舍内,其22岁儿子吴某某有重大作案嫌疑,警方悬赏缉捕。之后,犯罪嫌疑人相关信息被媒体披露,吴某某就读于北京大学经济学院,事发前,他网购了多种刀具、防水防腐材料和隔离服。命案发生后,其伪造母亲的辞职信,以母亲名义向亲友借款140余万元,随后销声匿迹。从母亲谢某某遇害至儿子吴某某被公安机关抓获,已经过去1380天。在他的同学、朋友与老师对新京报记者的回忆中,吴某某是一个成绩优异、有着清晰人生规划的瘦高个男生。网络上有关他的痕迹,几乎均与表彰有关。

吴某某杀母案件中,一方面,吴某某在老师和同学眼里,他是"没有缺点"的孩子。聪明、勤奋、善解人意,一群人出去总是能顾及其他人的感受,更别提有情绪失控的时候。[①] 另一方面,假借其母亲的身份在亲戚间借钱。互联网+装备下的吴某某使案件侦破难度倍加。第一,网络传播功能让吴某某的形象日益丰满、高大,学霸而非学渣,让警察和吴某某相关亲戚、同学在案发初期都不敢相信。第二,通过直接和间接地使用互联网,购买了相关作案工作。

① 《北大学霸杀母案细节曝光!前女友透露更多秘密:家长看懂了,孩子就有救了》,载搜狐网,https://www.sohu.com/a/311478218_632334。

2. 群众利益诉求多元化

国际经验表明,当一个国家人均国内生产总值达到 3000 美元时,居民消费进入物质消费和精神文化消费并重时期;超过 5000 美元时,居民消费将进入精神文化消费的旺盛时期。物质匮乏的年代,人民的利益需求往往是单一的、非多元的。当前,我国已经告别了全面短缺的时代,人民群众的利益需求呈现出多元化、碎片化。正如党的十九大报告所说,"我国稳步解决了十几亿人的温饱问题,总体上实现小康,不久将全面建成小康社会,人民美好生活需要日益广泛,不仅对物质文化生活提出了更高的要求,而且在民主、法治、公平、正义、安全、环境等方面的要求日益增长"。

群众利益诉求的多元化、高级化等为我们社会发展提供了内在的动力,可以在国家相关配套政策的引领下,推动社会全面、高效地发展。但同时,多元化的、高级别的利益需求对于国家、社会和政府的各项管理制度、治理措施等方面来说无疑是一个挑战。如何更好地迎接这些挑战,解决多元化的利益需求是摆在各级政府面前的大事。伴随着解决群众在就业、教育、医疗、居住、养老、健康等方面难题,就会出现很多公安维稳、公安基层治理的难题,就需要大量的公安群众工作。多年的公安群众工作实践和优秀群众工作经验都证明了:"在本质上,党的群众工作无非善于满足不同时期人民群众合理合法的利益需求,加强对不同社会群体的情绪管理与情绪疏导,积极帮助弱势群体并捍卫弱势群体的基本权利。"①

### (三)公安群众工作主体构成多元化

公安群众工作主体,主要是指公安机关的人民警察(含公安机关各个层级的人民警察中的领导干部和一般警察)、辅警和其他各种群防群治力量。主体的多元化,一方面是指主体不是单一主体,而是由警察、辅警和其他各种群防群治力量构成。总体上他们在维护国家安全,保护人民生命财产安全方面都做出了他们应有的贡献。在公安队伍中,有的人在打击犯罪、保护人民中的关键时刻挺身而出、冲锋在前,有的人在重大安保任务面前不怕疲劳、连续奋战,有的

---

① 祝灵君、齐大辉:《新形势下做好群众工作的艺术与方法创新》,中共中央党校出版社 2011 年版,序言第 2 页。

人长期默默无闻、甘当无名英雄,有的人在平凡岗位上像老黄牛一样辛勤耕耘、当好"螺丝钉",大家用辛勤的汗水乃至宝贵的鲜血和生命,为国家安全、社会公共安全、人民生命安全筑起了一道坚不可摧的铜墙铁壁。正是有了他们的辛勤付出和流血牺牲,才换来了广大人民群众的安宁和幸福。

另一方面,主体成员中的一些个体成员利益需求和价值趋向等方面随着社会大环境的变化,也潜移默化地发生着变化。具体表现在少数警察民主法治意识缺乏、依法行政意识欠缺,导致不时出现被社会所诟病的问题。

此外,少数警察工作方法简单粗暴、危机意识缺乏等问题也反映出当前我国公安群众工作建设的滞后化。例如,在新型冠状病毒肺炎疫情防控期间,绝大多数警察和铺警在基层的疫情防控中都能够和医护人员一样,成为逆行中最美的警察和辅警的代表,但也有局部地区的某些个人没有充分认识到自己的群众工作主体的角色定位,没有担当起自己的责任,在对重点防控部位和重点防控人员的一些重要节点上出现了问题,甚至是犯了严重的错误。

## 三、公安群众工作薄弱环节及影响因素分析

### (一)一些警察与群众沟通的能力存在不足

沟通作为社会生活中人与人交流交流的重要手段之一,越来越受到人们的重视。从警察作为政府代表的角度来看,警民沟通非常重要。首先,从概念上看,警民沟通是指公安民警在日常警务活动中,在治安、服务和权益保护等方面与相关社会人群进行的沟通交流。① 近几年,在如何和群众沟通方面,广大基层民警通过培训和自身岗位上的磨炼,沟通能力得到了极大的提升,但一些公安机关人民警察的群众沟通能力不足,导致群众易产生不满情绪的情形时有发生。其次,从沟通的功能上看,沟通是为了一个设定的目标,把信息、思想和情感向特定个人或群体传递,并且达成共识的过程。警察的沟通除了遵循一般的沟通原理外,当然有其职业特性,最主要的是警察的沟通对象是一个庞大的群体,每一天、每一件事,每一个案例情形都可能是完全不一样的,尤其是基层警察面对的一个个基层个体千差万别,因此,对警察的沟通要求就比较高,警察的

① 陈志:《构建警民沟通学的探索与思考》,载《科技创业月刊》2013 年第 2 期。

沟通能力问题由来已久。最后,警察工作的"强制性"也使沟通问题难以避免。受制于警察的工作是强力的代表,是国家的暴力工具,或者称为"刀把子","简单、暴力依然是民众对警察公认的代名词",因此,一些案例本来是很小的纠纷案件,稍有不慎也会引发成为大的治安案件。[①] 客观上看,一方面一些基层警察感觉到在新媒体时代警察太沉默,没有话语权。另一方面也暴露出基层警察的沟通能力的确不足。警察面对手持"麦克风"的群众不敢说话,怕说错话。一些警察又常常几句话就使冲突升级。再加上一些地方公安机关为了避免出现负面涉警舆情事件而不让警察轻易说话等。当前,进入新媒体时代,人人手中都有一个手机,更凸显了警察沟通素质的欠缺问题,如太原"12·13"案件中警察自始至终都存在与群众的沟通问题。

### (二)部分人民群众自身因素所产生的影响和制约

当前是社会转型时期,经过了改革开放40多年的巨大发展,人民的生活水平和政治觉悟发生了巨大的变化,尤其是因为互联网的普及和大量的警察公共关系工作,绝大多数人民群众的法律意识和总体素质有了很大的提高。但不可否认的是,当前的群众问题仍然不可小觑,表现在以下几点:

1.人民群众权利意识普遍觉醒与权利内容不明晰的矛盾问题

随着国家法治发展,国家整体的法治化水平有了巨大的进步,但人民群众的法治素养还需进一步提高,有些群众特别强调个人的人身权利,并极力捍卫自身的权利,但其实很多人不太懂法律,表现出来的就是对自身权利具体内容的不明晰。就太原"12·13"案件,我们进一步分析,如果受害人知道自己的权利保障条件之一是"安全帽",遵守这一规定就是对自己最大的保护,他们就不会一意孤行并导致冲突升级。

2.某些人在维护治安方面存在说得多、做得少的偏差行为

随着国家法治发展,法治已经深入到每个人,很多人在平时的言谈中都是"懂法"的人,但一遇到实际的法律问题,尤其是遇到和自身利益相关的法律问

---

① 比较来看,美国很多文献中也有比较多的介绍,如警察调解和处置家庭纠纷、家庭暴力问题,也有很多引发刑事案件,这是因为美国的很多民众家里都有枪,一旦沟通不利引起激愤,可能引发严重伤亡案件。

题,就不能很好地依照法律的相关规定行事。比如,维护交通规则,说起来大家都懂,都知道应该遵守,但很多都未能真正地做到。

3. 某些人在践行公民应有的社会价值标准时存在偏差

例如,太原"12·13"案件中的受害人在很大程度上就存在这样的问题,实际上当时如果受害人能按照一般的社会价值标准来要求自己,在遇到保安提出没有戴安全帽不让通过时积极配合保安管理,在和保安沟通时能够心平气和,在警察到达现场时能够接受警察调解与执法,就可以避免严重后果的发生。

### (三)警民双方互动中存在的问题

1. 警民在保护人权的共同意愿上有时存在相左的问题

警察是代表国家来依法行使职权,保障人民群众的合法权益。警察行使权力的目的是保障人民的各项权利。但公共权利和个人私权利之间是会存在矛盾的,尤其是有的时候可能影响到民众的个人正当权利,一些人不能正确处理两者之间的关系。这时就会出现民众的个人权利和公共权利之间的冲突,在这种情形下警察和民众个体之间很难达成一致的观点和在行为上的趋同。

2. 警民在服务与被服务范围的认知上存在偏差

公安机关人民警察的宗旨是全心全意为人民服务,具体到公安机关的职责权限上其是有法律的边界的,另外警察的数量毕竟是有限的。因此,在警察的服务范围上不可能是毫无边界和无限的。110 报警服务台曾提出"四有四必"——"有警必接,有难必帮,有险必救,有求必应"。110 报警"四有四必"的承诺在历史上有其积极意义,中国首个 110 报警电话广告语简洁、通俗、脍炙人口的特点达到家喻户晓的目的,从而扩大 110 报警服务的影响力和扩大了服务范围。但随着在全国的推行,在民众中的普及率显著提高,而受制于警察的数量和工作能力的局限,某些人认为 110 广告语口气太大,有夸大其词之嫌。正确解读"四有四必",不难看出其本意还是实事求是的,因为 110 代表公安警察整体,是政府各部门中全天候 24 小时工作、半军事化管理、能够快速反应的为民众服务的工作队伍。有警必接——你报警,我必定接受,然后按法律规定处理。有难必帮——遇到危难(不是困难、为难、畏难)的情况,警方当然要提供帮助。有险必救——抢险救灾的事情,警方当然有能力也应该冲在第一线。有求必应——有求救(不是其他要求)必定要给予回应。[①] 2003 年 4 月,公安部出台了《110 接处警工作规则》,不再把“四有四必”作为职责要求,这并不代表着警察不服务民众了,而是集中精力把警察职责范围内的事干得更好,避免警力资源的浪费。事实上,什么是不可侵犯的法定权利,什么又是不能推搪的法律义务,只有落实到法律条文的白纸黑字上,才能更有效力,才能划分出合法与违法的分界线。人民警察可以依法向职责范围以外的请求说“不”,人民群众可以依法对警察的不作为提起行政诉讼。这样,才真正有助于依法行政、减少成本。[②] 当然,这一切要建立在广泛的警察公共关系工作的基础上,让民众了解警察的职责范围,达到警民在服务范围的认知上一致。

3. 警民在警察严格执法与某些人逃避法律制裁之间的矛盾

中国几千年的传统文化积淀,有很多值得传承的优秀文化遗产可以继承。当然也有部分所谓的传统是和当前建设法治国家所不相容的。例如,在一些民众的观念里,“人情、关系大于一切”“超越法律的潜规则、关系网最实用”。在这样的“理念”指导下,一些人在遇到一些具体的不符合法律法规要求的行为后,就会动用各种社会关系,干扰警察的执法行为,逃避法律的制裁。

4. 群众治安需求理想化与警察“公共安全产品”供应不足的矛盾

构建和谐安定的社会是人类亘古不变的追求。人民群众需要安居乐业,这一愿望和警察是一致的。但由于每个人对社会治安的要求不一样,也就出现了不同的社会安全感指标。这一要求实际上是群众治安需要理想化的一个标志,严格意义上这是非常不现实,也是难以实现的一个指标。公安工作既要打击犯罪,又要服务群众,两者是一致的,打击犯罪的同时也就是服务了民众。但如果割裂开来看待两者就会出现严重的问题。表现在现实的公安工作中,在警力保持相对稳定的数量和素质的前提下,警察用于打击犯罪的时间和警力多,用于服务群众的时间和警力就少,就会造成部分群众的安全感和满意度不足。反之,同样的结果。如果单纯就群众个体而言,每一个人都希望在遇到危难时警察随叫随到,但实际上警察是做不到的。这就是群众的“治安需求理想化”和警

---

① 《图说 110——“四有四必”》,载新浪网,http://blog. sina. com. cn/s/blog_4e9ea89d01000car. html。

② 《浙江嘉兴 110 揭下“四有四必”标语牌大可不必》,载搜狐网,http://news. sohu. com/20050112/n223896296. shtml。

察的“公共安全产品提供不足”的问题。当然,如果单纯谈群众的满意度,一方面,警察和其他部门相比其优势是24小时值班,24小时随叫随到,应该满意度很高。另一方面,警察和其他政府部门相比,警察常常开展打击、制裁、限制和取缔等性质的工作,高满意度怎能达成?尤其是当前网络环境下,舆情的推波助澜,警察的执法环境令警察执法陷入多难境界了。

5. 群众法治意识日益增强和某些警察滞后的执法观念之间的偏差

随着国家法治的发展,群众的法治意识日益增强。某些警察的执法观念还停留在管制型理念上,因此就存在群众法治意识日益增强和警察滞后的执法观念之间的偏差。当然,一些基层警察受制于派出所“上面千条线,下面一根针”的客观局限,日常工作头绪繁多,会出现一些执法观念方面的本领恐慌问题,但也不乏一些警察没有“本领恐慌”意识,不思进取,不主动进行学习和提高,还有一些地方公安机关对警察的培训流于形式,培训的针对性不足、警察自身存在本领恐慌也是警察执法观念滞后的原因。

### (四)相关制度规范上的不足

制度规范是目前警察群众工作能力不足问题上的一个重要的制约因素。主要体现为以下几个方面:

1. 警察的编制制约

基层警察的数量不足仍然是当前最为重要的制约因素。各地公安机关按照公安部的有关要求,落实警力下沉,夯实基层基础,但有限的警力制约了基层警力的数量。曾有一位派出所民警说:“基层警力不足是一个全国性问题,虽然这几年国家增加了民警编制,但是基层民警力量还是偏少,在处理基层治安问题上常常力不从心。在我们派出所只有6个民警,但是管辖3个乡,管辖面积260平方公里,管辖人口48,000人,除了所长和窗口民警,实际上只有4个民警。”①

2. 辅警的相关制度规范不完善

辅警是这几年公安机关为解决警力不足问题而采取的措施之一,但辅警在

① 《全国人大代表周俊军:增加基层警力 更好服务百姓》,载江西新闻网,http://jiangxi.jxnews.com.cn/system/2013/03/05/012311639.shtml。

辅助警察执法办案中的现状也存在一些问题。仅从数量上来看,当前全国的辅警数量分布不均,北方少,南方多;东部多,西部少,这是基本的态势。辅警的素质存在参差不齐是众所周知的。尤其是一些地方没有严格按照招录的有关规定把好“入口关”。另外,现实中辅警执法也不少见,尽管一些地方在辅警执法权力方面进行了规制,但不可避免的是会发生一些不规范执法的现象,造成对公安机关不利的影响。

3. 对警察提高群众沟通能力的培训机制不健全

警务沟通实际上是警察的一项基本功,但警察群众沟通能力不足属于警察软实力的问题,在议程设置中属于非强制制度规范内容。首先,理念上的重视不够是一个较为普遍的问题。其次,培训制度上的不健全。大多基层警察接受的与群众沟通的能力培训都是非常不系统的,也不具有针对性。这就需要我们在未来教育培训工作中增加更多的实训操作课程,以提高这方面的能力。

# 专题四　思想理论篇

实现中华民族伟大复兴的中国梦，实现伟大梦想，必须在深入推进改革开放的同时全面加强治理，真正实现社会和谐稳定、国家长治久安，还是要靠制度，靠我们在国家治理上的高超能力，靠高素质的干部队伍。关于能力、关于公安群众工作的能力以及公安领导干部的群众工作能力问题，是当前加强社会治理体系和治理能力现代化的重要问题，要提升能力首先要夯实思想理论基础。

## 一、中外为民思想概览

### （一）中国古代为民思想：民本与官德

我国是一个有着悠久历史的文明古国，中华民族在数千年的文明进程中，形成了丰富多样的思想文化传统。这些思想，形成于不同的社会历史背景，有些已经成为糟粕需要抛弃，有些则历久弥新，在新时期依然闪耀着耀眼的光芒。因此，我们在继承这些传统思想时，要进行扬弃，吸收其合理内核。

中国特色社会主义新时代的公安干警，面对新的形势，如何提升公安群众工作能力，除了从实践中摸索，还应该从历史中汲取智慧。民本思想和官德思想作为中国历史上重要的思想理论，理应受到公安干警的重视。

民本思想有着悠久的历史。早在西周初年，统治者就关注到了"民"在政权中的重要性。此后，经过历代思想家、政治家们的丰富和完善，从"民为邦本，本固邦宁"到"天下为主，君为客"，形成了系统的"以民为本"的政治哲学思想。围绕民本思想，历代政治家对如何处理执政者与人民之间的关系进行阐发，又形成了一套系统的官德理论，具体分析则包括重民、爱民、保民、富民、顺民、纳谏等。这些思想理论，对当今公安群众工作的开展，提供了一定的理论和实践经验。

1. 古代民本思想略述

以“民本”一词概括古代“以民为本”的思想，始于梁启超《先秦政治思想史》，书中认为“民本主义”是先秦政治思想的特质之一。然而，“民本”思想的产生，却可以追溯到《尚书》。《尚书·五子之歌》曰“皇祖有训：民可近，不可下。民惟邦本，本固邦宁。”意思是，夏禹曾经训诫说，人民是国家的根本，根本稳固了，国家才得以安宁。

为什么会形成这种认识呢？我们还应该从当时的文献中寻找。《尚书·皋陶谟》记载，皋陶与夏禹论政，认为君主只是代天行政，知人善用、安定民心才是治理天下的要务。皋陶指出：“天聪明，自我民聪明。天明畏，自我民明威。”天命有德，规定了人世间的各种秩序，天的好恶与意志，又透过民心和民意表达出来，天、民相通。

那天又是什么呢？在这里，天可以是有意识的人格神，也可以是非人格的抽象物。但无论哪种，在统治者心目中，都是十分重要的。《左传》称“天生民而立之君”，《尚书·泰誓》称“民之所欲，天必从之”，又说“天佑下民，作之君，作之师”。民和君都为天所生，君为天所立，听天命而教化百姓。据此，我们可以知道古人敬天保民的逻辑起点。

灭商以后，周人一直思索小邦周打败大邑商的原因。《尚书·蔡仲之命》所说的“皇天无亲，惟德是辅”可以看作周人得到的答案，即上天是公正的，只帮助品德高尚的人，商人无德，因此才会有天命的转移。因此，周公制礼作乐，其中一个基本指导思想就是“敬德保民”。“敬德”就是“敬天”，有德才能够得到上天的佑护。“保民”就是以民为本来保社稷、保国家，保民就是顺从了天意。敬天保民是不可分割的两个方面。前者是理论基础，后者是实践的表现。周公提出“敬德保民”的思想，是夏商以来中国思想从敬鬼神到重人事的一大转变。就其历史意义来看，可以说是民本思想的开端。

到了春秋战国时期，国家间的竞争日益残酷。在此情形之下，尽管天仍是政权合法性的终极依据，但从现实来看，得民与否才是诸侯争霸的关键。因此，这一时期的民本思想也有了更具体的发展，许多思想家都提出了社会的稳定必须依靠民众的观点，正式提出了“以人为本”。

《管子·霸言》曰：“霸王之所始也，以人为本。本理则国固，本乱则国危。”

在这里，管子认为，霸王之业的开始，是以民众作为根本的。如果这个根本治理得好，国家就能得到巩固。如果治理得不好，根本就会出现混乱，国家也就会出现危亡的情况。此外，《管子·形势解》曰："明主救天下之祸，安天下之危者也。夫救祸安危者，必待万民之为用也，而后能为之。""人主，天下之有威者也。得民则威立，失民则威废。蛟龙待得水而后立其神，人主待得民而后成其威。"这都不同程度地强调了民心在诸侯争霸过程中的重要性。

《晏子春秋·内篇谏上》还记载了一段齐君、晏子、封人之间的对话，发人深思。"封人曰：'使君无得罪于民。'公曰：'诚有鄙民得罪于君则可，安有君得罪于民者乎？'晏子谏曰：'君过矣，彼疏者有罪，戚者治之；贱者有罪，贵者治之；君得罪于民，谁将治之？敢问：桀纣，君诛乎？民诛乎？'公曰：'寡人固也。'"在这段对话中，晏子虽然没有明确提出"以人为本"的思想，但利用桀纣亡国的例子，指出了执政者不体恤百姓的严重后果。

儒家的民本思想，起源于孔子，经孟子阐发而光大。孟子的民本思想，内容丰富而观点鲜明，极富论辩性。《孟子·尽心下》中"民为贵，社稷次之，君为轻"就是孟子关于民本思想最鲜明的宣言。孟子坚持发扬了民本的思想，强调君主诸侯对下属臣民的管理，也允许臣民对上层君主诸侯的抵制。

汉初，民生凋敝，统治者无为而治，儒家在参与秩序重建的过程中，传播文教，复兴儒学，而民本思想在此过程中也被重述和发挥作用。汉初关于民本思想论述最为有力的是贾谊。他关于民本思想的文字集中在《新书·大政上》中，"闻之于政也，民无不为本也。国以为本，君以为本，吏以为本。故国以民为安危，君以民为威侮，吏以民为贵贱。此之谓民无不为本也。闻之于政也，民无不为命也。国以为命，君以为命，吏以为命，故国以民为存亡，君以民为盲明，吏以民为贤不肖。此之谓民无不为命也。闻之于政也，民无不为功也。故国以为功，君以为功，吏以为功。国以民为兴坏，君以民为强弱，吏以民为能不能。此之谓民无不为功也。闻之于政也，民无不为力也。故国以为力，君以为力，吏以为吏。故夫战之胜也，民欲胜也；攻之得也，民欲得也；守之存也，民欲存也"。由此可以看出，贾谊对民本思想系统地归纳，远超前人。

在贾谊之后，董仲舒远承殷周天人相与的观念，立基于汉代经学的发展，同时吸收融合了当时流行的阴阳、五行学说，锻造出一种更具神秘色彩的政治神学。与先秦诸子直言民心、民意的重要性不同，董仲舒的天人感应学说，凸显了天与君的关系，但民并非毫无踪迹。《春秋繁露·尧舜不擅移汤武不专杀》曰："且天之生民，非为王也；而天立王，以为民也。故其德足以安乐民者，天予之，其恶足以贼害民者，天夺之。"他说，上天创造繁衍了人类，不是为了君主，君主的设立是为了万民。如果君主能够按照天意以道德来治理百姓，让民众安居乐业，上天就会支持他；如果君主施行暴政，而且残害民众，上天就会夺回赋予君主的权力。这种思想间接地反映了民众的利益要求。中国历史上儒学在政治、法律和伦理方面的支配地位，由此而确立。民本思想也因此产生重要影响。

董仲舒一方面强调集权，另一方面也认为必须对高层为政者进行限制。他还告诫高层不要管得太多，要合理利用资源，不要与民争利。他举例道，一些动物被赋予利齿后就不再有犄角了，有了翅膀后两足就退化了。同样，食禄者已经拥有了很高的社会地位，衣食无忧，因此就不应当再与下民争利。如果依仗自己的权势与民争利，势必会造成两极分化，当民众不能安居乐业，势必会铤而走险。

《贞观政要》一书是唐太宗君臣共同编纂的一部史书，其内容讨论了以史辅治，以秦隋为戒，考前朝之兴亡、治国方法等问题，同时可以称得上一部以民本思想为主题的教科书。该书的重点是考察隋朝灭亡的历史教训，其中最为突出的思想就是"居安思危"。"居安思危"的核心在于治乱，而治与乱的根本是民众，由此便推出了民本的结论。唐太宗分析出隋炀帝"穷兵黩武，百姓不堪，遂致灭亡"，他本人也亲自感受到民众推翻一个旧政权时的强大力量，从而提出了"国以民为本"的思想，认为民众、国家与君主是相互依附的一体，如果不顾一切地剥夺民众的利益，就如同切割自己身上的肉来充饥一样，虽然饱了肚子但最终还是会送命的。他得出了"载舟覆舟"的结论，政权如同船，老百姓如同水，民众可以支持这个政权，也可以推翻这个政权。为政则进一步阐述，社会治理的关键是人心向背，以民为本就是要谨慎密切地关注民意的动向。

如果说《贞观政要》是从社会治乱的角度阐述民本思想，那么柳宗元的民本思想，则更加深了一步，他从君主和官员职责的角度阐述了民本思想。他说，商代的伊尹是公认的圣人，他作为圣人出现时，所关心的不是朝代是"商"还是"夏"，而是看心中是否有民众，是否能够与民众共同安危忧乐。正如伊尹所说，只看哪个帝王能够遵循我的言论，能够遵循我的言论去做的，便是尧舜之君，而他的人民就是尧舜之民。

柳宗元还从民本角度阐述了官员的根本职责，提出“官为民役”的观点，认为官吏应当是民众的奴仆，因为他们享用的是民众供给的饭食。《柳宗元集·送宁国范明府诗序》曰：“夫为吏者，人役也。役于人而食其力，可无报耶？今吾将致其慈爱礼节，而去其欺伪凌暴，以惠斯人，而后有其禄，庶可平吾心而不愧于色。苟获是焉，足矣。”

《柳宗元集·送薛存义序》曰：“凡吏于土者，若知其职乎？盖民之役，非以役民而已也。凡民之食于土者，出其十一佣乎吏，使司平于我家也。今受其直、怠其事者，天下皆然。岂惟怠之，又从而盗之。向使佣一夫于家，若受直，怠若事，又盗若货器，则必甚怒而黜罚之矣。以今天下多类此，而民莫敢肆其怒与黜罚者，何哉！势不同也。势不同而理同，如吾民何？有达于理者，得不恐而畏乎？”

明代儒生鼓吹民本思想，始终围绕前人所谈的重民、爱民、保民、民贵君轻等观点，但在某些细微之处，又有所阐发。例如，明初大学者方孝孺论君民关系，就十分重视“君职”。在他看来，生民之初是没有君主的，百姓智力和贫富都有巨大悬殊，导致纷争不止，不能自决。“故立君师以治，使得于天厚者不自专其用，薄者亦有所仰以容其身，然后天地之意得，圣人之用行，而政教之说起。”人君既然有此职权，为人君者，理应受到万民尊崇。然而，这只是民之情，非天之意。“天之意以为位乎民上者，当养斯民，德高众人者，当辅众人之不至，固其职宜然耳，奚可以为功哉？”君位以君职位尊贵，履行君职为君主之义务，不足夸耀。而后世之君，只知民职在乎奉上，不知君职在乎养民，于民一味求索责罚，于己则怠而不修，全不思其职责所在。

明清易代的社会变革，对于当时的知识分子产生了强烈的刺激，一大批的思想家开始了深入的反思，其中不乏对民本思想的重新认识。如果说先前民本思想是强调以民为本，以君为尊，形成了“民本—尊君”政治模式的话。那么，在明代中后期，儒生、士大夫在与明神宗等封建君主的对抗中，逐渐认清了君主专制的本质，形成了以反对封建君主专制为特征的政治思潮，提出了“民本—限君”的政治模式，将民本思想提升到了被学者称为“新民本思想”的高度。“新民本”思想内容包括反对君主专制、限制君主权力、提高大臣地位、保障人民利益等。“新民本”的代表人物就是黄宗羲，他在《明夷待访录·原君》中指出，上古时期，“以天下为主，君为客”，当时的领导者“君”“毕世而经营”是“为天下”；

但是当今时代却是“以君为主,天下为客”,这就是天下不得安宁的原因。《明夷待访录·原臣》则指出,“天下之治乱,不在一姓之兴亡,而在万民之忧乐”。《明夷待访录·原臣》还指出,万民成为国家政治运作的平台,君臣之间不再是垂直的隶属关系,而是平行的“共曳大木”的同事关系,“臣之与君,名异而实同”,共同对万民负责。君臣角色的形成,只不过是行政分工的结果,“缘夫天下之大,非一人之所能治,而分治之以群工”,因此臣之“出于仕也,为天下,非为君也,为万民,非为一姓也”。

从上述思想可以看出,我国古代的思想家、政治家们关于人民群众历史作用的认识,十分丰富,形成了较为系统的思想理论。然而,认识并不代表能够做到,封建统治者们并没有真正地做到以民为本,百姓依然是统治阶层砧板上的鱼肉。但是这些理论的合理内核,却可以成为我们今天认识公安群众工作的理论之基。

2. 官德思想中的为民实践

我国古代形成了丰富的民本思想,具体实践中如何落实民本思想呢?为政者如何做好社会的管理工作呢?如何处理与百姓之间的关系呢?围绕这些问题,中国古代又形成了丰富的官德思想。

中国古代的官德思想有很多,概括起来如公、仁、清、慎、勤、孝、信、节、直等规范,还有明、备、宽、忍、谦、勇、悔、熟、舍、止、重贤、中道、戒巫、范家、修身、全节等行为准则。[①] 其中很多行为规范和准则都涉及处理与民众的关系,其中仁、明则直接涉及为民实践,包括重民、爱民、富民、保民、顺民、纳谏等。

在阐释上述为民思想之前,我们应明确一点,就是在中国传统社会中,君、臣、民的概念是相对的。“君”不仅指皇帝或者国王,也指具有相对独立性的上层。“臣”指的是各级官吏,在面对皇帝或者上级官吏时,他们是臣,但是面对下级官吏和民众时,他们又代表着“君”。“民”则是普通民众。因此,可以说,在实际社会生活中,任何一级的官员都同时具备“君臣”的二重身份,既是臣,同时又在合法范围内代表和行使象征高层的“君”的权力。[②] 因此,我们在理解民本思想和官德思想时,对“君”的理解不能仅局限于君主,还应扩展到与民相对的

---

① 杨建祥:《中国古代官德研究》,上海古籍出版社2004年版,第133~206页。

② 梁劲泰:《大道官德》,北京出版社2012年版,第3页。

“官”。在谈及重民、爱民等为民思想时，所涉及的“君”，我们也可以理解为普通执政者。

(1)重民、爱民

古代官德思想，最重要的就是重民，重视百姓的重要地位。早在先秦时期，这一思想就已经深入人心。《孟子集注·尽心下》中有言：“盖国以民为本，社稷亦为民而立。”

此外，先秦时期的部分统治者也能够正视百姓的重要性。例如，《说苑·建本》篇记载，齐桓公问管仲曰：“王者何贵？”曰：“贵天。”桓公仰而视天。管仲曰：“所谓天者，非谓苍苍莽莽之天也。君人者，以百姓为天。百姓与之则安，辅之则强，非之则危，背之则亡。《诗》云：‘人而无良，相怨一方。’民怨其上，不遂亡者，未之有也。”

在这里，管仲将百姓解释为“天”，将国家安危兴亡与民心向背联系在一起。同样，在《战国策·齐策》所载的“赵威后问齐使”故事中，也通过生动的事例指出民心向背与政权兴亡之间的关系。此外，大量的古代著作都指出百姓在国家政治生活中的重要意义。例如，《潜书·明鉴》曰：“国无民，岂有四政？封疆，民固之；府库，民充之；朝廷，民尊之；官职，民养之。奈何见政不见民也？”国家安全靠百姓巩固，国家财政靠百姓充实，君主因百姓的尊崇而尊贵，各级官吏的生活靠百姓的供养，从这个角度看，为官者不应忽视百姓。

《群书治要·申鉴》指出：“民存则社稷存，人亡则社稷亡。”这里的民存、人亡应当指的是政权是否能够得到百姓的支持。在《贞观政要·君道》中，相关内容则表述为：“为君之道，必须先存百姓。若损百姓以奉其身，犹割股以啖腹，腹饱而身毙。”百姓犹如自己身体的一部分，损害百姓利益就犹如损害自身一样。

为政者正视百姓的历史作用，重视人民，紧接着应该做到的就是爱民。《管子·小匡》中记载了一个小故事，齐桓公问管仲，自己想要有一番政治作为，应该从何做起？管子的回答只有四个字，“始于爱民”。

《尸子》一书记载了一个这样的小故事：范献子游于河，大夫皆存。君曰：“孰知栾氏之子？”大夫莫答。舟人清涓舍楫而答曰：“君奚问栾氏之子为？”君曰：“自吾亡栾氏也，其老者未死，而少者壮矣，吾是以问之。”清涓曰：“君善修晋国之政，内得大夫，而外不失百姓，虽栾氏之子，其若君何？君若不修晋国之政，内不得大夫，而外失百姓，则舟中之子，皆栾氏之子也。”君曰：“善哉言！”明日朝,令赐舟人清涓田万亩。清涓辞。君曰:“以此田也,易彼言也,子尚丧,寡人犹得也。”

范献子是晋国的权臣,曾经灭掉了晋国另一个贵族栾氏,因此才会向身边人询问栾氏后裔的成长情况,有所防范。但舟人却指出,范献子如果不能爱护晋国百姓,则人人都是栾氏之子,都是国君的敌人,进而告诫范献子要爱护百姓。

《三国志·吴志·陆凯传》同样有关于爱民的论述,“夫民者,国之根也。诚宜重其食,爱其命,民安则君安,民乐则君乐……今邻国交好,四边无事,当务息役养士,实其廪库,以待天时”。

河南省内乡县有一座修建于元代大德年间的旧县衙,衙内有三副楹联产生于700年多前,三联悬挂的地方和联语是:

县衙大堂的楹联:欺人如欺天,毋自欺也;负民即负国,何忍负之。

衙门内公署院的楹联:为政不在言多,须息息从省身克己而出;为官务持大体,思事事皆民生国计所关。

县衙三堂楹联:吃百姓之饭,穿百姓之衣;莫道百姓可欺,自己也是百姓;得一官不荣,失一官不辱,勿说一官无用,地方全靠一官。

这几副楹联深深道出了为官者重民、爱民的深刻内涵,虽然撰写时间已经过去数百年,但道理却千古不易,值得我们重视。

(2)富民、保民

为政者想要政权长治久安,想要国家稳定,除了重民、爱民外,还要富民、保民。统治者只有采取有利于民生的措施,使人民生活富裕而安居乐业,才能实现社会和谐稳定安宁。

春秋时期,管仲提出“凡治国之道,必先富民”。孟子在著作中多次指出“民有恒产”的重要性。《孟子·滕文公上》曰:“民之为道也,有恒产者有恒心,无恒产者无恒心。”《孟子·梁惠王上》曰:“若民,则无恒产,因无恒心。苟无恒心,放辟邪侈,无不为己。及陷于罪,然后从而刑之,是罔民也。焉有仁人在位罔民而可为也?是故,明君制民之产,必使仰足以事父母,俯足以畜妻子,乐岁终身饱,凶年免于死亡;然后驱而之善,故民之从之也轻。”百姓有恒产则有恒心,才能够向善,才能维护社会稳定。

《汉书·谷永传》中说道:“王者以民为基,民以财为本,财竭则下畔,下畔则上亡。是以明王爱养基本,不敢穷极,使民如承大祭。"《三国志·魏书·钟繇华歆王朗传》则说道:"为国者以民为基,民以衣食为本。使中国无饥寒之患,百姓无离土之心,则天下幸甚。"这些关于百姓富足则国家安定的论述,在今天依然有重要的借鉴意义。

明太祖朱元璋也非常重视富民惠民问题。他深刻认识到富民关乎国家安危,认为"民富则亲、民穷则离。民之贫富,国家休戚系焉","若年谷丰登,衣食给足,则国富民安"。朱元璋还规定了一系列政策,如允许农民耕种荒地,从宽规定田赋等。明代名臣张居正也有一套利民、惠民、富民的政策措施,如体察民情,轻减赋税;抑制豪右,宽解民力;节俭省用,与民休息。历朝有建树的统治者无不关心群众利益、利民富民的问题,并把利民富民作为稳固统治、维护国家安定的基本的执政理念。

在富民之外,还应该保民,即保障民众的基本利益和财产安全。关于这方面的思想,最具代表性的还是孟子。孟子认为,要使国家长治久安,应当保障民众的基本利益及财产,让他们有足够的田产去养家糊口,年成好时丰衣足食,年成坏时也不至于饿死。在这基础之上,再去引导他们安分守己,这样民众自然就会听从命令了。如果民众没有财产保证,陷入衣食无着的境地,他们就会滋生事端、铤而走险,最终走向犯罪道路。这时候再将他们治罪,严惩不贷,是一种残忍的"罔民"行为。

(3)顺民、纳谏

古代官德思想还包括顺民,即遵从民意。《管子·牧民》说道:"政之所兴,在顺民心;政之所废,在逆民心。民恶忧劳,我佚乐之;民恶贫贱,我富贵之;民恶危坠,我存安之;民恶灭绝,我生育之。能佚乐之,则民为之忧劳;能富贵之,则民为之贫贱;能存安之,则民为之危坠;能生育之,则民为之灭绝。"管子认为,政权兴衰在于民心顺逆,应当去做百姓喜欢的事情,让他们感到舒适愉快,生活富足,有安全感,同时要保持人口的生育繁衍,以维护社会的持续发展。如果能够舒适愉快,民众做起事情就会任劳任怨。如果能够实现富足,他们就会忍受暂时的贫困,能够为维护繁荣安定的生活赴汤蹈火而不惜生命。这一思想在《晏子春秋》中也有相关表述,如"意莫高于爱民,行莫厚于乐民"。

做到顺民就是要关注民意,能听得进不同的声音,善于倾听来自底层、来自老百姓的呼声。关于如何关注民意,《贞观政要》指出需要君主善于纳谏,听取关于民众真实情况的意见,同时也要有一批敢于直言的谏臣,并且要形成普遍风气。唐太宗指出,为政者从上到下都要出以公心,相互之间坦诚商讨,这样才能形成良好的政治局面。由于最高层的亲自倡导,贞观年间出现了一大批敢于“犯龙鳞”的大臣,谏诤之风兴盛,在一定程度上做到了爱民、重民、以民为本,践行了不少富民、利民的措施,从而开创了史无前例的贞观盛世。

### (二)国外为民思想:官员的德行与任职品格

#### 1. 古希腊、罗马时代:非正式警察制度之诸种官德学说

(1)柏拉图的“哲人王”思想

西方现代政治思想源于古希腊思潮,其中又以柏拉图的“哲人王”思想最为著名。“哲人王”思想集中表述于《理想国》一书中,《理想国》致力于构建一个美好城邦,城邦对于公民具有保护力量,对于如何把这股力量变得更强,柏拉图从讨论正义开始,他将国家中的人分为三个等级,即统治者、护卫者、工匠,这三个等级的人都追求善,各个等级的人以整个城邦利益为出发点,当其各司其职时,正义的城邦也就实现了。

柏拉图在塑造正义城邦的同时也提出了一种“以德治国”的策略,继承了苏格拉底的“美德即知识”的思想,也启发统治者除掌握必备的政治知识外,还需要培养自身德性。但柏拉图认为“哲人王”不需要群众的评价,能够对“哲人王”做判断的只有神或者统治者自己,这就割裂了统治者与人民之间的关系,导致官员的德行培养失去监督机制和评价意义。然而,即便如此,柏拉图的“哲人王”思想仍对后世思考什么是正义的城邦、正义的官员发挥着重要的启发作用。

(2)亚里士多德的“理想城邦”理论

作为柏拉图的学生,亚里士多德也倾注了大量心血来探讨理想城邦(政体)问题。作为亚里士多德集中阐述政体问题的作品,《政治学》包含了古典政治理论和政体理论的精要。城邦是为了追求“至高而广涵”的善而自然生成的社会团体,城邦的目的是促进优良生活,即增进与善德合一的幸福。城邦所有社会生活的安排都服从这一目的,服从城邦整体的善。城邦没有现代国家意义上的分殊化的政治领域。城邦虽然有简单的社会分工与管理职位的分殊,但既没有韦伯意义上的合法强制的垄断,也没有建立在此基础上的专门性机构。亚里士多德多次提到,城邦的公民团体同时就是城邦的战士团体,城邦没有专门化的

军队和警察,同一批人在战时为战士,在和平时期兼理议事和审判职能,并可经选举成为城邦的行政官员。因此,城邦没有现代国家意义上的通过专施强制维持统一秩序的政治领域。

不同于柏拉图注重统治者的德行要求,当亚里士多德审视城邦与人的关系时,他没有把注意力放在城邦内部的道德问题上,因为他所看重的主要是现实中的不同群体间的结合和共同的安全利益。由此,亚里士多德提出了近代政治学中影响深远的"平衡政治"观念雏形。

(3)古罗马专门履行保护职责的机构——"护民官"

罗马共和国建立之初,两名被称为"执政官"的行政官员任期只有一年,手中掌握国王之大权,包括统率军队。他们也担任法官,将立法和其他议案提交军队(百人队大会)和部落大会投票。元老院是罗马共和国主导一切的理政机构,它主要由前行政高官组成。在公元前 5 世纪期间,元老院成员是贵族的专利。一旦进入元老院,便可终身任职,而且可以世袭轮替。贵族集团成功地建立了一种封闭的等级秩序,一个在国家体制内拥有特殊法律地位的团体(包括官员职位的垄断)攫取了任意解释和悬置法律的特权。

这就导致了平民的出现。所有平民,包括那些拥有不少财富的人,被排斥在元老院这个政治权力机构之外。这就引发了前 494 年至前 287 年的"等级冲突",平民为了在共和国宪法和政府中取得更大的代表性,多种情况下拒绝服兵役。第一次军事性罢工就催生了大约前 494 年的护民官和由护民官主持的"平民大会"。平民大会中的投票权是根据不同地方的部落决定,来自罗马的有 4 个部落,来自农村地区的有 31 个部落。每个部落的成员按集体投票,一个部落在平民大会上有一个投票权。大会选举护民官,最早是两名,后来增加至 10 名,平民市政官要协助护民官工作。护民官的关键作用是,保护所有平民的生命和财产安全,以防止贵族行政官专制统治的伤害。

(4)古罗马军队作为代行警察职能的职业机构

古代罗马行使警察职能的实体是军队。古罗马帝国分别设有禁卫军、城市军团、消防部队、秘密警察等机构,负责管理社会治安、预防和惩治犯罪、保障城市安全、处理消防事故等。另外,驻扎在各个行省的军团士兵也承担着维护当地社会治安秩序的任务。如前文所述,古罗马帝国并未出现专职的警察机构,其警察职能是军队军事职能的派生。罗马政府通过利用军队或准军事机构来行使维护社会治安、秩序,保证社会和谐稳定等现代范畴的警察职能。虽然军队有时也会利用这些特权恣意妄为,但是从整体来看,古罗马帝国利用军队来行使警察职能的做法有助于保障帝国的治安。

2. 中世纪:马基雅维利的“狐狸型”权力论

马基雅维利既从性恶论出发,主张统治者应兼具狐狸和狮子双重特性,也从现实主义出发赞扬人民的作用,主张自由和共和,还巧妙地借戏剧形式表达了为实现政治目标可以不择手段的思想主张。

马基雅维利另辟蹊径,从其他角度对此加以解释,他说道,“谁促使他人强大,谁就自取灭亡,因为这种强大是他运用才智或诉诸武力促成的,而强大了的人们都会对这两者心怀猜忌”,而为了能够凌驾于人们之上并对其进行有效统治,“君主必须是一头狐狸以便认识陷阱,同时又必须是一头狮子,以便使豺狼惊骇”。他认为,君主应该是狮子和狐狸的结合体,像狮子一样勇猛,像狐狸一样狡猾。

马基雅维利也同样重视民心,与中国古代宣扬的“水能载舟,亦能覆舟”相类似,这一观点同样体现在他的思想当中。马基雅维利强调,就君主自身来说,一个被贵族所支持和推选的君主远没有一个受人民支持的君主安全可靠;君主一定不能让人民憎恨,否则再多的堡垒都是没用的。

马克思曾经肯定马基雅维利及其后一些近代思想家在国家观上摆脱了神学的束缚,称自 16 世纪以来,许多思想家“都已经用人的眼光来观察国家了,他们是从理性和经验中而不是从神学中引申出国家的自然规律”。马基雅维利是最早这样做的思想家,他使“政治的理论观念摆脱了道德,也摆脱了神学”。“只有把抽象的善恶道德标准关联到具体的社会时,才具有道德实践和政治实践的意义,不然,这种抽象的善恶标准就只能是空中楼阁。”正因如此,马基雅维利与古代、中世纪的政治观念划清了界限,成为近代现实主义政治学的奠基人。

在《李维史论》第二卷第二章的论述中,马基雅维利在自由、共和国与公共利益之间建立了联系:为什么人民如此热爱自由的体制?因为经验表明那些城市除了在他们处于自由体制下的时期以外,他们的领土和财富从来没有增长过。当共和国蜕变为专制君主国,必将失去权力和财富;即使政治上有能力的专制君主可能会扩大领土也只对他本人有益,而不会对国家有益。所以,“古代的民族带着如此大的仇恨诛戮暴君,他们热爱自由的体制,并且如此地推崇自由这个名词”。马基雅维利进一步分析称,生活在自由中的人们,更加愿意结婚生育、积累财富,因为他们“不担心自己的财产会被剥夺;并且不仅知道他们生来就是自由人而不是奴隶,而且知道他们能够通过自身的努力去追求最高的政治职位……由此产生的结果是,人们竞相考虑私人的和公共的利益,从而,二者都在令人惊奇地不断增长”。

3. 近代:启蒙语境下的政府官员及其治理地位

(1)启蒙思想家关于民本思想的论述

本部分以伏尔泰和孟德斯鸠思想为例。对伏尔泰来讲,中国的政治法律模式是一个可以支撑自己理论的完美典范。伏尔泰认为,“中国人最深刻了解、最精心培育、最致力完善的东西是道德和法律”。并进而论述了在中国,法律作用更大,用以褒奖善行,并认为这在当时的世界上是独一无二的,即在各国法律只限于惩罚罪行的时代是唯一设置奖金表彰德行的国家。

此外,伏尔泰也注意到了儒家经义对中国传统法律文化的深刻影响,而且尤其注重儒家学说中的伦理道德,认为“中国这个庞大的帝国的法律和安宁建筑在既合乎自然而又最神圣的法则即后辈对长辈的尊敬之上,而这种尊崇同对最早的伦理大师孔夫子的尊敬合为一体”。从上述伏尔泰对于中国的法律文化的论述可以看出,他的主要关注点集中在以下两个方面:道德与法律的有机结合与推崇自然理性。伏尔泰本人终生追求的是宗教宽容与思想自由。自中世纪中期以来,西欧社会生活的一切都在基督教的统率之下。到了十七八世纪,虽然基督教一统天下的局面有所松动,但是对社会的控制依然严密,16 世纪以来的新教改革运动中虽然出现了不少新的教派,但在 17 世纪绝对主义的影响下,大多采取不宽容政策,对所谓异教徒的迫害频繁发生。在这种形势下,要想传播思想自由,最大的障碍自然是欧洲的基督教传统,因为其对精神领域的统治是极其严格而又残酷的。在这种背景下,伏尔泰想要传播自由价值的思想,就必须找到一个理想的模板,而通过对中国社会与法律文化的考察,他发现了以这个遥远的文明国度作为理想模型再合适不过。

孟德斯鸠对“体制与民情”之间的关系进行了详细的阐述。孟德斯鸠很清楚地告诉我们,我们研究这个世界,我们身处的生活环境必须从两个角度入手。一方面,从体制或制度的角度入手,即政治和社会的基本结构,权利的结构和权力的分配;另一方面,一定要看人们相互传染的感情、情绪、气氛和意见的影响,这些因素相结合,可以塑造出另一个庞大的系统,他将其称为“民情”。其认为,一个好的社会与社会秩序,在于要在政治体制和民情状态之间找到适当的平衡,只有在两个方面达成协调的时候,我们才可以说是一种好的治理。只有在权力的分配系统和人们情感和情绪的具体状态之间达至一个平衡,我们才可以说是一个好的、宽和的秩序。

(2)卢梭的“主权在民”思想

在历史上,政府产生于社会契约的思想最早是由古希腊哲学家伊壁鸠鲁和古罗马的塞涅卡提出的,但比较系统论述社会契约论的是近代英国的霍布斯、洛克和法国的卢梭。其中,卢梭是社会契约论的集大成者,其社会契约论最有代表性。卢梭认为,人类最早生活在自然状况下,人人幸福、平等,没有私有财产,没有法律约束。随着私有制的出现,人类陷入奴役和掠夺之中,人们为了维护自己的自由和平等,于是通过订立契约,让渡出自己的一部分权利,组成国家,由国家来代替人们行使公共权力,维护社会秩序,国家于是就产生了。这便是卢梭的社会契约论。虽然卢梭的这个论证带有唯心主义的缺陷,但他的社会契约论之精髓——“主权在民”却闪烁着思想的火花。在卢梭之前,许多学者出于为封建专制主义提供理论武器的目的而主张“主权君有”,卢梭作为资产阶级的代表则提倡“主权民有”,认为政府的一切权力来自公民之间的契约或公民与政府之间的权力委托。也就是说,政府的合法性建立在公民与政府、公民之间的政治契约的基础上,这就决定了政府必须以公民利益为依归、保护公民的合法利益,维护和谐的社会秩序,一心一意为公民服务。如果政府不能代表公共利益,不为公众服务,那么政府的存在就是不合法的,其行为也是非正义的,公民便有权收回委托之权能,选举出新的政府。尽管后来在学术界、理论界,许多学者对“主权在民”学说提出了许多疑问和挑战,认为其包括太多的虚拟成分,在资本主义国家的社会实践中也没有得到真实的体现,但不管怎样,“主权在民”思想对我们建立服务型政府是有启示的。以为人民服务为宗旨的社会主义服务型政府建设要求政府必须摒弃“政府本位”“官本位”观念,树立“民本位”“社会本位”意识,切实地反映公民的意愿,理所当然地为公民提供服务,为公民提供生产与生活便利,为公民利益尽心工作。

4. 当代：多元治理视域中的警察、公众及其制度供给

（1）“衡平式”司法的启示：丹宁勋爵的政法思想概览

在公安执法实践中，实现法律效果、社会效果与政治效果的有机统一，被视为公安群众工作的一项重要的原则。在新时代，我们如何理解把握这项原则，是一个值得深思的问题。或许，透过英国著名上诉法院法官丹宁勋爵所著的《最后的篇章》一书，可以给出些许回答。

所谓法律效果，是指法律在被付诸实施过程中，对法律本身产生的影响及结果。从丹宁勋爵所处理的“王国政府诉巴莱特伦敦市议会（由尼利什·沙起诉）案”中可以寻求启发。该案中的一名巴基斯坦学生阿克巴拉利要想得到强制性奖学金，必须成为切尔西的“常住居民”。需要探讨的问题是，每年续签学生签证的学生，是否可视为“常住居民”。对此，丹宁勋爵的回答是：“不管一个孩子是什么时候从海外来到英国的，只要他的签证每年都要续签，他就不能被认为是‘常住居民’……除非续签，否则他必须在滞留期满后离开这个国家，这就足够了。”丹宁勋爵对“常住居民”的解释，恰好体现了罗马法学家塞尔苏斯的那句名言：“认识法律并不意味着抠法律字眼，而是把握法律的意义与效果。”

社会效果是指法律被付诸实施后，对社会所产生的影响，比如，是否有利于化解社会矛盾，是否有利于维护国家、社会公共利益，是否有利于维护社会公平正义等。笔者认为，以检察监督为例，社会效果通过将社会利益、社会价值等注入法律适用之中，其实质是检察监督的结果要满足实质正义，体现社会的主流价值观和长远发展利益，从而获得社会公众的尊重和认同。在《最后的篇章》一书中，丹宁勋爵提出了原则性立法的理念，他认为：“应摒弃究于细节的立法，代之以原则性立法。我是说我们的立法应该以清晰的语言详细说明原则。在必要的地方，应该把细节留给其他方式、其他途径来解决。”

在处理拉科尼亚案、阿佛沃斯案等案件中，丹宁勋爵在论述租船人能否发布免于收回命令问题时指出：“在辩论过程中，我曾对在这类案子中能否发布免于收回的命令的问题拿不准……但仔细想想，我又认为衡平法恐怕不会干预这类商业案件。衡平法让当事人根据法律来决定他们的权利。在商业案件中，确定性和时间与速度一样，是不可或缺的，而衡平法不会提供这些东西。”从中可以看出丹宁勋爵充分运用衡平法思想、关注案件社会效果的裁判理念。可以说，社会效果寓于法律之中，通过妥善适用法律，既体现法律精神，又体现社会

价值、社会利益，始终是法律适用“入乎其内”的境界。

政治效果是指法律被付诸实施后，对政治秩序、政治安全等所产生的影响，比如，是否保障了基本的政治秩序，是否体现了党和国家的大政方针，是否遵循了最基本的政治价值理念等。在公安执法工作中，所要体现的政治效果就是服务经济社会发展大局、维护社会基本制度等。《最后的篇章》中，丹宁勋爵指出：“政治影响着法律，法律也影响着政治。提交到法庭上的很多案子都隐藏着一些政治后果。对这些案件的每一次判决都成了政治争论问题。”对杜波特钢铁公司诉西尔斯案的处理，真切反映了上述观点。

在该案中，钢铁行业有公营和私营两部分，在公营部分工人停工的情况下，工会于星期三发出号召，要求私营部分的工人也罢工，并确定罢工定在星期日开始，于是，雇主申请法庭发布禁制令。上诉法院于星期六进行了专门庭审，发布了禁制令。丹宁勋爵称，这一罢工不仅会对英国工业产生灾难性影响，私营部分的钢铁企业一周的营业额约 3000 万英镑，而且提供原料的公司也不能继续生产，为此将失掉这个国家的市场，为国外的竞争者打开英国大门提供便利，而且会引发社会发展的一系列问题，如引发社会基本制度的改变等。这一裁决虽颇引争议，却是很“现实”的选择。

(2)美国社区警务制度与“第三方警务”运动

在美国司法部网站上，对社区警务有官方性的界定：社区警务是一种提升结构性策略的哲学理念，是系统地利用合作关系和问题解决技术、主动地解决产生公共安全问题(如犯罪、失序和人民对犯罪的恐惧感)的一种策略。美国社区警务在 COPS 的项目推动与经验分享下，被不断地丰富与实践，执法部门与研究机构的密切合作使数据驱动与循证警务融入工作当中。以科学论证为原则的循证警务，以数据分析为驱动力的智力支持，开放数据资源，发挥警务智库的作用，激发社会参与治理，以科学的评价标准为导向，这些方面值得我国公安机关在今后犯罪防控工作中比较与反思。把握住大数据时代的发展趋势，充分整合利用各种警务数据资源，向科学化的警务决策迈进。

20 世纪末美国开始兴起“第三方警务”，因为警方的作用是有限的，所以它是让犯罪活动中除罪犯、警方外的第三方加入治理当中。激发社会力量参与犯罪防控，必须先使其产生责任感。除了通过法律归责的方式之外，信息的交流也是一个不可忽视的助推剂。无论是法人还是个人，当他一无所知或知之甚少时,常常没有参与的兴趣与责任感。在美国社会警务活动中,各地警察通过各式的渠道,定期向社区居民通报治安情况,给出居民应采取防范措施的建议,群众既可以参与社区防范的决策,又可以参与执行。由此可见,信息交流与发布平台是一个不错的载体,有助于调动与激发各方参与到社区的犯罪防控当中。社会治安状况数据的开放,给社会各方尤其是拥有专业分析能力的人士和机构敞开了一条建言献策、参与治理的通道。

## 二、公安群众工作能力现代化的理论基础

### (一)人民中心论

马克思主义的科学社会主义,从本质上讲是以人为目的的,是以人类的彻底解放为目标的。马克思主义把促进每一个人的自由和全面发展作为建设社会主义新社会的本质要求,正如《共产党宣言》中所明确规定的,未来的共产主义社会将是一个"自由人的联合体"。

1944 年毛泽东同志在纪念张思德大会上做了"为人民服务"的发言,"人固有一死,或重于泰山或轻于鸿毛,为人民利益而死,就比泰山还重;替法西斯卖力,替剥削人民和压迫人民的人去死,就比鸿毛还轻。张思德同志是为人民利益而死的,他的死是比泰山还要重的……"第一次明确了为人民服务这几个字。后来,毛泽东在接受记者的访谈中,对为人民服务进行了阐述,明确了必须要"全心全意",而不是"三心二意""半心半意",并明确"全心全意为人民服务是党的宗旨"。中华人民共和国成立不久,毛泽东主席在得知自己的警卫员要回乡探亲时,曾谆谆告诫他:不要认为在我这里工作就了不起了,要注意听听老乡们对咱们政府的意见和反映,千万别在群众面前装"老子"。毛泽东主席通俗易懂的嘱托,至今思来仍然令人警醒、发人深思。

《中国共产党章程》总纲中指出:"坚持全心全意为人民服务。党除了工人阶级和最广大人民群众的利益,没有自己特殊的利益。党在任何时候都把群众利益放在第一位……"

党的十八大以来,以习近平同志为核心的党中央,面对新的时代条件和新的实践,坚持党的执政为民理念,一切工作以最广大人民群众根本利益为检验

标准,创造性提出“坚持以人民为中心的发展思想”。[①] 党的十九大报告明确指出“人民是历史的创造者,是决定党和国家前途命运的根本力量。必须坚持人民主体地位,坚持立党为公、执政为民,践行全心全意为人民服务的根本宗旨,把党的群众路线贯彻到治国理政全部活动之中,把人民对美好生活的向往作为奋斗目标,依靠人民创造历史伟业”。[②] 2017 年党的十九大报告明确要坚持以人民为中心。“坚持以人民为中心是习近平新时代中国特色社会主义思想的重要内容。坚持以人民为中心,要求把增进人民福祉、促进人的全面发展、朝着共同富裕方向稳步前进作为经济社会发展的出发点和落脚点,在人民中寻找发展动力、依靠人民推动发展、使发展造福人民,深刻揭示新时代坚持和发展中国特色社会主义的根本立场,深刻反映习近平新时代中国特色社会主义思想的精髓要义,深刻彰显中国共产党人的初心和使命。”[③]

习近平总书记曾经强调,“始终坚持全心全意为人民服务的根本宗旨,是我们党始终得到人民拥护和爱戴的根本原因”。全心全意为人民服务是我们党一切行动的根本出发点和落脚点,是我们党区别于其他一切政党的根本标志。全心全意为人民服务是中国共产党的根本宗旨,也是党的唯一宗旨。它决定了在党和国家事业发展的过程中,我们党必须始终坚持以人民为中心。

公安民警天天与群众打交道,一举一动、一言一行,群众都会看在眼里、记在心里,而群众也总是通过民警的言行举止、所作所为来认识公安机关、评价党和政府的。只有树立强烈的百姓情怀,视百姓如父母、待百姓如亲人,情系群众、感恩群众、敬畏群众,才能真正赢得群众真心实意的拥护和支持,才能真正筑牢维护社会稳定的铜墙铁壁。[④] 以人为本原则在公安群众工作中也体现为人性化的执法和服务。人性化执法和服务是执法者在执行法律过程中的一种行为艺术,它要求执法者在行使职权时,给予公民柔性的人文关怀,尊重其人格,

---

① 《始终坚持以人民为中心——把握习近平新时代中国特色社会主义思想的根本立场》,载人民网,http://theory.people.com.cn/n1/2018/0710/c40531-30137502.html。

② 习近平:《决胜全面建设小康社会,夺取新时代中国特色社会主义伟大胜利——在中国共产党第十九次全国代表大会上的报告》,载本书编写组:《党的十九大报告学习辅导百问》,党建读物出版社、学习出版社 2017 年版。

③ 齐彪:《深刻领会坚持以人民为中心》,载《人民日报》2019 年 10 月 30 日,第 9 版。

④ 孟建柱:《把公安工作深深扎根于人民群众之中》,载东南网,http://www.fjsen.com/zhuanti/2011-07/29/content_5402979_2.htm。

维护其利益，体恤其要求，顾及其感受，求得“刚”性法律与“柔”性执行相结合的最佳统一。①

公安机关必须坚持人民主体地位，坚持立党为公、执政为民，践行全心全意为人民服务的根本宗旨，把党的群众路线贯彻到公安工作的全部活动之中，把人民对美好生活的向往作为奋斗目标，依靠人民创造历史伟业。

1. 从人民的需要出发

马斯洛的需要层次理论告诉人们，人的生理需要是人的首要的需要，每一个个体生活在社会中，首先要解决基本需要，就是生存的需要，即吃、住、行，温饱问题。人的基本需要没有得到满足，其他需要都无从谈起。同时安全需要是人的第二需要，是生理需要满足后的重要的需要。

群众工作是我们党的最重要的工作内容之一，各级领导干部必须心里装着群众，凡事想着群众，只有处处从人民的需要出发，才能更好地为人民服务。1934 年 1 月，毛泽东同志在《关心群众生活，注意工作方法》一文中就指出：“解决群众的穿衣问题，吃饭问题，住房问题，柴米油盐问题，疾病卫生问题，婚姻问题。总之，一切群众的实际生活问题，都是我们应当注意的问题。假如我们对这些问题注意了，解决了，满足了群众的需要，我们就真正成了群众生活的组织者，群众就会真正围绕在我们的周围，热烈地拥护我们。”②

公安机关的群众工作就是在国家大政方针的正确引导下，把人民群众的需要当成警察自己的需要，想群众之所想，急群众之所急，时时刻刻把人民群众的需要当成一切公安工作的重要立足点。有数据统计，自改革开放至 2018 年 40 年来，全国共有 1.3 万余名民警因公牺牲。仅 2018 年，就有 301 名公安民警、141 名警务辅助人员因公牺牲，1.2 万余名公安民警和警务辅助人员英勇负伤。正是他们的辛勤付出和流血牺牲，铸就了公安队伍的无限忠诚，才换来了人民群众的幸福安宁。③

2. 发挥人民的主体作用

马克思主义植根于人民，指明了依靠人民推动历史前进的人间正道。中国

① 李小燕：《警察为什么要人性化执法》，载《现代世界警察》2009 年第 10 期。

② 中华人民共和国妇女联合会编：《毛泽东主席论妇女》，人民出版社 1978 年版，第 6 页。

③ 《以人民为中心，筑牢平安中国的铜墙铁壁》，载人民网，http://opinion.people.com.cn/n1/2019/0508/c1003-31074471.html。

共产党坚持以马克思主义为指导，在为中国人民谋幸福、为中华民族谋复兴的历史进程中，树立全心全意为人民服务的根本宗旨；贯彻一切为了群众、一切依靠群众，从群众中来、到群众中去的群众路线；坚持以人为本、执政为民的执政理念；提出人民拥护不拥护、赞成不赞成、高兴不高兴、答应不答应的根本标准，等等。这些都充分表明，中国共产党始终代表中国最广大人民的根本利益，中国化的马克思主义始终是人民的理论。①

人民主体作用是从我们党的各项事业取得成功的经验中总结出来的。“人民群众是历史的创造者”，早就在我党的历史上被发展为一切为了群众，一切为人民群众负责、相信群众自己解放自己、向人民群众学习的群众观点，以及党的领导必须坚持从群众出发、到群众中去的群众路线。革命战争时期，毛泽东曾经明确提出“革命战争是群众的战争”的观点，把人民群众比喻为“铜墙铁壁”、“眼睛”、“上帝”、“土地”和“水”。中华人民共和国成立后，毛泽东时刻提醒全党要反对官僚主义，不要脱离群众。改革开放以来，邓小平等党和国家领导人时刻提醒，我们党执政以后的最大危险是脱离人民群众，因为执政以后容易滋生骄傲自满的情绪，甚至看不起人民。正是因为始终坚持“群众路线与群众观点是我们的传家宝”，我们党领导的社会主义建设和改革开放的伟大事业才不断取得新成就。新时代，以习近平同志为核心的党中央，坚定走中国特色的社会主义，不忘为人民服务初心，牢记党肩负的实现中华民族伟大复兴的历史使命。“人民是我们党执政的最大底气，是我们共和国的坚实根基，是我们强党兴国的根本所在。我们党来自于人民，为人民而生，因人民而兴，必须始终与人民心心相印、与人民同甘共苦、与人民团结奋斗。每个共产党员都要弄明白，党除了人民利益之外没有自己的特殊利益，党的一切工作都是为了实现好、维护好、发展好最广大人民根本利益；人民是历史的创造者、人民是真正的英雄，必须相信人民、依靠人民；我们永远是劳动人民的普通一员，必须保持同人民群众的血肉联系。”②

一切依靠群众，是党的群众路线得以实现的关键。党的十九大报告提出要

① 《深刻领会坚持以人民为中心》，载光明网，http://guancha. gmw. cn/2019 - 10/30/content_33279104. htm。

② 《习近平在“不忘初心、牢记使命”主题教育工作会议上的讲话》，载《旗帜》2019 年第 7 期。

加强社会治理体系和社会治理能力现代化的水平，尤其是要发挥基层多元社会主体作用，而广大人民群众就是多元主体的重要组成部分。首先，挖掘群众中的智慧。人民群众中蕴藏着无限的智慧。"从群众中来，到群众中去"讲的是中国共产党的领导方法和工作方法，这是群众路线的重要内容。从群众中来，到群众中去这样的领导方法，同从实践中来，到实践中去的认识过程是完全一致的，是马克思主义认识论在党的领导工作中的创造性运用。从群众中来，到群众中去的过程从认识论上讲也就是调查研究的过程，所以我们党历来强调要做深入细致的调查研究，从而将群众中无系统、分散的意见集中起来，研究转化为系统的、集中的而且是更胜一筹的意见。再到群众中去宣传推进，这样的认识、实践、再认识的过程，也是决策更加理性化、科学化的过程，也是我们常说的"问计于民，问政于民"的方法。其次，调动群众的力量。历史上很多伟人都强调了人民群众的力量。毛泽东同志曾经说过"依靠民众，则一切困难可以克服，任何强敌能够战胜，离开民众，则一事无成"。解放战争年代，人民群众的支持是战争胜利的重要元素之一。因此才有广为传颂的"三大战役是人民群众用小车推出来的"。最后，群众自治基础上的多元共治。群防群治是贯彻群众路线的一种形式，也是群众自治的体现。比如，在疫情防控工作中，宏观上，发挥人民的主体作用，就是要做好群防群控、联防联控措施，有效发挥村居网格治理作用，严防死守、不留死角。要在各大交通枢纽、重要交通路口做好源头把控，设置疫情防控卡点，做到一人一登记，一人一测量，阻疫情于市外；要在各街道、村（社区）做好登记备案，做好做细隔离政策，降低传染风险；要在媒体传播上广泛宣传动员，及时宣传疫情防控知识和最新疫情通报，强化正面引导，稳定人心、增强信心。也正是党领导人民、依靠人民才取得了疫情防控的胜利，真正地创造了中国的特色的疫情防控群众路线的经验。

3. 发展成果人民共享

中国共产党的历史事实充分证明了党领导人民谋发展最终是为了人民，以人民为中心，从人民的需要出发，依靠人民共同奋斗，发挥所有人的合力，最终发展成果人民共享。

### （二）大数据理论

大数据理念，是指充分利用现代化信息工具以及调查问卷等多种方式收集、挖掘数据，辅助互联网工具提高数据样本覆盖和分析精准度，运用现代统计学量化分析方法，对数据进行综合分析、比较和解释，找准问题、预测规律，为相关决策找到方向和依据的工作方法。数据理念与经验理念相对，与拍脑袋决策相向而动。耶鲁大学经济学家伊恩·艾瑞斯指出：人类总是过于高估自己的直觉，而很少去倾听身边数字所发出的声音，要避免由直觉和经验主导决策，就必须要运用数据思维主导进行优质、科学的决策。①

关于大数据治国战略，最早是在党的十八届五中全会上提出来的。习近平总书记在2019年5月全国公安工作会议上提出，坚持政治建警、改革强警、科技兴警、从严治警。时任公安部部长赵克志也曾经指出，积极探索对新业态、新技术领域的安全管理新举措，要深入实施改革强警和公安大数据战略，要聚焦智慧公安建设目标，深入推进公安大数据建设应用，努力在提升公安工作整体效能和核心战斗力上实现新突破。②

在新型冠状病毒肺炎疫情防治工作中，时任中央指导组副组长、中央政法委秘书长陈一新强调“指挥系统要加强战略谋划、战术实施，搭建大数据平台、加强大数据分析，时刻心中有‘数’，建立健全有力有序有效的指挥机制，实现疫情防控科学化、精准化、高效化”③。一些地方公安机关依托大数据，“把疫情防控工作当作全民性的工作落实推进，根据数据研判，掌握疫情动态，发挥主观能动性深入推进疫情防控工作；强化网格化管理，建立由公安机关牵头，依托大数据精准推送，统筹调度相关部门联合开展检疫检查工作机制，使群防升级为‘精防’。充分发挥疫情防控大数据服务，增强疫情管控手段，不断提升群众的自我安全防控意识，形成共建共治共享的社会治安综合治理格局”④。

在公安群众工作实际情况中，首先，从公安决策看，在全面推进国家治理体系和治理能力现代化的要求下，更需要公安机关变革传统决策范式，由传统被动、慢速、静态的方式转变为主动、快速、动态的方式，积极运用数据思维，找到

---

① 参见［美］伊恩·艾瑞斯：《大数据思维与决策》，宫相真译，人民邮电出版社2014年版。

② 唐亚军、王伟琪：《5G技术在智慧新警务建设中的应用研究》，载《电子世界》2020年第1期。

③ 《中央指导组副组长陈一新：疫情数据不准确要害死人》，载黔讯网，http://news.qx162.com/roll/2020/0221/316589.shtml。

④ 《丁红都到市公安局调研运用大数据提升疫情防控工作》，载河源政府网，http://www.heyuan.gov.cn/ywdt/bmdt/content/post_348298.html。

问题所在或聚焦问题的主要方面，从而集中资源、力量并投放获取最大成效，重大决策做到有理有据并更让人信服。其次，从公安群众工作的实践看，群众工作的对象多元化、群众反映问题的多元化、群众利益需求的多元化和信息传播的渠道多元化等①无疑是对公安群众工作的巨大挑战，没有大数据支撑的群众工作，就不能做到底数清，信息灵，也就不能及时满足人民群众的需要，群众工作就不能做到人民满意的目标。

政府机构在信息发布中，应坚守三个原则：第一，个人自愿原则，即本人同意授权发布；第二，脱敏原则，发布内容要“经过处理无法识别特定个人且不能复原”；第三，非必要不公开原则，非必要信息就不要披露。数据安全不光是信息泄露问题，有的甚至是涉及国家安全问题。同时，相关部门要加大对信息泄露引起的侵犯数据隐私行为的打击力度，防止非法泄露、恶意传播数据隐私行为。②

### （三）标杆理论

标杆理论，是指通过不断寻找，学习和借鉴先进地区、先进企业和先进国家的理念、方法、模式、流程等，找到解决问题的最佳方法，最终实现自身的进步和超越。

为什么强化标杆理论。首先是时代的挑战。在当前大数据、信息化时代，我们面临社会基本矛盾变化给公安工作带来的挑战。其次，本领恐慌。中国共产党一直高度重视领导干部的本领问题。早在1939年延安在职干部教育动员大会上，毛泽东同志指出：“我们队伍里边有一种恐慌，不是经济恐慌，也不是政治恐慌，而是本领恐慌。”③习近平总书记提醒全党存在“能力不足的危险”。党的十九大报告中指出，“我们党既要政治过硬，也要本领高强”。因此，党的领导干部中存在本领恐慌，能力不足的现象也是正常的，对于公安群众工作来说同样存在这样的问题，公安领导与新目标、新情况相适应的本领不够，民警适应人

---

① 刘玉英、马正立：《新时代领导干部必备的八大本领》，红旗出版社2019年版，第167～169页。

② 《大数据时代，防控疫情需要“数战数决”》，载搜狐网，https://www.sohu.com/a/369511373_260616。

③ 毛泽东：《在延安在职干部教育动员大会上的讲话》，载《毛泽东选集》（第2卷），人民出版社1991年版，第178页。

民群众的新需求的能力不足，公安机关运用新技术、新手段的水平不够等现象也是客观现实。关键是要怎么去做，怎么去改变这一局面？

具体到公安机关的标杆理念，其是指通过不断寻找，学习和借鉴先进地区、先进企业和先进国家的理念、方法、模式、流程等，找到解决问题的最佳方法，最终实现自身的进步和超越。具体来说应当从以下方面开展工作：第一，标杆要立起来。要对照先进，尤其是要把信仰与忠诚转化为担当作为的硬脊梁、铁肩膀、真本事，在应对重大挑战、抵御重大风险、克服重大阻力、解决重大矛盾中冲锋在前，建功立业的当作先进、当作标杆立起来。第二，要学习标杆。我们现在所遇到的问题，在先进地区、先进企业，已经有了成熟的解决方案，用标杆思维可省去独自摸索，反复试错的代价，起到事半功倍的效果，让每个问题都有许多不同的解决方法，防止思维僵化，惯性思维，从而不再坐井观天，闭门造车，达到取长补短，见贤思齐，博采众长，吸收借鉴，追求卓越的目的。就公安群众工作来说，标杆很多，值得大家学习借鉴的经验很多，关键看你怎么去学，怎么去实践。诞生于 1963 年的“枫桥经验”就是一个固化并传承下来的群众工作经验，经过不断的创新发展，直到今天“做邻家好警察”的警务理念、从枫桥经验的“老三不”到“新三不”都是公安群众工作学习的标杆。

结合当前的公安群众经验与创新实践，从标杆理论出发，就要善于发现典型经验和模范人物，采取多种方式进行推广学习，如专题培训，实地调研，跟班学习等，充分挖掘经验和模范人物潜力，一方面推动典型经验继续创新发展；另一方面让想学的人学到真经，将所学内容落到实处，推动当地工作的顺利开展。如果能够结合经验，具体问题具体分析，大胆地探索和实践，能开出自己的经验之花和结出丰硕之果，那就是最大的能力提升和最大的治理效能发挥。

# 专题五　政治素养篇

群众史观是马克思主义唯物史观的基本观点和方法论，是我们党的根本政治观点，也是党的根本领导方法和工作方法。党的十八大以来，以习近平同志为核心的党中央高度重视人民群众和群众工作，坚持继承和发展马克思主义的群众观，始终把人民群众放在心中最高位置，坚持以人民为中心。广大公安民警在实际工作中，要坚决贯彻中央的各项路线方针和政策，并特别要注重加强政治素养的修炼。一是要坚决站稳政治立场。二是严守党的政治纪律、政治规矩。三是履行好新时代党和人民赋予的使命任务。四是坚持群众路线这一党的根本路线和生命线。

## 一、坚决站稳政治立场

政治立场事关根本。人民警察的政治立场，就是人民警察在进行各项管理和执法活动中，观察、分析和处理各种问题的根本立足点和出发点，也就是听谁指挥，为谁谋利益的问题。站稳政治立场是讲政治的核心，就是要坚持党性和人民性相统一，坚决站稳党性立场和人民立场。

### （一）坚决站稳党性立场

人民警察站在党的立场，就是要坚持党对公安工作的绝对领导这一根本政治原则。公安机关是人民民主专政的重要工具，是党和人民手中的“刀把子”；公安姓党是公安机关的根本政治属性，是公安队伍永远不变的根和魂；坚持党的绝对领导是公安工作的根本政治原则，是党对公安工作的根本政治要求。在这个事关旗帜、事关方向、事关道路的根本问题上，我们的头脑一定要十分清醒、立场一定要十分坚定、态度一定要十分鲜明，必须毫不动摇地坚持和加强党对公安工作的绝对领导，坚决贯彻落实党对公安工作的全方位领导，确保公安工作始终保持坚定正确的政治方向。要大力加强公安机关党的政治建设，牢记公安机关首先是政治机关，政治性是第一属性，讲政治是第一要求，坚持从政治上建设和掌握公安机关，引导全警切实增强“四个意识”、坚定“四个自信”、做到“两个维护”，自觉做到忠诚核心、拥护核心、跟随核心、捍卫核心，始终在思想上政治上行动上同以习近平同志为核心的党中央保持高度一致，坚决听从党中央命令、服从党中央指挥，确保政治上绝对忠诚。

在当前就是要在政治上、思想上、行动上与以习近平同志为核心的党中央保持高度一致，确保党和政府各项重大举措畅通无阻地贯彻执行。站在党的立场就是要坚持马克思主义思想的政治观点，就是要坚持建设有中国特色的社会主义道路的政治方向。

### (二)坚持以人民为中心的根本立场

习近平总书记在庆祝中国共产党成立 95 周年大会上发表的重要讲话指出：“坚持不忘初心、继续前进，就要坚信党的根基在人民、党的力量在人民，坚持一切为了人民、一切依靠人民，充分发挥广大人民群众积极性、主动性、创造性，不断把为人民造福事业推向前进。”他还强调：“人民立场是中国共产党的根本政治立场，是马克思主义政党区别于其他政党的显著标志。”[①]人民警察正确的政治立场就是人民立场。人民警察必须坚持以人民为中心，坚持全心全意为人民服务的根本宗旨，坚持一切为了人民、一切依靠人民、从群众中来、到群众中去的群众路线。要敢于担当、公平公正执法，保护好人民群众的切身利益；要相信和依靠群众，获得广大人民群众的信任和支持。

党的十八大以来，全国公安机关始终以人民期盼为念，为人民利益而战，依法严厉打击各类违法犯罪，着力构建社会治安防控体系，努力让人民群众的获得感、幸福感、安全感更加充实、更有保障、更可持续。

习近平总书记在 2019 年的全国公安工作会议上曾强调，公安机关要坚持

---

① 习近平：《在庆祝中国共产党成立 95 周年大会上的讲话》，载人民网，http://cpc.people.com.cn/n1/2021/0416/c64094-32079803.html。

以人民为中心的发展思想。履行好党和人民赋予的新时代职责使命,努力使人民群众安全感更加充实、更有保障、更可持续。

## 二、严守党的政治纪律、政治规矩

### (一)党的政治纪律、政治规矩内涵

党的政治纪律和政治规矩是全体党员的行为规范和行动准则,也是党的凝聚力、战斗力的重要体现和可靠保证。

党的政治纪律是各级党组织和全体党员在政治方向、政治立场、政治言论和政治行为方面必须遵守的规矩,是维护党的团结统一的根本保证,是最重要、最根本、最关键的纪律。遵守党的政治纪律,最核心的,就是坚持党的领导,坚持党的基本理论、基本路线、基本纲领、基本经验、基本要求,同党中央保持高度一致,自觉维护党中央权威。

党的政治规矩是我们党在长期实践中形成的政治规则、组织约束、优良传统和工作习惯,既包括成文的纪律,也包括自我约束的不成文的纪律。具体来说,党的规矩包括四个方面:第一,党章是全党必须遵循的总章程,也是总规矩;第二,党的纪律是刚性约束,政治纪律更是全党在政治方向、政治立场、政治言论、政治行动方面必须遵守的刚性约束;第三,国家法律是党员、干部必须遵守的规矩;第四,党在长期实践中形成的优良传统和工作惯例。

### (二)严守党的政治纪律、政治规矩要求

《中共中央关于加强党的政治建设的意见》在严明党的政治纪律和政治规矩方面提出了具体要求。

第一,要把坚决做到“两个维护”作为首要政治纪律,在全党持续深入开展忠诚教育,开展“守纪律、讲规矩”模范机关创建和先进个人评选活动,教育督促党员干部始终对党忠诚老实,决不允许在重大政治原则问题上、大是大非问题上同党中央唱反调,搞自由主义。

第二,严格执行《中国共产党纪律处分条例》,严肃查处违反政治纪律的行为,通过严明政治纪律带动党的其他纪律严起来。

第三,坚持“五个必须”,必须维护党中央权威,决不允许背离党中央要求另

搞一套，必须在思想上、政治上、行动上同党中央保持高度一致，听从党中央指挥，不得阳奉阴违、自行其是，不得对党中央的大政方针说三道四，不得公开发表同中央精神相违背的言论。必须维护党的团结，决不允许在党内培植私人势力，要坚持五湖四海，团结一切忠实于党的同志，团结大多数，不得以人划线，不得搞任何形式的派别活动。必须遵循组织程序，决不允许擅作主张、我行我素，重大问题该请示的请示，该汇报的汇报，不允许超越权限办事，不能先斩后奏。必须服从组织决定，决不允许搞非组织活动，不得跟组织讨价还价，不得违背组织决定，遇到问题要找组织、依靠组织，不得欺骗组织、对抗组织。必须管好领导干部亲属和身边工作人员，决不允许他们擅权干政、谋取私利，不得纵容他们影响政策制定和人事安排、干预日常工作运行，不得默许他们利用特殊身份谋取非法利益。

第四，严肃查处“七个有之”问题，把政治上蜕变的两面人及时辨别出来、清除出去，坚决防止党内形成利益集团攫取政治权力、改变党的性质，坚决防止山头主义和宗派主义危害党的团结、破坏党的集中统一。

## 三、履行好新时代党和人民赋予的使命任务

维护国家政治安全、确保社会大局稳定、促进社会公平正义、保障人民安居乐业，是党中央关于新时代公安工作的职责定位；坚决捍卫政治安全、全力维护社会安定、切实保障人民安宁，是党和人民赋予公安机关的新时代使命任务。

### （一）坚决捍卫政治安全

政治安全，是党和国家安全的生命线，是不可动摇的底线，也是公安机关的首要之责。要全面贯彻总体国家安全观，始终把维护以政权安全、制度安全为核心的国家政治安全置于首位，强化底线思维，发扬斗争精神，严密防范、严厉打击各种渗透颠覆破坏活动和暴力恐怖活动、民族分裂活动、宗教极端活动，坚决捍卫中国共产党长期执政地位，捍卫人民民主专政的国家政权，捍卫中国特色社会主义制度，捍卫我国宪法的权威和尊严。

### （二）全力维护社会安定

维护社会安定，是全党全社会的共同责任，也是公安机关的重大责任。要

正确处理改革发展稳定的关系,坚持"稳"字当头、稳定压倒一切,坚持和发扬新时代"枫桥经验",坚持专项治理和系统治理、依法治理、综合治理、源头治理相结合,注重关口前移、重心下移、源头治理,不断创新完善社会治理方式,积极预防、妥善化解各类社会矛盾,确保社会在深刻变革中既充满生机活力又保持安定有序。

### (三)切实保障人民安宁

保障人民安宁,是我们党的根本宗旨所在,也是公安机关的根本任务。要坚持以人民为中心的发展思想,牢记人民公安为人民的初心使命,充分发挥在推进平安中国建设中的主力军作用,紧紧围绕人民群众反映强烈的突出治安问题,深入开展专项打击整治行动,坚持打防结合、整体防控,专群结合、群防群治,加快完善立体化信息化社会治安防控体系,着力提升对动态环境下社会治安的控制力,确保社会治安大局持续稳定,努力使人民群众安全感更加充实、更有保障、更可持续。

要展现履行新时代使命任务新作为。要贯彻落实统筹发展和安全的战略部署,坚持总体国家安全观,坚持以人民为中心,下好先手棋、打好主动仗,严密防范和严厉打击敌对势力渗透破坏颠覆活动,深入开展反恐怖反分裂斗争,坚定维护国家政治安全、制度安全、意识形态安全,坚决防范和打击黑恶势力、新型网络犯罪和跨国犯罪,坚持和发展新时代"枫桥经验",加强和创新基层社会治理,加快推进立体化信息化社会治安防控体系建设,大力加强公共安全治理体系建设,努力建设更高水平的平安中国。

## 四、坚持群众路线这一党的根本路线和生命线

### (一)群众路线是党的根本路线和生命线

2013 年 6 月 18 日,习近平总书记在党的群众路线教育实践活动工作会议上的讲话指出:"群众路线是我们党的生命线和根本工作路线。"党的历史反复证明,如果党坚持走群众路线,党的生存和发展就会有保证;反之,如果党脱离了群众路线,党的生存和发展就会受到威胁,党的事业也会遭受挫折,甚至出现亡党亡国的危险。

1. 坚持群众路线必须坚持马克思主义群众观

马克思主义群众观是马克思主义经典作家关于人民群众历史地位和马克思主义政党与人民群众关系的思想观点和重要论断。其可以从五个方面进一步理解。一是从唯物史观看，人民群众是物质财富和精神财富的创造者，是推动历史进步的根本动力。马克思、恩格斯指出："历史活动是群众的活动。""人民，只有人民，才是创造世界历史的动力。"二是从党的性质看，党是人民利益的代表，党没有自己的特殊利益。马克思、恩格斯指出："过去的一切运动都是少数人的或者为少数人谋利益的运动。无产阶级的运动是绝大多数人的、为绝大多数人谋利益的独立的运动。"三是从党的价值追求看，全心全意为人民服务是党的根本宗旨。四是从根本标准看，要把人民拥护不拥护、赞成不赞成、高兴不高兴、答应不答应作为制定方针政策和作出决断的出发点和归宿。五是从依靠力量看，要尊重群众的首创精神。习近平总书记强调："尊重地方、基层、群众首创精神，果断作出决策，把开拓创新作为一种常态，不断用发展着的马克思主义指导新的实践，又从实践中作出新的理论概括，敢破敢立、敢闯敢试，义无反顾把改革开放不断向前推进。"①

2. 深刻把握党的群众路线的主要内容

群众路线的主要内容就是一切为了群众，一切依靠群众，从群众中来，到群众中去。公安工作群众路线，是公安工作宣传群众、依靠群众、服务群众、保护群众、组织群众的理论、原则、制度和方法的总称，内容广泛。它是公安工作实行的一切为了群众，一切依靠群众，从群众中来，到群众中去所遵循的根本途径，体现了公安工作的出发点和归宿、公安工作的根本态度，以及公安工作的基本方法。

"一切为了群众"是我们党工作的出发点和落脚点，也是公安工作的出发点和归宿，是解决"为了谁"的问题，是公安工作的宗旨和职责的有机结合。公安机关及公安民警本着对人民群众负责的精神，坚持以民为本、以民为重、以民为先，以群众满意为最高标准，管理治安，切实保障群众的权利和权益。

"一切依靠群众"是我们党的政治路线和工作路线的集中体现，是讲工作的

---

① 《习近平在纪念邓小平同志诞辰110周年座谈会上的讲话》(2014年8月20日)，载《人民日报》2014年8月21日，第2版。

根本动力、力量源泉问题，是解决“依靠谁”的问题。对公安工作来说是根本态度问题。具体体现为，首先，要尊重群众，尊重人民群众的主人翁地位，尊重人民群众的首创精神；其次，要相信群众，充分相信群众中蕴藏着积极参与维护社会秩序的智慧和力量，信任人民群众既是公安工作最坚实的基础，也是公安工作最可靠的坚强后盾。

“从群众中来、到群众中去”，是讲尊重群众的首创精神，讲实践论、认识论，讲工作方法，讲来自群众、引导群众、服务群众、组织动员群众，是解决“我是谁”的问题。“把党的正确主张变成群众的自觉行动”，是从群众中来、到群众中去的循环反复的实践过程。公安机关及公安民警要深入人民群众中去，广泛听取人民群众的意见和建议，把人民群众在维护社会治安实践中创造出来的经验进行总结推广，并将成熟的经验法律化、制度化，长期坚持下去。

马克思主义群众观是历史观、价值观，是运用辩证唯物主义和历史唯物主义对人类社会发展规律的深刻把握，是对马克思主义政党的历史使命和性质宗旨的深刻把握；党的群众路线是实践论、方法论，是我们党把马克思主义的群众观点创造性地运用到党的全部工作中所形成的根本政治路线和根本工作路线，也是根本领导方法和根本工作方法。

### （二）公安工作必须坚持群众路线

第一，公安工作坚持群众路线，必须树立群众观念，保持与群众的密切联系，防止脱离群众。群众观念，就是相信群众、依靠群众，尊重群众在历史发展中的地位和作用。公安机关及公安民警来自人民、植根于人民，只要把实现人民群众的利益作为公安工作的原动力，同人民群众保持密切的血肉联系，就会推动公安工作改革，促进公安工作全面、协调、可持续发展。

第二，公安工作坚持群众路线，就要时刻把群众安危冷暖放在心上。习近平总书记强调，“人民是我们党执政的最大底气”。公安机关群众工作要坚持以人民为中心的发展思想，密切联系群众，心系人民冷暖，切实为老百姓排忧解难，方能得人心、聚同心，不断夯实党长期执政的群众根基。

习近平总书记指出，“平安是老百姓解决温饱后的第一需求，是极重要的民生,也是最基本的发展环境”。[①] 群众看公安,关键看治安。维护公共安全,特别是打击犯罪,维护国家安全和社会大局稳定,是公安机关最核心的职能,是公安机关的主业,是公安工作能力水平最直接的体现。

第三,公安工作坚持群众路线必须努力提高群众工作本领,掌握新时代做群众工作的方法。习近平总书记要求公安机关要“把党的群众路线坚持好、贯彻好,充分发动群众、组织群众、依靠群众,推进基层社会治理创新,努力建设更高水平的平安中国”。[②] 在网络时代要善于做好群众路线,要学会通过网络走群众路线,经常上网看看,了解群众所思所愿,收集好想法好建议,积极回应网民关切、解疑释惑。

第四,公安工作坚持群众路线必须接受群众监督。习近平总书记在“不忘初心、牢记使命”主题教育总结大会上强调,“要坚持敞开大门,请群众参与、监督、评判”。[③] 公安机关及公安民警对于人民群众的意见、建议和批评,必须坦诚面对、自觉接受。人民群众的监督不仅是公安工作的客观需要、现实要求,更是对公安机关及公安民警的关心和爱护。

公安工作好不好,群众的评价是最权威、最公正的,因此,公安工作的评价权要交给群众。要从人民群众“急难愁盼”的问题抓起,从群众不满意的问题改起,从群众最期待的事情做起,真正让广大群众满意。把公安工作的监督权、评判权交给群众,是实实在在践行党的群众路线之举,也是贯彻“以人民为中心”发展思想的具体体现。

---

① 《习近平谈治国理政》,外文出版社2014年版,第6页。

② 《习近平:坚持政治建警改革强警科技兴警从严治警　履行好党和人民赋予的新时代职责使命》,载《人民日报》2019年5月9日,第1版。

③ 《习近平:以主题教育为新的起点　持续推动全党不忘初心牢记使命》,载《人民日报》2020年1月9日,第1版。

# 专题六　法律素养篇

## 一、刑事和解制度与公安群众工作的基本要求

公安群众工作的逻辑起点就是马克思主义群众观。虽然新时代群众工作面临对象泛化、领域拓展、要求高企等诸多挑战，但它应当解决的基本问题仍然是深入群众、密切关系、夯实基础、倾听呼声、反映意愿，最终达到集中群众的智慧、解决群众合法诉求等目的。只有熟练掌握、充分运用好了解熟悉群众、宣传教育群众、发动组织群众、管理调和群众和保护服务群众等工作措施，才能真正赢得公安群众工作的实效。本专题即以刑事和解制度为例来具体讨论公安联系群众、服务群众的基本业务要求和法律素养。

刑事和解是贯彻我国宽严相济刑事司法政策的新举措，是恢复性司法理念的有效探索，也是一项新型的司法制度。通过对公安机关办理适用刑事和解制度的工作要求的讨论，我们认为，在目前立法状态下，司法实践中公安机关在适用刑事和解时应当注意公安群众工作的基本要求和法律素养。如能对刑事和解作出更为详细的公安机关操作指引并制定配套制度予以保障，刑事和解化解社会矛盾、促进社会和谐稳定的作用就能进一步凸显。

从中外司法实践来看，刑事和解被适用于侦查、起诉和审判各阶段。根据我国《刑事诉讼法》第278、279条的规定，对于当事人之间达成和解协议的案件，人民法院、人民检察院和公安机关可以依法从宽处理。但研究表明，人们似乎更加关注起诉阶段的刑事和解，而对侦查阶段的刑事和解往往持否定态度。当前在侦查阶段适用刑事和解面临以下问题：(1)以维护社会治安秩序及保障人民群众生命财产安全为主要职责的公安机关，会不会因为刑事和解的推行而对事实调查产生懈怠。(2)一线侦查人员能否站在中立立场上对案件进行理性

的判断。(3)因为刑事和解没有经过其他诉讼程序就结案,会不会因缺乏有效的审查和监督而在和解过程中引发腐败。(4)在侦查阶段实行刑事和解,会不会因为处罚太轻而影响犯罪预防效果。(5)刑事和解的权衡是一种职责,会不会因过度耗费原本已经稀缺的警力资源而影响诉讼效率。(6)公安机关促成和解而不是打击犯罪,会不会因可能瓦解社会对犯罪的评价体系而遭到公众的非议。围绕上述问题,本篇从以下几个方面展开讨论。

### (一)坚守法律底线

首先,要完善程序。其一,对于侦查阶段的刑事和解程序之启动,应当首先要求公安机关工作人员查明案件事实,查明案件是否属于可刑事和解的范畴,若属于和解的范围,则应当履行告知当事人的义务,使之明确自己有权利要求进入和解程序。在启动阶段,为防止公安机关权利滥用,能和解不和解,不能和解滥用和解的情况发生,双方当事人可向同级检察院申诉,检察院起到监督作用,若情况属实,能和解的案件不和解,可要求公安机关给予书面答复;若属于不能和解滥用和解,超出法条规定范围的,也可要求公安机关给予书面答复,若不符合法律规定,检察院即可要求公安机关终止和解程序,移交案卷到检察院审查起诉。其二,当公安机关在侦查阶段主持和解时,公安机关只能履行告知双方当事人的义务,是否和解由当事人决定,若同意适用和解,则公安机关在程序上做出引导,实体问题上只能采取法律建议的方式,避免职权主义影响,公安机关在整个和解过程中必须保持中立,秉承公正且没有偏见。

其次,要防止权力滥用。要限权得先赋权,在刑事和解过程中法律赋予了公安机关什么权力。若案件在法定的和解范围内,公安机关可以在双方当事人完全自愿的基础上引导双方当事人促成其和解;和解执行完毕,则公安机关可向检察院建议减轻对犯罪人的处罚。问题来了,即权力滥用问题该如何解决。我们认为,防止权力滥用的方法是监督权力的实施,以下是笔者的几点想法:(1)公安刑事和解需经县级及以上公安机关批准,防止任意适用刑事和解程序;(2)适用刑事和解程序的案件要到同级人民检察院备案,以有利于检察院在收到当事人双方申诉后有依据可循,能够做到监督有力;(3)双方当事人可向公安机关负责人或者同级检察院提起申诉,主要举证公安机关在和解过程中非经双方自愿主持和解,或能和解的案件不和解以及和解协议执行阶段遇到困难公安机关不作为的问题。

最后,和解协议的履行保障。在和解协议履行不能的情形下,司法机关应当起到一个促其履行的作用,若在催告犯罪人继续履行后其仍不履行,则和解程序终止转入公诉程序。那么对于侦查阶段的刑事和解,扮演这一角色的即公安机关。[①]

### (二)准确把握条文规范

公安侦查阶段刑事和解始于公安实战部门的创新实践。2012年《刑事诉讼法》修正,将刑事和解作为特别程序收入其中,从而为公安侦查阶段刑事和解的发展提供了更为广阔的空间。《刑事诉讼法》规定,刑事和解程序的适用范围包括以下几个内容:(1)刑事和解程序只适用于公诉案件;(2)如果犯罪嫌疑人是故意犯罪,则适用于3年以下有期徒刑的轻罪案件,这些轻罪案件乃是民间纠纷所导致的能够满足我国《刑法》分则所规定的第四章以及第五章罪行的行为;(3)如果犯罪嫌疑人是过失犯罪,除了渎职犯罪外且有可能判处7年以下有期徒刑的案件;(4)以上所说的刑事案件,如若犯罪嫌疑人或者被告人于5年之内曾经故意犯罪的,那么则不能适用上述规定的刑事和解程序。

除此之外,《人民检察院刑事诉讼规则》还作了补充规定,以上所说在公诉范围内的案件类型同时满足以下要求:首先,犯罪嫌疑人要做到真诚悔罪,态度要端正,承认自己的错误,并且主动向被害人赔偿经济损失或者进行赔礼道歉;其次,需要被害人表示出其对犯罪嫌疑人的罪行以及认罪态度予以原谅,且双方当事人出于自愿和解;最后,此案件需要属于侵害了特定被害人的故意犯罪或者是有直接被害人的过失犯罪。另外,《公安机关办理刑事案件程序规定》中将不属于民间纠纷所引起的案件做了详细解释及归类。其中包括雇凶伤害他人的案件、寻衅滋事的案件、聚众斗殴的案件、涉及黑社会性质组织犯罪的案件、曾经多次故意伤害他人身体的案件等。

可以适用刑事和解制度的轻微刑事案件,虽然在一定程度上侵害了公共秩序,但侵害的法益主要还是个体法益,根据私权处分中的意思自治原则,在这类

---

① 参见董邦俊:《侦查阶段刑事和解六大质疑之消解》,载《中南民族大学学报(人文社会科学版)》2015年第1期。

案件中将国家刑罚权有限度地让渡给被害人,允许被害人根据刑事和解的情况对是否追究加害人的刑事责任进行适当处分。如被害人接受和解,认为不需要对加害人追究刑事责任的,原则上公安办案机关应作出不予追究刑事责任的决定(但犯罪侵害了公共法益,办案机关认为有追诉必要的例外)。这种制度设计虽然在形式上扩大了刑事和解的适用范围和作用,但在实质上是符合刑事和解制度核心要义和基本内涵的,即在赋予被害人更多选择权的同时,也调动了加害人积极赔偿、化解纠纷的积极性,有利于从根源上消除犯罪的危害、恢复受损害的社会关系。由此可见,准确把握刑事和解制度的核心和本质,是全面执法为民、提升公安群众工作能力的前提和基础。

### (三)积极履行法定职责

实践表明,不管经济社会如何发展、科学技术多么发达,人民群众始终是公安机关克敌制胜的力量源泉。群众工作方法不可能一成不变,是需要随着社会形势发展和公安工作重心转移而不断变化的。随着网络技术的发展,互联网正在快速改变当代中国的社会生态和政治生态。面对日益庞大的网络社会和网民,开展互联网群众工作,提高做好新形势下群众工作的能力,已成为“互联网 +”时代背景下公安机关坚持党的群众路线的重要体现和必然要求。因此,在深刻理解和把握网络时代公安机关群众工作的主体、客体以及内容呈现的新挑战和新变化的基础上,厘清新时代公安机关开展群众工作的新思路,探索网上群众工作的新方法、新模式,优化完善网络群众工作载体,健全群众工作机制,探索“互联网 +”时代背景下专门工作与群众路线相结合的新路径,可以保证公安机关更全面地了解社情民意、化解矛盾纠纷、夯实执法基础。

首先,研究新时期公安机关网上群众工作方法,是提高公安机关工作效率的必然要求。随着科技的不断发展和公安工作信息化的深入开展,互联网作为一种被广泛应用的公共媒介,不断改善开展公安工作的方式方法。互联网中信息传播的便捷和稳定,构建了网民与公安机关之间平等交流和互动沟通的平台,这为公安机关开展群众工作创造了前所未有的便利条件。但同时,庞大的数据量给公安机关带来了不可回避的治理困难。因此,如何提高公安机关网上群众工作的效率,是现如今公安机关面临的一个重要问题。只有研究新时期公安机关网上工作方法,才能更有效地利用好互联网这个重要的工具,以此保证公安机关的工作效率。

其次，研究新时期公安机关网上群众工作方法，是加强警民联系的重要保证。网络社会的迅猛发展，使人民群众在法治、民生保障、利益诉求、公共服务等方面的理念逐渐转变。群体性事件、涉警网络舆情以及执法规范化等热点问题的交流日益频繁，使网络的公共参与过程也是凝聚、形成公共理性的过程。另外，西方敌对势力所倡导的普世价值、享乐主义、消费主义等凭借网络媒介被大肆宣传，社会心态越发浮躁，仇富仇官等不良思潮有所抬头，部分群众的人生观、价值观日趋退化。不良网络信息对群众思想的腐蚀无疑使传统群众工作手段受到了不小的冲击，削弱了公安群众工作的质量效能。只有研究好新时期公安机关网上群众工作方法，才能保证好警民之间的有效联系。通过公安机关网上群众工作，可以及时地传递有效信息，做好警民互动工作。

最后，研究新时期公安机关网上群众工作方法，是进一步推动公安工作信息化、提高公安工作质量的基本保障。信息技术的飞速发展使数据呈爆炸性增长，随着大数据在公安领域的普及应用，面向各警种的公安大数据系统和分析平台被广泛建立。大数据领域的先进技术，包括适用于分析海量数据的数据挖掘模型等被应用在各类犯罪分析和预测方面。新时期的公安机关网上群众工作方法，理应顺应时代发展，结合数据挖掘等大数据时代的相关技术方法，推动公安工作信息化，提高公安工作效率和质量。

总之，要将互联网及其信息技术推广应用到当前的群众工作中，运用互联网思维，联系服务群众，开展线上群众工作，将线上线下有机融合，使线上群众工作与传统群众工作方式协调统一，进行“互联网＋”线上群众工作方法创新，打造互联网时代的公安机关线上群众工作新模式。同时规范化、制度化、具体化网上各环节，维护好群众的合理诉求。对网上群众工作情况开展考评，建立考核评价机制，包括监督、通报和回访制度等，加强协作机制和队伍建设，保持公安机关与人民群众的良好互动，形成听民意、汇民智、聚民心的良好工作氛围。

### （四）统筹协调各方利益

公安机关作为打击犯罪和保护人民的“刀把子”机关，应当具备对重罪、轻罪与微罪等不法行为的识别力和判断力。具体来说，以未成年人刑事案件和解制度为例。如果公安机关能够在刑事和解案中恰到好处地兼顾好政治效果、法律效果与社会效果三者之间的有机统一,无疑将对在人民群众心中树立“执法为民”的公安权威大有裨益,同时也能够实现案结事了、息事宁人,实现“教育与感化”的方针。

《刑事诉讼法》规定了当事人刑事和解制度,是基于恢复性司法节约诉讼成本、提高诉讼效率之考量,让已经遭受破坏的社会关系恢复到原本的良好运行状态,这是一种与传统刑事诉讼模式不同的非诉处置犯罪的机制。《刑事诉讼法》中有关未成年人刑事案件的诉讼程序虽然没有对未成年人案件刑事和解作出特别规定,但涉少刑事案件也可以适用当事人和解制度。涉未成年人案件刑事和解的目标是借助中立第三方,在被害人和少年犯之间搭设起建设性的交流平台,修复对被害人造成的损失,协调被害人和加害人之间的冲突。对于未成年犯罪人来说,刑事调解可以起到教育感化作用,使其主动意识到自己的错误,完成心灵的救赎;对于被害人来说,刑事调解有助于被害人打开心结,表达出自己的内心感受,在一定程度上原谅犯罪人,治愈自己的内心创伤,更好地迎接未来新生活;对于社会来说,刑事调解体现出司法的保护主义,为未成年人提供了一条改邪归正的道路,有可能挽救一批失足少年。这些良好作用的发挥都有赖于高水平的调解员及其高质量的调解。

涉少刑事案件的调解主要有两类:一是在侦查阶段公安机关履行的调解职能,包括符合刑事和解条件的轻微刑事案件的调解、追赃中的调解以及刑事附带民事诉讼的调解;二是在审查起诉以及审判阶段,公安机关或其他行政机关工作人员接受检察院或者法院委托,为促成刑事和解进行的调解。《刑事诉讼法》规定,侦查、审查起诉、审判阶段三个阶段都可以适用刑事和解程序。检察院和法院是刑事和解的促成主体,而法律并不禁止检察院和法院委托他人促成刑事和解,因此行政机关工作人员可以接受委托在审查起诉和审判阶段参与调解。

相较于法官、检察官主持的刑事和解,由公安机关主持未成年人刑事案件调解具有独特优势。首先,公安机关的调解可以保证调解与审判适度分开。由法官参与未成年人刑事案件的调解,可能会影响法官的自由心证,调解不成的,法院裁判结果也可能会引起拒绝和解当事人的猜疑,如调解时没给法官面子而被蓄意报复等。检察院主持和解的结果将影响是否向法院提起公诉以及量刑建议,也可能引起类似的猜疑,如检察官报复等。公安机关调解即便达成和解协议也需要移送检察机关审查,并不能直接导致案件终结,因此即便调解不成对犯罪嫌疑人也没有直接的不利后果,避免引起有关司法不公的猜疑。其次,实践中很多公安民警在长期办理治安案件与刑事案件过程中积累了丰富的调解经验,这些经验将对刑事和解发挥重要作用。在中国,公安干警的职权非常宽泛,处理的纠纷范围极为广泛,人情世故和社会经验也相对更为丰富,警察不受法官和检察官特有的司法人员行为规范要求的限制,可以采取更为灵活多样的调解手段,让双方更加有效地进行对话交流,也能借助其官方身份说服当事人放弃明显不合理的诉求。最后,公安机关积极参与调解可以从案件源头上尽早介入化解矛盾纠纷,缓和对抗冲突,为未成年犯罪人争取更大的改造空间和机会。公安机关通常是最早接触刑事案件的国家机关,公安人员及早履行调解职权更利于少年司法目标的实现,落实"教育为主,惩罚为辅"的方针。这些调解优势,即便进入公诉和审判阶段也能实际发挥作用,如法院基于侦查阶段办案人员对案情的熟悉以及当事人的信任,可以委托该办案人员主持调解,以便获得更好的效果。

### (五)主动创新工作模式

公安机关的基层工作者都是人民警察。公安机关要做好群众工作,就要对其基层工作者提出更高的要求,也就是创新思维方式、创新技术手段等。这就要求人民警察必须合理利用新媒体,了解当前的民情民意,并加强与群众之间的互动交流,在社会上进行正确的网络舆论引导。但从当前的情况来看,新媒体的出现,给人民警察的群众工作带来了很大的挑战。

新媒体的出现给舆情导控带来了更多的难题。第一,在一个人人都能够发声的网络社会,信息的发布渠道是多种多样的,一旦出现负面信息很难挖掘到源头。在出现舆情的第一时间,就必须快速地找到源头,提出应对的方法。但从当前的公安机关所掌握的技术以及人力等多个方面来看,是无法快速地定位信息源的。第二,难以掌控涉警舆情。在网络的发酵下,有很多舆情无法得到有效的控制。在一些网络大 V 的推波助澜下,甚至会产生蝴蝶效应,导致一些群体极化的情况发生。这就会使整体的局面出现恶化。第三,难以顺利地进行正面导向的宣传。在新媒体时代群众对负面信息逐步形成了刻板的印象,不良信息甚至成为主要的话语权。一部分民警的不作为、乱作为的情况就有可能会影响到队伍的整体形象,从而导致大众开始质疑公安机关的执法公信力。所以公安机关要想改变这种印象是非常困难的。

新媒体时代创新警民工作方式,可以从以下几个方面着手:首先,加强业务技能培训。为了提高民警的群众工作能力,必须针对民警开展培训,让他们掌握更多的法律专业知识以及政治理论。在此基础上还应当学习新媒体网络知识,要把理论和实际工作结合在一起,更好地开展群众工作。要全方位地提升民警的群众工作能力,让他们形成终身学习的好意识,尤其是要掌握新的媒体技术知识以及新媒体的应用方法,等等,在不断学习、不断充实自己的过程中,做好网上群众工作。其次,完善网络交流平台。在新媒体快速发展的现在,公安机关必须疏通民情传递渠道,利用互联网开辟更多的群众互动交流平台,并把这些平台当作群众反映意见、提出诉求的途径。这就要求民警积极主动地开通微博等多种互动平台,加强和群众的交流,了解群众比较关心的热点问题,把群众提出的建议和诉求收集整理起来,之后以反馈作答的方法发布在微博等多种新媒体平台上。网民们能够根据自己的想法,自由地发表评论和见解,还可以和民警互动交流。这样群众工作就从单一的层面转换为了立体的层面。最后,积极地应对问题,把控网络舆论的主导权。在开展群众工作的过程中,基层民警实际上代表了整个公安机关的形象。但从当前的情况来看,一些基层民警对自身的形象并不重视。他们在工作的过程中缺少创新,所采取的工作方法也比较落后。面对这种情况,需要基层民警放下自身的架子,真心实意地为群众着想,深入群众,要把群众所想的内容放在心上,选择群众能够听得懂的语言或者能够相信的方式来解决问题。

在此基础上可以从以下六方面展开:第一,加强线上线下的教育宣传以及舆论引导。可以选择群众比较乐于接受的方式进行宣传互动,如互联网或者广播电视等。把线上和线下结合在一起,做好舆论引导,搭建一个告知群众真相的平台。

第二,坚持公开透明。在开展群众工作的过程中,决不能激化矛盾,出现压制的情况。要坚持说服解决问题的原则,在工作时也应当坚持公开透明,不能够出现官官相护,否则就会激化群众的矛盾。以群体事件为例子,在解决问题时,应当坚持冷静理性地思考,以耐心细致的方法来获得更多群众的理解及支持；还要学会合理地利用新媒体进行网络舆论宣传；同时还应当坚持换位思考，从群众的角度出发，帮助他们排忧解难。

第三，转移视线，解决炒作。网络的覆盖面非常大，每天出现的舆论数量也非常多。在这种情况下，新媒体平台也已经成为思想舆论频发的主阵地。公安机关面对这些新的工作挑战，要坚持与时俱进的思想观念，不断调整自己的工作。

第四，结合传统的群众工作，做好民警培训。在开展群众工作的过程中，要做好民警的培训，提升他们的群众工作能力。要求民警既要掌握政治理论、社会心理学等多方面的知识，又要提高网络技术，提高网络技能的应用水平，组建一支专业的、作风良好的网上群众工作队伍。这样在出现网络舆情后也能够在第一时间做好网络舆情的引导。

第五，设立网络警察。面对众多的新媒体平台所带来的挑战，公安机关必须设立网络警察队伍。要求内部的工作者掌握专业的计算机基础知识以及互联网专业技能，在工作时还要有较为敏锐的政治嗅觉以及责任感。要在现有工作制度的基础上，细化网络警察的选拔制度、岗位责任制度等多个方面。做好多个新媒体平台的信息过滤，防止出现垃圾信息、骚扰信息等，解决各种不稳定、不真实的虚拟社区问题。

第六，完善相关的工作机制。虽然当前民警在开展群众工作的过程中，进行了新媒体涉网，但相关的新媒体使用管理机制并没有建立完善。为了防止新媒体管理出现混乱，可以针对新媒体的传播内容、方式进行具体的划分，明确责任义务。在此基础上还可以增加一个网络评价监督机制，这是因为群众工作如果没有做到位，就有可能会影响到整体的感召力。所以可以在多个新媒体平台上组织投票以及建立意见反馈信箱，还要组织专业的人员进行监督检查，这样就能够在第一时间了解民警的群众工作是否做到位，以及有哪些方面需要改进。根据这些反馈内容也能够对民警的综合素质等多个方面进行考察。

## 二、公安机关调解行政争议的要求

公安机关在调解行政争议方面长期发挥着特殊的积极作用。由于公安机关长期处于人民群众和政府打交道的“窗口”位置，人民群众在遇到纠纷时往往试图求助公安机关，在不少行政纠纷中也有公安机关的身影。公安机关调解人民群众、行政相对人与公安机关乃至其他行政机关之间争议的实践早已不鲜见。在实践中，许多人民警察接触到的调解需求更多的是调解公民之间、公民和各种社会组织之间的纠纷，而对于调解公民与公安机关、行政机关之间的纠纷还不够熟悉，面对相关工作任务时可能会感到颇为棘手。对此，各级公安机关（尤其是基层公安机关）应当主动积极掌握公安机关调解行政争议的法律知识和业务技能，学会通过依法调解的手段化解行政争议，促进政令畅通、社会和谐。

### （一）公安机关调解行政争议的法理基础

公安机关调解行政争议的机制属于合意型行政争议解决机制。合意型行政争议解决机制以行政争议为处理对象；所谓"行政争议"，是指以行政机关为一方当事人的公法争议。[①] 行政争议能否被行政机关调解？对这一问题的认识，我国学界有一个逐渐转变的过程。传统观点认为行政争议是不能调解的，因为行政争议所涉及的行政行为是行政机关依法履行的职责，行政机关所行使的权力是宪法和法律赋予的，不能由行政机关任意改变，行政争议的调解也可能会损害到执法权威和公共利益；此种立场的进一步提炼，即所谓"行政权不得处分"的观念。[②] 然而，随着学界和实务界认识的不断深化，行政争议可以被调解的立场已得到越来越广泛的接受。《行政诉讼法》第 60 条规定："人民法院审理行政案件，不适用调解。但是，行政赔偿、补偿以及行政机关行使法律、法规规定的自由裁量权的案件可以调解。调解应当遵循自愿、合法原则，不得损害国家利益、社会公共利益和他人合法权益。"这一规定明确肯定了调解行政争议的合法性。2018 年最高人民法院《关于适用〈中华人民共和国行政诉讼法〉的解释》（以下简称《行政诉讼法解释》）第 84、85、86、95、152 条等又进一步规定了行政纠纷的诉讼中调解机制。由此，对于行政补偿、赔偿以及行政机关行使法律、法规规定的自由裁量权的案件，理论上也可以为行政机关所调解。这是因为此前调解行政争议的法理障碍不在于调解主体，而在于被调解的事务性质。易言之，只要一项行政争议在法律性质上是被允许调解的，行政机关就可以实

---

① 施立栋：《合意型行政争议解决机制刍议》，载《法制与社会发展》2015 年第 4 期。

② 参见王青斌：《论行政复议调解的正当性及制度建构》，载《法制与社会发展》2013 年第 4 期。

行调解。对于以定分止争为目的的纠纷解决机制而言,公正是其追求的最高价值目标;行政主体的最大优势在于权威性和专业性,在公正方面有一定程度的独特优势,有利于更加专业、更加令人信服地定分止争。① 作为合意型纠纷解决机制的调解具有高效快捷、成本低廉,过程注重沟通理性而易于缓解对立情绪,结果易于为当事人所认同等诸多优点,在各国的行政纠纷解决实践中得到了广泛的运用。②

公安机关调解行政争议,其主要范围应限于行政机关行使法律、法规规定的自由裁量权的案件或事件;行政赔偿、补偿的事项,且一般应以调解公安机关自身与行政相对人之间的行政争议为限。首先,调解行政争议主要应当以存在自由裁量权为基础,如果行政机关所作的行为是羁束性行政行为,则理论上其只有"合法"或"不合法"两种状态,行政机关能够作出什么样的行为已经被法律规范严格限定,不能通过调解来调整;只有在存在自由裁量权的前提下,行政机关所作的行为存在可以合理变更的余地,此时进行调解在法理上才是有可能的。其次,行政赔偿、补偿的事项之所以可以被调解,主流观点认为这些事项具有一定的裁量空间,③法律规范还没有完全精确限定各种情况下行政赔偿、补偿金额的认定标准和计算标准。最后,公安机关并不是完全不能调解其他行政机关与行政相对人、社会公众之间的纠纷,但在自身无权处置相关事项的前提下,除非做调解工作能够防止影响社会稳定、危及公共安全或导致其他需要公安机关处理的严重后果的事件发生,实现风险预防的目的,一般不宜轻易"越界"介入行政相对人、社会公众与其他行政机关之间的行政争议。

基于行政裁量权行使的案件为何被允许调解?如果行政裁量权的依法行使与当事人的意愿不一致,理论上不应该牺牲裁量权行使的合法性与合理性。然而,实际情况往往是裁量权行使虽然没有越出法律明文规定的边界,但存在种种不合理的情况,也招致行政相对人乃至社会公众的不满。例如,本应个别化考量的情况被"一刀切"式地对待,没有充分考虑当事人的特殊情况;裁量决定的结果不合比例地增加了相对人的负担;裁量决定固守旧标准、旧习惯,没有

---

① 黄学贤、孟强龙:《行政调解几个主要问题的学术梳理与思考——基于我国理论研究与实践发展的考察》,载《法治研究》2014 年第 2 期。

② 刘莘、刘红星:《行政纠纷解决机制研究》,载《行政法学研究》2016 年第 4 期。

③ 王青斌:《论行政复议调解的正当性及制度建构》,载《法制与社会发展》2013 年第 4 期。

及时根据社会经济发展的情况更新;在选择行政措施方面的裁量决定(所谓"措施裁量")过度粗疏,缺乏细密周全的安排等,这些情形都是行政裁量权行使既不具备充分的合理性、不符合法律精神,又不能使相对人和社会公众满意的情形。对此,于公于私,行政调解的正当性都是值得肯定的。但是,在调解行政争议时,有关主体也需要注意,不能为满足个别相对人的意愿而牺牲裁量决定的合理性乃至合法性,只有调解符合公私利益一致的原则,才会被法律所认可。

公安机关调解行政争议必须十分注意遵守法律规定,防止履行职责超越法律规范的边界。具体而言,公安机关调解行政争议,绝不能违反法律规范中的强制性规定,不能突破羁束性行政行为的限制,也不能超出法律规范的裁量余地范围。不过,在行政执法实践中,严格意义上的羁束性行政行为是很少的,包括行政处罚、行政强制在内的许多行政行为都包含一定范围的裁量余地。公安机关的人民警察在调解行政争议时,需要十分注意区分行政行为中可调解的部分与不可调解的部分。例如,对于行政处罚争议而言,在法律规定和法律精神允许的范围内,公安机关可以变更处罚的幅度,但不可删减处罚的法定程序,或者把法定要求的"并处"擅自作"可以并处"理解而减少一种处罚。又如,对于行政强制措施争议而言,在法律规定和法律精神允许的范围内,公安机关可以缩短采取措施的时间、委托第三人保管查封的设施,但不可委托第三人采取限制人身自由的强制措施。对此,人民警察调解行政争议必须充分注意法律规范中强制性、羁束性的规定,避免违法调解的风险。

### (二)公安机关调解行政争议的法律依据

公安机关调解行政争议的法律依据正在不断完善的过程中。2006 年,中共中央办公厅和国务院办公厅联合发布了《关于预防和化解行政争议健全行政争议解决机制的意见》,提出要构建包括针对行政争议的调解在内的多元化纠纷解决机制。[①] 这可以看作我国中央层面正式认可调解行政争议的开端。迄今为止,在中央层面,规定调解行政争议的行政法规、部门规章尚未得到制定;在地方层面,许多地方相继制定了有利于公安机关调解行政争议的规定。这些法律依据整体上可以分为以下几类。

---

① 施立栋:《合意型行政争议解决机制刍议》,载《法制与社会发展》2015 年第 4 期。

1. 专门规定行政调解的地方政府规章

专门规定行政调解的规章中有对行政机关进行行政调解的具体授权。例如,《广州市行政调解规定》第 7 条规定:“行政机关可以对下列争议纠纷进行调解:(一)法律、法规、规章规定的可以调解的行政机关与公民、法人或者其他组织之间产生的行政争议;(二)法律、法规、规章规定应当由行政机关裁决或者调处的民事纠纷;(三)公民、法人或者其他组织之间产生的与行政管理有直接关系的争议纠纷。”此处第 7 条第 1 项的规定即包含了行政机关调解行政争议的授权,公安机关当然可以依据此规定调解行政争议。又如,2015 年制定的《北京市行政调解办法》第 3 条规定:“本市各级行政机关可以依法对下列争议纠纷进行调解:……(二)公民、法人或者其他组织与行政机关之间关于行政赔偿、补偿以及行政机关行使法律、法规、规章规定的自由裁量权产生的争议(以下简称行政争议)。”这一规定不仅授权行政机关调解行政争议,而且明确限定了可调解行政争议的范围。需要注意的是,并非所有此类地方政府规章都是调解行政争议可以依据的规范,有些地方政府规章的规定可能与上述两规章相反。例如,《辽宁省行政调解规定》第 7 条规定的行政调解范围基本上仅限于民事纠纷;第 8 条规定行政调解排除范围,其第 2 款明确要求:“公民、法人或者其他组织与行政机关因行政管理产生的行政争议可以通过其他法律途径解决。”因此,各地公安机关是否能够依法调解行政争议,应当首先查阅当地专门规定行政调解事项的规章。

2. 部分地方的行政程序规定

例如,2013 年制定的《西安市行政程序规定》第 107 条规定:“行政机关对下列行政争议应当进行调解:(一)公民、法人或者其他组织对行政机关依法行使行政裁量权作出的具体行政行为和行政赔偿、行政补偿纠纷等不服申请行政复议的;(二)公民、法人或者其他组织对行政机关依法行使行政裁量权作出的具体行政行为和行政赔偿、行政补偿不服提起行政诉讼的;(三)公民、法人或者其他组织信访时提起解决的事项中涉及的行政争议;(四)领导交办的和下级行政机关提请解决的其他行政争议。”又如,2015 年制定的《宁夏回族自治区行政程序规定》第 92 条规定:“行政机关应当对下列争议和纠纷进行行政调解:(一)行政机关在行使职权过程中与公民、法人或者其他组织之间因行政管理产生的行政争议和纠纷;(二)公民、法人或者其他组织之间产生的与行政机关职能有直接或者间接关联的行政争议和纠纷;(三)民事纠纷发生后,因行政机关的介入引发的行政争议和纠纷。”这一规定授予行政机关相当宽广的行政调解权限,公安机关也可以据此调解更广泛的行政争议。同样地,并非所有地方的行政程序规定都能为公安机关调解行政争议提供法律依据,如2011年制定的《汕头市行政程序规定》就将行政调解的范围严格限定于民事争议;2008年制定的《湖南省行政程序规定》第115条第2款更是明确规定“行政机关调解行政争议不适用本规定”。如此公安机关在进行行政调解时就不能以此为依据。

3. 公安机关制定的行政调解工作规范

2007年《公安机关治安调解工作规范》仅针对发生民间纠纷双方的争议进行调解,尚未对调解行政争议作出规定。部分地方公安机关的调解工作规范中则对调解行政争议作出了明确规定。例如,2010年制定的《四川省公安机关行政调解工作规范》第5条规定:“公安行政调解的范围:(一)公安机关与公民、法人或者其他社会组织之间产生的行政争议;(二)公民、法人、其他社会组织之间产生的与公安行政管理有直接或间接关系的纠纷;(三)根据法律、法规授权,公安机关可以采取调解方式解决的行政案件;(四)群众向公安机关报警、求助过程中要求解决的民间纠纷。”此种规范并不常见,当地公安机关如已制定此种规范且不与法律的强制性规定相冲突,则应以此为调解行政争议的直接依据。

4. 部分地方人民政府及其办公机构制定的行政规范性文件

许多地方通过“软法”性质的规范性文件规定了行政机关调解行政争议的职责。例如,2013年发布的《浙江省人民政府办公厅关于加强行政调解工作的意见》明确规定了调解行政争议的职责及主体,“行政机关与公民、法人或者其他组织之间产生的行政争议,由上一级行政机关负责调解。重点是城市建设、房屋征收、社会保障、治安管理、环境保护等方面的行政争议”。又如,2015年发布的《绍兴市人民政府办公室关于建立健全行政调解与司法调解衔接机制的意见》中明确提出:“公民、法人或者其他组织向政府或有关职能部门申请调解行政争议的,政府及有关职能部门或者所属的行政调解组织应当予以受理。”这些规范性文件的数量较多,各地规定不一,在实践中发挥着重要的导向作用,应予充分注意。

此外,部分情况下复议机关也可以调解行政争议。例如,2013年制定的《汕头经济特区行政复议条例》第2条规定:“公民、法人或者其他组织认为行政机关的行政行为侵犯其合法权益，向本条例规定的行政复议机关提出行政复议申请，行政复议机关受理行政复议申请、审理行政复议案件、调解行政争议、作出行政复议决定的活动，适用本条例。”第60条第2款规定：“行政复议期间，市人民政府可以依法进行调解；当事人经调解达成协议的，市人民政府应当制作行政复议调解书。”这种规定较为罕见，但在未来的行政调解实践中需要特别关注，如果行政复议中的调解制度得以广泛建立，调解行政争议的法律实践将有重大的发展。

在面对行政诉讼时，公安机关也可以通过和解的方式解决与相对人之间的纠纷，此时和解的作用与对行政争议的调解相似。和解撤诉（行政机关与相对人达成和解、相对人撤诉）早已成为行政诉讼结案的重要渠道之一。2008年，最高人民法院《关于行政诉讼撤诉若干问题的规定》的实施更是为和解撤诉的操作提供了重要的规范指引。需要注意的是，行政诉讼达成和解的重要前提是“被告改变其所作的具体行政行为”，包括最高人民法院《关于行政诉讼撤诉若干问题的规定》第4条中的“（一）根据原告的请求依法履行法定职责；（二）采取相应的补救、补偿等措施；（三）在行政裁决案件中，书面认可原告与第三人达成的和解”。单纯口头调解则不在此列。

以上法律规范是公安机关在调解行政争议时可以适用的主要法律规范。那么，如果一个地方既无明确的法律授权、又无明确的禁止性规定，公安机关是否可以调解行政争议呢？理论上，虽然行政机关的一般权限是“法无授权即禁止”，但调解本身并不是一种独立的行政任务，而是一种达成行政目标的手段或措施，行政机关本身是有一定的措施裁量余地的。只要是涉及行政裁量权行使或行政赔偿、补偿的事项，在没有禁止性规范的条件下，行政机关可以凭借吸纳相对人和社会公众的意见达成裁量权合理行使的效果，这就意味着行政机关有行政调解的空间。公安机关在此种情形下，也可以进行有限度的行政调解，以不损害行政裁量权的合理行使及不违反法律规范的强制性规定为限。

### （三）公安机关调解行政争议的具体情形

公安机关调解行政争议主要存在于以下场景：

#### 1. 治安管理处罚及道路交通管理处罚

这是公安机关调解行政争议最常见的场景。公安机关调解行政处罚争议，既包括行政处罚相对人和第三人之间的争议，也包括公安机关与相对人或第三人之间的争议，后者属于行政争议。如果是行政处罚过程中，公安机关送达行政处罚的告知笔录后，相对人表示不服，公安机关听取相对人陈述和申辩后，决定改变行政处罚决定，并不属于调解行政争议，只是正常行政处罚程序的一部分。在行政处罚决定已经形成后，由于行政行为的确定力，公安机关不能任意改变已作出的行政处罚，只有当行政行为明显违法或不合理时，公安机关才能依法撤销或变更。类似地，行政强制执行中的执行协议也只是行政强制行为的一部分，并不涉及行政调解问题。那么公安机关何时可以调解治安管理处罚争议呢？《北京市行政调解办法》第 25 条规定："当事人因本办法第三条第(二)项规定的行政争议申请行政复议或者提起行政诉讼的，在行政复议机关作出复议决定或者人民法院作出判决、裁定之前，作出行政行为的行政机关征得当事人同意后，可以在行政复议机关或者人民法院的指导下进行调解。"这一规定是很有代表性的，它表明公安机关可以借当事人提起行政复议或行政诉讼的契机进行调解。同时，根据行政法的一般原理，上级公安机关也可以对下级公安机关与相对人、第三人之间的行政争议进行调解，这一点在《四川省公安机关行政调解工作规范》中也有体现。

关于调解此类行政争议工作如何开展，《北京市行政调解办法》建立了三项基本规则：一是人员分离，与听证程序的人员分离原则类似，即"原行政行为的承办人不得担任调解人员"；二是利害关系人参与，即"当事人之外的公民、法人或者其他组织与行政争议有利害关系的，行政机关应当通知其参加调解"；三是充分沟通，即"调解人员调解行政争议，应当听取当事人的陈述，向当事人讲解相关法律、法规、规章和政策，告知当事人执法依据、理由和相关考虑因素，答复当事人的疑问"。即便有些地方没有制定类似的规范，这几项基本规则也具有一定程度的参考意义。公安机关调解自身作出行政处罚所引起的行政争议需要注意时机、主体和过程的合理性。

2. 征地、拆迁纠纷

在有可能引发暴力违法犯罪行为的征地、拆迁纠纷中，公安机关可以参与调解行政纠纷，避免发生严重的违法犯罪后果。在公安机关接处警工作中，一部分警情是由征地或拆迁对象报警，而其中既可能包含与负责具体拆迁工作企业及人员的冲突，也可能包含与作出征收或拆迁决定、确定补偿方式与金额的行政机关之间的行政争议。在此类纠纷中，当事人可以申请公安机关调解相关行政争议，公安机关也可以视情况依法主动进行调解。公安机关对此类纠纷进行调解，需要注意避免介入其他行政机关的职能范围，但也要对其他行政机关的执法方式是否合法有一定的了解，如果执法者或拆迁的执行者可能涉嫌违法犯罪，公安机关应当有及时纠正和制止的担当；如果当事人的权益诉求较为合理，也要有为之争取协调的意愿。只有取得调解对象的信任和配合，调解才可能圆满成功。尽管实践中不乏公安机关成功调解征地、拆迁纠纷的例子，公安机关介入此类纠纷仍应十分慎重，尤其是当事人众多、法律关系复杂的征地或拆迁纠纷，公安机关不宜单独进行调解，应当在职责范围内尽可能进行风险防范和公共安全保障工作。

3. 复议和诉讼中调解的其他行政纠纷

一般情况下，公安机关很少调解行政纠纷，以调解民间纠纷为主；但在行政复议和行政诉讼中，公安机关可调解（和解）的纠纷类型非常广泛，只要涉及行政裁量权的合理行使，行政处罚、行政许可、行政强制、行政给付、行政奖励等纠纷均可得到调解（和解）。需要注意的是，2023 年修订的《行政复议法》第 5 条第 1 款规定："行政复议机关办理行政复议案件，可以进行调解。"《行政诉讼法》第 60 条则规定："人民法院审理行政案件，不适用调解。但是，行政赔偿、补偿以及行政机关行使法律、法规规定的自由裁量权的案件可以调解。调解应当遵循自愿、合法原则，不得损害国家利益、社会公共利益和他人合法权益。"因此，在复议和诉讼过程中，尤其是在《行政诉讼法》2014 年修正以前，大量的调解工作体现为撤回复议申请、和解撤诉的结果。自 2008 年最高人民法院《关于行政诉讼撤诉若干问题的规定》施行以后，和解的内容可以体现在准许撤诉的裁定中，最高人民法院《关于行政诉讼撤诉若干问题的规定》第 6 条规定："准许撤诉裁定可以载明被告改变被诉具体行政行为的主要内容及履行情况，并可以根据案件具体情况，在裁定理由中明确被诉具体行政行为全部或者部分不再执行。"这就相当于人民法院为双方和解的结果提供了保障。《行政诉讼法解释》第 85 条第 1 款进一步规定："调解达成协议，人民法院应当制作调解书。调解书应当写明诉讼请求、案件的事实和调解结果。"据此，无论行政纠纷在诉讼中以和解撤诉还是调解的方式结案，和解、调解的内容均能够为正式的法律文书所记载，促进和解、调解结果的明确性与稳定性。不仅如此，《行政诉讼法解释》第 152

条第1款还规定:“对发生法律效力的行政判决书、行政裁定书、行政赔偿判决书和行政调解书,负有义务的一方当事人拒绝履行的,对方当事人可以依法申请人民法院强制执行。”公安机关在特定条件下如果自身难以调解某些行政争议,该争议又进入行政诉讼程序,也可以积极促成人民法院调解,人民法院的调解有可被强制执行的法律效力。

### (四)公安机关调解行政争议的法律风险

公安机关调解行政争议是较为稳健、相对柔性的纠纷解决方式,法律风险一般不高,但亦并非全无法律风险。以下几种情形的法律风险,公安机关在实践中应谨慎注意,力求避免。

1. 违法调解行政争议

所有的行政调解活动均须依法进行,推进行政调解工作,不能任意改变法律规定、超越法定职权或放弃法定职责,不能以行政调解代替必须作出的行政行为。正如在司法审判中不能片面“以调代判”,行政活动中同样也不能以行政调解取代正常的行政活动,更不能对不可调解的事项进行调解。对于羁束性行政行为或涉及重大公共利益、程序要求严格的行政裁量行为,调解行政争议的空间非常有限或完全缺失,刑事案件更是不能作行政调解处理,此时公安机关应当严格依法履职,仔细而慎重地作出决定,遇有行政争议,可以通过正常的复议与诉讼渠道解决。此外,在调解过程中,公安机关也决不能拿法定职责或其他公民、组织的法定权益作交易,为了达成调解结果而不择手段,这是与法治精神背道而驰的。

2. 为追求调解的结果损害行使行政裁量权的合理性

现代行政活动中裁量权的普遍存在,使行政机关在事实认定、不确定法律概念的解释、法律效果的选择等方面均存在充足的判断空间;这就为行政机关与相对人之间就行政行为是否合法展开协商提供了制度空间。① 行政机关行使裁量权虽然有一定的“裁量余地”,但也应严格按照法律的精神和要求行使,充分考虑必须考虑的法定因素,不得考虑与法定目标无关的因素,并且遵循比例原则等行政法一般原则的要求。尽管调解行政争议时可以考虑通过在裁量余

① 施立栋:《合意型行政争议解决机制刍议》,载《法制与社会发展》2015年第4期。

地内调整裁量结果而达成对各方更有利的调解结果，且不论裁量余地存在各种隐含的边界，即便行政机关在裁量余地内作出调整，也必须是基于法律所允许的目的，不能为了息事宁人而一味妥协、“为调解而调解”。

3. 以命令或威胁的方式进行调解

无论是调解民事纠纷还是行政纠纷，都必须以当事人自愿为前提。当事人的自愿既可以体现为当事人主动申请调解，也可以体现为公安机关提出调解的意向而被当事人接受；一旦在调解过程中当事人明确决定不再就某事接受行政调解，行政调解即应终止，并可依法转入常规的行政纠纷解决程序。一旦调解违反自愿原则，或者公安机关以命令、威胁甚至强制的方式推进所谓的“调解”工作，其性质就已经不再是行政调解，而转变为行政命令甚至行政强制，后者在“调解”的场景下往往是违法的。公安机关尤其不能以日后对相对人以不利于其权益之方式行使行政裁量权的手段促成调解，因为当前行政调解是否能够达成，对于日后行使行政裁量权是一个无关因素，如此将违反行政裁量权行使的一般法理，也不符合依法行政的基本价值取向。

4. 在调解中作出超越法定职权、违背法律要求或不切实际的许诺

调解的达成有时需要借助许诺，但行政机关的许诺必须合法、可行，作为拥有特殊权威和特殊强制力的执法者，公安机关更应当讲究公信力，避免随意“夸海口”，作出超越职权、不合法理或不切实际的许诺。例如，对于不打算接受调解的相对人，公安机关既不能威胁以后对其一律严格检查、从重处罚，也不能许诺以后对其网开一面、徇私枉法。由于公安机关负有特殊的执法公信力，在调解时一定要注意什么话能说、什么话不能说。盲目的许诺不仅可能使公安机关所调解的事项在日后出现难以解决的隐患，更影响到公安机关及其人民警察的公信力，影响到执法工作的正常开展。

5. 不遵守调解的协定

调解行政争议的协定在法律性质上不属于民法上的“合同”，但也不一定属于行政法上的“行政协议”。即便如此，基于诚实信用或信赖保护原则，公安机关也应当自觉遵守和履行行政调解所形成的协定；确因客观情势变更需要改变协定或形成新的协定时，应当征得调解对象的同意。如此，方可保证公安机关及其人民警察在调解工作乃至更多执法工作中的公信力，确保人民群众相信公安机关“说话算话”，方便日后继续开展工作。

6. 泄露国家秘密、商业秘密、个人隐私或个人信息

许多有关行政调解的法律规定中都有保密的要求,一般情况下是要求行政机关保守国家秘密、商业秘密和个人隐私。《网络安全法》《刑法》《刑事诉讼法》《居民身份证法》等近二十部法律更是相继明确了国家机关及其工作人员保护相关公民个人信息的要求;2017 年《民法总则》(已失效,现已被《民法典》取代)施行以后,个人信息正式成为一种相对独立于隐私权的法益。在调解行政争议的实践中,公安机关及其人民警察一方面需要注意保守国家秘密和警务工作秘密,另一方面也要妥善保管所接触到的商业秘密、个人隐私和个人信息,不向调解对象以外的第三人和社会公众提供;在政府信息公开和政府数据开放的过程中,涉及调解事项的,也需要注意对调解对象及其个人信息作匿名化处理,避免其他人从公安机关发布的信息中识别出特定自然人。

总之,调解行政争议在公安的调解工作中虽然并不常见,但也是重要的工作手段之一,并且在一定程度上为我国的法律规范体系所允许。公安机关在执法实践中应当因地制宜、因时制宜、因事制宜,依法灵活地运用行政调解手段,同时充分注意避免法律风险,促进行政争议以更加平和、更低成本的方式解决,在法律允许的范围内最大限度地增进社会和谐。

## 三、公安机关对民间纠纷的解决

### (一)民间纠纷概述

1. 民间纠纷的概念

根据 2007 年《公安机关治安调解工作规范》的规定,民间纠纷是指公民之间、公民和单位之间,在生活、工作、生产经营等活动中产生的纠纷。治安纠纷是一种相对于民间纠纷的概念。根据《治安管理处罚法》和《公安机关治安调解工作规范》等相关法律法规的规定,治安纠纷是指那些因民间纠纷引起的殴打他人、故意伤害、侮辱、诽谤、诬告陷害、故意损毁财物、干扰他人正常生活、侵犯隐私等情节较轻的,经双方当事人同意,公安机关可以治安调解的违反治安管理行为。可见,治安纠纷是一种由民间纠纷转化而来的纠纷,是民间纠纷激化的结果。

2. 民间纠纷的特征

总体而言，民间纠纷呈现出以下几方面的特征：一是纠纷类型的多样化。实践中，公安机关调解的民间纠纷主要包括经济纠纷、劳动纠纷、消费纠纷、婚姻家庭感情纠纷、人身财产损害赔偿纠纷、日常琐事纠纷、交通纠纷、相邻关系纠纷、物业管理纠纷等。二是纠纷形式的暴力冲突性。实践中，大部分纠纷主体双方或多方之间大多存在殴打、抓扯等类似的暴力冲突，或者存在暴力冲突的威胁。民间纠纷的暴力冲突性特征，要求公安机关及时有效调解，进而避免纠纷的激化。三是纠纷产生的突发性。根据纠纷发生、存在的状态，纠纷可以分为突发性纠纷和持续性纠纷。突发性纠纷是指初次发生的纠纷，而持续性纠纷是指发生后处于持续争议状态的纠纷。实践中，除了婚姻家庭感情类纠纷和部分经济纠纷外，大多数都属于一种突发性纠纷。四是纠纷来源方式的多元化。公安机关受理的纠纷来源方式呈现出多元化，除了纠纷当事人亲自或者通过电话到公安机关主动请求解决外，公安机关调解的民间纠纷还包括群众的积极告知和公安机关的主动介入等。五是纠纷权益内容的弱经济性。实证调研表明，公安机关受理的很多纠纷本身不涉及任何经济因素的内容，当事人也不提出明确的涉及经济内容的权利要求，即便提出，所要求的经济额度也较小，大多数当事人只是想通过公安机关的权威来“讨要说法”和“寻求保护”。

3. 当事人选择公安机关解决民间纠纷的原因

当事人发生纠纷后愿意寻求公安机关进行解决，主要受到以下因素的影响：其一，当事人的身份因素。当事人总是倾向于选择比自己位阶更高的机构或者人士来解决纠纷。人民警察作为处理违法、侦查犯罪的主体，在民众心中的权威角色定位，促使当事人选择公安机关调解纠纷。其二，地理因素。当事人在选择纠纷解决渠道时出于便利性的考虑，会选择空间距离很近的公安派出所来解决。其三，经济因素。相对于法院诉讼而言，公安派出所解决民间纠纷不收费、成本低，当事人基于纠纷解决的经济理性，往往会选择公安派出所调解。其四，权威因素。由于公众对公安机关和人民警察权威角色的认知，公安机关调解民间纠纷能够满足普通老百姓对权威的心理需要。

总之，纠纷性质本身以及当事人对纠纷性质的认知状况、国家和社会为民众提供的纠纷解决选择、纠纷当事人的利益诉求、纠纷主体的选择、解纷主体的职能等众多复杂的因素都可能对纠纷的最终解决产生重要的影响。

### (二)公安机关解决的民间纠纷类型

1. 治安调解

根据《公安机关治安调解工作规范》的规定,治安调解是指对于因民间纠纷引起的打架斗殴或者损毁他人财物等违反治安管理、情节较轻的治安案件,在公安机关的主持下,以国家法律、法规和规章为依据,在查清事实、分清责任的基础上,劝说、教育并促使双方交换意见,达成协议,对治安案件做出处理的活动。

实践中,治安调解工作往往存在工作难度大、群众不理解、成绩不明显等问题,导致部分公安民警不愿意开展治安调解活动,直接处罚了事。因此,公安机关在进行治安管理工作中,应当正确认识治安调解工作对维护社会治安的重要作用。做好治安调解工作,一方面有利于最大限度地增加和谐因素,最大限度地减少不和谐因素,化解社会矛盾,促进社会稳定,最终减少因矛盾纠纷产生的恶性治安案件和民转刑的刑事案件;另一方面有助于增进警民关系,促进警民关系和谐,提高民警的执法公信力,树立警察良好形象。

2. 治安和解

治安和解是指对于民间纠纷引起的打架斗殴或者损毁他人财物等违反治安管理可以自行协商解决的治安案件,当事人以解决治安案件为目的,就治安案件及相关事项的处理自行协商达成协议并履行协议,经申请公安机关认可后不予治安处罚、终结办理治安案件程序和活动的制度。治安和解,在本质上是当事人自行和解治安案件的活动,是公安机关以非处罚的方法办理治安案件的方式。

相较于其他和解制度,治安和解主要有以下特征:一是和解主体的特定性。治安和解主体是治安案件中的双方当事人。二是和解范围的有限性。并不是所有的治安案件都能够进行和解,只有因民间纠纷引起的殴打他人等违反治安管理、情节较轻的治安案件才能和解。三是和解对象的多元性。治安和解的对象是特定的违反治安管理的行为,包括是否追究行为人违反治安管理责任和特定违反治安管理行为造成的损害结果。四是和解时间的限定性。治安和解须在公安机关作出治安管理处罚决定之前进行。五是和解效力的特殊性。治安和解达成协议后,当事人必须履行和解协议,然后由当事人申请确认和解协议的内容和履行情况,经公安机关认可后治安和解协议才发生法律效力。

## (三)治安调解

### 1. 治安调解的规范解读

(1)《治安管理处罚法》的规定

《治安管理处罚法》第 9 条明确规定,对于因民间纠纷引起的打架斗殴或者损毁他人财物等违反治安管理行为,情节较轻的,公安机关可以调解处理。经公安机关调解,当事人达成协议的,不予处罚。经调解未达成协议或者达成协议后不履行的,公安机关应当依照本法的规定对违反治安管理行为人给予处罚,并告知当事人可以就民事争议依法向人民法院提起民事诉讼。

(2)《公安机关办理行政案件程序规定》的规定

《公安机关办理行政案件程序规定》第 178 条至第 185 条,对公安机关在办理行政案件过程中调解民间纠纷的事项范围、调解原则、调解程序以及调解协议等问题进行了详细规定。对于因民间纠纷引起的殴打他人、故意伤害、侮辱、诽谤、诬告陷害、故意损毁财物、干扰他人正常生活、侵犯隐私等情节较轻的治安案件,公安机关可以根据不同情形进行调解。如果是亲友、邻里、同事、在校学生之间因琐事发生纠纷引起的治安案件、行为人的侵害行为系由被侵害人事前的过错行为引起的治安案件以及其他适用调解处理更易化解矛盾的治安案件,公安机关可以进行调解。对于不构成违反治安管理行为的民间纠纷,应当告知当事人向人民法院或者人民调解组织申请处理。对于雇凶伤害他人的、结伙斗殴或者其他寻衅滋事的、多次实施违反治安管理行为的、当事人明确表示不愿意调解处理的、当事人在治安调解过程中针对对方实施违反治安管理行为的、调解过程中违法嫌疑人逃跑的以及其他不宜调解处理的案件,公安机关不得适用调解处理。

(3)《公安机关办理伤害案件规定》的规定

《公安机关办理伤害案件规定》第 30 条至第 39 条对公安机关调解因民间纠纷引起的伤害案件进行了规定。对于因民间纠纷引起的殴打他人或者故意伤害他人的行为,情节较轻尚不够刑事处罚,具有下列情形之一的,经双方当事人同意,公安机关可以依法调解处理:①亲友、邻里或者同事之间因琐事发生纠纷,双方均有过错的;②未成年人、在校学生殴打他人或者故意伤害他人身体的;③行为人的侵害行为系由被害人事前的过错行为引起的;④其他适用调解处理更易化解矛盾的。但是,对于雇凶伤害他人的、涉及黑社会性质组织的、寻衅滋事的、聚众斗殴的、累犯、多次伤害他人身体的以及其他不宜调解处理的,公安机关不得适用调解进行处理。经公安机关调解,当事人达成协议并履行的,不予处罚。经调解未达成调解协议或者达成协议后不履行的,公安机关应当对违反治安管理行为人依法予以处罚,并告知当事人可以就民事争议依法向人民法院提起民事诉讼。

(4)《人民警察法》的规定

《人民警察法》第 21 条规定,"人民警察遇到公民人身、财产安全受到侵犯或者处于其他危难情形,应当立即救助;对公民提出解决纠纷的要求,应当给予帮助;对公民的报警案件,应当及时查处。人民警察应当积极参加抢险救灾和社会公益工作"。

为规范和保障公安机关及其人民警察依法履行职责、行使权力,加强对人民警察的监督,建设高素质的人民警察队伍,根据中央关于全面深化公安改革的决策部署,公安部将修改《人民警察法》作为全面深化改革的重点项目,着力推动修法工作。经深入调研论证、反复修改完善,并多次征求有关部门、专家学者和地方公安机关的意见,形成了《人民警察法(修订草案稿)》,并于 2016 年 12 月 1 日向社会公开征求意见。《人民警察法(修订草案稿)》第 12 条规定了人民警察的职责,并将"调解处理民间纠纷"作为人民警察的法定职责之一。

(5)《公安机关治安调解工作规范》的规定

为了规范公安机关治安调解工作,最大限度地通过治安调解化解社会矛盾,减少不和谐因素,最大限度地增加和谐因素,促进社会稳定,公安部于 2007 年 12 月 8 日发布了《公安机关治安调解工作规范》。该规范共 17 条,对治安调解的概念、民间纠纷的内涵、调解的范围和事项、调解的原则、调解的程序、调解协议书的制定和履行等内容进行了详细规定。

2. 治安调解的程序运作

(1)治安调解遵循的原则

《公安机关治安调解工作规范》第 6 条规定了治安调解应当遵循的原则,主要包括合法原则、公正原则、公开原则、自愿原则、及时原则和教育原则。

其一,合法原则。合法调解原则包括两方面的内容:一是治安调解应当按照法律规定的程序进行。此处的法律规定的调解程序是指《治安管理处罚法》对治安调解的程序规定,包括调解的对象、调解的时限和调解的证据收集以及《民事诉讼法》和《行政诉讼法》中有关办理案件调解的程序规定。二是治安调解协议的内容必须符合法律规定。调解协议内容合法是指协议内容不得违反法律、行政法规等强制性规定,不得违反国家利益和社会公共利益,不得侵害案外人的合法权益,不得涉及是否追究当事人刑事责任等内容。

其二,公正原则。治安调解应当分清责任,实事求是地提出调解意见,不得偏袒一方。在治安案件的责任承担上,应根据双方当事人的责任大小进行划分,从而使责任大的当事人承担相应更多的法律责任,由此实现案件查处的目的。

其三,公开原则。治安调解应当公开进行,涉及国家机密、商业秘密或者个人隐私以及双方当事人都要求不公开的除外。公开原则是指案件的调解过程、调解协议、调解过程中使用的证据对调解当事人以外其他人、新闻媒体、社会等的公开。公开的形式包括允许当事人以外其他人和新闻媒体旁听治安调解过程,治安调解协议的内容向社会公开接受社会舆论监督,聘请社会组织和社会其他人员参与协助治安调解,允许新闻媒体对治安调解进行报道等。

其四,自愿原则。治安调解应当在双方当事人自愿的基础上进行。双方当事人达成的调解协议内容必须是双方的真实意思表示。自愿原则的内容体现为:一是治安调解的启动是当事人双方共同选择的结果,办案民警在征求当事人是否愿意接受治安调解后,当事人双方共同表示愿意接受治安调解。二是治安调解协议的内容是双方当事人共同协商的结果,以此达到当事人双方对自我权利的自行处置,也便于双方当事人自愿履行治安调解协议。

其五,及时原则。治安调解应当及时进行,使当事人尽快达成协议,解决纠纷。治安调解不成应当在法定办案期限内及时依法处罚,不得久拖不决。具体而言,及时原则是指办案民警对可以适用治安调解的治安案件,及时征询当事人双方意见,开始治安调解的启动;对于正在办理的治安调解案件及时进行治安调解;对于治安调解不成的治安案件,及时终止治安调解,在法定期限内查处治安案件。

其六,教育原则。治安调解应当通过查清事实,讲明道理,指出当事人的错误和违法之处,教育当事人自觉守法并通过合法途径解决纠纷。教育原则要求办案民警在治安调解过程中,使用批评和教育相结合的方法,通过指出当事人错误或者违法之处,以及可能产生的严重违法后果,警醒当事人认识到遵纪守法的重要性,避免违法行为的再次发生,进而促使双方达成调解协议,消除纠纷。

(2)治安调解的调查程序

实施治安调解应当依法进行调查询问,收集证据,查明事实。治安调解的调查程序主要包括调查询问和收集证据两方面的内容。

其一,调查询问。治安调解的调查对象应当包括治安案件的双方当事人和可能了解治安案件起因的其他群众。调查的内容包括治安案件的起因、违法行为的实施过程、危害后果以及引起治安案件的民间纠纷的性质、起因和涉案标的等事项。调查询问应当注意的事项包括:一是调查询问一般应当分别进行,防止在调查过程中双方为了分辨是非而继续辩解和争吵;二是调查询问当事人应主要针对治安案件违法行为的情节、行为、后果、案件起因和民间纠纷事实进行询问,应当避免当事人夸大对自己有利事实或对案件情况进行歪曲;三是在调查询问过程中,调查人员应当注意不要主观臆断,应尽可能引导被调查人员根据事实情况主动陈述;四是在调查过程中,调查人员应当稳定被调查人员情绪,注意询问的语气和态度,不随意表态或许诺。

其二,收集证据。治安调解原则上应当在查清事实的基础上进行调解,以便明确双方的权利、义务和责任,使治安调解能够建立在公正、公平的法律基础之上。调查收集证据是确保治安调解结果公平公正的关键。收集证据主要是收集能够明晰当事人权益争议的物证、书证、言词证据和其他证据,以及相关法律规范对民间纠纷解决的法律规定或乡规民约。收集证据时应当注意方式方法,保证证据取得方式的合法性以及证据的真实性。

(3)治安调解的参与人员

其一,被害人及其委托人参与治安调解。在治安调解过程中,被害人可以亲自参加,也可以委托其他人参加。被害人委托代理人参加治安调解,需要采用书面委托的代理形式。书面委托代理的授权委托书应当载明代理人的姓名或名称、代理事项、权限和期间,并由委托人签名或盖章。被害人的委托代理人的范围由被害人自行选定。委托权限包括一般委托代理和特别授权代理,一般委托代理不能处分当事人的实体权利,仅代理被害人陈述事实,特别授权代理人则可以代理被害人承认、变更诉讼请求或者和解。

其二,(村)居委会人员和双方熟悉的人员参与治安调解。公安机关进行治安调解,可以邀请(村)居委员会或者双方当事人熟悉的人员参加。公安机关邀请相关人员参加调解属于选择性程序,是否邀请,由公安机关根据情况决定。公安机关邀请的情形通常包括治安案件在当地具有一定影响、民事纠纷案件较为复杂、治安调解为了达到一定的社会教育目的、矛盾纠纷化解较为困难等。

其三,未成年人的父母或其他监护人参与治安调解。公安机关为了最大限度地维护未成年人的合法权益,对于未成年人参加治安调解的,应当及时通知未成年人的法定代理人参加治安调解。

(4)治安调解的次数与时限

其一,治安调解的次数。治安调解一般为一次,必要时可以增加一次。此处的"必要"是指公安机关根据已经进行的治安调解,认为有条件能够通过第二次治安调解解决治安案件,能够有效化解双方矛盾。治安调解进行的必要条件,由办理治安调解的民警根据案件的具体情况判断和决定。

其二,治安调解的时限。对明显不构成轻伤、不需要伤情鉴定以及损毁财物价值不大,不需要进行价值认定的治安案件,应当在案件受理后的 3 个工作日完成调解;对需要伤情鉴定或者价值认定的治安案件,应当在伤情鉴定文书和价值认定结论出具后的 3 个工作日内完成调解。此外,对于一次调解不成,有必要再次调解的,应当在第一次调解后的 7 个工作日内完成。

(5)治安调解协议书的形成

公安机关办理治安案件达成调解协议的,应当主持当事人制作治安调解协议书,并询问双方当事人对治安调解协议书内容是否存在意见或建议,若双方没有异议,由双方当事人签字,并根据协议书履行各自的责任。治安调解协议书的内容包括:①治安调解机关名称,主持人、双方当事人和其他在场人员的基本情况;②案件发生时间、地点、人员、起因、经过、情节、结果等情况;③协议内容、履行期限和方式;④治安调解机关印章、主持人、双方当事人及其他参加人签名、印章等。

公安机关对情节轻微、事实清楚、因果关系明确、不涉及医疗费用、物品损失或者双方当事人对医疗费用和物品损失的赔付无争议,符合治安调解条件,双方当事人同意现场调解并当场履行的治安案件,可以进行现场调解。现场达成调解协议的,同样应当制作治安调解协议书,双方当事人签名。

(6)治安调解协议书的效力

双方当事人达成治安调解协议书的,应当自行履行。调解协议履行期满3日内,办案民警应当了解协议履行情况。对已经履行调解协议的,应当及时结案,对没有履行协议的,应当及时了解情况,查清原因。对无正当理由不履行协议的,依法对违反治安管理行为人予以处罚,并告知当事人可以就民事争议和治安案件引发的赔偿问题依法向人民法院提起民事诉讼。

(7)人民警察违法调解的责任

从当前的治安调解实践来看,办案民警在治安调解过程中容易出现的违法问题主要包括:一是部分办案民警随意扩大治安调解范围,以调代替行政处罚、刑事处罚,导致案件降格处理,对违法犯罪行为打击不力;二是不严格执行法律程序,对应受理的治安案件不受理,超越职权受理不应受理案件,在案件调查阶段不调查,应制作治安调解协议书而不制作,对治安案件不采用自愿原则强制调解,对治安调解久拖不决等;三是在治安调解过程中,对双方当事人吃拿卡要,侵犯双方当事人的合法权益等。

《公安机关治安调解工作规范》明确了办案民警在治安调解过程中违法调解的责任,即公安机关人民警察在治安调解过程中,有徇私枉法、滥用职权、不依法履行法定职责等情形的,依法给予行政处分;构成犯罪的,依法追究刑事责任。

**3. 治安调解技术与方法**

(1)治安调解的技术

其一,劝说技术。公安机关在进行治安调解的过程中,需要与双方当事人展开交涉、对其劝说。因此,办案民警应当掌握治安调解的劝说技术和交涉技术。具体而言,办案民警在进行治安调解过程中经常使用的劝说和交涉技术包括:①耐心倾听双方当事人的主张和诉求;②办案民警与当事人接触时应当充满善意;③办案民警进行调解时应当满怀热情和坚持不懈;④办案民警在调解时应当努力化解当事人之间的不信任感;⑤办案民警应当站在当事人的立场上考量其心理状态;⑥办案民警应当探求案件发生的真正起因,同时应当以解决问题为目标;⑦办案民警在办理治安调解案件时应当注意谈话的方式方法;⑧办案民警在进行治安调解时应当向双方当事人讲清楚调解的优势和效力等事项,及时提出最佳的治安调解方案,等等。

其二,语言技术。治安调解的当事人具有广泛性,包括社会各阶层、各行业的人员,年龄、职业、文化程度、法律素养等方面有差异,办案民警在进行治安调解时,使用的调解语言应当避免千篇一律。治安调解的语言包括言语语言和肢体语言两种类型。办案民警在进行治安调解时,应当根据运用的场景需要使用不同形式的调解语言。比如,对双方当事人的是非责任以及原则性问题需要表达调解意见时,应当适用直接陈述的明确性语言;在使用暗示方法进行调解时,建议使用含蓄性语言和婉转迂回的方法,暗示当事人所应当思考或行动的目标,以达到对方理解的程度而便于解决问题;在治安调解过程中双方当事人出现剑拔弩张、势不两立的情形时,宜使用幽默性语言舒缓调解气氛;对于那些胡搅蛮缠、有错不认、拒不履行应该承担责任的当事人,需要使用一些严厉的、具有威慑性的语言。但值得注意的是,在使用震慑性语言时,办案民警应当注意把握分寸,不说过头话,以免激化矛盾;办案民警使用圆场语言和安慰性语言能够安定当事人情绪,能够使调解僵局变得缓和;办案民警采用期待和鼓励性语言进行调解,能够促使当事人主动认识自己的错误和主动化解矛盾,往往会收到较好的调解效果等。总之,办案民警在进行治安调解过程中,要充分掌握调解的语言技巧,表达真诚尊重的态度,使用礼貌得体的称呼,不忘共情安抚的语言,做到充分地倾听并回应,庄重明了有逻辑地说话,灵活搭配表扬激励和批评教育的语言。

(2)治安调解的方法

根据治安调解实践,公安机关人民警察进行治安调解的方法多种多样。具体而言,根据治安调解方法的侧重点不同,理论上对治安调解方法进行了分类(见图1):一是立足情感的治安调解方法,包括亲情唤起调解法、耐心工作调解法、亲友帮教调解法、近距离沟通调解法、赞美调解法等;二是立足理智的治安调解方法,包括有的放矢调解法、冷处理调解法、角色换位调解法、证据说服调解法等;三是立足警察权威的治安调解方法,包括权威调解法、责任剖析调解法、威慑调解法、敲山震虎调解法等;四是立足舆论的治安调解方法,包括公开调解法、利益平衡调解法、宣传教育调解法、舆论调解法等;五是其他的治安调解方法,包括模糊调解法、釜底抽薪调解法、循序渐进调解法、反客为主调解法等。

| | |
|---|---|
| 情感 | 亲情唤起调解法、耐心工作调解法、亲友帮教调解法、近距离沟通调解法、赞美调解法…… |
| 理智 | 有的放矢调解法、冷处理调解法、角色换位调解法、证据说服调解法…… |
| 权威 | 权威调解法、责任剖析调解法、威慑调解法、敲山震虎调解法…… |
| 舆论 | 公开调解法、利益平衡调解法、宣传教育调解法、舆论调解法…… |
| 其他 | 模糊调解法、釜底抽薪调解法、循序渐进调解法、反客为主调解法…… |

**图1　治安调解方法的分类**

4. 治安调解的沟通艺术

每个人对各种事物的看法、选择、行为方式，都不可能完全一致。对待各种事物不同的看法与行为，表现出了不同的人格特质。公安机关人民警察办理治安调解，需要面对不同人格特质的当事人，这就需要了解掌握不同当事人的人格心理特点，从而选取不同的纠纷调解策略。公安机关办案民警在与当事人沟通过程中，有意识地发现并了解当事人的人格特质，选择适合的沟通与调解方法，将有助于提高沟通的有效性。

在人的性格的问题上，古希腊提出了“体液”理论分析工具，即认为人体内含四种基本液体，分别是血液、黄胆汁、黏液以及黑胆汁，每种体液代表不同的行为方式。“医学之父”希波克拉底第一次系统地提出了体液理论，认为人的体液跟性格相关，复杂的人体是由血液、黏液、黄胆、黑胆四种体液组成的，四种体液在人体内的比例不同，形成了人的不同气质。具体包括性情活跃、动作灵敏的多血质；性情急躁、动作迅猛的胆汁质；性情沉静、动作迟缓的粘液质；性情脆弱、动作迟钝的抑郁质。

20世纪20年代，美国心理学家威廉·莫尔顿·马斯顿提出了DISC理论分析工具，即用行为因素分析方法来解释正常人的情绪反应。马斯顿采用四个非常典型的人格特质因子（支配、影响、稳健与服从）来衡量人群的情绪反应，即人格特征。DISC 分别代表不同类型的人格特征,D 代表支配型人格类型,其特征是易怒、暴躁,喜欢指使他人,难对他人说对不起;I 代表影响型人格类型,其特征是乐观、多变,爱听赞美的话,害怕拒绝,不成熟等;S 代表稳健型人格类型,其特征是非情绪化、平和,有同情心,包容他人,重视公平与合作等;C 代表服从型人格类型,其特征是担忧、否定,务实且客观,习惯看负面的事情等(见图 2)。

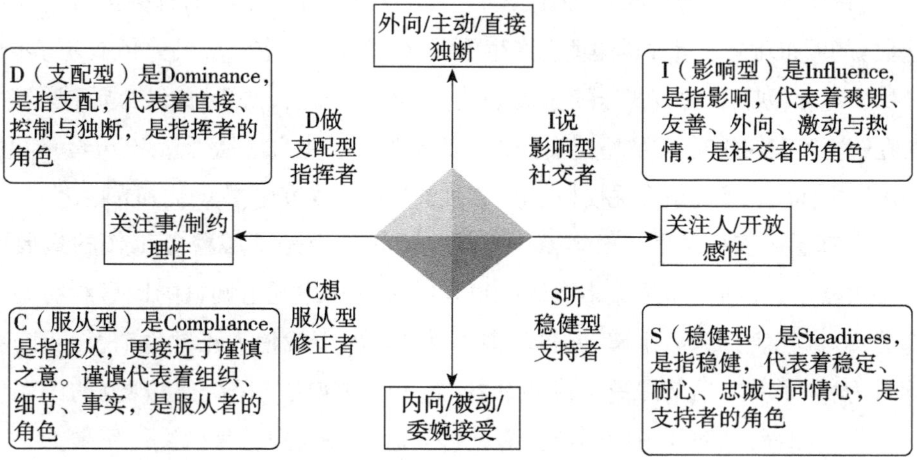


**图 2　DISC 理论下的基本人格类型**

办案民警在治安调解过程中,需要针对不同的人格类型选择不同的调解方法。针对支配型人格的当事人,可以鼓励、赞美并让他作出决定,尊重且不直接批评他;针对影响型人格的当事人,可以采取在赞美中引导其作出决定,及时促使调解方案的形成等;针对稳健型人格的当事人,办案民警应当花时间了解当事人的真实想法,耐心讲解并取得当事人的信任,并尽可能为当事人提供调解方案建议等;针对服从型人格的当事人,办案民警应更注意提供充分的证据,陈述客观事实,以逻辑、客观的方式具体准确地表达观点等。

5. 民法典时代对公安民警治安调解能力的新要求

2020 年 5 月 28 日,十三届全国人大三次会议表决通过了《民法典》,自 2021 年 1 月 1 日起施行。《民法典》是中华人民共和国成立以来第一部以“法典”命名的法律,是新时代中国特色社会主义法治建设的重大成果,在中国特色社会主义法律体系中占据非常重要的地位,是一部固根本、稳预期、利长远的基础性法律,对推进全面依法治国、加快建设社会主义法治国家,推进国家治理体系和治理能力现代化具有重大的意义。

《民法典》分为总则编、物权编、合同编、人格权编、婚姻家庭编、继承编、侵权责任编以及附则,共计1260条。《民法典》中既有公安机关的明确职责,也有与公安机关职责密切相关的内容,同时也有可遵循、参考的基本原则,以及与有关刑事、行政法律衔接的定义和标准等内容。

《民法典》被称为"新时代人民权利宣言书"和"社会生活的百科全书"。《民法典》的颁布对公安机关执法理念产生了深远的影响,要求公安机关必须进一步转变执法理念、创新执法方式、规范执法行为。具体而言,《民法典》的颁布要求公安民警在解决民间纠纷时,需要坚持贯彻以人为本的社会主义法治理念,充分尊重和保障民事主体的各项民事合法权利,进一步加强执法的规范化、文明化和人性化。

在基层公安机关的工作实践中,调解民间纠纷是基层警务工作的重要内容。事实上,民间纠纷绝大多数同时也是由民事法律规范调整的民事纠纷的一部分,故意伤害、侮辱、诽谤、诬告陷害、损毁财物、干扰他人正常生活、侵犯隐私等行为,除了其中情节严重构成犯罪的,绝大多数属于《民法典》规范的民事侵权行为。因而,民间纠纷中的绝大多数可以适用《民法典》来解决。民警如果不掌握《民法典》内容,就难以正确处置因民间纠纷产生的治安案件。因此,民警应当通过自学和参加培训的方式认真学习《民法典》,准确领会并在具体工作中严格贯彻落实《民法典》的相关规定。比起依赖民警个人的工作能力、讲情说理式的调解,公安机关依法调解民间纠纷,不仅贯彻法律,还可以规范执法、提高公安机关调解工作的正确性和权威性。除了在治安案件调解工作中需要贯彻执行《民法典》,在治安行政执法和刑事犯罪侦查工作中,公安机关也要贯彻《民法典》的尊重和保护民事主体权利的法治理念,避免侵犯受处罚人和犯罪嫌疑人的合法权益。

### (四)治安和解

#### 1. 治安和解的规范解读

《治安管理处罚法》第19条规定,行为人主动消除或者减轻违法后果,并取得被害人谅解的,可以对其违反治安管理行为减轻处罚或者不予处罚。此处的"谅解"就是治安"和解"制度的原初规定。

《公安机关办理行政案件程序规定》第186条规定,对符合本规定第178条规定的治安案件,当事人申请人民调解或者自行和解,达成协议并履行后,双方当事人书面申请并经公安机关认可的,公安机关不予治安管理处罚,但公安机关已依法作出处理决定的除外。第 258 条规定,按照本规定达成调解、和解协议并已履行的,应当予以结案。

2. 治安和解的程序运作

(1)治安和解遵循的原则

相较于治安调解,治安和解更能体现当事人的意思自治原则,治安和解能够达成的前提是当事人处分权的行使。确定治安和解的原则应当考量和解的本质和治安案件的性质、特点等因素。具体而言,治安和解应遵循的原则包括自愿原则、合法原则和及时原则。

其一,自愿原则。自愿原则是治安和解的核心原则,是治安和解的灵魂。自愿原则在治安和解中具体体现为:是否采用治安和解的方式处理治安案件、是否达成治安和解协议以及达成什么样的和解协议都是由当事人自愿选择和决定。

其二,合法原则。合法原则是指当事人的治安和解必须符合法律规定,包括治安和解的案件范围、和解的程序、和解协议的形成与履行等都应当符合法律规定,不得违反法律和行政法规的强制性规定,不得损害国家利益、社会公共利益和他人的合法权益。

其三,及时原则。及时原则是指当事人进行治安和解及公安机关认可和解协议应当树立效率观念,在法定的期限内及时进行和解、尽快达成和履行和解协议,公安机关及时认可和解协议;治安和解不成的,应当在法定的办案期限内及时依法处罚。

(2)开展治安和解的时间

治安和解的时间,是指治安案件当事人自行和解的时间界限或者时间限制。根据确立治安和解制度的立法目的与精神以及结合办理治安案件的实际情况,宜将治安和解的时间界定为违反治安管理行为发生后至公安机关作出治安管理处罚决定之前。在此时间范围内,当事人可以进行和解,达成和解协议后可以书面申请公安机关认可。

(3)治安和解协议的形成

治安和解协议是指当事人在自愿的基础上就违法行为是否承担违反治安管理的法律责任和损害后果等自行协商、互谅互让达成的和解协议。治安和解协议的内容包括:当事人的基本情况;违反治安管理行为的基本情况;不追究行为人违反治安管理的行政处罚责任及相关要求;违反治安管理行为造成的损害结果的解决方式和内容;和解协议的履行方式、履行地点、履行时间等;当事人双方签名或者盖章以及和解协议签订的年月日。

(4)治安和解协议的履行

当事人达成治安和解协议后,负有义务的当事人应当按照和解协议的约定,全面、适当地履行和解协议中的义务。当事人达成和解协议后,双方当事人可申请公安机关对和解协议及履行的认可。申请认可应当采用书面的形式。申请书应当载明违反治安管理的基本情况、和解协议达成及履行的基本情况及认可的事项。治安和解须经过公安机关的认可才成立并发生效力,公安机关认可的对象是治安和解协议及履行的事实,认可的内容为和解协议及履行是否自愿、合法。

公安机关认可当事人和解协议的条件主要包括:①当事人达成和解协议的案件必须是可以适用和解的案件;②和解协议的达成及内容必须是基于双方当事人的自愿,因受欺诈、胁迫等违背当事人意志的和解协议无效;③和解协议的内容不得违反法律法规的强制性规定和社会公序良俗,不得损害国家利益、社会公共利益和他人的合法权益;④当事人已经履行了治安和解协议;⑤公安机关对违反治安管理行为人尚未作出治安管理处罚决定。

(5)治安和解的法律效力

双方当事人达成的治安和解协议经公安机关认可后,发生法律效力。公安机关制定的和解决定书经双方当事人签收后,治安和解协议发生法律效力;治安和解协议生效后,公安机关对违法行为人不予治安处罚;治安和解协议生效后,公安机关应当结束案件;治安和解协议生效后,除具有治安和解协议无效的情形外,当事人不得反悔,公安机关不得对案件进行重新处理。

当事人明确表示不愿意和解、不能达成和解协议的、不履行和解协议的或者公安机关不认可当事人和解协议的,公安机关可以进行治安调解;在公安机关治安调解过程中,当事人达成和解协议的,当事人表示愿意以和解方式结案的,可以适用治安和解的规定。

当事人认为和解有问题请求救济必须以和解无效为法定理由,并应提供证据证明和解具有下列无效的法定情形,可以要求办理案件的公安机关或其上一级公安机关撤销认可决定书。认可和解决定书被撤销后，当事人可以重新进行和解，或者由公安机关调解或者作出治安管理处罚决定。治安和解协议无效的情形包括：①违背自愿原则，以强迫、欺诈、诱导等方法达成调解协议或者履行和解协议的；②损害国家利益、社会公共利益、集体利益或者他人合法权益的；③违反法律、行政法规的强制性规定的；④违背社会公序良俗的；⑤以合法形式掩盖非法目的的；⑥办案民警应当回避而没有回避的，或者有受贿、徇私舞弊、枉法办案行为的。

**3. 治安和解的工作难点与完善**

通过实践调查发现，治安和解在实践中也面临诸多问题，如部分办案民警不知道有治安和解制度；有些民警对治安调解与治安和解不能正确区分；也有部分办案民警在实务中遇到轻微治安案件，认为有治安和解制度，就让当事人自行和解，之后就对案件放任不管；还有部分当事人认为办案民警告知其可以自行和解而不进行调解是行政不作为，导致民警办案时有顾虑等。治安和解制度在实践中未能充分发挥效用的原因主要包括：一是关于治安和解的法律规定过于简单，可操作性不强，尤其是该制度的适用对象、范围、程序、效力、救济等还有待进一步细化明确；二是治安和解制度设计存在缺陷，如公安机关如何审查以及审查的标准是什么，法律并没有明确规定，在一定程度上制约了该制度的适用；三是关于治安和解的理论研究、宣传报道、业务培训等在很大程度上不到位。这就需要从多个方面对治安和解制度进行完善，进而充分发挥治安和解制度化解民间纠纷的作用。具体而言，一方面要加强治安和解理论研究，理顺治安和解与治安调解的关系，做好治安和解与治安调解的衔接工作；另一方面要从立法上进一步明确公安机关认可和解协议的程序和内容，进一步完善治安和解协议无效和救济制度。此外，还需要完善治安和解的第三方参与制度，如邀请治安保卫委员会、村（居）民委员会和律师等人员参与治安和解制度。

## 四、公安机关民事纠纷调解

### （一）《民法典》与公安机关民事纠纷调解

2020 年 5 月 28 日颁布的《民法典》开启了民事权利保护的民法典时代，被称为社会生活百科全书的《民法典》是公民权利的宣言书和保障书，尤其《民法典》人格权独立成编处处闪耀着以人为本的人性关怀，彰显了中国特色和时代特色，在各国民法典编纂史上尚属首例。《民法典》全面规定各项人身权和财产权体现了公民权利意识的空前提高，《民法典》规定的人格权包括生命权、健康权、身体权、姓名权、肖像权、名誉权、荣誉权、隐私权、个人信息以及一般人格权等；财产权包括物权、债权、继承权等。随着社会发展，民事纠纷不断呈现多元化发展态势，纷繁复杂的民事纠纷单靠传统的调解制度解决无法满足社会需求。我国人民警察的任务是维护公民人身安全、人身自由和合法财产，人民警察的任务归根结底是实现《民法典》对公民人身权和财产权的保护以及实现人们对美好生活的向往和追求。在《民法典》力倡公民权利神圣不可侵犯的时代要求下，要进一步发展和完善调解制度，赋予公安机关民事纠纷调解职能，既是民法典时代的要求也是应对现实中纷繁复杂的报警民事纠纷持续增多情况的需要。民警对遇到的大量的民事纠纷予以调解能快速高效直接化解矛盾，避免案件升级，从而迅速恢复社会和谐。公安机关就地解决民事纠纷提前将案件分流，减少诉累，是基层矛盾多元化解决的必然要求，是大调解体系的重要组成部分。

针对目前我国公安机关调解民事纠纷法律法规存在矛盾等问题，回应《民法典》对公民人身权和财产权关切，我们提出建构公安机关调解民事纠纷的机制[①]，以期未来公安机关对民事纠纷的调解有法可依。

### (二)公安机关民事纠纷调解法律规定

2007 年《公安机关治安调解工作规范》第 3 条规定：民间纠纷是指公民之间、公民和单位之间，在生活、工作、生产经营等活动中产生的纠纷。我国《民法典》总则编第 2 条规定："民法调整平等主体的自然人、法人和非法人组织之间的人身关系和财产关系。"一切违反《民法典》规定的侵犯民事主体人身权和财产权产生的纠纷称为民事纠纷。民事主体之间彼此处于平等地位，各自享有财产权利和人身权利，民事主体所具有的权利是对世权，所有"人"负有不得侵犯的义务，侵犯了将产生民事纠纷。公民之间、公民和单位之间，在生活、工作、生产经营等活动中产生的民间纠纷究其本质属于平等主体之间的纠纷，如相邻关

① 吴道霞：《构建警察执法化解民事纠纷的机制研究》，法律出版社 2017 年版。

系纠纷、婚姻家庭纠纷、财产继承纠纷、房地产纠纷、交通事故损害赔偿纠纷、劳动争议纠纷等。另外,劳动争议纠纷、环境纠纷、刑事附带民事纠纷等属于公法属性的纠纷,但其具有的私法性决定该纠纷本质仍具有民事纠纷性,因此,所有民间纠纷因其全部具有私法属性或者部分具有私法属性,都属于民事纠纷。据此我们得出,民间纠纷本质就是民事纠纷,所有民间纠纷都属于民事纠纷范畴。当民间纠纷的一些争执诉诸司法程序后,也就成为民事纠纷。[①] 民事纠纷具有以下特点:其一,纠纷双方当事人法律地位平等。其二,民事纠纷的内容是对民事权利义务的争议。民事纠纷大体可以分为两类:第一类是财产纠纷;第二类是人身关系方面的纠纷,主要包括人格权关系的民事纠纷和身份权关系的民事纠纷。"在日本,人们在民间纠纷解决方面则趋于'避讼',亦即针对一些民商事务的纠纷案件,国家政策并不鼓励人们运用诉讼和判决的形式来解决,而是推行一些强制和解的治理策略。"[②]我国 2010 年引入人民调解制度解决民间纠纷,"以人民调解方式化解民事案件、劳动争议和刑事案件引起的民事赔偿"[③]。

目前我国法律法规对公安机关调解民事纠纷的规定相互矛盾,致使现实中公安机关对民事纠纷的处理混乱不一。

(1)《人民警察法》第 21 条中规定:对公民提出解决纠纷的要求,应当给予帮助;对公民的报警案件,应当及时查处。据此规定,当事人如果向民警提出调解民事纠纷的要求,公安机关应当给予调解。对所有报警案件(包括民事纠纷)都应当及时调查并及时处理。

(2)《人民警察法》第 3 条规定:人民警察必须依靠人民的支持,全心全意为人民服务。全心全意为人民服务的警察职能的规定决定,公安机关对报警的所有民事纠纷应当直接就地处理。

(3)《治安管理处罚法》第 9 条规定:"对于因民间纠纷引起的打架斗殴或者损毁他人财物等违反治安管理行为,情节较轻的,公安机关可以调解处理,经公安机关调解,当事人达成协议的,不予处罚。经调解未达成协议或者达成协议后不履行的,公安机关应当依照本法的规定对违反治安管理行为人给予处

① 陆益龙:《乡村民间纠纷的异化及其治理路径》,载《中国社会科学》2019 年第 10 期。
② 陆益龙:《乡村民间纠纷的异化及其治理路径》,载《中国社会科学》2019 年第 10 期。
③ 青草地:《辉煌 70 年人民调解制度发展与完善》,载《人民调解》2019 年第 10 期。

罚，并告知当事人可以就民事争议依法向人民法院提起民事诉讼。”该条是关于治安调解的范围的规定，即公安机关只调解“违反治安管理行为”的民间纠纷，除此以外的民间纠纷不予调解。民间纠纷引起的打架斗殴或者毁损他人财物等违反治安管理的行为本质上同时也是民事侵权行为，只不过在侵害他人民事财产权和人身权的同时也违反了《治安管理处罚法》，也就是说，在民事责任和行政责任竞合情形下，公安机关可以调解。

(4)《公安机关办理行政案件程序规定》①第 178 条第 2 款规定，“对不构成违反治安管理行为的民间纠纷，应当告知当事人向人民法院或者人民调解组织申请处理”。这一条文明确将未构成违反治安管理行为的民间纠纷排除在公安

---

① 《公安机关办理行政案件程序规定》第 178 条规定：“对于因民间纠纷引起的殴打他人、故意伤害、侮辱、诽谤、诬告陷害、故意损毁财物、干扰他人正常生活、侵犯隐私、非法侵入住宅等违反治安管理行为，情节较轻，且具有下列情形之一的，可以调解处理：(一)亲友、邻里、同事、在校学生之间因琐事发生纠纷引起的；(二)行为人的侵害行为系由被侵害人事前的过错行为引起的；(三)其他适合调解处理更易化解矛盾的。……对情节轻微、事实清楚、因果关系明确，不涉及医疗费用、物品损失或者双方当事人对医疗费用和物品损失的赔付无争议，符合治安调解条件，双方当事人同意当场调解并当场履行的治安案件，可以当场调解，并制作调解协议书。当事人基本情况、主要违法事实和协议内容在现场录音录像中明确记录的，不再制作调解协议书。”第 179 条规定：“具有下列情形之一的，不适用调解处理：(一)雇凶伤害他人的；(二)结伙斗殴或者其他寻衅滋事的；(三)多次实施违反治安管理行为的；(四)当事人明确表示不愿意调解处理的；(五)当事人在治安调解过程中又针对对方实施违反治安管理行为的；(六)调解过程中，违法嫌疑人逃跑的；(七)其他不宜调解处理的。”第 180 条规定：“调解处理案件，应当查明事实，收集证据，并遵循合法、公正、自愿、及时的原则，注重教育和疏导，化解矛盾。”第 181 条规定：“当事人中有未成年人的，调解时应当通知其父母或者其他监护人到场。但是，当事人为年满十六周岁以上的未成年人，以自己的劳动收入为主要生活来源，本人同意不通知的，可以不通知。被侵害人委托其他人参加调解的，应当向公安机关提交委托书，并写明委托权限。违法嫌疑人不得委托他人参加调解。”第 182 条规定：“对因邻里纠纷引起的治安案件进行调解时，可以邀请当事人居住地的居(村)民委员会的人员或者双方当事人熟悉的人员参加帮助调解。”第 183 条规定：“调解一般为一次。对一次调解不成，公安机关认为有必要或者当事人申请的，可以再次调解，并应当在第一次调解后的七个工作日内完成。”第 184 条规定：“调解达成协议的，在公安机关主持下制作调解协议书，双方当事人应当在调解协议书上签名，并履行调解协议。调解协议书应当包括调解机关名称、主持人、双方当事人和其他在场人员的基本情况，案件发生时间、地点、人员、起因、经过、情节、结果等情况、协议内容、履行期限和方式等内容。对调解达成协议的，应当保存案件证据材料，与其他文书材料和调解协议书一并归入案卷。”第 185 条规定：“调解达成协议并履行的，公安机关不再处罚。对调解未达成协议或者达成协议后不履行的，应当对违反治安管理行为人依法予以处罚；对违法行为造成的损害赔偿纠纷，公安机关可以进行调解，调解不成的，应当告知当事人向人民法院提起民事诉讼。调解案件的办案期限从调解未达成协议或者调解达成协议不履行之日起开始计算。”第 186 条规定：“对符合本规定第一百七十八条规定的治安案件，当事人申请人民调解或者自行和解，达成协议并履行后，双方当事人书面申请并经公安机关认可的，公安机关不予治安管理处罚，但公安机关已依法作出处理决定的除外。”第十四章对案件终结进行了规定。第 258 条中规定，行政案件具有下列情形之一的，应当予以结案：(1)作出不予行政处罚决定的；(2)适用调解程序的案件达成协议并已履行的。

机关的调解之后。这条规定显然与《人民警察法》第21条的规定相矛盾。

(5)《道路交通安全法》第74条第1款规定:“对交通事故损害赔偿的争议,当事人可以请求公安机关交通管理部门调解,也可以直接向人民法院提起民事诉讼。”依此规定,有关交通肇事的民事纠纷,公安机关可以调解。

上述法律法规高度概括不具有操作性,规定相互矛盾,给民警实践带来困惑。首先,《人民警察法》第21条规定对于公民解决纠纷的要求要给予帮助,对于公安机关民事纠纷的解决看似给予了肯定,但不明确,高度模糊,不具有可操作性。《人民警察法》第21条规定有警必出,“对公民的报警案件应当及时查处”,出警就要最大限度地解决纠纷,出警而不解决纠纷,不仅是对警力的浪费,更是对求助公民的时间的浪费,也使公民对民警的信任大打折扣。“全心全意为人民服务”的规定不仅仅具有宣誓性,应当将其细化为具有可操作性的详细规定。其次,法律一方面规定“全心全意为人民服务”、“有警必出”、“对公民的报警案件应当及时查处”和“对交通事故损害赔偿的争议公安机关可以调解”;另一方面又规定“不构成违反治安管理行为不予调解”,将大量民事纠纷又排除在法律规定之外,法律条文的矛盾冲突导致公安民警对不构成违反治安管理行为的民事纠纷处理态度尴尬、摇摆甚至随心所欲。既然规定“全心全意为人民服务”和“有警必出”以及“对公民的报警案件应当及时查处”则应当对所有民事纠纷进行处理,否则这些规定就成了空谈的口号和摆设。最后,交通事故损害赔偿大部分都是民事赔偿,本质属于民间纠纷,既然法律已经赋予警察对这部分民间纠纷的处理调解权,那么除了法律明文规定之外的民间纠纷赋予公安机关调解职能就符合法律理念,但《公安机关办理行政案件程序规定》对此部分的民事纠纷规定不处理,如果是因为公安机关不得插手民间纠纷,则法律不该规定如上的民间纠纷的公安机关的调解范围,如果是因为公安机关人力不足,事实上我们可以将纠纷的解决置于整个社会调解体系中考察,公安机关对所接报警的民间纠纷不推至法院诉讼或人民调解委员会调解,而由自己直接解决,则能更节约社会资源,提高效率,第一时间满足公民的求助,这也是矛盾不上交的就地解决问题的枫桥经验的真正的精神实质。

也正因如此,很多公安机关将人民调解引入派出所,即“民调进所”。但人民调解本身具有很多的不足和缺陷,人民调解目前越来越势微。相较于公安机关调解,人民调解权威认同性差,具有随意性和民间性,专业性不强,缺乏影响力，将所有报警的民事纠纷规定由公安机关直接处理相较于目前的“民调进所”更快速更直接更高效。就全社会矛盾纠纷处理角度而言，公安机关直接处理所报警的民事纠纷除了警力不足和法无规定外，其他各方面的优越性是显而易见的。据此，我们主张公安机关对所有民事纠纷均应处理。至于目前警力不足和经费不足，笔者认为，可以通过制度化解决，只要法律赋予警察调解民事纠纷的职能，警力问题就会有制度上的解决。

### （三）公安机关民事纠纷调解的地位

社会不断向前发展，民事纠纷不断涌现，快速、高效、令人满意地调解民事纠纷显得尤为迫切和必要，新时代公安机关调解民间纠纷具有先天优越性，对于构建和谐社会、维护社会的长治久安具有独特的地位优势。

1. 先天地位优势

其一，公安机关民事纠纷调解的权威认同性。公安机关调解民事纠纷具有先天的权威性和可信性，公安机关相较于人民调解委员会而言，更为民众所知悉。长期以来公安机关在人们心目中有着权威形象，在民众的潜意识中，始终存在公安机关最能为其解决纠纷的心理，公安机关在人们心目中的权威性形象使得百姓很愿意“有困难找公安机关”。人民调解则专业化程度不高，调解员组成民间化，常常是退休的工作人员如退休的律师、法官或其他职务退休人员，缺乏权威性，调解较为随意，在人们心目中的影响力不足，甚至很多民众并不知晓人民调解的存在。人民调解自产生之初，发挥的作用有限，知名度和认可度不高，所调纠纷不多。显然，相较于人民调解这样一个民众不大熟悉的方式而言，公安机关的调解在民众心中具有更高的权威性，民众正是因为公安机关较高的权威性和可信性才在纠纷发生第一时间首先想到向公安机关寻求帮助。其二，公安机关民事纠纷调解程序的便捷性。司法调解专业化程度高，耗时耗财。公安机关调解则过程简单，免费，方便当事人，提高纠纷解决速率。其三，公安机关调解民事纠纷的就地性。公安机关调解民事纠纷的直接性体现在派出所民警在接到当事人求助时，可以当场当时就地直接就双方之间的争议进行调解，无须繁杂的程序也无须缴纳费用。这种直接性，能有效避免当事人情绪进一步激化，快速平复当事人的不满心理，在双方质证的过程中，纠纷就有可能得以快速有效解决。尤其那些标的较小、当事人之间争议不大的民事纠纷，常常是琐事造成的，当事人往往不愿意选择诉讼而更愿意报警希望公安机关能够直接快速调解。

2. 重要意义

其一，消除隔阂、迅速恢复和睦。公安机关调解民事纠纷能够起到优化行政管理、促进社会和谐发展的作用。很多民事纠纷与冲突发生的根源并非在于当事人之间存在根本性的分歧或者矛盾，而是熟人之间利益归属划分不明或者不均，迅速化解能消除隔阂、恢复和睦。其二，避免二次冲突。公安机关调解民事纠纷能够快速直接当场解决纠纷，将解决纠纷的端口前移。一些纠纷在公安部门内部得以快速解决，避免了当事人去法院诉讼的繁琐，也避免了由于法院审理期限较长当事人之间的矛盾得不到及时化解，由原本的民事案件上升为治安案件或者刑事案件的后果。因为公安机关在调解民事纠纷的过程中，不仅充分保障双方当事人表达自己意愿的机会，很好地化解当事人的怨气，使双方当事人能够平心静气地进行交流，而且化解纠纷及时高效快速，有效避免“二次冲突”。其三，提供就业渠道。公安机关民事调解制度的建立，必将需要充足的警力保障，因而对警务人员的需求量会显著增加，这将创造大量的就业岗位，缓解部分地区的就业压力，尤其是民事调解过程中，需要公安机关掌握基本的民法知识和专业的调解技巧，这就使法学、心理学、社会学等专业学生就业机会大大增加，有效提高了就业率。

### (四)公安机关民事纠纷调解的合理性

1. 中国特色制度使然

我国古代官府调解以及乡里调解等均发挥了十分积极且重要作用。长期以来，人们便有依赖官方“讨说法”来解决纠纷的习惯。公安机关提出的“有困难找公安机关”沿袭了古代调解制度，派出所作为与民众联系最为紧密的行政机关，大量民事纠纷涌向派出所，公安机关调解民事纠纷迫切需要立法明确加以规定。

2. 经济高速发展使然

随着市场经济的发展，政府工作人员包括作为与人民群众接触最为密切的公安机关的职能逐步从管理型向服务型转变。随着市场经济不断的发展，民事案件不断增多，尤其是经济类纠纷更是呈爆炸式增长。著名英国法史学家梅因曾经说过:市场经济越发展,民法越多刑法越少。因此,面对不断增多的民事纠纷,要赋予公安机关民事纠纷调解权,这是公安机关职能转变的需要。因此,在改革的大潮中,立法不仅要求公安机关要熟练掌握公法知识,努力打击刑事犯罪,处理好行政案件,还要给予公安机关调解民事纠纷的权力。如果一个公安机关面对群众的民事纠纷一味拒绝解决,放任纠纷扩大升级,这样的公安机关很难说是完美履职的公安机关。将公安机关调解民事纠纷纳入我国纠纷调解体系中,能够大大加快我国纠纷的调解速率。更进一步说,只有赋予公安机关调解民事纠纷权力才能顺应市场经济发展,才能更好地保障市场经济的健康和有序运行。

3.《民法典》私权保护使然

公安机关执法的最终落脚点是对于公民人身权和财产权的保护。赋予公安机关民事纠纷调解职能,对保障全面落实《民法典》人格权编各项人格权保护的规定,全面贯彻《民法典》对公民财产权的各项规定,给予公民最大的人文关怀,最大限度满足人们美好生活的向往意义重大。

4.公安机关服务职能发展使然

曾有学者指出,公安机关如果被动执法,大约3/4的案件与服务有关,如果主动执法,一半以上的案件与治安和刑事案件有关。这句话一语道破目前对公安机关服务职能转变的需求。公安机关调解民事纠纷是我国构建“服务型政府”的体现,体现了政府正逐步实现由管理型向服务型的过渡。在目前调解方式不足于满足当事人需求时,当事人就逐渐将目光转向了公安机关,若公安机关在这一阶段不介入其中,完全以民事纠纷调解不在工作职能范围为由予以拒绝,很可能就放任了民事纠纷转化为治安案件。如果民事纠纷在这一阶段就能够得到很好的解决,就能够有效降低其进一步转化为治安案件甚至刑事案件的可能,这不仅不与公安机关的职能相冲突,而且能够起到维护社会秩序,提高民众对公安机关满意度的目的。因此,公安机关调解民事纠纷是公安机关职能发展的必然,公安机关服务职能的转变成为公安改革的必然趋势。

5.警察权和公民权内在逻辑使然

警察法赋予公安机关权力与《民法典》保护公民权利是一致的。没有公民权利作为基础,警察权无从存在;离开警察权,公民权利无从保障。因此,我们可以说警察权与公民权既对立又统一,警察法与《民法典》之间具有密切的内在逻辑联系。公安机关在执法过程中，一方面离不开警察法，另一方面也绝不能离开《民法典》。警察法和《民法典》的终极目的都是保护公民人身权和财产权，两者内在的逻辑关系要求公安机关对民事纠纷加以调解。公安机关调解民事纠纷既是全心全意为人民服务的体现，也是贯彻警察法的具体体现。

6. 已有法律规定使然

第一，全心全意为人民服务立法宗旨使然。长期以来，公安机关在人民心目中有着崇高的威信和形象，人民有事情不愿意找律师事务所、不愿意找法院而习惯于找公安机关处理。据统计，“110”报警电话接到的案件里有一半以上是纯粹的民事纠纷，如果再加上和刑事、行政案件掺杂在一起的部分，则民事纠纷所占的比重就更高了。第二，治安调解规定使然。我国在立法上已经有了关于公安机关调解民事纠纷方面隐约的规定，如《治安管理处罚法》第 9 条的治安调解规定，该治安调解实质就是公安机关调解民事纠纷，此条治安调解规定实则是民事纠纷调解，立法目的在于维护社会治安，避免案件升级。本条规定的实质在于对违反治安管理和民事侵权竞合时的行为通过民事调解则免于治安处罚，因此将所有民事纠纷赋予公安机关调解符合法理要求。

7. 实践调解使然

为了尽可能地避免矛盾纠纷转化为治安案件或者刑事案件，公安实践中有的派出所逐步探索，对公民求助的民事纠纷尝试引入人民调解处理。例如，北京市公安局西城分局创建了“民调进派出所”的机制，建立治安纠纷、民间纠纷联合调解接待室，有效实现了公安机关调解和人民调解的整合衔接。福建省某市公安局在派出所也推进“民调进所”机制。另外，有的民警对所接报警民事纠纷也进行处理，这都说明已经有了警察民事纠纷调解的实践。

8. “枫桥派出所”制度创新使然

顺应“枫桥经验”成立枫桥派出所是公安机关面对纠纷的实践解决探索，但是枫桥派出所仍然是人民调解进驻派出所，其实质仍然是人民调解民事纠纷。实践中公安机关为避免案件升级，通过人民调解进驻派出所实行治安调解和人民调解联合办公，在一定程度上说明公安机关意识到民事纠纷消灭在派出所的重要性，但是尚未发挥公安机关在民事纠纷上的调解作用，实质仍然是人民调解员的调解，而不是公安机关的调解。人民调解因产生于熟人社会，随意性很强，影响力不强，正逐步式微，需要逐步升级和转型，逐步向专业化调解发展，德高望重型调解员逐步被具备法学专业知识的权威性调解员取代，民间的自愿调解者逐步被官方支持和认可认证的资格调解者取代，调解更多依据法律而不是人情世故。[①] 公安调解则正和上述学者对人民调解的转型建议相呼应，因此，公安机关调解替代引入的人民调解，将所接报警全由派出所自身解决，迎合了报警纠纷的民心所愿。公安机关调解民事纠纷制度也是“枫桥经验”的理论深化和升华，是“枫桥派出所”的再创新和再发展。

因此，笔者认为，我国建立公安机关调解民事纠纷制度具有合理性和可行性，建立公安机关调解民事纠纷机制，在为当事人提供更多纠纷解决渠道的同时使公安机关调解民事纠纷合法化和规范化，有效解决目前公安机关对调解民事纠纷摇摆不定的矛盾境地。

### （五）公安机关民事纠纷调解机制建构

公安机关调解民事纠纷具有现实的可行性和必要性，真正发挥公安机关调解民事纠纷的作用，势必需要构建一整套切实可行的机制来加以保障。

基本制度既是程序价值得以实现的载体，也是对抽象化、缺乏可操作性基本原则的一种补充。整合治安调解的法律规定，笔者认为，像《人民调解法》一样，制定《公安机关调解法》对公安机关所有民事纠纷的调解进行系统而全面的规定。其中包括基本原则、民事纠纷调解范围、公安机关管辖、公安机关调解民事纠纷的效力以及费用等各项制度。

#### 1. 公安机关民事纠纷调解范围的确定

通过立法的形式将所有民事纠纷都纳入公安机关调解范围，真正做到矛盾不上交就地解决，快速高效，避免双方去法院诉讼带来的久拖不决和矛盾激化升级，也符合社会纠纷综合治理体系要求。未来立法对公安机关调解范围的规定可采取列举式加兜底条款的方式。

具体来说，公安机关民事纠纷调解的范围，不仅包括治安调解为代表的部分具有行政性特征的纠纷，还包括狭义的纯民事纠纷，以及对少数轻微违反刑事法律规定涉及的纠纷，公安机关都进行调解。从责任竞合角度将公安机关民事调解纠纷进行分类：第一，纯粹民事纠纷。纯粹民事纠纷是指发生在现实生

---

① 兰荣杰：《人民调解：复兴还是转型》，载《清华法学》2018 年第 4 期。

活中公安机关进行调解的纯粹的民事纠纷。例如，夫妻双方基于婚姻家庭而引起的纯粹的民事纠纷、公民法人之间因债务引起的纯粹的民事纠纷、农村有关宅基地发生的纯粹的民事纠纷、有关继承方面引起的纯粹的民事纠纷、房屋租赁合同引起的纯粹的民事纠纷、邻里之间发生的纯粹的民事纠纷等。这类纠纷的一个共同点就是纠纷的责任承担只涉及民事责任，而不涉及其他责任。第二，竞合型纠纷。所谓竞合型纠纷指的是责任竞合所产生的纠纷。具体而言，竞合型纠纷是指当事人主体之间触犯了两个或者两个以上的法律法规，因此可以产生两个或两个以上的责任。其主要包括两类：一类是民事责任和行政责任竞合的纠纷。该种纠纷是指纠纷既涉及民事责任的承担也涉及行政责任的承担。我国《治安管理处罚法》第9条的规定就属于这种情况，即当事人的侵害行为既违反民法的规定也违反《治安管理处罚法》的规定，属于民事责任和行政责任竞合的纠纷，我国法律规定的公安机关的治安调解即针对该类纠纷。另一类是民事责任和刑事责任竞合的纠纷。该纠纷是指一方主体的行为既违反民法规定也违反刑法规定。对于符合《刑事诉讼法》规定的刑事和解情形的，公安机关可以进行调解。

2. 公安机关民事纠纷调解原则的确定

公安机关调解民事纠纷的原则包括平等原则、意思自治原则、诚实信用原则、不违背公序良俗原则和守法原则。公安机关在调解过程中遵循自愿原则尤为重要。在民事纠纷调解中公安机关充当的是调解人的角色，由于在调解的过程中，双方的意思表示都得到了充分的表达，包括最后调解协议书的内容也是在双方认可的基础上达成的，因此，大多数情况下，双方都能自觉履行协议内容，受损的利益平衡得以最快回复。

3. 公安机关民事调解机构人员组成的规定

我们构建的公安机关调解民事纠纷机构组成人员完全为在职公安机关民警，3—7名公安机关民警组成调解室，至少有一名女民警。不同于人民调解组织，不同于法院调解，人们求助公安机关调解民事纠纷，正是因为公安机关的权威性和可信任性，找警察的目的就是让警察处理案件而不是让警察委托人民调解委员会调解，因此，公安机关民事调解机构全员为公安机关民警，才符合当事人报警的初衷。

4. 公安机关民事纠纷调解费用的规定

公安机关调解民事纠纷不收取任何费用,免费正是我们设计的制度的一大优势,公安机关调解民事纠纷的快速、高效、免费弥补了法院诉讼的浪费财力的缺陷。

5. 公安机关民事纠纷调解权力性质的规定

对公安机关的治安调解曾经有三种观点:第一种观点认为,公安机关不应调解任何纠纷。第二种观点认为,纠纷的解决是法院的职责,公安机关插手纠纷的话,公安机关的行为就成了司法行为。第三种观点认为,治安调解属于行政司法行为。行政司法行为是指行政机关对民事争议或者行政争议依照准司法的程序进行处理的行为。目前学界对治安调解的性质并未达成共识,学者更是很少对公安机关调解民事纠纷性质进行研究,笔者在系统研究后认为公安机关调解民事纠纷属于行政行为,符合法治精神。

我国纠纷调解机制主要有司法调解、人民调解和行政调解。第一,司法调解。在法治刚刚建立之初,立法、司法、行政被严格分离,各负其责,这一时期的法院被认为是唯一的纠纷解决机构。随着"诉讼爆炸"时代的到来,法院诉累,效率低下,人们认识到法律并非解决问题的唯一渠道,也不是最好的渠道,法院在审理案件的时候常常忽略当事人的情感因素,正所谓"赢了官司输了感情",人们开始逐渐寻找诉讼外的调解方式。20 世纪 ADR 开始进入人们的视线,这种纠纷调解方式在与我国国情相结合后,形成了现代人民调解的雏形。第二,人民调解。人民调解制度在满足当事人快捷、便利、维护情感联系的需要下,暴露出很多弊端,带有很强的民间性、随意性,缺乏严肃性等。为更好地完善我国的调解体系,弥补上述两种调解方式的不足,我国推出了大调解制度。第三,大调解制度。该调解机制的根本核心是动用全社会的力量如公安、人民调解委员会,通过协调配合共同调解纠纷的体制。在大调解制度下,人民调解发挥了基础性的作用,以公安调解为代表的行政调解也崭露头角。第四,公安调解。公安调解指派出所民警对公民提出的解决纠纷的请求进行回应进而对当事人之间的纠纷予以调解。这一调解方式能够发挥巨大作用,原因在于它与我国现有的纠纷调解机制形成了很好的互补。虽然我国行政机关和司法机关分工不同,各负其责,但两者之间并非完全分离,需要相互配合、相互协调。即便是实行严格分立制度的美国,对于行政机关和司法机关的严格分立的态度也在不断放松。1932 年美国联邦最高法院克罗威尔诉本森案确认了私权性质纠纷的行政裁处性。1969 年纽约州立法机关通过了一条法规,规定违反交通规则的轻微犯罪案件可以由司法机关移交行政机关处理。自此,司法机关独揽审判权、调解权的局面被打破,行政机关开始涉猎本专属于司法机关处理的案件,行政权和司法权泾渭分明的格局被打破。我国没有明文赋予公安机关调解民事纠纷的权力,但在很多法律法规中都规定行政机关可以在一定范围内处理民事纠纷,如法律规定专利复审委员会对无效专利的裁决权,人民政府处理因土地所有权和使用权发生的争议等,因此,公安机关处理当事人之间的民事纠纷符合法理,公安机关调解民事纠纷属于行政调解的一种,调解是其自身执法的一种形式。

6. 公安机关民事纠纷调解管辖规定

公安机关调解民事纠纷的管辖是对各公安机关(派出所)之间就某一具体民事纠纷的首次处置权所作的划分。对于调解主体而言,管辖权的确定既赋予了公安机关对某一案件调查、调解的权力,也要求其在接到当事人申请时,对于其中符合调解要求的必须予以受理。对于相对人而言,明确管辖权是民事纠纷能够及时得到受理的前提。适格的管辖主体能够很好地提高调解效率,其调解过程也更易于被当事人接受。管辖制度作为调解过程的第一步,是整个调解程序能够有序进行的基础。

7. 公安机关民事调解回避制度规定

公安机关调解民事纠纷中同样适用回避制度。为保障实体处理结果和程序运行的公正性,公安机关的工作人员不得处理与其有利害关系的案件。这里的回避不仅包括工作人员主动申请的回避,而且包括当事人在发现某一工作人员符合回避条件又未自行回避时提出的要求某一工作人员进行回避的申请。

8. 公安机关民事纠纷调解信息获取制度确定

信息获取是指当事人可以通过预设的程序,从公安机关那里获得各种有助于其参加调解活动的信息,信息获取制度既是行政机关服务职能的体现,也是公开这一基本原则的具体表现。这一制度要求公安机关提前将公安机关调解民事纠纷机制通过官方途径予以公布,保障民众能够进行查阅,避免当事人因为信息不通而选择错误,进而浪费行政资源;同时也要求公安机关工作人员在收到民众申请时,耐心地对民众的问题进行解答。

9. 公安机关民事纠纷调解案卷制度确定

调解结束后,公安机关工作人员应当将纠纷调解过程中搜集到的证据、相关的会议记录以及各种法律文书,按照一定的顺序进行组合排列,形成完成的书面材料。设立案卷制度,能够有效地防止公安机关工作人员恣意行使自身权力,侵害当事人的合法利益;有助于双方当事人事后查找案件资料,提高当事人对于调解结果的可接受程度。当事人对调解不服提起诉讼时,完整、规范的案卷资料可以有效地缩短法院的调查时间,为接下来的司法审判提供事实根据和材料。因此,这就要求公安机关在调解的过程中,应当根据不同的调解阶段填写不同的调解文书,对调解过程进行记录。

10. 公安机关民事纠纷调解证据制度确定

公安机关在调解民事纠纷的过程中同样应当以事实为依据,而事实的认定,需要证据的支撑。充分、准确、完整的证据对于还原事实真相,说服当事人接受调解,圆满解决案件具有重要作用。"谁主张,谁举证",必要时,公安机关有权主动对民事纠纷调查取证。

11. 公安机关民事纠纷调解告知制度确定

行政主体的告知义务对应当事人的知情权,就公安机关调解民事纠纷机制而言,告知制度可以加强当事人对行政主体的信任,有效地保证当事人及时、完整地参与整个调解过程。告知的方式既可以采用书面形式,也可以采取口头的方式。行政主体应当主动将与当事人有关的信息及时告知当事人,并应公民的申请依法为其提供咨询。

12. 公安机关民事纠纷调解程序规定

公安机关调解民事纠纷的程序同样可以分为简易程序和一般程序两种。

第一,公安机关调解民事纠纷的一般程序。一般程序应按照受理立案—调解—达成协议—履行四个步骤进行。受理是指公安机关(派出所)受理当事人的调解申请并将相关内容予以登记的活动。受理是调解工作开始的标志,民警在受理的过程中初步了解事情脉络,向当事人阐明调解的主要程序以及双方在调解过程中享有的权利义务。在受理阶段,公安机关应主要解决以下问题:对于口头提出调解申请的,办案人员应当认真进行记录,记录完成后,交由当事人查阅确认无误后签字。民警认为有必要可以就纠纷发生的时间、地点,有没有其他见证人在场,有没有财物损失等进行审查,并应就某些重要细节询问,审查受案材料。公安机关在听完双方陈述后，还需要对证人证言或者证物进行核对。公安机关在核查过程中，主要审查证人有没有民事行为能力；其所述的事实是否超过其理解范围；当事人提供的物品是否与案件有直接联系，物品是否属于双方当事人所有，物品在纠纷发生过程中所起的作用等。告知当事人调解程序包括告知当事人在调解过程中应当遵守的程序规定以及双方当事人在调解过程中需要提供的证据材料，并与双方当事人协商确定下次调解时间。公安机关还应告知当事人其享有随时终止调解程序的权利，但一旦选择终止调解程序，则不得再就同一案件申请公安机关调解。受理案件最后一个阶段就是填写受案通知书，将与纠纷有关人员的姓名、身份、家庭住址以及联系电话等内容进行登记。调解中不仅要求当事人提供的证据材料必须真实，也需要公安机关对当事人提交的证据予以核实，在查明真伪后方能予以适用。同时公安机关应在必要时全面、及时、合法、客观地搜集与案件有关的资料，当事人的基本信息以及双方当事人之间的关系。矛盾发生的起因以及纠纷发生的时间、地点、后果和情节严重程度。

公安机关在充分了解案情的基础上，结合双方当事人的表述对案件的基本情况进行梳理。公安机关应在双方争议处以及事情发展不符合一般常理处做出标记，作为调查工作的重点。在调解过程中，公安机关应结合当事人的调解请求，组织双方当事人就主要争议点进行沟通，给予双方当事人充分的表达机会，使当事人了解彼此的观点，为调解工作正式开展打下基础。

公安机关在调解过程中应当始终秉持双方自愿的原则，不偏不倚，采用快慢适宜的方式，遵循调解的基本原则和基本制度，尽最大努力化解双方矛盾。在公安机关调解下，调解协议书经双方签字，立即生效。

第二，公安机关对民事纠纷的现场调解。现场调解程序适用于纠纷事实清楚，因果关系明确，争议不大的情况。尤其是对市场纠纷、家庭纠纷而言，现场调解更符合当事人的需求，在实践过程中，发挥着重要作用。适用现场调解比较典型的民事纠纷有夫妻之间打架、邻里噪声纠纷。对于现场调解的民事纠纷，应当遵循以下步骤：民警到达案发现场后，应及时向双方当事人表明自己的身份，出示相关证件。达成协议的双方签字，达不成调解的，可以根据当事人的申请将案件转由一般调解程序处理或者直接制作调解不成结案书。在调解的过程中，发现案件比较复杂，双方争议点较多或者互不退让，短时间内不能达成调解合意的,民警应采用适当的方式防止矛盾的进一步激化。

无论是一般程序还是简易程序,都应由法律法规作出明文规定,赋予当事人以程序正义,方便当事人对公安机关的调解行为进行监督,提高当事人对公安机关工作的满意度,最大限度发挥公安机关调解民事纠纷的效能。

13. 公安机关民事纠纷调解效力规定

在构建公安机关调解民事纠纷机制的过程中,绕不开对公安机关调解民事纠纷效力的规定,只有确定了公安机关调解民事纠纷的效力,当事人才能更好地指引自身的行为。具有法律效力的调解协议不仅有利于保障双方当事人的利益,而且能够更好地树立公安机关的权威。

笔者认为,可以赋予公安机关制作的调解协议以合同的效力,此调解协议不具有强制执行力。我们构建法院工作人员进驻派出所机制,法官根据当事人的申请对协议进行效力确认,一经进驻派出所的法官确认,该协议具有与法院调解相同的效力,具有强制力。除非确有新的证据或理由出现,当事人不得随意不履行协议内容。这样的效力规定既不会对原有的纠纷调解体系造成冲击,不会削弱法院作为我国审判机关的地位或权威,也能对双方当事人产生适当的约束,使其不能在无正当理由的前提下随意反悔。之所以建议法院派工作人员进驻派出所,而不是由当事人到法院申请司法确认是出于两点考虑:其一,确立公安机关调解民事纠纷机制便于当事人,提高纠纷调解的速率,若仍坚持由当事人到法院申请司法确认,则当事人所需耗费的时间、精力要成倍增加。大部分当事人可能会出于避免麻烦的考虑放弃司法确认,导致一方当事人不履行或者不完全履行调解协议时,只能重新向法院起诉,相当于重复浪费司法资源,也起不到减轻法院缓解压力的目的。其二,由法院派遣专人进驻派出所,专门确认公安机关调解民事纠纷的效力,可以大大提高法院确认的速率,避免案件堆积。同时,法院在派遣工作人员的过程中,不需每个派出所派遣一名,只要保证每个公安分局设有一名即可。由专人确认调解协议的效力,也可以保障法院其他工作人员专心于诉讼案件,整体提高法院的工作效率和判案质量。

调解协议在制定过程中必须满足如下条件:第一,当事人之间完全自愿。调解协议的达成必须基于双方自愿,不能出现一方迫使另一方或者公安机关胁迫一方当事人的情形。第二,达成协议的双方要具有完全民事行为能力。只有具备完全民事行为能力的当事人才能合理、有效地处分自身的权益。第三,调解协议的内容符合法律、法规和不违背公序良俗。

14. 公安机关民事纠纷调解激励制度确定

警察调解民事纠纷激励机制的建立能很好地调动公安机关调解民事纠纷的积极性,使其在调解过程中更加积极、主动、耐心。对公安机关考核应当关注两点:一是在调解过程中当事人的自愿原则是否得到了充分的保障。二是要适当建立公安机关调解民事纠纷的回访制度,通过回访制度有效评估公安机关的工作,保障当事人之间没有就同一事实再次发生纠纷。在规定公安机关激励制度时,应将公民投诉信和信访件的数量列入考核指标。激励制度包括物质和精神奖励,如提供升职加分政策或给予现金奖励等。适当的激励,能够很好地提升民警工作的积极性和热情。将民事纠纷调解工作与民警自身利益与荣誉相挂钩,能够很好地提升民警工作的责任感,使调解工作更加严谨,调解机制的作用得到更大限度的发挥。

15. 公安机关民事纠纷调解监督制度确定

公安机关调解民事纠纷并非公安机关的个人行为,而是公安机关执法的一部分。规范的执法行为有利于提高民众对公安机关调解的信服度。故而,在建构公安机关民事纠纷调解制度中,应当建立监督制度,以保障实践中公安机关能够规范执法。监督的主体主要有:第一,上级公安机关。由于民事纠纷调解往往由派出所负责,故而,可以由上一级公安机关承担起监督的职能。上级公安机关可以通过查阅卷宗,随机回访等方式监督,此监督可以作为公安机关评选评优的指标之一。第二,法院工作人员的监督。该监督一方面会看调解协议的内容是否与国家法律的强制性规定相抵触,另一方面可以询问当事人是否是在完全自愿的情况下达成的协议。对于发现问题的,法院工作人员可以要求公安机关重新调解或者向当事人建议申请由法院进行调解。第三,群众的监督,主要指的是当事人的监督。当事人是调解活动中重要的参与人,也是整个调解过程的见证人。当事人对整个调解过程的感受是最直观、真实的。当事人在调解的过程中,如果发觉公安机关有不当行为,可以向民事调解室的主任反映或者向派出所的负责人反映。对监督制度加以明文规定,能更好地督促、引导公安机关的调解行为。笔者认为,为了使公安机关调解民事纠纷机制发挥更大的功效,可以将监督机制与激励奖惩制度挂钩,切实落实奖惩内容,使公安民警自觉、自愿规范自身行为,最大限度地发挥公安机关调解民事纠纷的社会效果。

16. 公安机关民事纠纷调解方法的确立

公安机关在调解民事纠纷的过程中,要十分重视调解方法与调解技巧的运用,避免僵化调解激化当事人之间的矛盾。由于每个案件都具有其特殊之处,公安机关在调解民事纠纷的过程中不能生拉硬拽,而是要根据案件的具体情况,制定最合适的调解方案。民警应对当事人的心理进行把握,若只是一味地把法律规定讲给当事人听,不但会引起当事人的反感,而且会影响民事案件调解的成功率。在调解的过程中,民警可以通过控制语言和语气包括声调、节奏等使当事人感到放松,进而掌握调解的节奏,方便调解的进行。

公安机关民警调解过程中要调整好自己的心态。在调研过程中,我们经常听到一些公安机关民警抱怨自己工作量大、压力大、经常值班等。公安机关民警每天都要与大量纠纷或者犯罪行为接触,而这些行为往往带有很大的负面思想,公安机关民警若不能及时调解好自己的心态,极易将负面情绪带入工作中。当事人在找到公安机关寻求帮助时,往往正处于情绪激动状态,若此时公安机关民警表现出不耐烦或者暴躁情绪,极易激发当事人的不满,甚至导致当事人将怒火转移到公安机关民警身上。公安机关民警在调解中要摆正自己的位置,端正心态,避免受当事人的愤怒情绪牵制和影响。

公安机关民警在调解过程中,除了应调节好自身情绪外,也需要通过调解方法的运用调节当事人的情绪。公安机关在调解民事纠纷过程中,面对的往往是处于极端情绪中的当事人。此时,为了保障调解的顺利进行,就需要公安机关民警安抚好当事人的情绪,使其逐步平静下来。在调解的过程中,公安机关民警应当不急不躁,耐心疏导,若当事人能够心平气和地进行交流,从极端、激动情绪中平静下来,往往调解就成功了一半。因为一个情绪暴怒、偏执或者认准自己道理的人是听不进去任何人劝说的。

公安机关民警在调解过程中可以采用如下方法稳定当事人的情绪:第一,暂时分离法。民警可以在不同的房间对当事人进行询问,让他们彼此避开对方,逐步冷静下来。民警在分别调解之后,若判定双方当事人的情绪已经基本稳定,可以进行沟通而非争吵时,可以再安排双方当事人到一起进行共同调解。第二,各自倾诉法。当事人之间产生争执,有时是因为其中存在不可调和的矛盾,有时仅仅是因为双方之间缺乏沟通,仅站在自己的立场上思考问题。当事人求助到公安机关,有时并不是需要公安机关替他们做出决定,而是需要一个场所表达自己的理由和观点。当事人在感受到自己的观点获得正视之后,很有可能真正互相理解。在这种情况下所做的沟通是高效率的沟通,当事人之间的矛盾很有可能因此说开,得到彻底的化解。

调解能够成功的关键还在于,民警在调解过程中能够准确地找到解决纠纷的平衡点,找到能使双方当事人都接受的利益平衡点。民警在这一过程中,可以参照以下步骤:第一,让双方当事人分别提出各自调解诉求。调解的最终目的在于双方当事人之间达成合意,因而公安机关在调解的过程中,不能无目的地调解、劝说、教育,而要有针对性地对双方加以引导,使其逐步达成合意。第二,劝导双方当事人换位思考。当事人之间之所以发生纠纷,除了少数当事人故意不讲理外,大多都是因为双方当事人视角不同,对同一问题有不同的感受,有不同的看法。在这种情况下,民警应尽量劝导双方当事人站在对方的角度重新看待整个事件,通过换位思考,加深对彼此立场的理解。调解纠纷过程中,换位思考往往能让当事人真切体会到对方的真实想法和感受,促使当事人互相体谅,互相礼让。第三,民警分别指出双方各自的不足。民警在民事纠纷调解中,应当依照法律法规、生活习惯、文明礼仪的要求向双方当事人分析案情,指出双方当事人行为中不足之处以及通常情况下应承担什么样的责任。当事人只有在认识到自身错误之后,才能真正地开始反思并重新看待纠纷。第四,公安机关提出调解建议。在这一阶段民警可以通过引用案例达到举一反三的目的。通过讲解过去处理过的真实案例,以案说法、以案说理,更利于当事人接受公安机关的调解意见,与对方当事人达成共识。如果案件涉及物品损失、医疗费用等赔偿问题,民警应以专业的态度详细讲解哪些费用可以算在损失赔偿范围之内,要什么证据证明损失的存在,这样有利于双方就赔偿问题达成一致,也能保障赔偿方自觉履行赔偿义务。

另外,公安机关调解纠纷,也要融入如下理念:第一,高效调解,速战速决。基层公安机关调解的民事纠纷,多是由一些小的冲突引起的,事情发生比较突然,对于这部分纠纷,公安机关在接到报警电话后,对于能够当场调解的应尽可能在现场调解,在当事人达成协议后,鼓励当事人当场履行。提高纠纷的解决速率,有利于避免纠纷向复杂化、严重化方向发展。第二,理法结合,动之以情,晓之以理。在调解的过程中,公安机关同样应当遵循“以事实为根据,以法律为准绳”的原则。但公安机关调解并不等同于法院判决,因而在调解过程中,无论是公安机关还是双方当事人都更多地将情感因素考虑在内。民警在调解过程中不能仅仅僵化说理,更要在情感上对双方当事人进行疏导,使其能够充分表达自己的观点,在这一基础上达成的和解协议不仅更为当事人所接受,同时也能起到修复双方破损的关系的作用,使双方当事人的关系回复到纠纷发生之前,达到和好如初的目的。

17. 公安机关民事纠纷调解培训机制的建立

随着国家法治进程的推进,民众对国家机关执法的要求越来越高,随着社会经济的发展,贫富差距日益加大,社会矛盾与冲突也越来越激烈。在这种背景下,提高政府工作人员的素质得到了普遍的认可和重视。

公安机关不仅应当熟练掌握刑事和治安法规,而且应不断提高自身的民事法律素质。这就需要公安机关掌握民事法律体系,熟悉法律法规的规定,具备运用民法知识分析问题的能力,因此,需要加强对公安机关法律素养的培训尤其民法素养的培训,如通过定期所长培训,使所长掌握最近的法律法规,加深对民事法律知识的理解,充分认识到民事法律知识的重要性。培训后,所长可以在本派出所内组织培训,这种层层推进的培训方法,能简化培训体系,提高培训效率,会取得良好的效果。

因此,在建构公安机关调解民事纠纷机制的过程中,应当建立起相应的培训机制,以不断提高公安机关的调解技能和法律水平。另外,派出所可以根据自身条件,从以下几种培训方法中选择,但不限于以下几种:

第一,与人民调解委员会和人民法院建立联系,加强不同调解机构之间的联系。派出所可以定期邀请人民调解员或者法官向公安机关讲解最近的法律知识;解析典型的民事案例;分享调解经验和技巧;解答公安机关在调解过程中遇到的难题。第二,与本地高校建立联系。派出所可以定期邀请法学教师开设讲座,就某一法律问题或者某部法律条文进行讲解。系统的学习更容易提高公安机关对法律知识的掌握水平尤其是《民法典》等相关民事法律知识的熟知。笔者认为,派出所也可以通过与高校沟通合作,设立在校法学专业学生实习基地。这样一方面可以通过接触大量民事调解案件提高在校学生的实践能力,有效帮助在校生将理论联系实践;另一方面,与法学专业学生一起工作,可以在潜移默化中提高公安机关理论水平,更好地督促民警学习,这样,未来培养的公安机关民警就具有了良好的民法素养,良性循环。第三,民事调解室可以定期组织交流会,由优秀调解员传授自身的调解技巧。在交流会上,彼此可以就自己遇到的难题进行交流,通过此种方式取长补短,共同进步。

公安机关的调解能力并不能通过一两次培训达到立竿见影的效果。派出所应当将培训机制常态化。通过定期组织公安机关培训,督促公安机关民警学习最近的法律法规和国家政策;通过交流学习,不断提高自身的调解技巧和沟通能力。只有这样,才能切实提高公安机关的调解成功率和速率,真正使公安机关调解民事纠纷机制成为我国“大调解”体系中的一员,发挥公安机关调解应有的效能。

# 专题七　经验荟萃篇

## 一、黑龙江东莱派出所的百家熟经验

黑龙江省哈尔滨市公安局的道外分局东莱街派出所，从1964年3月10日被黑龙江省委、省政府授予“革命化、群众化、战斗化派出所”荣誉称号以来，就以“警民鱼水情”和“百家熟”的先进事迹闻名于全国公安战线。东莱派出所像“一面永不褪色的红旗”飘扬在祖国北方，几代东莱民警延续着和百姓之间的深厚感情，在中国特色社会主义新时代，东莱人仍然守正出新，继续着他们为民服务的公安事业。

### （一）百家熟经验产生的背景

百家熟经验产生的时代背景，由于具体的经验产生时间是1958年，就和1946年哈尔滨市成立后以及中华人民共和国成立后的社会治安形势相关。

1946年建立的哈尔滨市公安局以及东莱派出所

哈尔滨市公安局。1945年10月14日，中共中央东北局派钟子云等到哈尔滨市成立滨江地区工作委员会，并亲自领导接管公安局的准备工作，24日，派周维斌等接管哈尔滨市公安局，周维斌为公安局局长，张晓岩、刘世范为分局局长。11月，中央派来的延安干部大队到哈尔滨市后，中共哈尔滨市委派王文科为公安局副局长，马亮为秘书长，白光为司法科长。之后，又派20余名干部进入哈尔滨市公安局，并组建两支武装警察队：一是特别警察队100余人（因成分复杂，在同年11月30日撤离哈尔滨市时解散）；二是公安大队100余人（撤离哈尔滨市时编入主力部队）。按照《雅尔塔协定》，于1945年11月17日，苏联驻哈红军司令部通知中共军政机构退出哈尔滨市。在这种形势下，中共哈尔滨市委决定让周维斌等人撤出市公安局,同年 12 月 12 日周维斌宣布辞职后,由无党派人士全广江(曾任伪肇东县协和会理事长)任公安局局长。马亮仍留在公安局任督察长,从事地下工作。

1946 年 4 月 28 日,东北民主联军第二次解放哈尔滨市,5 月 3 日,哈尔滨市政府成立。5 月 30 日,在国民党哈尔滨市警察局的基础上,建立哈尔滨市政府公安局,局长周维斌,副局长陈泊。下设督察处、秘书室、警务科(内设交通股)、治安科、司法科、外事科、侦缉大队、消防警察总队、警察训练所,辖东傅家、西傅家、道里、新阳、顾乡、南岗、马家、太平、香坊、松浦 10 个警务分局(后改称公安分局),辖 89 个派出所;各分局内设秘书、警务、外勤、治安、司法、行政、总务、外事股,交通驻在所和公安队警备班。为了彻底改造旧警察机构,建立新型的人民公安机关,同年 6 月 21 日,对部分机构进行调整。警务科改为总务科,治安科改为行政科,侦缉大队改为侦缉队(隶属司法科)、消防总队改为消防大队,警察训练所改为公安干部训练所(同年 9 月改为公安干部学校)。此后,又设置研究室、《公安报》编辑部、供给部、司法大队(隶属司法科)、公安大队(1947 年撤销)。8 月,撤销督察处,将研究室和总务科并到秘书室,恢复治安科,撤销外事科,外侨管理工作划归市政府外事科统一管理。11 月 18 日,哈尔滨市公安局改为哈尔滨特别市公安局,仍由东北行政委员会直接领导,局长周维斌,副局长陈泊。

1947 年 1 月 4 日,哈尔滨特别市公安局改称哈尔滨特别市政府公安局,7 月 3 日,哈尔滨特别市政府公安局改为哈尔滨特别市公安总局,总局长陈龙,副总局长黄华青、黄耕夫。设秘书室、治安科、司法科、公安干部学校、游民教养院、消防大队、执法大队等,后又增设社会调查科。市政府外事科撤销后,11 月,又成立外侨科。

1948 年 5 月,总局增设干部科,恢复总务科。7 月,增设北傅家分局。8 月,撤销执法大队,成立公安总队。11 月 2 日,黄华青任总局长,黄耕夫任副总局长。是月 14 日,哈尔滨特别市公安总局改称哈尔滨特别市公安局。15 日,市局直属的科级升格为处级建制。局内设秘书处、治安处、行政处、公安干部学校、消防大队、公安总队、游民教养院等。

1949 年 3 月 5 日,根据东北行政委员会关于取消特别市中的“特别”称谓的决定,哈尔滨特别市公安局改为哈尔滨市公安局。同年 4 月 21 日,又改称哈尔滨市人民政府公安局。5 月中旬,哈尔滨由东北行政委员会直辖市改为松江省辖市。6 月,王化成任局长。全市共有干警 2428 人。

东莱派出所。东莱派出所实际上的称呼应是东莱街派出所,简称东莱派出所。东莱街派出所隶属于黑龙江省哈尔滨市公安局道外分局,成立于 1946 年 8 月,位于哈尔滨市道外区承德广场地段。辖区内最早是道外区最大"商圈"。不到 1 平方公里的面积,至今仍聚集着陶瓷、建材、种业批发等各类大小商户近 500 家,户籍人口 25,000 余人,人流、车流、资金流集中。其也是公认的商贩多、低收入户多和治安灾难大的街区。东莱还有一个不为外人所知的历史渊源,这里的很多人是外地来哈人员,"闯关东"的山东东莱人居多,加上经商的人也比较多,形成了外来人口和流动人口较多的局面。因此,对辖区人口的管理和服务是摆在每个东莱派出所领导和民警的重要工作,尤其是新来的民警要学习"百家熟""警民鱼水情""拒腐蚀永不沾"这"三件传家宝"。多年来,东莱人始终坚守"三件传家宝",并在新时代为其赋予了更丰富的内涵、更饱满的为民情怀,"三件传家宝"历久弥新。

2019 年 11 月,东莱街派出所被公安部命名列入首批 100 个"枫桥式公安派出所"。

### (二)百家熟经验的内涵

"进百家门、认百家人、知百家情、办百家事",是老一辈东莱人关于"百家熟"的践行与诠释。老一辈东莱民警靠"脚板"走百家,保障百姓平安。从 20 世纪 50 年代的民警和群众"一帮一定点服务",60 年代的辖区群众婚丧嫁娶、贫困五保户等"四必到",70 年代的昼夜服务、登门服务代办服务等便民措施,80 年代的"向群众报告工作",一直到 90 年代的便民服务卡以及"一次办成事,二次送上门"的承诺,以各种方式实现"百家熟"的东莱派出所群众工作方式方法不断创新,有关经验不断被推广。新时代的东莱人,植入现代信息科技持续创新,用"脚板 + 科技"拉近警民关系,安全预警防控。

### (三)百家熟经验的意义

首先,"百家熟"是打开群众工作的新局面。百家熟始终是东莱民警的工作法宝,每一位新民警到"东莱",领导就会给他一个期限以熟悉管片情况,或三个月,或五个月。“百家熟”既是服务群众的“敲门砖”,也是做好管理和防范的基础,更是服务群众的良好途径。有个别年轻民警对“百家熟”概念认识不够深刻,但到东莱工作一段时间后很快便会深有体会,而且很快会身体力行。最初的“百家熟”是为适应民警对辖区信息采集、人口管理,尤其是一些重点关注人群,如重点人口、困难群众等进行管理而创设的经验,后来随着社会的发展、百姓的需求、公安工作的新内容、新发展等,“百家熟”的内涵和外延都发生了很大的变化。东莱的“百家熟”不仅仅是背户口簿,了解辖区人员基本情况,更是去与辖区群众互相认识并成为朋友。市局和分局考核的方式也发生了新变化,由抽卡考变成实地考;到民警的管片问民警认识不认识他们见的人,再问那人认识不认识管片民警;还有考敲门率,看你敲百姓家门的时候,人家给不给开门等。走进新时代,信息化、大数据逐步推广,“百家熟”依然是警察基础工作重要组成部分,常常在一些案件中凸显其是对“键对键”工作方式的必要的补充。“百家熟”是东莱民警的看家本事,“90 后”民警崔柏松用自己的方法习得这一看家本事,那就是“脚板 + 科技”。常住人口早熟记于心,流动人口就靠上班时走访,下班后蹲守。崔柏松说“看家本事不能丢,我们要用行动守护好人民给予东莱的荣誉!”

其次,“百家熟”可以增加民警的成就感。东莱派出所民警通过进百家门、认百家人、知百家情、办百家事,对这一传统都有了切身的体会,累是必然的,但累后收获的确是极大的成就感。历史上,他们入户走访都安排在 18 时 30 分至 20 时 30 分大多数居民下班回家的时间段,走访一趟既费体力又费嗓子,有时候一句话要重复无数遍。有民警说:“走访一次得 3 个小时,口干舌燥,腿直发抖,但看到万家灯火一片祥和,就非常有成就感。”曾经有一位外地大娘来所里办事,临走前说,“东莱民警就是不一样!”民警问:“大娘,东莱哪里不一样?”老人回答:“你们对老百姓特别客气,说话好听。”因此,民警由衷地说:“我觉得当警察的最大乐趣是可以帮助很多人,别的职业不会带给人这么深刻感受。每天为民服务大多是琐事,但我们经常能听到谢谢两字,得到群众感谢再苦再累也开心。”

再次,可以在走访中发现治安隐患、纠纷矛盾,并利用社会治安积极因素,积极调动群众的治安积极性,将问题和矛盾解决在萌芽状态,从而避免酿成大的治安事件和刑事案件。这也是近年来时有发生的极端个案暴露出的问题。

归根结底,民警多走访群众,多和群众在一起,警民之间无障碍沟通,可以为群众问题的发现和解决提供便利的条件,也可以将矛盾和纠纷解决在萌芽状态,有利于社会秩序的安宁和社会的稳定。东莱群众主动向民警反映可疑的人或事,工作、生活中的大事小情也都愿意和民警聊聊。2012 年,一个逃犯在 2 小时内就被抓获。东莱民警先后破获重特大案件 140 余起,抓获各类违法犯罪嫌疑人 350 名,其中网上逃犯 240 名,始终在市局和分局名列前茅,并涌现出仲光波、徐远涛等闻名全国的追逃能手。

最后,“百家熟”可以密切警民关系。过去,东莱派出所民警在群众来办理农转非户口时,他们没让群众感到有半个“难”字;下岗职工生活困难,他们积极为他们谋求就业之路;孤寡老人生活起居不便,他们就坚持常年照顾。如果群众来派出所办理户口证件,他们一次办不成事,二次就送上门,不让群众再跑第二趟。东莱爱民、为民的实际行为,深深教育和感染了广大群众,他们都把东莱派出所看成自己的东莱。遇有严打战役,居民主动提供线索;遇有加班加点,群众自发送来夜餐。春节值班民警还能吃上热心大妈送上的水饺。2013 年 9 月,东莱派出所推出了新版的“警民联系卡”。重新制作的卡片上多了一个微信二维码,民警通过个人和官方微信,可以及时向百姓发布警情和安全常识。微信成了东莱街道警民之间新沟通渠道,民警们纷纷走进辖区居民“朋友圈”,在走访中,听其声、观其色、察其言,及时发现群众中的问题,了解群众的心声,及时解决群众中的问题,从而拉近与群众的距离,密切警民关系。

进入新时代,大力弘扬“东莱精神”,全面加强派出所能力建设,深入实施“三年行动计划”,要抓好抓实实战大练兵工作,切实提高派出所矛盾化解能力、处警办案能力、群众工作能力,努力实现“基础牢、出事少、治安好、党和人民满意”的派出所工作目标;要始终坚持做精机关、做优警种、做强基层、做实基础,以全面深化公安改革为动力,大力推动重心下移、警力下沉、保障下倾;要不断加强和改进公安派出所思想政治工作,强化理论武装和党建引领,借助互联网大数据创新思想政治工作方法,健全完善工作机制;要大力宣传公安派出所队伍中的先进典型,用足用好表彰奖励政策,激励基层一线民警担当作为;要进一步加强政工干部队伍建设,明确政工干部职责定位,不断提升政治工作能力素质;要切实把派出所工作作为“一把手”工程、系统工程、“希望工程”来抓,充分发挥各级公安机关加强派出所工作领导小组的领导作用,为履行好使命任务提供坚强思想、组织保证,不断开创派出所工作新局面。

## 二、浙江诸暨的枫桥经验及警务模式创新①

### (一)枫桥经验的历史

#### 1. 枫桥经验的产生

(1)宏观背景。枫桥经验诞生于20世纪60年代,其诞生的宏观历史背景其实应当追溯到中华人民共和国刚刚成立时期,当时开始提出探索社会主义建设规律的问题。由于可资借鉴的社会主义国家的经验不多,唯一值得借鉴的是苏联的经验,但是两国由于历史、经济、文化等的不同,因此全面借鉴的意义不大。在不断探索社会主义的伟大实践中,1956年毛泽东同志发表了著名的《论十大关系》,是关于社会主义建设的重要理论,较为详细地解读了当时社会存在的现实关系和需要解决的现实问题。也就是在1956年中国宣布初步建成社会主义基本制度。但新生的国家依然面临着很多问题,诸如周边安全问题、内部不安定因素,如中苏、中印的边境冲突;盘踞于我国台湾地区的国民党妄想反攻大陆。国内的反动势力遥相呼应,企图“反攻倒算”。在这个阶段国内政治生活中还搞了大跃进、人民公社等。从1960年开始的三年自然灾害也对新生的政权构成了不利的影响。在这样的宏观背景下,摆在国家面前的一个重要的任务是开展社会主义教育运动(以下简称社教运动,共有四次),社教运动主要是指中华人民共和国成立后直到1978年我国政治生活中特别是农村政治、经济生活中的一个重要内容。广义的社教运动,可以包括中华人民共和国成立后至1978年前在农村开展的多数政治运动。当时,开展的社教运动被看成清除资本主义自发势力影响、改进干部作风的重要手段,是推进我国农业集体化、现代化的重要动力和政治保证。由于中华人民共和国成立后,根据不同时期的中心任务,党一直把对农民进行社会主义教育看成一项基本的重要工作。不断地用社会主义的思想教育农民,不断对提高农民群众的政治觉悟和爱国热情,这应当是我们一项经常工作。这项教育运动最早发端于河北,后在浙江光大。1962年9月,在中共中央召开的党的八届十中全会上,按照毛泽东主席的意见,党中央

---

① 王世卿、杨叶峰:《枫桥经验:历史、价值与警务模式创新实践》,载《中国人民公安大学学报(社会科学版)》2018年第6期。

决定在城乡发动一次普遍的以社会主义教育为主要形式的阶级斗争运动。1963 年 5 月，毛泽东表示，这次社教运动，是一次伟大的革命运动。杭州会议起草关于社教运动的纲领文件《关于目前农村工作中若干问题的决定》，提出要把绝大多数"四类分子"改造成社会主义新人的任务。中央决定：除行凶报复、杀人、抢劫、放火、投毒等民愤很大的现行犯必须立即逮捕法办外，对有破坏活动的"四类分子"基本实行"一个不杀、大部不捉"的方针。实际上早在 1949 年 5 月，在诸暨县农业合作化后，枫桥人民就建立了"集体承包，专人负责，大家监督"，随后治保会建立四类分子档案等监督改造制度，创立了依靠群众监督改造"四类分子"的良好工作基础。1950 年 6 月 28 日，中央人民政府委员会第八次会议通过了《土地改革法》，1950 年 8 月 4 日，政务院第四十四次政务会议通过了《关于划分农村阶级成分的决定》，据此历时三年才完成了土改工作，划定了阶级成分，将地主分子、富农分子、反革命分子和坏分子列为革命的敌人，打击对象，1957 年之后将他们合称为"四类分子"。由公安派出所协助治保委员会对"四类分子"建立汇报、义务劳动等评审制度，每年对"四类分子"表现进行鉴定。①

（2）微观背景，即关于枫桥具体落实社教的情况。社教工作组进驻枫桥区进行试点的 7 个公社有 6.5 万人，有四类分子 911 人，其中，实施严重破坏活动的有 613 人，群众要求逮捕的有 45 人。社教工作组进驻枫桥后，引导大家围绕讨论对四类分子的改造"文斗""武斗"哪个好？多数人认为"武斗斗皮肉，外焦里不熟"；"文斗摆事实，讲道理，以理服人"。结果选择了文斗，没有打人，也没有逮捕人，创造出了"少捕，矛盾不上交，依靠群众，以说理斗争的形式把绝大多数四类分子改造成为新人"的经验。公安部实地考察调研，了解到枫桥区对敌斗争的经验好，认为这是一个有说服力的典型，对全国具有普遍的指导意义。于是当时的公安部部长把准备在第二届全国人民代表大会第四次会议上发言的题目为《依靠群众，加强人民民主专政，把反动势力中的绝大多数改造成新人》的发言稿上报毛主席。毛主席批示："这就叫矛盾不上交，就地解决。"并指

---

① 建立"四类分子"戴帽与摘帽的评审制度，以确定和转换他们的身份，一个人的政治身份决定他在社会上的命运。戴上了"四类分子"的帽子，其政治身份就是阶级敌人，就成为无产阶级专政的对象，就要被剥夺公民权，接受管制或者监督改造。所以，"四类分子"千方百计地争取摘帽。

示公安部要好好总结,回答两个问题:一是群众是怎么懂得这样做的;二是依靠群众办事是个好办法。汪东兴(副部长担任警卫工作陪同在杭州)转述毛主席的话:从诸暨的经验看,群众起来之后,做的并不比你们差,并不比你们弱,你们不要忘记动员群众。群众工作做好了,还可以减少反革命案件,减少刑事犯罪案件。诸暨县的经验要好好总结一下,整理一个材料,先发这个发言,后发诸暨的,材料要短一点,长了没人看,短了就有人看。你们要经常蹲点,做这种工作。1964 年 1 月,中共中央下发《关于依靠群众力量,加强人民民主专政,把绝大多数四类分子改造成新人的指示》,"枫桥经验"在全国推广。

总体上看,是毛泽东思想催生了枫桥经验,习近平新时代中国特色社会主义思想孕育了新时代的枫桥经验。

2. 枫桥经验的创新发展

(1)"文化大革命"后枫桥经验恢复时期。"文化大革命"后,枫桥经验开始恢复和创新,枫桥人实事求是地进行相关政策界定,对"四类分子"的教育改造提出了"三个区别"。第一,要把确实失去劳动能力,同"抗拒劳动改造"严格区别开来。比如,对确实年龄比较大、失去劳动能力的"四类分子"进行摘帽。第二,要把对集体生产提合理化建议或对损害集体利益的行为提意见,同"乱说乱动""不服管教"严格区别开来。第三,要把家里有人违法犯罪同怂恿、包庇严格区别开来。决不搞"豆腐萝卜一锅烩"①。枫桥人还总结了"四类分子"摘帽的经验,提出了"凡在十年动乱时期,没有跳出来搞捣乱,没有违法犯罪"的"四类分子"都给摘帽。20 世纪 70 年代末,枫桥镇依靠群众率先开展对"四类分子"评审摘帽,对推动全国开展"四类分子"评审摘帽工作发挥了重要作用。时任公安部部长赵苍璧在第三次全国治安工作会议讲话中高度评价了枫桥经验在这个时期的恢复和新发展。

在这个过程中还涌现了群众工作的典型代表,"目不识丁"的村干部,枫溪村党支部书记兼治保主任陈友堂,后成为第五届全国人大代表。他冒着坐牢的风险,一心要给村里已改造好的"四类分子"摘帽子,他创造了六个第一。第一个提出批斗会上让"四类分子"坐着批斗;第一个敢于到县里说理,把被捕的"四类分子"要回来教育改造;第一个敢于使用"四类分子"当植保员;第一个敢于让

① 许根贤:《枫江红叶:枫桥经验产生和发展纪实》,群众出版社 2004 年版。

表现好的“四类分子”子女入团；第一个敢于让表现好的“四类分子”子女当干部；第一个敢于让表现好的“四类分子”子女参军。

（2）改革开放后，尤其是从20世纪90年代开始，枫桥人创造性地发展了枫桥经验，提出了“综合治理”的理念。随着我国改革开放政策的全面推广，市场经济建立，人口流动增多，各种思潮涌动，新旧价值观激烈碰撞，随之而来的是违法犯罪的增多，尤其是青少年违法犯罪的比例增多，对青少年的违法犯罪问题如何治理成为摆在政府、社会、家庭、学校和公安机关面前的大事。枫桥人民结合枫桥经验实时创新，针对青少年的违法犯罪特点，提出了综合治理这样的理念，后在全国五大城市治安会议上得以推广，进而发展为社会治安综合治理的方针。1993年，中央政法委、公安部、浙江省有关领导在诸暨召开枫桥经验30周年纪念大会，在这次会议上，枫桥经验是作为社会治安综合治理的典范而被加以推广。

（3）21世纪新时期枫桥经验进入“老三不”时代。由于全面市场经济的逐步开展，国家发展速度也进入“快车道”，很多流动人口从流出地到流入地要跨大半个中国，跨越多个省份，如何对这些人进行及时的跟进服务，成了当时警务工作的重要着力点。枫桥人民实时的提出了“小事不出村，大事不出镇，矛盾不上交”的“老三不”经验。

（4）新时代，枫桥经验进入“新三不”时代。党中央在《中共中央关于全面深化改革若干重大问题的决定》中，首次提出了“创新社会治理体制”“全面推进平安中国建设”等新命题。尤其是加强社会治理体系建设和提高社会治理能力的新命题，给枫桥经验的创新发展提供了动力支持。2013年10月，习近平总书记就坚持和发展“枫桥经验”作出重要指示，强调各级党委和政府要充分认识“枫桥经验”的重大意义，发扬优良作风，适应时代要求，创新群众工作方法，善于运用法治思维和法治方式解决涉及群众切身利益的矛盾和问题，把“枫桥经验”坚持好、发展好，把党的群众路线坚持好、贯彻好。[①] 枫桥经验实时结合新时代的特点创新发展了“新三不”：“矛盾不上交 平安不出事 服务不缺位”。矛盾不上交是枫桥经验的初心和本意，集中反映了毛泽东同志关于依靠群众的思

---

① 《习近平：把“枫桥经验”坚持好、发展好 把党的群众路线坚持好、贯彻好》，载《人民日报》2013年10月12日，第1版。

想。不管时代如何发展,“枫桥经验”的基本精神没有变。依靠群众就地化解风险,做到矛盾不上交,依然是枫桥经验的“基本内涵”。平安不出事是新时代枫桥经验最鲜明的标志,集中反映了关于平安建设的思想。小康社会首先是平安社会。平安不出事即平安无事,这是千百年来人类孜孜以求的梦想,是新时代“枫桥经验”的本质要求。服务不缺位是新时代枫桥经验的重要特征,集中反映了以人民为中心的发展思想。服务不缺位既是现代政府的本位,又是赢得民心、实现社会和谐的金钥匙,是新时代“枫桥经验”的价值追求。

### (二)枫桥经验的内涵及创新价值

1. 内涵

中国“枫桥经验”的内涵随着社会变迁、人民需要及枫桥当地人的不断创新、发展和丰富,经历了社会主义建设时期“捕人少、治安好、矛盾不上交”、新时期“小事不出村、大事不出镇、矛盾不上交”的“老三不”和新时代“矛盾不上交、平安不出事、服务不缺位”的“新三不”三大历史阶段,“枫桥经验”已经成为中国社会治安治理的重要品牌。

2. 创新价值

1963 年诞生的“枫桥经验”,形成于社会主义建设时期,发展于改革开放新时期,创新于中国特色社会主义新时代,经历了从社会管制到社会管理再到社会治理经验的两次历史性飞跃,展现出历久弥新的魅力。新时代我们学习枫桥经验,其历久弥新的原因和创新价值何在?

(1)党建引领聚民心:党的领导。1962 年 9 月,在中共中央召开的八届十中全会上,按照毛泽东主席的意见,党中央决定在城乡发动一次普遍的以社会主义教育为主要形式的阶级斗争运动。枫桥经验首先是在党中央的统领下,经过枫桥人民的不断探索得来的,后经过公安部的助推,缘起于公安部的蹲点调研,将其推送到毛主席的案前,经过毛泽东的批示,最后枫桥经验在全国推广。新时代,枫桥人在历年经验创新发展的基础上,又总结了新时代的新做法:“枫叶红大地,党建聚人心。枫桥镇以创建‘红枫党建’品牌为载体,打造服务型党组织,选好村党支部书记,建强党支部,支部书记和村主任分别担任治保、调解委员会主任,压实村级治理第一责任;聚焦社会组织党建新领域,做到基层党组织全覆盖;运用好党员亮分、亮牌、亮业绩‘三亮’载体,发挥党员先锋模范作用,让每位党员成为一片红叶,让每一个支部成为一树红枫,让枫桥党组织成为一片红枫林,全面提升基层党组织的向心力、凝聚力和号召力。”这一做法成为当前学习枫桥经验的最重要的内容。“枫桥经验”之所以充满生机和活力,最根本的原因就在于把党的领导落实到基层,使党组织成为基层社会治理的“领头雁”。

(2)以人民为中心观:民意导向。党的十九大报告明确指出新时代我国社会主要矛盾是人民日益增长的美好生活需要和不平衡不充分的发展之间的矛盾,必须坚持以人民为中心的发展思想。人民是历史的创造者,是决定党和国家前途命运的根本力量。必须坚持人民主体地位,坚持立党为公、执政为民,践行全心全意为人民服务的根本宗旨,把党的群众路线贯彻到治国理政全部活动之中,把人民对美好生活的向往作为奋斗目标,依靠人民创造历史伟业。“枫桥经验”从诞生那天起,一路走来,为了人民、依靠人民是其永恒的生命线,也是其创新发展的基本点。从创造出了“少捕,矛盾不上交,依靠群众,以说理斗争的形式把绝大多数四类分子改造成为新人”的诞生经验开始坚持从人民的意愿出发到今天枫桥经验的许多“从人民意愿出发”的新做法依然是加强基层社会治理的重要抓手和可资借鉴的经验。

(3)矛盾化解在萌芽:预警预防。我国台湾地区学者李士桢在对警察两字的解释中就明确警察乃“警之于先,察之于后”,“警之于先”就是“预警预防”。1829年罗伯特·比尔在伦敦所建立的大都市警察标志着近代警察的诞生,成为各国建立近代警察的标杆。在《大都市警察法案》中也明确提出预防犯罪是最首要的任务。枫桥经验贯穿始终的一条主线是“矛盾不上交”。1963年,枫桥镇诞生的枫桥经验是“发动和依靠群众,坚持矛盾不上交,就地解决;实现不人少,治安好”。1964年枫桥经验在全国推广后,当年全国社会治安特别好,捕人最少。新时期发展枫桥经验,提出的“三不”内容是“小事不出村,大事不出镇,矛盾不上交”。新时代提出的新“三不”是“矛盾不上交,平安不出事,服务不缺位”。中央政法委2018年11月12日会议明确,把社会治理的着眼点放到前置防线、前瞻治理、前端控制、前期处置上来,提高预测预警预防能力,最大限度把各类风险防范在源头、化解在基层、消灭在萌芽状态。

(4)摘帽和评估制度:三治融和。标签理论(Labeling theory)是以社会学家莱默特和贝克尔的理论为基础而形成的一种社会工作理论。这种理论认为每个人都有“初级越轨”，但只有被贴上“标签”的初级越轨者才有可能走上“越轨生涯”。一个人被贴上“标签”，是与周围环境中的社会成员对他及其行为的定义过程或标定过程密切相关的。因此，社会工作的一个重要任务就是要通过一种重新定义或标定的过程来使那些原来被认为是有问题的人恢复为“正常人”。枫桥镇在开展教育运动中，按照中央决定，除行凶报复、杀人、抢劫、放火、投毒等民愤很大的现行犯必须立即逮捕法办外，对有破坏活动的“四类分子”基本实行“一个不杀、大部不捉”的方针，针对“四类分子”进行监督、改造，将绝大多数“四类分子”改造成社会主义的人民，化消极因素为积极因素。尤其是在“文革及其恢复”阶段，明确政策界限，提出了“三个区别”：要把确实失去劳动能力，同“抗拒劳动改造”严格区别开来。要把对集体生产提合理化建议或对损害集体利益的行为提意见，同“乱说乱动”“不服管教”严格区别开来。要把家里有人违法犯罪同怂恿、包庇严格区别开来，决不搞“豆腐萝卜一锅烩”。其后又总结了给“四类分子”摘帽子经验，提出“两个没有”标准：凡在“十年动乱”时期，没有跳出来搞捣乱，没有违法犯罪活动，就可以认定他们已改造好，给摘掉帽子。摘多少，不受比例限制，实事求是，能摘多少就摘多少。简称为老实守法，接受改造，不干坏事。在全国率先给“四类分子”评审摘帽，为1979年党中央在全国开展“四类分子”摘帽工作提供经验。回望历史，在那样的时代，也只有枫桥群众能够集中群众的智慧创造了为“四类分子”进行评估并最终摘帽的经验。这是枫桥的“揭标签”实践，也是“三治”的雏形：德治是源于枫桥人的丰厚的历史文化底蕴；法治是基于党中央的大政方针和当时的相关法律法规；自治是基于枫桥镇的群众自治基础。

2013年习近平总书记对坚持发展“枫桥经验”作出指示，指出要通过“创新群众工作方法”和“善于运用法治思维和法治方式”解决涉及群众切身利益的矛盾和问题。法治指法律主治。法治不仅指遵守法律条文，它更重要的是指体现法治精神的一整套规则体系。在基层社会治理中，自治主要是指社区的自治，“尊重群众主体地位，积极探索人民群众当家作主、民主协商、广泛参与的村级自治新模式，做到百姓的事由百姓商量办，大家的事让大家一起办，村里的事照村规民约办，干部的事在群众监督下办”。基层社会治理中德治的德，是现代意义上与法治精神相契合的新道德。现代德治及其所凭依的道德是一个权利和义务对等的概念，其目标是形成现代社会秩序。新时代的社区治理需要积极开展自治、法治、德治“三治融合”的示范社区建设工作，要坚持以自治为基础、法治为保障、德治为先导，加强智能化建设，优化基层社会治理体系，提高社会治理社会化、法治化、智能化、专业化水平。

（5）首创群防群治观：夯实基层。1949 年 5 月，在诸暨县农业合作化后，枫桥人民就建立了“集体承包，专人负责，大家监督”，随后治保会建立“四类分子”档案等监督改造制度，创立了依靠群众监督改造“四类分子”的良好工作基础。后公安派出所协助治保委员会对“四类分子”建立汇报、义务劳动等评审制度，每年对“四类分子”表现进行鉴定。到改革开放时期，枫桥针对青少年犯罪的治理，率先在全国提出了“综合治理”，成为全国群防群治的典范。指导今天枫桥群防群治“平安类”社会组织达到 29 家，尤其以“枫桥大妈”“枫桥义警”最为典型。诸暨市还建立了诸暨义警总会，极大地壮大了义警的力量。党的十九届五中全会文件中明确，要“正确处理新形势下人民内部矛盾，坚持和发展新时代‘枫桥经验’，畅通和规范群众诉求表达、利益协调、权益保障通道，完善信访制度，完善各类调解联动工作体系，构建源头防控、排查梳理、纠纷化解、应急处置的社会矛盾综合治理机制”。基层公安干部和民警要增强危机意识和风险意识，创新基层社会治理方式，综合多种手段，尤其要突出党委政府在基层矛盾多元化解决机制中的领导作用、统筹作用、保障作用，突出法律在基层矛盾多元化解决机制中的保障作用，突出多元主体中的群防群治力量的广泛参与作用，建立党委政府统一领导下各部门协同治理的基层矛盾多元化解综合治理机制，注重人民内部矛盾纠纷的早发现、早控制、早解决，将问题、纠纷和矛盾化解在萌芽状态、解决在基层。

### （三）枫桥社区警务模式创新与实践

中共中央、国务院印发《关于加强和完善城乡社区治理的意见》，提出“城乡社区治理事关党和国家大政方针贯彻落实，事关居民群众切身利益，事关城乡基层和谐稳定”。社区警务是社区治理的重要组成部分，在基层社区治理中发挥着重要的职能作用。新时代如何在学习借鉴枫桥经验的前提下，辅以大数据、标杆理念，从而创新社区警务是当前的一个重要课题。这里主要从树立大数据、标杆理念，主动服务；构建民意导向警务新模式；落实任务，增强基层公安工作新能力；实施新五小工程，满足广大人民群众新需求四个方面对社区警务的创新实践展开论述。

1. 树立大数据、标杆理念[①]，主动为民服务。互联网时代，学习枫桥经验，就是要继承传统，“传统 + 科技”，“面对面 + 键对键”，才能使传统工作如虎添翼，才能使公安工作增加主动性、超前性。

（1）大数据理念。大数据理论指充分利用现代化信息工具以及调查问卷等多种方式收集数据，辅助互联网工具提高数据样本覆盖和分析精准度，运用现代统计学量化分析方法，对数据进行综合分析、比较和解释，找准问题、预测规律，为决策找到方向和依据的工作方法。数据理念与经验理念相对，与拍脑袋决策相向而动。耶鲁大学经济学家伊恩 · 艾瑞斯指出：人类总是过于高估自己的直觉，而很少去倾听身边数字所发出的声音，要避免由直觉和经验主导决策，就要运用数据思维主导进行优质、科学的决策。[②] 在全面推进国家治理体系和治理能力现代化的要求下，更需要公安机关变革传统决策范式，由传统被动、慢速、静态的方式转变为主动、快速、动态的方式，积极运用数据思维，找到问题所在或聚焦问题的主要方面，从而集中资源、力量并投放以获取最大成效，重大决策做到有理有据并更让人信服。如今，世界各地的顶级公司都是数据驱动型组织（使用数据来决定他们的业务），他们在行业领先的原因是他们将重点转移到数据而不是依靠商业头脑比对手更有战略优势。

（2）标杆理念。标杆理念即通过不断寻找，学习和借鉴先进地区、先进企业和先进国家的理念、方法、模式、流程等，找到解决问题的最佳方法，最终实现自身的进步和超越。在当前大数据、信息化时代，我们面临社会主要矛盾变化给公安工作带来的挑战，领导与新目标、新情况相适应的本领不够，民警适应人民群众新需求的能力不够，公安机关运用新技术、新手段的水平不够等。我们现在所遇到的问题，在先进地区、先进企业，也已经有了成熟的解决方案，用标杆思维可省去独自摸索、反复试错的代价，起到事半功倍的效果，让每个问题都有许多不同的最佳的解决方法，防止思维僵化、惯性思维，从而不再坐井观天，闭门造车，达到取长补短、见贤思齐、博采众长、吸收借鉴、追求卓越的目的。

（3）主动服务。从警务发展的轨迹可以看到，过去某些公安机关、某些警察

---

① 江西萍乡公安工作资料汇编，2018 年 9 月。

② ［美］伊恩 · 艾瑞斯：《大数据思维与决策》，宫相真译，人民邮电出版社 2014 年版。

人员没有很好地贯彻枫桥经验，或者说也没有很好地落实党的群众路线，被动的工作状态，造成问题层层积压，矛盾层层上交，导致群体上访，从而信访、接访的通道拥堵，表面的局长、厅长接访日的“繁荣”，背后隐含的是“矛盾上交”的大问题。建立在新时代的大数据大标杆基础上的主动服务，就是要以数据作为引领，作为决策的指导，并借鉴先进地区的经验，以标杆为榜样，从而前置警务和服务，更好地完成公安工作为社会主义建设事业保驾护航的任务。

2. 构建民意导向警务新模式①

进入新时代，枫桥派出所始终坚持“警务围着民意转、民警围着百姓转”两个工作理念，着力构建民意导向警务新模式。一是警务融入百姓。枫桥派出所实行“一室二队”（综合室、办案队、社区队）的派出所勤务模式，社区队配套枫桥镇三个驻村分中心设置三个警务站，实现警政联动、警务前移，在 29 个行政村均建立警务工作点，真正做到把派出所建到群众家门口。在此基础上，配备 16 名专职社区民警，把 60% 的警力下沉到社区，并且配备 35 名辅警协助社区民警开展服务群众、做实基层基础和矛盾纠纷化解工作。同时提出“争当邻家好警察”要求，所领导班子建立了“分管警务站、联系行政村、挂钩社会组织”的工作制度；警务站实施 24 小时勤务，做到群众办事有人，群众需求有应，群众遇难能帮；社区民警推行“错时错班”式勤务，做到“群众上班我巡防、群众休息我上岗”。二是决策服从民意。2017 年至 2018 年 10 月，枫桥派出所梳理出组织建设、社区稳定、要素管控、矛盾化解、线索排查等十个方面内容，组织社区民警下村入户开展常态化“十访十清”大走访活动，民警每周走访辖区群众 20 户以上，做到用脚步走透枫桥，用真心摸透民意，以大走访夯实基层基础。全所民警共走访社区居民 12,388 户，处理各类问题 327 起（件），有效实现了基层基础工作“边访边清”，群众称赞“民警来村里连狗都不叫了”。枫桥派出所在坚持常态化大走访活动的同时，定期开展以“议安全防范、议矛盾调处、议案件办理、议法治宣传、议警务监督、创平安社区”为主题的“五议一创”平安议事活动，让最了解情况的群众提意见，让最有发言权的群众议平安。派出所还借助微信平台大力开展微信警务工作，分别开通枫桥派出所微信公众号和组建社区民警微信警务室，有效搭建了网上警民连心桥。通过举办“五议一创”议事活动和微信警

① 来自 2018 年 10 月枫桥派出所调研资料。

务共征求解决各类建议问题 521 条，为警务决策提供依据。三是机制化落实民意。从 2017 年开始，枫桥派出所要求社区民警围绕月度工作、季度平安、年度责任“三张清单”对标作业，并建立起抽样回访制度，主要针对民警纪律、工作作风、服务态度等方面每周实行电话回访，确保警务行为受群众监督。2017 年，派出所在 1550 次抽样电话回访中，群众对民警的工作满意率平均达到 99.6% 以上，实现了群众对警务工作的“零”投诉。

**3. 落实任务，增强基层公安工作新能力**

走进新时代，枫桥派出所坚持创新“枫桥经验”和创建“平安枫桥”双向驱动，努力做到“矛盾不上交、平安不出事、服务不缺位”。一是多元化解决矛盾。枫桥派出所积极当好党委政府参谋，完善村级主职领导兼任治保、调解主任制度，协同检察机关、人民法院、司法机构建立起 128 人组成的调解志愿者协会，下设 13 个专业(行业)调解分会，形成覆盖全域的人民调解、司法调解、行政调解“三调联动”网络；派出所指导社会组织参与多元调解，“红枫义警”“枫桥大妈”等成为多元调解体系新生力量。枫桥派出所建立完善所领导、警务站长、社区民警三级责任调解机制，开展矛盾纠纷分类调处；派出所还配设“老杨调解车”，实行基础调解和联动调解有机结合。2013 年至 2017 年，全镇矛盾纠纷总量从最高年的 1064 起减少到 680 起，年均下降 13.2%。其中“老杨调解中心”调解矛盾纠纷 1125 起，成功率达 97%，涉案兑现金额达 5100 余万元，满意率和兑现率均达到 100%。二是全时空守护平安。枫桥派出所抓住“平安特色小镇”创建契机，全力构建“基础 + 网格”“传统 + 科技”“专业 + 智慧”的平安创建新格局。派出所把社区警务工作主动融入四个平台，整合网格员力量，由社区民警兼任网格警长负责本网格内的综合治理工作。派出所大力推进“雪亮工程”建设，在全镇布设 725 个高清监控，并增设全景高位球机 5 只，高清球机 20 只，改造原有电子监控 100 个。加强 RFID 射频、人脸识别等物联网技术应用，在主要卡口、村庄入口、学校门口安装 201 套识别器，在 13 个学校发放芯片学生卡 11,500 余张，初步建成智慧防控系统。2013 年至 2017 年，全镇刑事发案由 331 起下降到 133 起，四年下降 60%，年均下降 20.4%。三是零距离服务群众。枫桥派出所按照“点面结合、放沉结合、代送结合”的思路，不断创新“零距离”服务群众模式。派出所服务窗口与镇行政服务中心实施合署办公，128 项公安业务可在服务窗口一次办理。在警务站设立 24 小时警务自助服务区，方便群众随时办理常规证件。依托29个村级服务中心设立公安代办点，由社区民警提供5大类58项警务的预约、代办、上门等服务，切实做到一网办，让群众更省心；就地办，让群众更省力；马上办，让群众更省时；一次办，让群众更省劲。

4. 实施新五小工程，满足广大人民群众新需求

走进新时代，枫桥派出所牢固树立“群众需求就是我们最大追求”的思想，全面实施以服务群众为主题的新“五小工程”。一是坚持破小案。枫桥社会治安良好，枫桥派出所结合辖区实际，把事关群众切身利益的小案件作为工作重点，把多破小案多追赃作为民心所向纳入民警绩效考核。2017年，共破刑事、治安行政等各类案件387起，帮助群众挽回损失127万元，为枫桥镇创建平安浙江特色小镇起到了基础支撑作用。二是坚持办小事。枫桥派出所结合日常工作，推出以“发好小卡片、搞好小研判、讲好小案例、当好小律师”等十个方面内容为主题的“十小十好”警务竞赛，鼓励民警多做警务小事，用小警务保障大民生，推动大平安。2017年共整理社区民警群众工作小故事102篇，这些温情小故事，件件显现出群众利益无小事的为民情怀。三是坚持解小忧。枫桥派出所想群众所想，急群众所急，密切关注消防隐患、邪教渗透、黑恶势力等破坏安定有序社会环境、影响人民群众小康生活的各类问题，及时开展防范宣传、专项整治、依法打击等行动。特别是针对农村居住出租房屋管理一直以来存在消防安全隐患多、流动人口管理难的特点，创新开展“红枫居”管理模式，有效破解了居住出租房屋的管理难题，已成为一项暖心工程，得到群众的一致好评。四是坚持帮小忙。枫桥派出所成立“雷厉枫行”志愿服务团队，积极开展各类志愿活动，攀亲结对送温暖，慷慨解囊送爱心……如制作爱心手环防止老人丢失、给留守儿童送发学习用品、给行动困难的群众上门拍照送证等。2017年至2018年10月，枫桥派出所“雷厉枫行”志愿服务团队开展寻找走失老人、送证上门、野外抢险、事故救援等活动139次，以帮忙不添乱彰显了枫桥民警的真情大爱。五是坚持惠小利。社会组织的蓬勃发展为枫桥注入了新的活力。枫桥派出所充分调动各个社会组织参与惠民活动，让惠民活动“从群众中来，到群众中去”。例如，“红枫义警”等平安类社会组织，每天坚持义务巡逻，已成为心系平安的枫桥“新警力”；“枫桥大妈”及时介入反家暴维权、孝文化研究会开展敬老爱亲活动，还有枫桥义工联合会每月定期两次在枫桥各行政村轮流循环开展上门服务活动，帮助群众开展免费体检、理发、修理小家电等活动，把更多的便民小举措

惠及更多的群众。

## 三、上海“警民联系箱”的历史[①]及创新经验

中华人民共和国成立后，一段时间内警民关系也经历了一个渐变的过程，从最初群众对警察的不信任到信任，警民关系出现“黄金时期”。警民沟通是构建和谐警民关系的起点。密切联系群众是干部的一项十分重要的基本功，那么，我们的民警和干部如何练好这个基本功？20世纪50年代上海静安分局就在实践中摸索出了一个直到今天仍然放射出光芒的经验，他们创设了世界上第一个“警民联系箱”。这个经验后来经过全国公安工作会议的推广，“警民联系箱”在全国大江南北都挂起来了，方便了警民沟通。群众通过“警民联系箱”传递了信息、提出了问题和困难；民警通过每天查看“警民联系箱”，知道了群众的所思所想和希望民警帮助解决的问题，密切了警民关系。

### （一）“警民联系箱”产生的背景

从1949年10月1日中华人民共和国成立到1956年8月社会主义改造的任务基本完成，是我国从新民主主义向社会主义转变的历史时期。头三年，党和国家的主要任务是，继续完成民主革命遗留的任务，建立和巩固人民民主专政的国家政权，恢复国民经济，为深入开展社会主义改造，进行大规模的经济建设准备条件。中华人民共和国一成立，公安部即着手建立新的警察，叫人民警察，以区别国民党时代的旧警察。但由于新的警察是在原有的基础上建立起来的，在1951年6月召开的第一次全国人事工作会议上，就对公安队伍的状况作了分析、研究，指出：公安机关近两年就吸收了5万多名知识分子，留用了8000多名旧人员，还有由情报关系人转为公安干部的3000多人，合计6万余人，占现有公安队伍的半数。国民党时期的旧警察尚有一些旧的习气存在，而新加入的警察有人认为国民党旧警察在社会中的地位不高，认为当警察不光荣，会被人看不起。从军队转业到公安机关的同志，虽然嘴上说服从组织分配，心里却是不安心公安工作，总想有一天改行，离开警察这一行。在老百姓眼里，一时还分不清新旧警察的区别。针对这种倾向，时任公安部部长罗瑞卿同志进行了许

① 参见李动：《叶在均与中国第一个“警民联系箱”》，载《现代世界警察》2007年第7期。

多针对性的工作，如开展“做公安工作体面不体面”有关问题的解答，反复说明人民警察是人民自己的队伍，是全心全意为人民服务的；并结合自己的体会，在公安部成立大会上表达自己“进了公安门，死了埋在公安坟，干一辈子公安工作”的决心。[①] 各地公安机关采用多种方式对民警进行思想政治教育工作，端正了警心，使一部分警察的思想发生了重大的转变，服务群众的行为也发生了很多的改观。“警民联系箱”就是在这样的时代背景下诞生的。

### （二）“警民联系箱”的诞生及推广

“警民联系箱”诞生于20世纪50年代末的上海，时任上海新城公安分局局长叶在钧是这一做法的开创者。1957年的某一天，上海奉贤派出所一位叫胡锦的民警上门服务，敲了一位著名医生的家门，见没有动静，就去了另一家。这个老医生在睡午觉，被民警敲门声吵醒后，就起来打开了房门，但没有看到任何人，后来这位老医生又听到隔壁响起了敲门声，他又打开门，可还是没有看到人。老医生追到电梯间，他追问开电梯的姑娘后得知有个户籍民警刚下去。老医生听罢很恼火：“民警有什么了不起，民警就能随便捉弄人吗？”后此事惊扰到上海统战部门，说是“民警无故戏弄老人”。叶在钧局长经过调查了解，原来是户籍民警要上门服务。后来这位户籍民警就登门拜访，向老医生解释：“事情是这样的，当时我想上门问您老是否要报户口，或者是否有其他什么困难需要帮助。我敲了几下门不见动静，又敲了里面的门还是没有反应，所以我才走的。没想到事情会造成这么严重的后果，实在对不起您老，我不是故意的，请老大爷原谅。”老医生终于释怀。

这样的风波过后，局长叶在钧思考这样的问题：到底哪家要报户口，哪家不报，民警怎么知道，最好是通过一种恰当的方式，彼此进行沟通，民警既为民服务了，也不影响居民的正常生活和休息。后来的一个时期，叶在钧局长深入调研，充分听取了多方的意见，有的民警说采用贴告示的方法，有的说到居委会去办，有的说干脆拿个摇铃，边摇铃边吆喝……但都没有找到一个良策。终于，功夫不负有心人，有一天，叶在钧和奉贤派出所的所长一起去征求群众的意见，走到陕西路的一个弄堂口时，叶在钧猛地发现了弄堂口挂着的“肃反检举箱”，顿

---

① 孙明山主编：《历史瞬间》，群众出版社2004年版，第304页。

时来了灵感。他对这位所长说:“我们把‘肃反检举箱’改成‘警民联系箱’,问题不就解决了吗?”于是所长回到所里,连夜让民警用白漆刷掉肃反检举箱上的黑字,又用红漆写上了“警民联系箱”,将世界上第一个“警民联系箱”郑重地挂在陕西路的那个弄堂口。那个时候,居民有什么事,只要填在联系卡上或一张纸片上,投入警民联系箱,3 天内户籍警察就会上门。这事虽小,却大大方便了群众,得到了市民的交口称赞。

上海新城公安分局局长叶在钧一系列为民服务的举措①以及“警民联系箱”的发明被新华通讯社一名驻沪记者了解后,他根据群众的反映,撰写了一篇小文章在《人民日报》上发表了,虽然不起眼,却引起了时任公安部部长罗瑞卿的重视。罗瑞卿部长得知后就专程到上海奉贤派出所来调研,当时叶在钧把这一个时期的实践和探索进行了详细的讲解,包括上海新城公安分局始创 24 小时报户口的过程、“警民联系箱”诞生的经过等,罗瑞卿部长凝神细听,颇有兴致。当听到那段曾经为蒋介石镶过牙的牙医发火的故事时,朗声大笑了起来,肯定了他们的做法并将其作为典型经验进行推广。在 1958 年第九次全国公安会议上,叶在钧局长专门汇报了《关于上门报户口的几点体会》,得到公安部领导和与会者的充分肯定,并纳入了《公安工作方法 60 条》里。大会决定在全国公安派出所推广上门报户口,户籍管区内挂“警民联系箱”,以及在交通队推广纠正违章先敬礼的做法和经验。之后,在党的八届二中全会上,罗瑞卿部长作了公安工作走群众路线的报告,列举了上海市新城公安分局的为民做法和经验,引起了毛主席的兴趣和关注。会后,毛主席在中南海紫光阁接见了出席会议的代表。罗瑞卿部长来到代表队伍前,目光来回搜寻着,他急切地问前排的黄赤波局长:“上海的‘野战军’(叶在钧名字的谐音)在哪里?”罗瑞卿部长叫出了叶在钧分局长,特意领到毛主席身边,向他老人家作了介绍。毛主席听罢,脸上露出了笑容,用浓重的湖南口音高兴地说:“一只小小木箱子,民警轻轻一抬手,得到了人民的欢迎拥护。很好! 很好!”随之,“警民联系箱”作为警察联系群众,为人民群众服好务的一个载体,在全国得以推广。

---

① 例如,拆掉警民之间的高墙。办理户籍的柜台是过去国民党旧警察所使用的比较高的柜台,像一个屏障,不利于警民沟通。在实际工作中,也产生了一些不愉快的事件,上海新城公安分局就先拆掉了这个大柜台。

### (三)“警民联系箱”的创新发展

“警民联系箱”诞生于1957年,直到今天,“警民联系箱”依然悬挂在很多派出所、警务室的门前。一方面,传统的“警民联系箱”依然发挥着它应有的作用。首先,对一些年龄比较大的群众来说,传统的“警民联系箱”还是非常方便的,因为这些群众在遇到问题时,往往不太擅长使用更为先进的工具,因此传统的“警民联系箱”是不可缺少的。这里介绍一个案例:有一天陶婆婆买菜时,看见一个男的拿把镊子跟在买菜女身边,镊子已伸到包内了,婆婆灵机一动喊道“巡逻的来了”,小偷仓皇逃走,陶婆婆说,“我突然就想起,要是巡警来巡逻该多好”。后来,陶婆婆试着往“警民联系箱”投了张字条:我们住西马菜市场附近,看到小偷用镊子偷钱,请你们多巡逻制止。字条当天就转到巡警处二大队。按照管辖分工,小区街巷并非巡警处的巡逻范围,但大队负责人果断安排将巡逻车开进社区,巡逻布控,一周后果然抓获2名正用镊子行窃的小偷。[①] 其次,一些案件线索以传统的“警民联系箱”进行传递可能更让群众无后顾之忧。曾经,永兴县公安局马田派出所民警从“警民联系箱”里获悉一条信息:网上在逃嫌疑人何某近日从外头溜回了家。民警根据提供的信息,果然将何某一举抓获。[②] 传统“警民联系箱”的意义应该不只是这些,从一位新民警的微博中我们可见一斑。@朱俊峰在微博中说道,“拜师没有热闹的场面,也没有隆重的仪式。上午师傅带着我来到正兴社区,凳子未坐热师傅就递上一块抹布带我来到警民联系箱”。@邹克耀在“授课”中表示,“警民联系箱是一扇窗,能看得到老百姓”。箱子“干净”了老百姓才能与你亲近。[③] 另一方面,“警民联系箱”也有了创新和发展。就如同任何经验一样,“警民联系箱”的经验也经历了创新和发展。尤其是以互联网为代表的信息化时代的到来,为很多公安经验的创新提供了物质、信息和技术的基础,各地公安机关和民警都纷纷在“警民联系箱”的基础上进行创新

① 《社区挂了警民联系箱,我试试看》,载湖北网,http://news.cnhubei.com/ctdsb/ctdsbsgk/ctdsb13/201104/t1670275.shtml。

② 《“警民联系箱”助破案 小细节起了大作用》,载新浪网,http://news.sina.com.cn/o/2009-03-04/212115256516s.shtml。

③ 《小眼睛警官邹克耀收徒 “第一课”学擦警民联系箱》,载新民网,http://shanghai.xinmin.cn/msrx/2011/03/22/9871502.html。

发展。

1. 智能型“警民联系箱”

居民向警务室门前的智能型“警民联系箱”投进一封信后，民警的手机就会收到一条短信，通知他信箱刚收到居民来信。警务室外的警民一键通系统，只要摁一个按钮，就可以直接拨通警察的手机。[①]

2. 电子“警民联系箱”

由社区民警个人实名在网上注册电子警民联系邮箱，警察可以收到居民发来的电子邮件，涉及户籍、身份证和社区防范等方面的问题。例如，世纪同乐小区居民王先生出差要乘飞机，可身份证不见了。抱着试试看的想法，他通过电子邮件向社区民警求援。第二天，他打开电脑，惊喜地发现民警已经回复了邮件，将办理临时身份证的要求讲得清清楚楚，还附上联系电话。王先生立即准备好材料，次日晚上民警就把临时身份证送上门。[②] 再如，恩施市沙地乡的居民若有事要找民警，只需在电脑前点击鼠标，发个电子邮件给民警，许多问题足不出户就能解决。沙地派出所为密切警民关系，多方位收集掌握社情民意，提高为民服务质量，开通了互联网电子“警民联系箱”（445017@163.com、essdpcs@163.com），网上办理群众的申请、咨询等，并且受理群众建议、意见、投诉和举报，以减少群众往返的劳顿和不便，使之成为警民沟通的网上桥梁。[③]

3. 微信、微博也是“警民联系箱”

随着微信应用的日益普及，很多民警把微信作为联系群众的重要途径。微信联系即时、方便也经济，目前成为很多民警联系群众、听取民意、采集信息、为民服务的重要工具之一。很多民警在与群众接触中首先要加上微信，或者建立微信群，可以极大地方便服务群众。微博由于是敞开式的公共空间，因此作为“警民联系箱”少了私密性，但在一些紧急救助和救援的情形下反而能够发挥其巨大的威力，如微博救下自杀大学生、微博救助走失的游客等。

---

① 《社区警民联系箱能发送短信　社区民警“创意警务”》，载水母网，http://news.shm.com.cn/2014-03/26/content_4209879.htm。

② 《足不出户找民警　普陀警方推出电子警民联系箱》，载新浪网，http://news.sina.com.cn/s/2005-05-11/10235858367s.shtml。

③ 《找民警只需点鼠标沙地开通电子警民联系箱》，载恩施网，http://www.enshi.cn/2007/0706/450210.shtml。

总之,随着社会的发展和信息技术不断运用到警务工作中,“警民联系箱”依然在发挥着它应有的作用。

## 四、福建“漳州110”经验

福建省“漳州110”,全称为“福建省漳州市公安局巡特警支队直属大队”,1990年引领全国建立110报警服务台和快速反应机制,实现了打击犯罪、维护治安、服务群众功能的有效整合,赢得了当地党委政府的充分肯定和人民群众的高度信赖,被百姓亲切地誉为“远亲不如近邻,近邻不如漳州110”,推动“110”成为人民警察队伍的标志性品牌。中宣部当时会同有关部门,将“漳州110”作为全国重大典型进行宣传,在全社会引起广泛深刻影响。2021年1月10日在首个“中国人民警察节”到来之际,中宣部向全社会公开发布福建省“漳州110”的先进事迹,授予他们“时代楷模”荣誉称号。

### (一)“漳州110”经验产生的背景

首先,110单一接处“匪警”时期。110这一数字作为报警号码缘起于旧式转盘电话,选择“11”是因为接通快,所以将电话中离得最近的数字“1”纳入其中,而0距离又最远,让报警的群众有时间考虑是否需要接入,所以又将“0”作为报警的确认键;从位数上考虑,位数太短容易被误拨,太长又容易被混淆。权衡之下,最终选择了“110”这三个数字组合作为我国的报警电话。110报警电话最初设置在刑事侦查部门,负责接听刑事案件的报警电话。

其次,110接处警过渡期。110盗(匪)警电话职能扩充时期是20世纪80年代中期,部分公安机关为应对日渐增多的犯罪活动,提高公安机关接处警的快速反应能力和打造亲民爱民为民的良好形象,将110报警功能和服务功能融为一体,拓宽服务范围,建立了110报警服务台。1986年,广州市公安局首先将110作为报警服务电话正式启用。

再次,匪警电话改为110报警服务电话,率先建立我国第一个110报警台。此后,全国大中城市公安局相继建立110报警服务台。自此,110报警电话正式成为110报警服务台,110接处警工作进入崭新阶段,逐步得到社会各界的认可,树立起人民警察的良好形象。①

最后,110 接处警飞速成长期:"四有四必"服务承诺的引入。1990 年,福建省漳州市公安局芗城分局治安巡逻中队将分局 110 报警电话移到该中队,并将 110 报警台改为 110 报警服务台,在继续受理刑事、治安案(事)件报警的同时,为遇到急、难、险、重等情况的群众提供应急救援和帮助;1991 年,漳州市公安局提出"有警必接,有难必帮,有险必救,有求必应"的"四有四必"承诺,这一承诺的提出迅速引起了社会的巨大反响和积极的反应。② 1996 年,福建省巡警系统推广漳州市公安局芗城分局巡逻警察大队建立快速反应机制、服务群众的 110 接处警工作经验。同年,福建省漳州市公安局芗城分局巡逻警察大队改编为漳州市公安局巡逻警察支队直属大队,简称"漳州 110"。③

### (二)"漳州 110"及其经验的历史发展演进

随着"四有四必"的 110 报警服务承诺的提出,110 报警服务工作逐渐深入人心,群众报警求助数量不断攀升,警民联系得到空前加强。为此,1996 年,公安部在全国城市 110 报警服务台建设工作现场会上下发了公安部《关于向福建省"漳州 110"学习的决定》及《关于加快城市 110 报警服务台建设的通知》,推广"有警必接、有难必帮、有险必救、有求必应"的"四有四必"精神,要求各地地级以上城市开通 110 报警服务台,建立快速反应机制打击犯罪,服务人民并重。④ 值此,110 报警服务进入了快速成长时期。随后,110 接处警转型期。"三台合一"110 报警平台开通后,公安机关还开通了 122、119 交通和火情报警平台,随着 110 报警服务平台开通和其影响的扩大,群众逐渐熟知,同时"三台分立"的弊端已经显现,火情、警情、路情要拨打不同的号码,不便于群众记忆。此外,"三台分设"导致重复交涉,人力、财力浪费,而三台功能的趋同化导致其必要性被质疑。2004 年,公安部印发《关于大力推进县市公安机关 110、119、122"三台合一"工作的通知》,决定三年内实现三台合一;2006 年,公安部又补充通

① 杜育群:《福建社区安全防范调查报告》,载《中国公共安全(综合版)》2006 年第 9A 期。

② 朱玉知、杜雷、刘慧卿:《公安 110 行政职能变迁与有限政府建构》,载《江西警官学院学报》2005 年第 4 期。

③ 杨杰:《公安服务承诺的行政法学研究》,南开大学 2010 年硕士学位论文。

④ 李春成:《"110"的伦理两难和道德争议》,载《学海》2007 年第 1 期。

知公安机关已经实现了三台合一。这一时期,110 报警服务平台功能迅速膨胀。在 2008 年年底前实现全国地市和县市公安机关全部建设三台合一系统。110 接处警的微警务时期。“互联网 + ”警务创新模式不断产生和发展。随着信息技术的发展,110 接处警形式不断创新,短信报警、网络报警等新的报警方式被引入,对 110 接处警产生了深远的影响。2012 年,随着移动通信工具的普及和业务量的发展,人民群众尤其是聋哑人等特殊群体希望通过手机短信方式进行报警的要求日渐突出,公安部与移动通信商将“12110”作为全国公安机关统一的公益性短信报警号码。此外,随着微博、微信的不断发展,一些地方推出“平安”微博,警务 App 或公众号,接受群众报警,同时对除 110 报警服务之外的其他警务服务进行了有效的拓展,取得了良好的社会效果。例如,2014 年 8 月,钦州市向公众推出微信报警服务平台,可接受文字、图片、音视频、位置导航等形式的报警求助。

### (三)“漳州 110”经验的新时代治理创新

回眸一代又一代“漳州 110”人在开拓进取中所走过的一串串足迹,在使命担当中所创造的一幕幕辉煌,感受着“人民的保护神”所产生的巨大社会效应。忠诚担当、听党指挥是永葆先进本色的生命源泉;着眼全局、充分履职是实现共治善治的时代召唤。“漳州 110”在维护稳定中让人民群众增强安全感,在贴心的服务中让人民群众体验获得感,在服务经济社会发展中让人民群众更具幸福感,在公正执法中促进了社会公平正义,在党风廉政建设中优化了党风政风行风,体现了新时期公安民警的精神风貌,展示了为党和人民事业无私奉献的崇高思想境界,成为经济社会发展的一笔宝贵的精神财富。①

迈入新时代,“漳州 110”在传承和发扬“主动预警、精细布警、多维接警、动中处警”“智能化指挥、精准化服务、标准化执法、专业化建设”的“四警四化”的传统优势基础之上,又积极在实践中探索、发展中完善,全面提升动态化、信息化条件下社会治安治理能力,始终坚持政治本色,不断传承红色基因、建设思想政治教育高地,始终坚持以人民为中心,不断提升以满意、效益、民生为导向的

---

① 《坚持以人民为中心　弘扬新时代“漳州 110”精神》,载北京时间网,https://item.btime.com/421p0u34cjs9niqk lqkidparnjl? page = 3。

按需、快速、主动服务水平，始终坚持改革创新，不断构建推广高效精准、专业联动、创新融合、群防群治的多维立体的服务防控体系，全力打造一支具有极强凝聚力、高度荣誉感、超强认同感的公安队伍，主动迅速在治理能力和治理体系现代化进程中积极担当作为，使"漳州 110"效应从警界延展辐射到全国各个地区、社会各个领域，再一次走在了时代潮头。一是全力打造了漳州"民生 110"（"12345"）便民服务平台，实行"一号受理、联动共治"，在服务便民的同时，也促进了基层民警的减负减压，实现了政府各部门的职能回归和职责落地。二是推动构建基层主责的"社区（乡村）110"，即以综治网格中心为依托，以网格员、警员"二员"为核心，若干专业队伍为支撑的"2 + N"城乡社区网格治理新模式，全面打通基层社会治理的"最后一米"。三是推动构建群防群治的"民间 110"，运用"互联网 + "思维，最大限度汇聚民力，开辟专群结合新路子，实现基层社会治理共建共治共享。四是形成了兼具政治认同、人民认同、专业认同、职业认同的"四维一体"认同格局，探索出了一条新时代的治理之路。值得一提的是，为破解大量非警务类警情导致群众满意度低的难题，2020 年 3 月浙江绍兴柯桥区公安分局在柯岩街道试行"基层治理四平台"闭环式处置 110 警情工作，实现 110 警情与"四平台"联动，使警情实现规范化的闭环式处置。

"漳州 110"忠实践行了习近平总书记"对党忠诚、服务人民、执法公正、纪律严明"的总要求，是新时代人民美好幸福生活的守护者，是基层社会治理体系和治理能力现代化建设的践行者。他们的先进事迹，集中体现了人民公安对党忠诚、听党指挥的政治品格，一切为了人民、一切依靠人民的价值追求，改革强警、锐意创新的奋进精神，克己奉公、无私奉献的良好形象。

## 五、江苏无锡水乡苑"五个一"智慧社区警务经验①

水乡苑社区是经开区华庄街道辖区内的一个较大的综合性安置房小区，辖区总面积 7.8 平方千米，实有房屋 5500 套，实有人口约 1.7 万，小区人口密度大、外来人员多，小区出租房户占比达到 1/3。所以，多年来水乡苑社区在社区治安上有着"警情多、纠纷多、案件多"特点，社区治安综合治理难度较大，因此成为基层社会治理的重点社区。

① 参考本课题组于 2019 年 8 月在江苏省无锡市公安局调研的资料。

因此,“水乡苑警网联动中心”在基层微治理上主动求变,将警务工作融入社区网格治理体系,将社会管理从“粗放式管理”变成“双网融合”的“精细化治理”,让网格化治理有了新发展、新模式,有效提升了基层网格化微治理和社区警务工作的效能;特别是创造性地提出了“五个一”智慧社区警务工作法,形成“五个一”警网融合的基层社会治理体系或智慧社区警务模式。目前,水乡苑“五个一”智慧社区警务模式已成为无锡市经开区基层社会治理和社区警务工作创新发展的一个重要缩影。具体来说,“五个一”智慧社区警务模式主要体现在以下五个方面。

### (一)体制合一,社区治理一个枢纽关联

社区警务室和社区居委会合署办公,成立“水乡苑警网联动中心”,由社区书记任网格长,社区民警任副网格长,以300—500户为单位,进行网格划分;就水乡苑社区来说,共建立了6个综合网格、2个警格和1个消防网格。并且,经开区的网格员是全无锡市唯一的由公安直接管理的专职网格员队伍,形成了“党政统领、政法牵头、公安主管、专职专业”警网融合的基层治理体系。据介绍,无锡经开区为强化网络员专业队伍力量建设,网格员的招录采取“公开报名、统一考试、严格考察”的程序,2019年招录了150名专职网格员;目前经开区专职网格员,平均年龄31岁,有大专以上学历的占87%,全部充实到基层社区一线,有效弥补了网格工作力量的缺口。

目前,水乡苑警网联动中心已将信息采集、人口管理、矛盾化解、治安防范、服务群众等公安工作对接社区网格,全面整合公安力量纳入社区网格层级管理,实现“小事一网解决、大事全网联动”的工作格局。例如,水乡苑社区居民杨某多次在家殴打妻子,社区民警虽上门开展反家暴普法宣传和调解,但效果不够理想。于是,警方启动“五个一”智慧社区警务工作机制,邀请社区、司法、民政等部门共同参与调解,摸清了杨某长期无业在家导致脾气暴躁的实情,后经民政部门介入开展心理疏导和经济帮扶的同时,社区还为杨某找到一份工作,现在杨某夫妻和好如初,家庭纠纷圆满解决。

### (二)主体合一,社区力量一个平台联动

目前,水乡苑警网联动中心建立了“经开巡防、经开网格、经开消防、经开义

警”四支队伍,深入探索“1+1+N”的群防群治模式,即社区干部+社区民警+网格员及平安志愿者在网格内科学分布,通过智慧警务平台实现扁平指挥、联勤联动、合成作战。为进一步充实社区网格治理力量,经开分局从“公安力量充实网格、网格力量整合利用”两方面入手,把2名社区民警、11名户口协管员、15名治安志愿者融入社区网格治理体系,将他们与社区综治、民政、计生干部,以及45名网格员、132名网格志愿者全面整合,合理分布到社区网格里,打造出一支全要素网格化管理队伍,实现了力量融合、工作联动。

此外,为推动社区群众参与网格治理,警方还在水乡苑社区挑选了12名社会贤达能人,组建了“民间智库”队伍,发挥他们的专长优势,协助社区共同开展矛盾化解等事务。同时,他们会同社区建立了网格化治理平台,既规范了网格员的管理,又增强了网格员的工作积极性。据统计,仅仅2020年上半年,水乡苑社区就调解各类群众纠纷32起,提供各类有价值意见建议11条。

### (三)要素合一,治安要素一个网络感知

水乡苑警网联动中心将社区内人、车、房、物、事、组织等治安要素全部纳入网格化管理范畴,努力提升社区“智能感知、智慧防控”水平,实现对社区内治安要素的全面监测、精准管控。首先,中心以新一代“雪亮技防工程”建设为契机,在小区内布建了大量智能前端,如出入口人脸识别系统、车辆识别系统、智能监控系统、物联网风险监测等,实时广泛抓取社区基础数据;其次,中心借助社区网格力量对辖区标准地址、实有人口、实有房屋、实有单位等治安基础数据全面摸底排查,实现统一建库、集中管理、动态更新;最后,中心打通公安“一标三实”、省网格化治理平台与警网联动平台之间的系统壁垒,全面融合各方数据,实现网格数据汇聚整合、智能比对、深度应用,为警方开展人员管控、治安防范等工作提供了更加精准的信息支撑。

### (四)服务合一,社区服务一个体系实现

社区治理既是治理,又是服务,并且重在服务。水乡苑警网联动中心在“互联网+”智慧警务的基础上,将线上微信平台与线下社区警务工作有机结合,自建微信公众号,曾是全省首个微信警务室;此后,依托无锡经开公安微信公众号,继续做优、做强,逐渐形成“互联网+智慧警务”的“两微一智工作平台”。

水乡苑警网联动中心在“两微一智工作平台”上推出了警情通报、户籍办理、预约办证、政策咨询等,为辖区居民提供“一站式”便民服务措施,正所谓“掌上微警务,只需掌上,无需路上”,得到了辖区群众的普遍欢迎。

此外,警方还创新社区公共服务代办模式,将社区残疾证、独生子女证、老年优待证办理,易走失人员登记,爱心卡办领等辖区居民较多办理业务,纳入水乡苑警网联动中心平台业务范围,实现了“一个平台受理、多部门协同处理”格局。

### (五)机制合一,风险隐患一套机制防控

水乡苑警网联动中心建立了多元排查、长效治理、奖惩激励、社区智库等制度。这一系列警网融合的工作制度、工作机制,有效地保证了网格化治理的高质量、高水平、高效率的运行。例如,每个社区民警都拥有 2 万元社区工作经费,实行一事一奖、一案一奖,可直接用于困难救济、线索奖励、维稳协调等工作,极大地提升了警网合作、警民合作的积极性和参与度。此外,警方对辖区居民或网格员通过文字、照片等形式,发送到“两微”平台的违法犯罪和安全隐患线索实行派发“红包”奖励,既扩大了警民间良性互动,又合理配置了警力资源。华庄派出所所长解存宝说:“警方以邻里守望、治安志愿者建设为核心,整合网格员、信息员、保安员、快递员、保洁员等社区力量,全时空、全触角、全网格排摸辖区潜在治安风险隐患。”

## 六、浙江湖州“马长林群众工作法”

### (一)“马长林群众工作法”产生的背景

马长林所在的湖州市公安局认真贯彻习近平总书记提出的“十六字”方针——“对党忠诚,服务人民,执法公正,纪律严明”,坚持“防为主,防为上”的工作理念,努力探索枫桥经验的新理念、新模式,积极构建和谐警民关系,取得了一系列卓有成效的警务成果。

马长林在担任社区民警之前,担任某乡的副乡长,机缘巧合,他投身到公安机关基层治理工作中,一干就是几十年,几十年如一日,研究群众、服务群众、保护群众、宣传群众、组织群众、依靠群众,赢得了广大人民群众的良好口碑。罗

师庄警务站民警马长林的群众工作法是湖州市公安局践行枫桥经验的一个成功范式，也是新时期学习枫桥经验的一个典型。社区民警马长林通过传承和发展枫桥经验，创新公安群众工作理念，提出"马长林群众工作法"，把一个有着近2万外来流动人口、案件纠纷复杂、安全隐患突出、环境秩序差、开放式的罗师庄社区，打造成了一个和谐安定，人民群众安居乐业的新家园，得到了党委和政府的广泛赞誉，使枫桥经验在新时期焕发出了新鲜活力。

### （二）"马长林群众工作法"的主要内容

在担任罗师庄社区民警的十年时间里，马长林警官坚持植根人民、依靠人民、服务人民，走"防为主，防为上"战略，始终把人民放在心中最高的位置，始终全心全意为人民服务，始终为人民利益和幸福而努力工作，以枫桥经验为基础，扎实推进治安基层基础工作，破解城中村难题，彻底改变了罗师庄的面貌，用汗水和智慧赢得了群众的支持。马长林警官在十年时间里形成的群众工作法，主要包括以下四个方面。①

1. 把群众当主人

首先，摆正位置。马长林警官在刚到罗师庄时，感觉自己不太受欢迎，群众不愿意与他多说话，日常处理工作时群众也不愿意配合，警民关系处于紧张和尴尬的局面。面对这种情况，马长林警官非常自责和难过，他认为如果民警的工作得不到群众的支持、配合和认可，社区的治安管理根本无法开展，而打开工作局面的关键就在于摆正自己人民公仆的位置。在此后的时间里，马长林警官无论是在路上还是群众到警务室来办事，都主动和群众打打招呼、拉拉家常，关心他们生活、工作的困难之处，以服务者的角度与群众打成一片。马长林警官说过，"对待群众，首先要摆正心态和位置，实打实地为老百姓谋福利，这样工作才会有成效。只有当公仆，我才能成为一个真正的'罗师庄人'"。

其次，放下架子。为了打开刚到罗师庄的不利局面，马长林警官用喇叭和录音机做了一个"人工音响"，背在身上，硬是靠着两条腿走街串巷，冒着酷暑，用"人工音响"向村民进行自我"推销"和介绍治安防范知识。虽然"人工音响"只有十来斤重，但在辖区走一圈也要1个多小时，每天走几圈常常让马长林警

① 参考本课题组于2018年8月赴湖州调研"马长林群众工作法"的资料。

官累得一动也不想动。但想想自己的目标和任务,他还是咬牙坚持了下来,他常说只有这样做才能感到心里踏实,因为这样可以离老百姓更近一点。整整半年时间,老百姓从用异样的眼光看着他,到渐渐同他打招呼;从有人说"这个警察有点烦"到"这个警察很实在,没架子",马长林警官用他的亲民态度和公仆作风赢得了群众的信任和尊重,形成了广泛关注平安建设的社区氛围。

最后,沉下身子。经过调查,马长林警官发现罗师庄无序的根源是治安管理上的无序。罗师庄村民几乎一半靠出租房屋、店面获得收入,最多的一家租住了80多名外地人,多数房东未按照规定对租户进行登记。因为当地村民一是嫌麻烦,二是担心收税。在马长林警官刚刚提出要在罗师庄实施租房登记制度时,立刻遭到了一片抵制反对声。但是,房东的反对没有打退他的决心。马长林警官拿着自制的登记册一遍遍地吃闭门羹,一遍遍地跑上门,凭着这种"牛皮糖"功夫,硬是把登记本发遍了700多户出租户,在一年的时间里,做到了对罗师庄出租人员信息的全面掌握,为今后的工作打下了基础。

在实践中,马长林警官始终把群众当主人,把自己当公仆。心中有民,就有了主心骨,就有了信念,再苦再难都会动脑筋、花心思,去克服去应对。当好人民的公仆,这样的要求,看着很高,其实不高,只要摆正自己的位子,放下不该有的架子,真正地沉下身子,一切其实都不难。

2. 把群众当亲人

首先,爱心服务。针对罗师庄外来人口复杂、失业人员多的情况,马长林警官推出房屋出租、企业招工的无偿中介服务,同时针对外来务工人员技能上的缺口,专门联系企业组织开展岗位技能培训班。开办十余年来,警务站免费中介先后为1万多名新居民找到了工作和租房,共组织开展技能培训60场次参与人数15,000余人次,为新居民在"第二故乡"的工作和生活消除了后顾之忧。除此之外,马长林警官还向社会发出公益号召,动员开展医疗咨询、健康义诊服务,免费开展理发、就餐、修理服务,关注孤寡老人、贫困家庭等困难群众,逢年过节都要上门看望慰问,送去生活物资。2013年,组建成立"爱心大本营",为社区内低保户、低收入等困难群体提供物资帮助,更好地满足群众生活工作需求。警务室还与团市委、开发区团委和街道委员会进行联系,与湖州职业技术学院、仁皇山小学等单位进行合作,创办阳光假日小屋和爱心助学金,为"小候鸟"们找到新的学习课堂和精神家园,受到了团中央、中央文明办、全国妇联和民政部的肯定。

其次,法德情结合。在治安治理工作中,马长林警官注重运用法律手段进行治理。针对群众不懂如何用法的现状,罗师庄警务室与律师事务所合作,开创全新调解机制,被市政府评为"十佳法律服务站"和"先进优秀调解室"。多年来,开展法律咨询和法律诉讼80余起,鼓励群众运用法律手段维护权益。同时,也注重道德的教化作用。在罗师庄社区,有个四川籍小青年"小黑",原名李爱军,自称"罗师庄庄主",常纠集一帮同乡在罗师庄闹事。刚开始,马长林警官给他做思想工作时,"小黑"的抵触情绪相当严重。后来,马长林警官主动接近他,跟他拉家常、交朋友,并帮助他的母亲、姐姐和他本人找到了工作。一系列的努力最终使本质并不坏的"小黑"开始逐步走上了正轨。现在,在"小黑"的带动下,他以前常在一起"混社会"的同乡也都有了正当工作,有的还加入了社区志愿者队伍,积极参与维护罗师庄的治安秩序。他在法治德治的基础上还渗透亲情调解。社区里的事虽然大部分都是些"家长里短""鸡毛蒜皮"的琐事,但如果处理不好,则会变成违反法律、造成严重后果的大事,造成家庭、邻里关系的永久破裂。马长林警官深知这一道理,在处理社区家庭、邻里小事时,无论对方是什么人,都把他们当作亲人对待,以"娘舅"的身份介入调解,用人情打动群众,强调团结友爱,每年成功化解百余起家庭邻里矛盾。对于比较敏感的纠纷,马长林警官会及时跟踪,继续做工作,防止出现矛盾反复的情况。如今,在罗师庄发生的一些简单、一般的纠纷基本上可以做到群众协商和解。群众利益无小事,一枝一叶总关情。"马长林群众工作法"重视对群众的态度,把辖区里的每一位群众都当作自己的亲人和兄弟姐妹,带着感情、亲情、激情去为他们服务,群众就会相信你、依靠你,就没有解决不了的难题。马长林警官说过:"社区工作就是做人的工作,而做人的工作要靠感情的。社区里的每一个群众就是我的兄弟姐妹,我的责任就是为家庭里的全体成员提供安全稳定的环境,尽我所能为他们搞好服务,让他们在这个大家庭里工作更顺利、心情更愉快、生活更安逸。"

3. 把群众当老师

首先,征询问计。搞好社区的治安工作,光靠社区民警一己之力是远远不够的,要拜群众为师,结合群众的智慧,形成维护社区治安的合力。马长林警官把办公场所从警务室搬到了公园、空地,送警务上门,开展广泛的面对面交流互动。近十年来,马长林警官开展征询问计活动150余场,参与群众达到3万余人,收集各类建议400余条,有效推动了公安工作的进步。例如,群众反映强烈的电瓶车被盗案件,马长林警官通过请教群众,提出了有针对性的措施,安装地锁而使电瓶车被盗案件大幅下降,提高了群众的安全感。

其次,广泛倾听。治安基层基础工作的开展得益于治安信息的收集。公安民警手中掌握的治安信息丰富,才能够针对具体警务开展相应工作,提升工作的主动性。在信息化的浪潮之下,面对罗师庄流动人口数量巨大、成分复杂的情况,传统治安信息收集模式已经无法满足工作的需要。马长林警官按照"传统+信息"的思路更好地联系群众、回应群众,广泛、耐心倾听群众想法。从最初的"马长林网上社区警务室"、QQ群、电邮到最新的"老马平安家园""马长林平安志愿者团队""新居民党支部群""马家军"等微信平台,实时、面广地倾听群众呼声,发布安全防范信息和办事服务指南,做到"一呼百应"。目前,马长林各微信公众号已有粉丝2000余人,"朋友圈"不断壮大。

最后,接受监督。马长林警官自担任社区民警以来,就十分注意开通民意监督渠道。现在,警务室不仅有监督信箱、监督电话,还在新开通的网上警务室内,专门设置了监督板块,公开听取群众的意见。意见中有表扬的意见,但更多的是对公安工作的建议,有的意见还很尖锐。不管是什么样的意见,马长林警官都虚心接受,并针对意见做出实实在在的行动。罗师庄外来人口多,外来车辆也多。2010年9月,村里在各方的协助下,建起了一个大型停车场,以解决车辆乱停放的问题。这本是好事,却不料不久之后,不少车主和村民找到警务室,批评马长林警官没把事办好,村民抱怨车辆不进停车场依旧停在村道上,影响出行,车主抱怨停车费太高。虽然此事不属于公安机关管辖,但马长林警官还是耐心听完意见,认真做了调查,发现问题出在停车场收费标准的调整上。于是马长林警官主动和村里联系,又召开了村民车主协调会,最后终于把问题解决了。

习近平总书记提出,要把人民拥护不拥护、赞成不赞成、高兴不高兴、答应不答应作为衡量一切工作得失的根本标准。在为群众服务的过程中,群众既是公安民警的服务对象,更是公安民警的老师。要把自己的工作做深、做细、做到位,就要像小学生一样,以群众为师,随时真心、耐心、虚心地接受群众的教育、批评和监督。这样不仅能提高警务水平,随时发现公安工作中的不足,更能拉近与群众的距离，维护和谐的警民关系，形成群策群力，群防群治的基层治理新格局，为平安中国贡献力量。

4. 把群众当靠山

首先，党员带头。马长林警官始终保持强烈的核心意识、看齐意识，不忘共产党员的初心。他于 2010 年 8 月在社区建立了新居民党支部并任支部书记，使 32 名新居民党员重回组织怀抱，打造了坚强的基层工作堡垒。2016 年 6 月，新居民党支部被浙江省省委评为“浙江省先进基层党组织”；7 月，新居民党支部被中共中央评为“全国先进基层党组织”。在此基础上，支部与浙江工商大学合作，建立马克思思想政治实践基地，并充分依托街道党校资源，定期开展培训教育，推动社区党建工作持续发展，使新居民党员和广大新居民群众有了发挥光热之地。在党支部的引领下，马长林警官充分发挥新居民中的退伍军人、企业家、大学毕业生等骨干群体“领头羊”“放大器”的作用，通过骨干力量带动更多群众参与到社区治理的新蓝图中来，打造社区命运共同体，实现对各类风险的共同防控和应对。成立八年以来，已累计协助公安机关查破案件 145 起、抓获犯罪嫌疑人 120 人、调解矛盾纠纷 500 余件。

其次，多方联动。马长林警官注重以公安机关牵头，结合社会组织、企事业单位和群众开展多元共治，是新时期公安治理模式的典范。2012 年 3 月成立的“马长林学雷锋志愿服务基地”落户罗师庄警务站，以此为依托，基地定期向社会发布服务需求信息，招募合作伙伴开展志愿服务，并与湖州市总工会、湖州师范学院等 60 余家单位开展了合作共建，发展志愿者组织。在社区群众、社会各界广泛参与的基础上，马长林警官还引入公益孵化器的做法，综合考量志愿者的专长、一元，以项目化、团队化的方式承接社区治理工作、群众诉求办理，并设置一定的试运行期，既确保了供需两端有效衔接，又实现了团队运行常态稳定。目前，罗师庄社区内已有 12 支各类志愿者团队，对应中介、调解、医疗、文化等 12 个服务项目，基本实现对社区治理、群众诉求的全面覆盖。除此之外，马长林警官还积极开展警企校合作型警务共同体建设，与浙江工商大学、香飘飘有限公司、思念食品有限公司开展战略合作；构建警医警务共同体网络，与湖州中心医院、湖州血站、湖州疾控中心、湖州五洲医院、解放军九八医院等构建联系平台，开通为民服务新通道。

最后，警民融合。马长林警官初到罗师庄时，面对的是狭小辖区内近 2 万人的流动人口。利用数量有限的警务站人员根本无法形成有效的治理合力，只有构建良好的警民融合机制，利用民力才能事半功倍，维护社区稳定。有鉴于此，马长林警官进行“化整为零”，以社区内主要干道为界划分了 6 个网格，按照“网格长—副网格长—网格员”的格局逐一建立各网格工作队伍，明确联系服务群众、情况信息搜集、重点要素管控等职责，并上墙公示，接受群众监督；每月对各网格防控绩效进行考评，产生“防范之星”，使各项工作真正深入社区各个领域和角落。马长林警官主动上街宣传、上门解释，抓典型案例、讲利弊关系，让群众明白治理成果与其切身利益紧密相关。时间久了，群众的积极性被调动了起来，反过来帮助马长林警官宣传、登记，完成了 6 大类 20 余本台账，对辖区企业单位、沿街店面和重点管理人员进行了详细摸底，登记造册，并录入警务室台账信息共享平台，实现了电子化管理。多年来，利用警务信息平台提供的线索，在第一时间成功破获了“2010 · 4 · 4”凶杀案等 20 余起案件，抓获犯罪嫌疑人 30 余个，既提高了为民服务的效率，同时也为公安机关及时破案提供了信息支撑，形成了警民互动构建和谐社区的良好局面。

人多事情多，但是只要得到有效的引导，就会形成人多力量大的良好局面。党的根基在人民、血脉在人民、力量在人民。我们党的优良传统就是坚持群众路线，公安工作必须更多更好地依靠群众，争取最广大群众的理解和支持，只有这样才能有效解决警力有限问题，发挥广大群众的力量，编织全方位的治安防控网络，打造和谐社区。同时，在提倡治理能力现代化的背景下，积极与企事业单位、社会组织开展合作，探讨多元主体共治的治安管理工作新模式，实现警务理念和机制的转型升级。

### （三）“马长林群众工作法”的意义

首先，城乡接合部非封闭社区群众工作的典型，具有示范意义，马长林群众工作法是非封闭社区公安群众工作的典型。马长林属于“脚板 + 键盘 + 喇叭”的社区警察形象。他用脚板走遍罗师庄的家家户户、企业和社区。他用键盘登记社区重要信息，包括工厂招工信息、工人找工作信息等，通过警务室这个信息平台将企业和打工的人民连接在一起。马长林还用自己的喇叭向广大社区群众推销自己，向社区群众宣传了党的政策、安全防范的知识及各种需要传递给公众的信息。他的小喇叭连同他的形象雕塑已被省博物馆收藏。目前在全国类似这样的社区还有很多,因此这样的社区警务典型值得推广,因此,全国很多地方的公安机关纷纷组团到浙江湖州罗师庄警务站来调研和跟班学习,就充分地说明了这一点。

其次,主要通过微服务达到微治理,形成基层治理新格局。马长林所在的罗师庄警务室属于南太湖公安分局龙溪派出所。根据湖州市公安局的方案,结合社区实际制定"家园卫士 + N"系列活动方案。紧紧围绕"人员全覆盖、项目全覆盖"的要求,发动各行各业的群众主动亮明身份、主动服务,深入开展巡逻防控、矛盾纠纷的调处、法治宣传教育、消防和交通管理、宣讲党的方针政策等工作,发动群众实施"家园 + "工程,组建"家园" + 医生、+ 教师、+ 律师、+ 党员、+ 企业员工等一系列志愿服务队伍。罗师庄作为湖州"家园卫士 + "工程的示范点,充分发挥政府与村民的桥梁作用,努力营造人人为我、我为人人的浓厚氛围,从而调动广大人民群众积极参与社会治安防控,推进群防群治工作,不断提升"家园卫士"工程的生命力,形成政府主导、公众参与、平安和谐、共建共治共享的基层治理工作格局。

最后,"马长林群众工作法"的辐射效应。随着"马长林群众工作法"的日益成熟,其不断地传播开来。一是当地公安机关的调研、提升,发挥辐射效应。马长林曾经作为学习枫桥经验、创新枫桥经验的典型参加枫桥经验 50 周年纪念大会,并做经验发言;2019 年马长林被中组部授予全国优秀公务员,参加表彰大会,并受邀参加中华人民共和国成立 70 周年庆典活动。二是专家学者的调研、提升。10 年前的"马长林群众工作法"已见雏形,2013 年党的群众路线教育实践活动中,公安部专题调研组分赴全国各地,而最后浙江湖州的经验连同"马长林群众工作法"作为公安部群众路线教育的典型经验在全国推广。三是马长林用自身的行动,推动品牌的辐射。马长林不仅是一个社区民警,也是一个拎着书包到处讲课宣传"马长林群众工作法"的典型。课堂上讲起社区群众工作故事惟妙惟肖,课堂下谈起群众工作的经验如数家珍。如今"马长林群众工作法"教研室在浙江湖州警察学校建立起来,南方很多地方公安局也建立了"马长林群众工作法"工作室,"马长林群众工作法"必将继续发扬光大。

### (四)"马长林群众工作法"在新时代的传承和发展

近年来,湖州市公安局南太湖新区公安分局龙溪派出所社区民警马长林以所在的罗师庄社区警务站为基点，在深入践行新时代“枫桥经验”和“防为主、防为上”工作理念的同时，认真研究分析罗师庄群众工作中面临的群众理解度配合度低、群众法治意识不强、社区安全基础薄弱、社区治理力量欠缺等困境，积极探索复杂社区的治理路径，并总结了一些可复制、可推广的优秀经验，全力推动了共建共治共享格局的构建。一是强化党建引领，打造社区治理的坚强核心。主动回应社区新居民党员渴望回归组织怀抱、参加组织生活的热切期盼，积极向上反映争取、参与协调，在社区内开展拉网排查、成立筹备小组、召开党员会议。在多方支持和参与下，2010 年 8 月 26 日，社区新居民党支部正式成立，共有在册党员 13 人、流动党员 31 人。工作中，充分发挥党组织的战斗堡垒作用和党员的先锋模范作用，把广大社区群众紧紧凝聚在支部周围。针对社区治理的现实需要，由党员带队，新居民自愿报名，主动担起义务信息员、义务调解员和义务宣传员的角色，普遍活跃在社区街面、商铺企业，使社区治理具备了广泛的群众根基，推动社区面貌发生了翻天覆地的变化，新居民党员和广大新居民群众在“第二故乡”有了发挥光热之地。高度重视党组织自身建设发展，积极向街道协调争取，在新建的党群服务中心开辟了专门区域用于支部开展工作，并依托街道党校的有利平台，定期组织新居民党员、入党积极分子开展红色教育、技能培训、继续教育等，有效提升党员自身素质能力。2015 年，支部又与浙江工商大学合作，建立马克思思想政治教育学院，定期为新居民党员提供教育培训和智力支持。二是强化要素管理，提升社区治安控制力。从摸清出租房屋、承租人员入手，在社区推行租房登记制度，挨家挨户开展宣传、发放登记本。通过努力，社区流动人口登记数明显增加了，并且在侦破“2010 · 4 · 4”凶杀案等大要案件中发挥了重要作用。专门制作一幅标注着社区 252 家个体工商户、726 户出租户全景图，所处位置、人员信息一目了然，再加上 6 大类 20 多本工作台账，真正实现了对社区基础情况的底数清、情况明。坚持开放共治的理念，充分发动社会组织、企事业单位、人民群众各方力量，开创了专群结合、群防群治新路子，通过打造社区命运共同体，实现对各类风险的共同防控和应对。在警务站和新居民党支部的组织带动下，社区内的党员、退伍军人、大学毕业生都踊跃参与到街面巡逻、防范宣传、劝架调解等维护社区平安的工作中来，热心企业还将自建的监控资源无偿接入警务站专网，足不出户就能实时看到社区各个地方的画面。目前，社区已经建立 15 支平安类志愿者队伍，总人数达到 1300 人。

2017 年至 2020 年，累计协助公安机关查破案件 45 起、抓获犯罪嫌疑人 85 人、调解矛盾纠纷 500 余件。三是强化依法治理，全力构筑公平正义环境。注重运用法治方式推进各项治理工作，并以此引导广大社区群众养成在法治轨道上主张权利、解决纷争的习惯，推动把利益诉求纳入法治化轨道。社区内发生的矛盾纠纷既有群众法律意识淡薄的原因，也有群众经济条件限制的原因。为了更好地提高群众法治意识，让群众打得起官司，积极牵头协调，警务站与浙江东方绿洲律师事务所进行了合作共建，著名律师陈之华等 5 名律师组建了“律师在身边服务队”，免费为社区内情感、劳资、债务等多发性矛盾提供调解纠纷、维权诉讼、普法宣传等方面的法律援助服务。“律师在身边服务队”每个月定期或不定期通过到企业、单位组织法律知识讲座，创办法律学校并举办法律知识讲堂，“摆摊”进行普法宣传及为居民提供法律咨询，组织放电影以集中群众并在放电影之前对群众进行法律知识教育及广播宣传等方式为社区法治建设做努力，使法律观念逐渐深入社区居民心中，居民的法治观念和法律意识都获得了很大的提高。截至目前，已组织法律咨询 250 余次，为 1000 余人提供法律援助，参与代理诉讼 60 余次，有效地发挥了法律服务、法治宣传教育在崇法尚德、移风易俗中的积极作用。四是强化综合服务，让群众有更多获得感。充分认识到经济发展与社区治理诸多要素之间存在共同性和互通性，对于一些传统意义上非公安领域的服务事项坚持靠前一步、主动担当，努力实现关口前移、预防在先、源头治理的良好效果。在抓好平安稳定工作的基础上，警务室高度关注社区群众，特别是广大新居民的需求。从最初的免费中介服务开始，到建立“马长林学雷锋志愿服务基地暨分局警务共同体建设示范点”，组建 12 支、共 1200 余人的公益服务类志愿者团队，面向社区群众的服务已经涵盖就业、幼教、医卫、修理、帮困等多个领域，充分满足了社区群众的需求。比如，2017 年至 2020 年，免费中介服务先后为 1 万多名新居民找到了工作和租房，共组织开展技能培训 25 场次、1000 人次，为新居民在“第二故乡”工作和生活消除了后顾之忧。“阳光假日小屋”组织志愿者每周六上午、暑假期间每周安排 2 个上午为“小候鸟”们提供学业辅导、亲情陪伴、自护教育、法治教育等服务。四年来，已开展服务 400 余次，参与“小候鸟”达 12,000 余人次，并且通过“小候鸟”这个桥梁和纽带，把安全防范的知识和技能向广大家长传递，取得了“小手牵大手、一家共成长”的放大效应，推动了社会平安稳定环境的持续发展。[①]

## 七、周俊军：做群众工作要当好“四员”

周俊军，是江西省瑞昌市公安局肇陈派出所洪一警务室民警。洪一乡地处大山深处，与湖北省阳新县交界，面积100多平方千米，17,000多人口，104个自然村。农村社区警务实践，让他深深体会到，只有用真心为群众做好事，动真情为群众办实事，下真劲为群众解难事，才能赢得群众的理解和支持。

### （一）了解情况像“勘探员”，要细心

一个民警要想全面掌握辖区的社情民意，号准辖区的“脉搏”，就如一个“勘探员”要想摸清一个区域的矿藏分布，必须不辞辛劳，跑遍辖区每一个角落，细心观察，采集每一条有价值的信息，然后科学地分析，系统地整理。

周俊军刚到洪一乡时，人生地不熟，两眼一摸黑。为了熟悉辖区情况，他天天骑着摩托车，背着背包，揣着个笔记本，走到哪记到哪。可不久，他发现了一个问题，当需要查找某信息时，需要在一堆笔记本、台账和档案里翻得满头大汗，就是找到了，面对抽象的文字信息，脑子里还是很模糊。这显然不是办法，怎么办？他想到了电脑和信息化，决定创建一个警务室信息平台。

要建信息平台，首先得采集信息资料。从2006年10月开始，他骑着摩托车，背着笔记本电脑，挂着数码相机，长年累月奔走在洪一乡的村村组组、家家户户、田间地头，拍照片、采信息。细看、细听、细琢磨；勤走访、勤询问、勤记录、勤核对。一年多时间，走遍了全乡每一个村庄，每一家农户，行程达6000多公里。把全乡每家每户的房屋位置、外貌、人员状况、变压器、移动通讯基站、医务人员等信息都采集了回来，连全乡每一头耕牛都拍了照片。一共拍下了照片9000多张，记录文字信息5000多条。

可如何将这些信息合理地存进电脑，有机地联系起来，他却犯了难，一是没有先例可以借鉴，二是自己对电脑技术懂得不多。他就买来电脑书籍，利用晚上的时间对着书本琢磨，学习电脑技术。边学边建边用，经过三次改版，终于建

---

① 马长林：《传承和发展新时代“枫桥经验” 做好复杂社区社会治理——以湖州龙溪街道罗师庄社区公安治理为视角》，载《公安教育》2020年第9期。

成了包括住户方位图、人口管理、治安管理、安全防范、服务群众五大板块，37 个分类的“洪一警务信息平台”。

有了这些，哪怕一个不熟悉辖区情况的新民警，不用向导带路，只要鼠标轻轻一点，就像卫星定位系统那样，准确地查找到所要到达的位置，要查找警务区信息，只要轻点鼠标，所有信息都一览无余，工作效率增长数十倍，同事们把他的这个平台亲切地称为乡村警务“GPS”。

一次性的全面“勘探”并不是一劳永逸的，社会在变，辖区的一切都在变，实现“勘探”效果的最大化，是社区民警每日的必修课。

### (二) 为群众办事像“运动员”，要热心

山区老百姓很朴实，一般不找警察办事，找来了就是有难事，作为社区民警，群众再小的事，对警察来说就是大事，拖拉不得，怠慢不得，稍有不慎就会产生误会，老百姓有时虽然嘴上不说，但心里还是不痛快。

2011 年 5 月，根据民政部门的通知，要为 60 岁以上的老人发放补贴，办理手续时必须有身份证，时间催得很紧，一时间派出所里挤满了前来办身份证的老年人，窗口民警日夜加班。同时村里向周俊军反映，有不少年纪较大，身体不好的老年人行动不方便，怎么办。周俊军就对他们说，“我会在一个星期内上门为他们办理”。负责照相的师傅在照相馆里因人多脱不开身，周俊军就请师傅教会他拍身份证照的技术，骑着摩托车，带着相机，一家一户地为这些行动不便的老年人照相，回来陪着师傅处理照片直到深夜。最后如期为他们办理了身份证，他还把办好的身份证一一送到老人的手里。

曾经有一次，洪一乡一个村民给他打电话，说在大畈砖厂前面公路上有一年青人骑摩托车摔倒在路边，昏迷不醒，没人认识，也没人敢动。如果拔打“120”，这里距离市区 70 多公里，等救护车赶到，一切都晚了。于是周俊军立即打开他精心构建的辖区卫生所档案，找到离事发地点最近的大畈村卫生所医生电话，与医生取得联系后，让这名青年得到了及时的救治。

社区民警就是辖区群众心目中的“110”“120”“119”，无论发生了什么事，群众可能第一个想到的就是社区民警，社区民警也应该第一时间给予解决。

运动场上，运动员以快取胜，在服务群众中，社区警察也只有提供快捷周到的服务，才能得到群众的满意和赞许。

### (三)调解纠纷像“裁判员”,要公心

调处纠纷是社区民警的一项基本工作,一起纠纷看似是两个人的事,其实大家都在看,社区警察只有公平公正、合理合法、不偏不倚、一身正气,才能赢得群众的信任和支持。

某年清明节,吴家村谈某找到周俊军说,他妻子的墓碑被人砸了。经了解,是谈某的妻子患病在床,按照农村的风俗为活人选一块墓地,立上墓碑,病人就会好转。因此去年清明时就在自家的地里建了墓基,立了墓碑,但墓地在大林村五个柯姓村庄太婆坟的正前方。清明节这天柯姓族人前去祭祖,一伙年轻人不顾年长老人的阻拦,就将谈某妻子的墓碑推翻并砸坏了。谈某只有一家人,而对方是五个村庄几百户,谈某不敢找对方理论,所以找到周俊军调解处理。经过周俊军的调查了解,他决定用调解纠纷“四步法”进行调解:

第一步“降火减压”。因为柯姓村庄人都认识周俊军,这也是社区警察的优势,通过初步的调解工作,他们的情绪冷静了下来。

第二步“冷热均衡”,找准恰当的调解时机。周俊军认为必须在清明节期间调解,因为正值清明节,柯姓宗族负责人都在家里,节日一过,又不知到哪里找人。

第三步“将心比心”,引导双方换位思考。周俊军把双方叫到派出所,让他们站在对方的立场想一想,他们都承认自己的做法有些欠妥。

最后一步“一气呵成”,抓住有利时机快速达成调解。此时,周俊军趁热打铁提出调解意见,根据周俊军的提议,谈某答应将墓基迁走,柯姓族人答应赔偿损坏的墓碑,另外全部承担谈某迁墓碑的费用,这样既公平公正,又达到了双方都满意的效果。

做到公平公正,并不是体现在某一起事件中,而是要求我们社区民警对每一起纠纷,每一起案件都要用公心去对待,就像要做一名公正的裁判就要在任何比赛中永不吹“黑哨”。

### (四)群防群治像“调度员”,要尽心

当前农村社区普遍性的问题就是地广人稀,大量青壮年外出务工,群防力量薄弱,再加上警力不足,如何构建一张有效的防控网,是摆在农村社区民警面

前的一道难题。

在农村我们一直有一张网,那就是村干部,但一个村委会也就三五个人,显然这张网太疏太弱。社区警察要想让农村基层社区治理力量更密更强,还得再加一张网甚至多张网,网与网交织,才能疏而不漏。平时的农村地区,由于青壮年人都外出打工了,留在家里的不是老的就是小的,很多村庄甚至只有几个人留在家里,如何组织?周俊军想到了商铺,一是地理位置优越,每个村庄都有一个甚至多个商铺,遍布全乡,基本上都在公路边或交通路口。二是人员相对集中,平时在家的总喜欢聚集到店里聊聊天,打打扑克。如果将这些商铺利用起来,那将是一张遍布全乡严严实实的防控网。周俊军首先采集了全乡商铺信息,以便于需要时取得及时联系,在日常走访中,有空就到店里坐坐,指导店主落实安全防范措施,拉拉家常聊聊天,一来二去就和他们成了朋友。一旦遇到一些纠纷或者是紧急事情时,社区警察只要几个电话,就能在洪一乡布下"天罗地网"。

2012 年 12 月 17 日凌晨,洪一乡双港桥一家超市店主曹某半夜起来上厕所,从自家监控里看到街面公路上停着一辆亮着灯的小汽车,从小汽车上下来一个人,打着手电筒往另外一家超市走去,想到前几天有一家商店被盗,他提高了警觉,这伙人将可能实施盗窃。曹某根据周俊军以往传授的经验,他打通了附近店主的电话,叫大家悄悄拿工具做好准备,等他的电话一齐冲出去。再打电话通知距街道一里外的几个店主,组织人员守住了三条必经之路,然后打电话给社区警察周俊军。警察们立即出动,在路上,周俊军给三个村的治保主任打电话,组织村民在公路上设卡拦截,在那三个拦截点外又加了一道防线,防止窃贼冲卡。警车接近案发商店时,开车的嫌疑人发现了,立即发动汽车逃跑,另外在店里行窃的嫌疑人也冲出店外,沿着小巷跑进了茂密的山林。当嫌疑车辆到第一个卡口时,就被村民们拦停,警察随后也赶到顺利将嫌疑人抓获。连夜把嫌疑人移交刑侦部门,经过深挖,从而抓获犯罪嫌疑人 12 名,破获系列盗窃超市案件 90 余起,成功打掉一个流窜 6 省市的盗窃团伙。这个案件同时也提醒周俊军,这张基层群防群控网显然还不够密实,后他逐步把小组长和治安积极分子充实到这张网里,同时想方设法加强技防设施建设,这张网就更加密实了。

"警力有限,民力无穷",社区警察要像一名尽职尽责的"调度员",合理协调辖区内的各方力量,依靠群防群治,建一张牢不可破,密不可逃的人民防控网。

也许在一些人看来,山旮旯里的社区警务并没有多少含金量,但周俊军认为,农村社区民警只要主动作为,大胆创新,时刻把群众的冷暖放心上,解群众所需,帮群众所困,就一定能走出一条“民生主导警务”的新路径。

## 八、高荣生:杭州西湖景区的守望者①

杭州西湖风景名胜区管委会西湖街道茅家埠村一面环湖三面环山,东临西湖,西靠山林,毗邻杭州花圃,是著名的“上香古道”的起点。村庄辖区面积2.5平方千米,分为上茅家埠区块、下茅家埠区块、茅乡茶居区块,村内现有家庭户249户,村民479人,村民(社员)代表34人,茅家埠村党总支现有党员48人,班子成员3人。茅家埠村委班子成员3人。辖区内有出租房475间,实有人口2296人,辖区单位132家,从业人员1676人。辖区内以办公、茶楼、居住为主,年客流量达300万人以上,是一个典型的景中村。2017年村集体收入达到2000余万元,村集体经济组织自2000年建立初级股份制以来,股民每年可获股金分红。2017年实现了矛盾0激化、服务0距离、安全0事故、案件0发生,特别是在辖区2296名实有人口和辖区132家单位1676名从业人员中,实现了非接触性案件0发生的工作目标。

### (一)高荣生及其警务室团队

2017年,茅家埠警务室被杭州市公安局批准,以在茅家埠村工作11年的社区民警高荣生名字命名,成为西湖风景区辖区范围内唯一一个以人名命名的警务室,该团队由2名民警、2名协管员、4名村干部和1名专职安全巡查员(由村返聘的退休协管员)共10人组成,改变了以往以辖区片警为单一力量的管理模式,将村委人员、村保安队人员充实到警务室的团队中。

在工作方法上,建立了茅家埠村综合管理信息平台(后台),通过前期大量的数据收集、入户调查把茅家埠村辖区的所有人员信息、住房信息、企业信息都进行了详细的录入登记,并通过可视化的方式,在一张电子地图上进行集成体

① 节选自本课题组于2019年8月赴杭州调研的资料。

现。同时依托该综合管理信息平台，首创了“消防安全评分制度”。

**（二）建立茅家埠村服务宣传平台**

茅家埠村联合“中社联”推出了茅家埠村服务宣传平台（前台）。该平台作为茅家埠村在互联网中的门面，向村民、市民、游客朋友展示茅家埠村的整体面貌，同时通过科技手段将村民的微信与平台进行关联，村民在注册后能够直接在个人微信上对平台信息进行浏览和意见建议的反馈。

**（三）建设“平安门”安防体验馆**

茅家埠村联合景区消防、景区公安，建造了以公益宣传为目的的“平安门安防体验馆”，体验馆内运用了当下最先进的 VR、AR 技术和仿真模拟科技，让体验者能够身临其境感受灭火、逃生、防电信诈骗等安防环节，通过体验进一步提升广大来访者的应急能力。茅家埠村在 2017 年被评为杭州市消防宣传教育示范社区，目前该“平安门”安防体验馆正在申报“全省消防科普教育基地”。

**（四）“茅家埠大妈”平安巡防队、茅家埠平安联盟**

依托茅家埠村老年电视大学成立了茅家埠大妈平安巡防队。该巡防队目前有 60 人，平均年龄 65 岁，但志愿服务的热情很高。自从成立以来，不论下雨下雪、节日假日，都严格按照排班表进行平安巡防。同时，为更好地契合茅家埠村“景中村”茶楼多、民宿多、企业多的特点，成立了“平安联盟”队伍。

**（五）村规民约及积分管理办法**

茅家埠村通过创建村民积分，细化村规民约，多维度优化管理服务大平台。在原有村规民约的基础上，按照新的工作和时代要求进行修改，在前言部分增加茅家埠村特色“三字经”。同时推出“积分制管理制度”。制定“消防安全、治安情况、环境卫生、家庭计生、志愿服务”等评分模块，每个评分模块下设置加减分小项。茅家埠村会定期组织村积分制评分小组上门对家庭户进行评分。年底会按照分数高低开展相应奖励。另外，为了公正客观记录、评价村民参与积分情况，有专门积分制评分小组成员负责记录、管理，对村民参与活动、参与评比、获得荣誉等情况进行核实认定和积分奖励。

# 专题八　实践能力篇

国家进入全面加强治理体系和治理能力现代化建设的新阶段，要让党员干部特别是领导干部在实践中摸爬滚打、经风雨、见世面、壮筋骨、长才干，在矛盾问题集中的地方、急难险重的任务中、纷繁复杂的局面中检验和锻炼党员干部特别是领导干部的制度执行力、治理能力。公安机关和人民警察，尤其是领导干部都是国家治理主体，在加强基层社会治理中，扮演着十分重要的角色，能否在基层实践中历练好自己，提高综合能力尤其是提高群众工作的能力，对于公安机关的平安建设和人民群众生命财产安全守护来说是一个重大的课题。特别是2023年3月，中共中央办公厅印发《关于在全党大兴调查研究的工作方案》，并发出通知，要求各地区各部门结合实际认真贯彻落实。

## 一、调查研究，摸清情况

关于公安群众工作的调查研究是群众工作的首要环节，只有深入人民群众之中，进行深入的调查研究，才能够对人民群众的所思、所想、所需和当前新时代面临的困难问题有充分的了解和掌握，也才能真正从实际出发，找到解决问题的正确路径，从而更好地为人民群众服务。公安领导干部在这个调研实践中，也才能真正看到社会和现实的真实一面，了解人民的疾苦，有同情心，也在发现和解决问题中提高自己的实践能力。这里的调查研究包括广义和狭义的理解。

### （一）调查研究的界定

2011年11月，习近平总书记在中央党校秋季学期第二批入学学员开学典礼上的讲话《谈谈调查研究》中明确:“调查研究,是对客观实际情况的调查了解和分析研究,目的是把事情的真相和全貌调查清楚,把问题的本职和规律把握准确,把解决问题的思路和对策研究透彻。”关于公安群众工作的调查研究,这里主要从狭义和广义两个方面进行界定。狭义的调查研究,特指对群众的调查研究,简称研究群众。是指“公安机关和人民警察立足本职工作,对所服务的群众进行广泛的调查研究,了解群众的需求”[①]。这里的研究群众主要是从公安群众工作对象来看的。按照社会学的“圈子定律”,人类智力将允许人类拥有稳定社交网络的人数是 148 人。[②] 公安群众工作的研究群众就必须打破个人圈子的局限,绝对大大超过这个圈子。一个城市社区民警在自己的社区里可能就要熟悉辖区所有家庭的主要成员情况,有的甚至要熟悉上万人的基本情况。任何一个社区的人都是不同的,任何一个家庭的人员情况也是不同的,具体表现为不同的性别、不同的年龄结构、不同的经济条件、不同的社会地位、不同的性格、不同的人际关系。城乡接合部的社区,其突出的特点往往是流动人口多,租房人多,大型的、封闭的居住社区比较少,而且其居住的人员层次参差不齐,但多数是相对分散的居住形态,导致人员管控和基层社会控制较为薄弱,治理的难度就无形加大,尤其是当前在推行的智慧安全社区建设可能会面临一些挑战。纯粹的农村社区,虽然人员相对稳定,但居住又十分分散,村庄距离又远,接触群众的机会就相对要少得多;同时,很多农村地区的青壮劳动力都外出打工,家中多是留守儿童和老人,也给调查研究群众增加了难度。对于一些边境地区、少数民族地区、高原地区等更是难上加难的事情。尽管当前以互联网、大数据为支撑的智慧社区建设已经在很多地区展开,是做好群众工作的一个良好机遇,而且发展很快,但研究群众、熟悉辖区群众仍然是一个挑战,在这方面加强调查研究将具有十分重要的意义。

广义的调查研究,不仅包括调查研究群众,还要对公安机关和人民警察所在辖区、社区等基本情况进行调查研究,如所在辖区的地理位置、管辖范围、社区基本情况、其他重点机关单位等情况。对于一个基层科所队的民警来说,所

---

① 公安群众工作教程编写组:《公安群众工作教程》,中国人民公安大学出版社 2013 年版,第 37 页。

② 又称 150 定律(Rule of 150),即著名的“邓巴数字”,由英国牛津大学的人类学家罗宾·邓巴(Robin Dunbar)在 20 世纪 90 年代提出。该定律根据猿猴的智力与社交网络推断出。

在的辖区地理位置、管辖范围、辖区基本情况是首先要了解的，因此，很多到公安机关的民众都能看到公安机关的辖区图，就是给群众一个基本的轮廓概况，知道自己所在的地理位置、所在社区的管辖范围，而通过这张图也能对辖区的基本情况有一个初步的了解，如有什么机关单位、有多少社区、多少学校等。浙江湖州的马长林警官，刚到社区担任社区民警时，就先翻阅过去的档案，和所里领导及民警进行充分的交流，初步了解到罗师庄的情况非常复杂。辖区除罗师庄行政村的全部人员外，还包括邻近的九桥村等4个村民小组的安置户。调查数据显示，在正式成立警务室之前，这里的治安状况呈现"偷盗案件多、打架斗殴多、矛盾纠纷多"的复杂局面；面积虽不足杨家埠派出所管辖范围的1/5，报警量却多达35%—38%，发案数占到全所的1/4。罗师庄也曾被市政府列为治安难点、重点区域。这个辖区还是处于社会转型期的城中村，当时的社会管理组织除了所属两个村委之外，城管、工商、消防、环卫等几乎没有力量进驻，环境脏乱差，群众意见大、投诉多、举报多，辖区治安工作基础薄弱等。也正是在这些基本的调查研究的基础上，马长林开始了他贯彻公安机关的群众路线，宣传群众、服务群众、发动群众等的基层群众工作事业。

### （二）调查研究的意义

#### 1. 坚持群众路线必须进行调查研究

2023年3月，中共中央办公厅印发《关于在全党大兴调查研究的工作方案》，并发出通知，要求各地区各部分结合实际认真贯彻落实。方案特别就调查研究的意义指出：调查研究是我们党的传家宝。首先，群众路线的确立、发展。1981年，党的十一届六中全会通过的《关于建国以来党的若干历史问题的决议》对党的群众路线作了精练的概括，指出："群众路线，就是一切为了群众，一切依靠群众，从群众中来，到群众中去。"1982年中共十二大通过的党章在此基础上，加了一句"把党的正确主张变为群众的自觉行动"，形成了群众路线的完整表述。

其次，关于如何走好群众路线。对于如何走好群众路线，习近平总书记在福建宁德工作时就创新建立了"四下基层"的工作制度，坚持信访接待下基层、现场办公下基层、调查研究下基层、宣传党的方针政策下基层，为群众解决了很多问题、办了大事实事，这一重要实践有效克服了形式主义、官僚主义，极大拓宽了我们做好新形势下群众工作的思路方法。

最后,坚持党的群众路线与加强调查研究是相辅相成。群众路线,是一切为了群众,一切依靠群众,从群众中来,到群众中去。对此,习近平总书记曾有许多重要论述,党的实事求是的思想路线,党的从群众中来、到群众中去的根本工作路线,都要求我们的领导工作和领导干部必须始终坚持和不断加强调查研究。只有这样,才能真正做到一切从实际出发、理论联系实际、实事求是,真正保持党同人民群众的密切联系,也才能从根本上保证党的路线方针政策和各项决策的正确制定与贯彻执行。①

2. 没有调查就没有发言权

重视调查研究是我们党在革命、建设、改革各个历史时期做好领导工作的重要传家宝。正如毛泽东同志所言,没有调查,没有发言权。② 只有深入调查研究,才能及时准确地掌握群众工作的第一手材料,有的放矢地开展群众工作。在调查研究中怎样"深入实际、深入基层、深入群众"? 民主革命时期毛泽东的调查研究堪称典范(见表1)。1935年遵义会议③之后毛泽东之所以成为全党公认的领袖,从根本上讲,在于他成功探索出了一条适合中国国情的革命道路。这条道路的形成,又与他做了大量的社会调查特别是农村调查,对中国国情有着深入与透彻的了解密不可分。

**表1　毛泽东同志进行社会调查**

| 时间 | 地点 | 成果 |
|---|---|---|
| 1925年春 | 湖南韶山 | 《中国佃农生活举例》 |
| 1927年1—2月 | 湖南湘潭、湘乡等五县 | 《湖南农民运动考察报告》 |
| 1927年11月 | 江西永新、宁冈 | 《永新调查》《宁冈调查》(后遗失) |
| 1930年5月 | 江西寻乌 | 《寻乌调查》 |

① 习近平:《谈谈调查研究》(2011年11月16日在中共中央党校秋季学期第二批入学学员开学典礼上的讲话)。

② 《反对本本主义》,载《毛泽东选集》(第1卷),人民出版社1991年版,第109页。

③ 遵义会议是中国共产党第一次独立自主地运用马克思列宁主义基本原理解决路线、方针、政策问题的会议,初步确立了以毛泽东为代表的马克思主义的正确路线在中共中央的领导地位,挽救了党、挽救了红军、挽救了中国革命,是中国共产党历史上一个生死攸关的转折点。

续表

| 时间 | 地点 | 成果 |
| --- | --- | --- |
| 1930 年 10 月 | 江西新余 | 《兴国调查》 |
| 1933 年 11 月 | 江西兴国长冈乡、福建上杭才溪乡 | 《长冈乡调查》《才溪乡调查》 |

在毛泽东同志当年所进行的农村调查中,1930 年 5 月的寻乌调查和同年 10 月的兴国调查,甚为详细。他这两次调查,主要采取调查会方式。寻乌调查会开了十余天,兴国调查会开了一个星期。在调查会上,他自己既主持会议又亲自记录。"一九三〇年五月,我在江西南部的寻乌县做了个调查。这个调查,我都找了些什么人呢? 找了几个中下级干部,一个破产了的商会会长,一个在县衙门管过钱粮的小官吏,还有一个穷秀才,此外就是寻乌县的县委书记。我们几个人,谈了好几天。那些人可有话讲啦! 他们把那里的全部情况,寻乌的工商业情况,各行各业的情况,都跟我讲了。"①

毛泽东同志认为,调查会要开出成效,调查对象应具代表性和广泛性:"要是能深切明了社会经济情况的人。以年龄说,老年人最好,因为他们有丰富的经验,不但懂得现状,而且明白因果。有斗争经验的青年人也要,因为他们有进步的思想,有锐利的观察。以职业说,工人也要,农民也要,商人也要,知识分子也要,有时兵士也要,流氓也要。自然,调查某个问题时,和那个问题无关的人不必在座。"②

关于寻乌调查:毛泽东同志对寻乌的调查相当全面。他依据调查得到的材料,在第一次反"围剿"战争的空隙,写出了《寻乌调查》。这个调查报告,设有 5 章 39 节共 8 万余字,包括地理位置、历史沿革、行政区划、自然风貌、水陆交通、土特产品、商业往来、商品种类、货物流向、税收制度、人口成分、土地关系、阶级状况、剥削方式、土地斗争等。毛泽东着重调查了以下几个问题:(1)县城的人口成分及政治地位;(2)县城的商业情况;(3)旧有土地关系;(4)农村剥削状况;(5)正在进行的土地斗争情况。

关于兴国调查:兴国调查的对象主要是八户农民。对于这次调查的情况,

① 毛泽东:《在广州工作会议上的讲话》(一九六一年三月二十三日)。

② 毛泽东:《反对本本主义》(一九三〇年五月)。

毛泽东同志后来回忆说:“我在兴国调查中,请了几个农民来谈话。开始时,他们很疑惧,不知我究竟要把他们怎么样。所以,第一天只是谈点家常事,他们脸上没有一点笑容,也不多讲。后来,请他们吃了饭,晚上又给他们宽大温暖的被子睡觉,这样使他们开始了解我的真意,慢慢有点笑容,说得也较多。到后来,我们简直毫无拘束,大家热烈地讨论,无话不谈,亲切得像自家人一样。”①

毛泽东同志通过调查发现,中农与贫农参加革命之所以很勇敢,是因为这两个阶层在革命中是得利的。中农在土地革命中得到的利益:“平分土地后他们的土地不但不受损失,而且多数还分进了部分土地;过去娶亲要花很多钱,几乎等于中农的全部财产,土地斗争后,婚姻自由,娶亲不要钱;过去办丧事要花很多钱,有些中农由此负债破产,土地斗争后破除了迷信,这个钱也不用花了;更重要的是,过去中农在地主富农的统治之下,没有‘话事权’,事事听人处置,土地斗争后,他们与贫雇农一起有了‘话事权’。因此,中农参加革命很勇敢。”

贫农在土地革命中是“得利最大”的阶层:他们分了田(这是根本利益),分了山;革命初起时,分了地主及反革命富农的谷子;“由”了老婆(江西农民把婚姻自由的“由”字变成动词,使之区别于旧时强迫的买卖的婚姻,通用于全苏区农民中)。过去讨老婆非钱不行,因此许多贫农讨不到老婆。即讨,不是带童养媳,就是要到好大年纪。若是讨了老婆又死了,再讨就非常困难。现在完全没有这个困难了……最根本的是取得了政权,他们成为农村政权的主干和指导阶级。正如2023年3月发布的《关于在全党大兴调查研究的工作方案》所提到,当前,我国发展面临新的发展机遇、新的战略任务、新的战略阶段、新的战略要求、新的战略环境。世界百年未有之大变局加速演进,不确定、难预料因素增多,国内改革发展稳定面临不少深层次矛盾躲不开、绕不过,各种风险挑战、困难问题比以往更加严峻复杂,迫切需要通过调查研究把握事物的本职和规律,找到破解难题的办法和路径。

**3. 调查研究是做好领导工作的一项基本功,调查研究能力是领导干部整体素质和能力的一个组成部分**

“调查是一个联系群众、为民办事的过程。通过深入基层、深入实际、深入群众,我们可以了解群众在想什么、盼什么、最需要我们党委、政府干什么。从

---

① 《关于农村调查》,载《毛泽东文集》(第二卷),人民出版社1993年版,第382页。

而,使我们的各项决策和工作部署,集中民智,体现民意,反映民情,做实一件事,赢得万人心,真正做到情为民所系,利为民所谋,权为民所用。”①“无论是制定决策还是实施决策,都离不开调查研究。只有通过调查研究,才能了解实际情况,总结基层经验,为做出正确决策创造条件,为检查决策的偏差和实施过程中的问题提供第一手材料。同时,在调查研究中还可以考核干部,实地了解干部的思想水平、工作能力和状况,发现人才,用好干部。”②

### (三)调查研究的目的

从历史来看,中国共产党是研究群众、服务群众、保护群众、宣传群众、组织群众和依靠群众的行家里手。以习近平同志为核心的党中央高度重视做好群众工作、增强群众工作本领。新时代做好群众工作,就是不断地提高掌握群众工作本领的意识,不断夯实党执政的群众基础。增强群众工作本领,还要不断提高满足群众多样需求的意识和本领。要深刻把握新时代的新特点,尤其要把握群众工作的新特点、新要求,深入做好调查研究工作。对于群众工作来说,无论是广义还是狭义的调查研究,都是为了摸清家底。有的时候,调查是为了发现问题;有的时候,调查是为了总结经验;还有的时候,调查是为了还原事实真相;当然有的调查是为了做好相关的评估和比较。只有更多地接触群众、走到群众中去,生活在群众中,才具备了提高群众工作本领的条件。这里我们就以公安群众工作的研究群众来看,主要有以下几个方面:

#### 1. 调查难点问题

难点问题是人民群众常常会碰到的,大到刑事案件,小到鸡毛蒜皮的邻里、家庭纠纷,对于群众来说,可能都是难事。不同的人经济条件不同,心理感受也是不同的,有的人丢了一个高端手机无所谓,有的人丢了一辆自行车还痛苦半天。对公安机关来说,天天可能会碰到一些案件,可具体到一个群众来说,一个小小的盗窃案件可能一生就碰到过一次。因此,辖区群众的难点问题需要调查,需要研究,汇聚到一起,也许就是辖区的某些带有规律性的问题。因此,调

---

① 习近平:《干在实处 走在前列 推进浙江新发展的思考与实践》,中共中央党校出版社 2006 年版,第 534 页。

② 习近平 2004 年 4 月 9 日在富阳市调研时的讲话。选自《干在实处 走在前列 推进浙江新发展的思考与实践》,中共中央党校出版社 2006 年版。

查研究这些问题,解决这些问题就非常有意义,彻底解决这些问题,甚至根绝产生这些问题的原因就是我们调查的最大目的。当前普遍存在的利用网络实施的案件,牵涉很多群众的利益问题,也是难点问题,巨大的利益是驱动犯罪的动力。对网络诈骗等展开调查研究,发现案件发生、发展的规律,破解这些案件,就是目的。

**2. 调查热点问题**

首先,关于调查热点问题,主要是围绕群众关心的热点问题,做好引导化解工作。因为对热点问题经过充分的调查研究,公安机关和人民警察可以针对热点问题采取必要的应对措施,有效地为群众排忧解难。其次,可以围绕群众关心的热点问题,做好相关化解工作。因为公安机关和人民警察可以在明确热点问题的基础上,落实责任制,需要公安机关解决公安机关通过努力能够解决的问题,要无条件完成;实在不能解决或解决起来比较困难的问题要及时向当地党政领导机关汇报,取得上级领导支持,并配合有关部门努力解决好。最后,解决好藏在这些热点问题背后的那些涉及群众利益的问题。很多热点问题有时直接关系到当事人的切身利益问题,公安机关就要做好服务工作,公安机关和人民警察要处理好情理法的关系,坚守法律底线,立足相关公安业务工作,还要切实兑现公安机关的服务承诺,尤其是在当前学习枫桥经验,将问题解决在基层,解决在萌芽状态,做好零距离服务,不断提高群众的满意度。

**3. 调查焦点问题**

这里主要涉及一些事态比较严重的问题,如一些群体性事件,尤其是涉及网上串联等的群体性事件,会涉及很多群众的问题。有的焦点事件可能会持续一个相当长的时期,某一个时间节点还可能触发更大的社会稳定问题。在这里,我们一定要保持清醒的头脑,很多问题不是一个简单问题或者说一个系统问题、涉及其他部门的问题,甚至涉及相关政府的政策法规问题,对于公安机关来说,有些问题不属于公安机关的职责范围,单纯依靠公安机关是不可能解决的,因此,对这些焦点问题的调查就十分必要。这里的调查就要分清主要矛盾和次要矛盾;有的时候需要协同其他部门一起调研,共同找到问题的症结,才能对症解决。

### （四）调查研究的方法

毛泽东同志曾用过河要有桥或船的生动比喻，深刻地说明了方法的重要性。他说："我们的任务是过河，但是没有桥或没有船就不能过。不解决桥或船的问题，过河就是一句空话。不解决方法问题，任务也只是瞎说一顿。"

了解社情民意，需要采用调查研究方法。调查法就是为了达到预定的目的，制订计划全面或比较全面地收集研究对象的信息资料，从而得到某一结论的研究方法。它的目的可以是全面把握当前的状况，也可以是揭示存在的问题，弄清前因后果，为进一步的研究或决策提供观点和论据。

调查法的主要特点是，能够同时收集到大量的资料，使用方便，并且效率高。调查法是以问题的方式要求被调查者针对问题进行陈述的方法。根据研究的需要，可以向被调查者本人做调查，也可以向熟悉被调查者的人做调查。调查法可以分为口头调查和书面调查两种。常用的口头调查法为访谈法，而常用的书面调查法是问卷调查法。

2009 年年底开始，公安部在全国公安民警中开展以进农村、进社区、进企业、进学校、进家庭和送温暖、送平安、送法律、送服务"五进四送"为主题的"全国公安民警大走访"爱民实践活动。在"大走访"活动中，广大民警主要采用口头调查法——访谈法了解社情民意。目前很多地方的基层社区民警经常性的调查研究一般都是综合运用多种方法，如定期或不定期地召开恳谈会、民警经常性入户走访了解社情民意、警察机关组建网格员队伍进行社会面上的社会问题和治安情况调查以及政法委统领下的兼职网格员队伍开展调查等。

1. 访谈法

访谈法是访谈人员通过与被访者直接交谈收集有关信息、资料的研究方法。访谈调查时，访谈人员与被访者面对面地交流，针对性强，灵活真实可靠，便于深入了解人或事件的多种因素以及内部原因，但访谈法比较花费人力和时间，调查范围比较窄。

访谈的形式可以是个别访谈，与被访者逐个谈话，也可以是集体访谈，即以座谈会的形式展开访谈，还可以是非正式或正式访谈。非正式访谈不必详细设计访谈问题，自由交谈，根据实际情况展开，而正式访谈有预先的较完善的计划，按部就班地进行。

访谈过程有以下四个步骤：

(1)访谈开始，应向被访者说明访谈的目的和基本要求。

(2)逐步提问，倾听回答。对于谈话要收集的内容可以用脑记，也可以记笔记，还可以用录音机记录，以备以后整理分析。

(3)访谈结束，要专门对材料作整理，形成陈述性材料，并作一定的统计性整理。

(4)最后要得出结论性的东西。例如，被调查问题的现状、性质，产生问题的原因等，并随之提出建议、意见。

访谈法对访谈人员的要求比较高，主要体现在以下几个方面：

第一，访谈人员基本要求。为了接近被访者，使访谈顺利进行，访谈人员应该注意：(1)穿着干净整洁，称呼恰如其分；(2)自我介绍简洁明了，不卑不亢；(3)发出邀请时应热情，语气应该肯定和正面；(4)以适当方式消除被访者的紧张、戒备心理，如最好不要带本子记录；或者提前告知访谈的目的，打消被访者的戒心和顾虑；有时应主动出示身份证件等文件。

第二，访谈技巧。很多时候，访谈人员能够按照相关访谈的基本要求进行访谈，但有时候由于各种原因，也有遇到访谈被拒绝的可能。如果被访者拒绝调查，访谈人员应该注意下列应对技巧：(1)应有耐心；(2)不要轻易放弃；(3)搞清拒绝的原因，做出相应对策。

第三，访谈前的准备。除了街头的即兴访谈外，访谈人员对被访者的经历、个性、地位、职业、专长、兴趣等要有所了解；要考虑如何取得被访者的信任和合作。另外，在访谈时要掌握好发问的技术，善于洞察被访者的心理变化，善于随机应变，巧妙使用直接法和间接法等。

至于集体访谈——座谈会，组织者要注意以下几点：首先，要选择好对象。参加座谈会的人数不要太多，一般参加人数以6—12人为宜；参加成员要有代表性、典型性，一定要选择和要访谈的主题相关度比较高的人来参与访谈；参加者在学历、经验、家庭背景等各方面情况尽可能相近，以确保访谈的效果。事先要了解一下与会者的个人问题，避免触及个人隐私而造成被动局面。其次，要拟订好问题。问题设计要合乎逻辑、要具体，如有可能，可事先发给每人发言讨论提纲，让他们事先做好准备，并约定好开会时间和地点。临开会前应追发一个通知。座谈会要按计划进行，目的明确，中心议题要集中。视具体情况，也可根据调查课题的需要临时提出提纲上没有的问题,让与会者作答。最后,要创造一个畅所欲言的气氛。讨论中若发生争执,如果争执有利于课题的深入,支持争执下去;争执与结论无关,要及时引导到问题中心上来。主持人一般不参加争论,以免堵塞与会者的思路。主持人应以谦虚平等的态度,诙谐亲切的语言,争取与会者的合作。

访谈法比较适合用在调查个人和小规模群体情况时采用。在处理范围更大一些的调查时,更适于采用书面提问的方式进行,即问卷调查法,也就是上文提到的书面调查法。问卷调查通过收集资料,然后作定量和定性的研究分析,归纳出调查结论。采用问卷调查法时,最主要的是根据需要确定调查主题,然后围绕调查主题,设立各种明确的问题,作全面摸底了解。

2. 观察法

观察法是指研究者在自然条件下,有目的、有计划地通过感官或借助一定的科学仪器,对社会生活中人们行为等各种资料搜集的方法。观察法是心理学领域和市场调研常用的方法。虽然观察法存在一些缺点,如只能使观察人员观察到外表现象和某些物质结构,而不能直接观察到事物的本质和人们的思想意识,但是其主要优点仍很明显,即在自然状态下,直接获得比较真实、生动的资料。

民警采用观察法可以观察群众的表情、语言、行为,了解特定人群或个人的习惯,使民警既能在接触群众之前做好沟通准备,比如,他们喜欢什么样的称呼、什么样的语言、什么样的动作,还能在沟通时根据群众的反应,及时调整自己的态度、语言、行为等。

民警要用好观察法,关键在于养成观察习惯,形成观察的灵敏性,还要能集中精力勤奋、全面、多角度进行观察,最后要将观察与思考相结合。

### (五)调查研究的原则

1. 主动研究

调查研究要主动。关于民警群众工作问题,结合对群众的调查研究,主要表现在心理上,过去一些民警怕见群众,一些领导也怕见群众,一些单位设置很多门,群众堵了东门他就走西门。表现在行动上就是缺乏主动走访群众的勇气。调查研究要主动到困难群众家中去,到生产困难的厂矿、企业中去,绝不能回避矛盾,怕见群众。要认真倾听他们的呼声,让他们"诉诉苦""吐吐怨",这样才能摸清情况,知道群众怨在何处,解决起问题来才能胸有成竹,得心应手。如果不敢面对群众,那只会离群众越来越远,与群众隔阂越来越深,调查研究也成为一句空话。

2. 真心研究

研究群众要用真心、真情、真意,要真心为群众排忧解难。公安民警在做调查研究时要善于换位思考,站在群众的角度去看问题、办事情、做决策。对群众反映的问题,属于既合理而又有条件解决好的,就要抓紧办实办好,对那些属于正当要求但一时又难以解决的,则向群众说明情况,明确有关单位,落实责任人,限期给予解决,使问题解决在基层,矛盾化解在萌芽状态,让他们看到党和政府的关心,增强他们的信心。比如,在处理家庭纠纷问题上,有的警察就无所适从,不做深入的调查研究,常常面对一些家庭纠纷,尤其是"武斗"型的家庭矛盾纠纷就不敢前往调查处理;有些警察就能够在调查研究的基础上,很好地处理家庭纠纷。比如,在针对家庭矛盾纠纷的处理中,有的警察就把丈夫从家里赶出去,这是不明智的,除非严重的伤害案件,一般采用把一方当事人给抓起来的做法都是不可取的,也违背"警察最小动用武力原则"。要树立"在处理家庭纠纷时,抓人是不得已的最后一招"的观念。因为警察无论是被信任的家人叫去处理家庭纠纷,还是邻居打电话报警而去处理家庭纠纷,其目的绝对不是抓人走,那无疑是激化矛盾,警察要用真心、真情、真意去解决家庭纠纷,就应该设定在处理所有的家庭纠纷中,目标是什么:是为了恢复暂时的平静,还是立足长远,从根本上解决问题,以后回归家庭和睦。需要警察用真心、真情、真意,细致入微,换位思考,与矛盾双方充分讨论,借此教会家庭纠纷的各方如何识别发生矛盾和分歧的征兆,以及如何防止双方矛盾的恶化升级。换位思考就是要在调查和了解的过程中,认识到纠纷双方可能都非常孤独、非常渴望得到一些调解,听到一些建议,得到一些安慰,甚至在一些关键节点上得到一些良性的鼓励和理解,当然最重要的是让冲突的一方或者双方有一个"台阶"下,也就是实时地给予一个帮助,让他们的矛盾得以化解,走向和谐。

3. 深入研究

研究群众要深入,不能流于形式、浮于表面。当前,我国社会正处于转型期,经济社会运行中的矛盾比较复杂,导致公安工作环境也比较复杂。每一个公安民警都要以对党对人民高度负责的精神，大兴调查研究之风，大兴求真务实之风，而不是看看材料，走马观花，要变坐等“上访”为主动“下访”，用更多的时间深入基层、深入实际、深入群众、深入农家，拉家常，结穷亲，掌握第一手材料，拓宽同人民群众联系交流的渠道，这样不仅可以把矛盾消除在萌芽状态，解决在基层，而且还可以从中总结出一些规律性的东西，及时提出改进工作、完善政策、转变作风的措施，使工作更有成效。

4. 尊重习俗

无论是城市还是乡村，都有一个习俗的问题。宏观上的习俗大到中华民族共有的一些习俗，微观上的习俗可能涉及一个社区，一个家族，甚至一个个体所遵守的习俗。就农村社区来说，习俗作为一个地区居民生活方式的反映，是村民对本村成员身份的心理确认。这种祖祖辈辈流传下来的心理认同，是一种向心力和凝聚力，能从人的心理深层唤起对村落利益的关心。生活习俗作为生活中的文化现象，包括生老病死、衣食住行、婚丧嫁娶的习俗，宗教信仰、巫术与禁忌等广泛内容，对人民的价值观、为人处世的原则和行为发生重要影响。① 城市社区同样有和农村社区相似的很多习俗，但由于城市人口的居住环境、人员分布结构等的限制，民俗相较于农村社区淡化很多，但很多时候也会发生其应有的作用。因此，尊重民俗是调查研究，尤其是研究群众中必须认真对待的一个原则。过去，公安机关就是在办理一些严重的刑事案件时，也充分考虑宗教、习俗等有可能触发的其他问题而采用尊重宗教、习俗的人性化的执法方式。习俗至少有三种功能：一是维护乡村共同利益，这成为今天村民自治的重要基础；二是组织乡里协同生活，在诸如婚丧大事的协力互助过程中，人们不仅体验到协作与互助观念，还有对利益的理解和为人处事方式的熏陶等十分丰富的内容；三是维系村落共同生活秩序，村民议事、制定村规民约、制裁和约束不良行为、调解纠纷矛盾，是形成群体意识、获得参与观念、增长意识能力，实现村民自我教育、自我管理的有效途径。② 因此，传承优秀习俗的社会功能，并通过移风易俗使之发扬光大，是乡村治理的重要途径。综合以上这些方面，在进行调查研究，尤其是研究群众时，尤其要注意民俗的特点和功用，有的时候可能会发挥事

---

① 朱启臻：《利用乡村治理资源优势提升乡村治理能力》，载《红旗文稿》2020 年第 7 期。

② 朱启臻：《利用乡村治理资源优势提升乡村治理能力》，载《红旗文稿》2020 年第 7 期。

半功倍的作用。

5. 科学研究

研究群众要运用科学的方式、方法,不能想当然蛮干。在公安工作中,有的民警以为凭借自己的一腔热情,就能做好调查研究工作。他们不注意与群众沟通交流的方式、方法,不知道一些方法的科学流程和注意事项。言谈举止、行为方式、做事方法不当,轻则让群众不舒服、不高兴,重则让群众产生怀疑和不信任,使调查研究工作不能有效开展。所以,公安民警不仅要注意了解、学习与各类群众打交道的方式方法,还要注意在平时的工作中,做好调查研究,进行科学的调查研究,才能让自己成为受群众欢迎喜爱的民警。

## 二、更新理念,主动服务

### (一)理念及其更新

理念是什么?理念是支配人们行为的观念等。苏格兰哲学家休谟在两百多年前就认为"尽管人是由利益支配的,但是人类的本身以及所有的事物是由观念支配的"。由此可见,观念对人的行动来说是多么重要。积极的理念支配积极的行为,消极的理念支配的是消极行为或者不作为行为。因此,理念的更新常常是公安领导者和警察所必须高度重视的首要环节。

### (二)警务理念溯源

中国警察预防犯罪的"基因"说。中国警察历史发展源远流长,警察两个字的含义也有多种解释,单纯从警察两个字来看,很多学者都加以界定和分析,如学者李士珍认为"警察两字,警之于先,察之于后"。其蕴含着警务的两个重要理念,这里将其界定为"警察基因"说,即警察工作既包含犯罪前期的预防,也包括犯罪后的调查和侦查。尤其是"警","敬也,有言在先,不得违戒"。警察两个字涵盖的首先是预防犯罪的警务观念。

纵览世界其他国家,预防犯罪的观念深入人心。最早创办近代警察的英国,早在1829年就创建了"伦敦大都市警察",其创办者是时任内政部部长罗伯特·比尔。在担任首相期间,他曾经通过立法活动来解决工人阶级的问题。1842年他通过引进煤矿法,禁止妇女和儿童在煤矿井下工作。1844年他通过工厂法案,限制被工厂雇用的妇女和童工的工作时间。在他担任内政大臣期间,制定了刑法。他在刑罚制度改革方面付出了努力,直接结果是减少死刑判决,而且对在监狱的犯罪人进行教育。直到今天人们都还记得,“比尔是现代警察的缔造者”。比尔提出了警务九条原则①:

原则1:警察存在的基本使命是预防犯罪和维持社会治安秩序。

原则2:警察履行职责的能力依赖公众对警察行为的满意程度(许可度)。

原则3:警方必须确保公众自愿遵守法例,自愿合作,以确保及维持公众的尊重。

原则4:警察得到公众合作的程度的高低,与为实现警察目标所需要使用武力与强度的多少成反比。

原则5:警察寻求和维护公众的好感,不是通过迎合公众舆论,而是通过不断表现出对法律绝对公正的服务。

原则6:警察只有在认为没有足够的说服、咨询和警告的情况下,才会在确保遵守法律或恢复秩序所必需的范围内使用武力。

原则7:警察在任何时候都应与公众保持一种关系,使警察是公众、公众是警察这一历史传统成为现实;警察只是公众的一员,他们的工作是全职关注每一个公民为了社会福利和生存而应尽的义务。

原则8:警察应始终严格按照其职能采取行动,决不应表现出篡夺司法权力的行为。

原则9:对警察效率的检验是没有犯罪和混乱,而不是警察在处理犯罪和混乱时采取行动的明显证据。

### (三)中国警务回顾

回顾中国警务的发展轨迹,并不是要全面对警务发展的方方面面进行详细的解读,而是通过框架性的勾勒,提供一个粗线条的认识。比如,在警务发展过程中,一些地方的领导或警察没有很好地贯彻枫桥经验,不作为、消极作为或者在遇到一些无法解决的问题时没有深入地调查研究,找不到多方协同的办法,

---

① Susan A. Oehntz, Robet H. Chaires. *The invention of Peel's principles: A study of policing "textbook" history*. Journal of Criminal Justice 35(2007)69 – 79.

导致一些群众的上访,有时候甚至是越级上访,造成非常不良的后果,有的甚至累积发展形成了群体性事件。另外,也反证了警务工作必须要走主动预防、主动服务的警务道路,才能满足人民群众的需要,实现权为民所用,利为民所谋。

### (四)主动服务原则

主动服务群众要注意两种原则。一是防止脱离群众实际的原则。以自己的理念代替群众的实际,把自己幻想的需要,视为群众实际上的需要,闭门造"事",包办民意。结果事与愿违,招致不满。或者"嘴上功夫好",开"空头支票"等。二是防止"功利主义作祟"的原则。一些警察喜欢做面子工程、个人政绩第一,好大喜功,搞"形象工程",结果失去了民心!

### (五)主动服务的着力点

首先,要从关心群众的生活做起。关心群众的生活是我们党的优良传统,也是中国共产党人的初心。1934 年在江西瑞金召开的第二次全国工农兵大会上毛主席针对当时的一些红军不注意群众工作指出:"一切群众的实际生活问题,都是我们应当注意的问题。"2014 年 3 月起,新疆各级机关抽调 20 万名干部,开展为期 3 年的"访民情、惠民生、聚民心"活动。2014 年到 2016 年,新疆各级机关抽调干部,分 3 批全部下基层轮换一遍,实现全疆 1 万个村(社区)全覆盖。区直机关 74 个部门近万名干部,帮扶南疆四地州 437 个重点复杂村,确保每个村始终有 5—7 人。所有这一切归根结底就是要关注民生,更好地解决百姓的生活问题。党的群众工作无非是善于满足不同时期人民群众合法合理的利益需求,加强对不同社会群体的情绪管理和情绪疏导,积极帮助社会弱势群体并捍卫弱势群体的基本权利。其次,要关注小事、细节。中西方都有很多谚语,"小不忍则乱大谋""不积跬步,无以至千里""细节存在于魔鬼和天使之间"等,都是特别强调小事、细节的重要性。最后,要注重实干。习近平总书记在很多场合都谈到过实干。什么是实干?空谈误国,实干兴邦,实干首先就要脚踏实地劳动。党员、干部要坚定马克思主义、共产主义信仰,脚踏实地为实现党在现阶段的基本纲领而不懈努力,扎扎实实做好每一项工作。

### (六)主动服务实践

很多实践部门的公安干警摸索出了很多的主动服务的实践经验,这里主要选用来自浙江湖州和上海的三个案例。

1. 主动问诊,提前预防

社会治理的最好方法,就是将矛盾消解于未然,将风险化解于无形。要把好矛盾风险源头关、监督关、管控关,提高预测预警预防能力,努力做到防范在先、发现在早、处置在小。浙江湖州的青年社区民警曾经结合犯罪情景预防的知识,结合医生望闻问切的经验,首先对社区居民的住宅情况进行走访了解,尤其是对存在的治安隐患进行问诊,并主动告知这些住户居民,让他们加以改进。通过这种主动的走访摸排,将治安隐患消灭在萌芽状态,避免了一些案件的发生。

2. "源头"预防,群众安心①

湖州公安始终坚持"防为主、防为上"的工作理念,在矛盾纠纷的源头预防上下足了功夫、做足了文章。在湖州,群众报了警、找上门的事情当然要处理好,而很多矛盾纠纷尚未出"门",就被民警化解在了前端。

家住湖州南太湖新区阳光城小区的王师傅每次见到凤凰派出所社区民警姚旭华,就一个劲儿地夸奖:"姚警官,您是我们全社区的福星!"王师傅是小区的新住户。刚搬来没两天,王师傅就和姚旭华反映小区西门口好几家商铺晚上声音很大,影响家人休息。当天22时过后,姚旭华来到小区西门,一家一家地听,发现噪声确实不小。第二天,姚旭华便耐心地挨家商铺上门做工作,讲道理,让店主把临小区的所有窗户都装上双层隔音玻璃。几天后,噪声真的消失了。"这个问题不解决,群众意见肯定越来越大啊,我发现了就想办法解决。不会让社区的小纠纷变成大矛盾。"姚旭华说道。

在群众"有气"但还没有报警前,就把矛盾纠纷化解在前端,身为社区民警的同时也是社区副书记的姚旭华有着一套自己独有的高明办法——梳理"隐患清单"。他牵头组建了一个辖区平安志愿者的微信工作群,每天都会根据群里

① 陈东升:《浙江湖州公安大力推进矛调中心"三进"工作》,载快资讯网,https://www.360kuai.com/pc/9934cdbb6291244ad? cota=4&kuai_so=1&tj_url=so_rec&sign=360_57c3bbd1&refer_scene=so_1。

反映的情况梳理出“隐患清单”，针对清单里的每个隐患，挨个查看，逐一解决。

在湖州市大街小巷，像姚旭华这样“穿警服的副书记”有516名，他们发动村社干部以及9930名“家园卫士”、1677支“平安家园卫队”走村入户排摸矛盾纠纷；对排查到的矛盾纠纷，按照“简单马上办、一般精准办、疑难合力办”方式，层层过滤、逐级化解，全市村、镇矛盾纠纷化解率分别达75%、95%；在全市设立公安信访帮办代办点89个，吸收群防群治力量参与帮办代办信访事项，最大限度方便群众；打破地域、时空限制，构建“网上综合警务室”服务平台，由民警或有资质的调解员、社会调解品牌团队召集当事人，在约定时间进入网上调解室进行视频调解，切实解决当事人无法到现场调解的问题……

“矛盾纠纷是社会治理的‘晴雨表’，矛盾纠纷调处化解能力是社会治理能力的重要体现，矛调中心是推进市域治理现代化的‘牛鼻子’和建设‘重要窗口’的标志性工程。我们必须拿出建设‘重要窗口’示范样本的前列意识和标杆水准，不断深化全市矛调中心建设，强势推进公安机关‘三进中心’工作，要让更多人既能‘在湖州看见美丽中国’，也能‘在湖州感受中国之治’。”原湖州市委副书记、政法委书记、公安局局长夏文星说。

3. 用民警的细心，来关爱居民

上海市公安局虹口分局四川北路派出所社区民警邹克耀认为，做群众工作就像心理师。要摸透老百姓心里在想什么？需要什么？解决什么？懂得了老百姓的心才能够因人而宜，对症下药。邹克耀管理的辖区有个居民小杨，瞒着父母辞掉了“铁饭碗”，想去日本打工，结果签证签不出，于是拿出多年的积蓄一头扎进股市，两年不到亏得拦腰一刀，精神一下子崩溃，2010年开始产生幻听，每当夜深人静的时候拿起脸盆嘭嘭敲个不停，闹得四邻无法安睡。邹克耀在平时的社区工作中了解到了这一情况，开始了自己的主动服务工作，但他并没有直接去询问这一家人，而是绕开问题的焦点，从旁门慢慢地渗入。俗话说，“敲锣听声，说话听音”。邹克耀在与小杨的父母交谈中隐隐感觉到两位老人早明白自己的女儿精神不正常，就是不愿意送精神病医院治疗。邹克耀心里懂了，但嘴上还不能说出来，毕竟人家是一个女孩子，也就这一个孩子，一旦送进去，这顶帽子终身难摘，家人在社会上也抬不起头。为消除老人的心理障碍，一天，邹克耀特地请他们佩戴红袖章一起巡逻，走到一户居民家刻意坐下来休息，他们三人与这家女主人拉起家常，离开后两位老人感同身受说：这家蛮幸福的。

邹克耀抓住话由,“是呀,女主人十多年前得了精神分裂症,通过治疗不仅有了工作,还有了家庭和孩子”。两位老人顿时睁大眼睛,“真的吗?邹同志,明天你也把我女儿送医院治疗吧”。这张“感情牌”开始起效。通过及时治疗,整整四年,没有复发。如今他们的女儿不但自己按时服药,料理家务,照顾家人,还找到了工作。去年小杨的父亲病故,弥留之际嘱咐老伴:“帮我谢谢邹同志,他让我可以安心地走了。”

## 三、规范执法,彰显正义

### (一)规范执法的问题

公安执法的规范问题,是一个较为宽泛的范畴。

首先,从网上涉警舆情信息所披露出来的相关不规范执法案件的“代名词”可见一斑。例如,躲猫猫死,睡梦死,洗澡死,自缢死,摔跤死,噩梦死,递纸死,妊娠死,洗脸死,激动死,喝水死,呼吸死,发狂死,掉床死,捐款死,撞墙死,俯卧撑死等都从不同的案件性质,案件内容,到网上舆情的炒作,最后形成了一个网络化的名词,并广为流传,成为一个不规范执法的表述。

其次,典型案件的网上炒作推波助澜。尽管近几年,各地公安机关通过微博、微信等社交平台建立了完善的政务媒体生态,加强与公众的互动,对促进警民理解和信任起到了积极作用。但在重大涉警案件中,往往出现公安机关与民众互动不足的情形,集中体现为信息公开不足导致网民知情欲望无法得到有效满足,进而产生不满。[①] 从而直接导致涉警典型案例的网上炒作。从2014年12月山西太原“12·13案”、2015年5月黑龙江“庆安火车站枪击案”、2016年5月北京昌平雷某案、2017年3月山东冠县“于某刺杀辱母者案”等案件,暴露了互联网时代公安现场执法引发的争议越来越大,而抵触、愤怒和“代人受过”等消极情绪在警察群体中渐次弥漫使公安现场执法似有堕入困境之虞。

再次,妥协式公安执法的边界问题。妥协式公安执法是针对近年来发生的几起警察执法案件中警察执法行为的概括性描述,主要包括“投降式”和“下跪式”两种公安执法行为。“妥协式”公安执法,是指参与公安执法活动中的人民

---

① 李小波:《涉警舆情结构及其演化激励分析》,载《公安学研究》2020年第6期。

警察,在公安执法活动中,面对某种突发状况,因当事人反应强烈、行为过激,从保护当事人人身安全、规避网络舆论压力的角度出发,经权衡考虑后做出暂时向违法当事人妥协示弱的执法行为,但其行为与执法形象不符,有损警察执法权威,造成了不良的社会失范效应。[①] 诱使该行为发生的主要因素有警察畏惧网络舆论压力、执法权益保障机制不健全及处置突发状况的应变能力不足等。“妥协式”公安执法行为的发生给警察、民众及法治国家建设造成了严重伤害,产生了不良的社会影响。

最后,“罔顾儿童”[②]类的不规范执法问题。主要指涉及儿童随行情境的警察现场执法活动,极易因民警机械式执法、粗暴式执法而酿成执法事件、引起网络舆情发酵,极大程度挫伤公安机关执法的公信力和权威性。类似执法事件在日益强调执法规范化的近几年虽然没有再发生,但仍然需要警钟长鸣。

另外,在矛盾纠纷化解方面,民警在处理“自认为”简单警情时,麻痹大意以为情势可控,在执法程序中证据意识不到位,证据固定不完整,固定证据不及时,证据保存不规范,处理矛盾纠纷介入程度掌握不到适宜的“火候”,导致治安纠纷既调解不成又无法处罚的情况屡见不鲜,这种久拖不决的局面极易遭当事人不满甚至投诉、诉讼,影响公安机关严格执法、为民服务的形象。

### (二)规范执法的要求

第一,坚持公平正义,规范执法。政法系统在履职过程中,必须坚持法律面前人人平等,以事实为根据,以法律为准绳,坚守防止冤假错案底线,切实维护人民群众合法权益和司法权威。习近平总书记在全国公安工作会议上强调,公平正义是执法司法工作的生命线。要抓住关键环节,完善执法权力运行机制和管理监督制约体系,努力让人民群众在每一起案件办理、每一件事情处理中都能感受到公平正义。要严格规范公正文明执法,把打击犯罪同保障人权、追求效率同实现公正、执法目的同执法形式有机统一起来,努力实现最佳的法律效果、政治效果、社会效果。法律面前人人平等,任何人都不能凌驾于法律之上。

---

① 韩春雷、王世卿:《走出“妥协式”公安执法困境的路径探析》,载《广西警官高等专科学院学报》2015 年第 6 期。

② 许东濠、王世卿:《罔故儿童:警察现场执法问题与治理》,载《广西警察学院学报》2020 年第 1 期。

要加强全民普法宣传教育，推动全社会形成办事依法、遇事找法、解决问题用法、化解矛盾靠法的良好法治环境①。

第二，不计荣辱得失，要奋发工作，有所作为，尊重群众。清代康熙年间知县高以永（浙江嘉兴人），到任河南内乡后面临百姓四处逃散，田园荒芜，百废待兴，夜不能寐，深感责任重大，所撰写的一副楹联，人称"官德楹联"所言。上联是：吃百姓之饭，穿百姓之衣，莫道百姓可欺，自己也是百姓；得一官不荣，失一官不辱，勿说一官无用，地方全靠一官。——高以永所撰三堂楹联，对官与民、荣与辱、得与失之辩证关系鞭辟入里，脍炙人口，堪称县衙"镇官之联"，孰不服耶？②

第三，深化规范执法，提升执法水平。全国公安机关要认真学习贯彻全国公安工作会议特别是习近平总书记关于严格规范公正文明执法的重要指示精神，充分发挥在推进法治中国建设中的生力军作用，聚焦建设法治公安目标，着眼促进社会公平正义，下大力气整治执法突出问题，坚持不懈地推进执法规范化建设，着力提升公安工作法治化水平。

### （三）规范执法的路径

法学家汉斯·凯尔森（1881－1973）是纯粹法学派（又称规范法学派）创始人，曾经指出，正义是"通过忠实地适用实在制度的方式而继续其存在的"。对于公安机关来说，公安机关的主要活动是执法活动，公安民警的主要行为是执法行为，执法工作始终是公安工作和队伍建设的最佳结合点，执法规范化建设在整个公安工作中具有全局性、基础性地位。深化执法规范化建设是做好新形势下公安工作的迫切需要，也是落实全面深化公安改革的迫切需要。随着国家民主法治建设的深入推进，人民群众的法治意识不断觉醒、维权意识不断增强，特别是随着新媒体的快速发展，公众行使知情权、表达权、参与权、监督权的能力极大提升，公安机关的执法活动时刻处在媒体聚光灯下，执法行为稍有不当就很可能成为社会关注的焦点、舆论炒作的热点。因此，新形势下衡量公安工作的优劣，不仅要看是否体现了执法效率、实现了维稳目标，而且还要看是否促

---

① 《习近平：坚持政治建警改革强警科技兴警从严治警 履行好党和人民赋予的新时代职责使命》，载《人民日报》2019年5月9日，第1版。

② 刘鹏九：《内乡县衙与衙门文化》，中州古籍出版社1999年版，第2页。

进了社会公平正义、维护了人民群众合法权益。公安改革是推进执法规范化的动力所在,促进执法规范化是公安改革的重要目标。其基本路径有三:(1)坚持实事求是,科学把握执法规范化建设的目标定位。(2)坚持执法为民,让人民群众通过执法规范化建设有更多获得感。(3)坚持重点突破,切实找准执法规范化建设的切入点和突破口。具体措施是,全面推进公安智能化水平,用大数据理念、低依赖度理念、法治化理念指导,统筹规划全国执法规范化建设体系,全力普及打造"一体化、智能化、精细化、合成化"办案中心,打造一流的执法办案新模式。

## 四、巧妙沟通,润物无声

互联网信息技术的发展加速了新媒体时代的到来,进而引发了传播媒介史上的一次革新,其显著成果是沟通方式发生了巨变。精确来讲,即新时代的沟通媒介以"QQ、微博、微信、抖音"等即时通讯工具替代了传统时代的"面谈、书信"等。QQ、微博、微信、抖音主要以手机客户端、电脑客户端等为主要传播载体,以其易学、容易普及、方便、快捷等的特点,迅速俘获了大批的用户,成为用户日常工作生活沟通交流的重要途径。中共十九届四中全会通过决定,我国将构建网上网下一体、内宣外宣联动主流舆论格局,建立以内容建设为根本、先进技术为支撑、创新管理为保障的全媒体传播体系。公安机关是人民民主专政的重要工具,是武装性质的国家治安行政和刑事司法力量,在日常工作中承担着打击违法犯罪、维护社会治安的神圣职责。借助新媒体手段传播正能量、把党的路线、方针、政策等及时下达,同时将民意及时上传都离不开新媒体沟通手段。近年来,各地公安机关积极主动适应全媒体时代社会舆论生态、媒体传播格局和受众阅读习惯的深刻变化,积极推动全媒体时代公安媒体融合发展,充分运用新技术新平台新应用,创新传播方式手段,发好公安声音、讲好警察故事、树好队伍形象、密切警民关系,打造了一大批具有社会影响力的公安新媒体账号,涌现出一大批热爱新媒体、善用新媒体的专业人才。截至 2019 年 4 月,全国公安机关共开设各类新媒体账号超过 5 万个,覆盖粉丝规模过亿,年阅读量近千亿,是体量最大、最具规模的政务新媒体集群之一。[①] 当然做好当前的公

---

① 《全国公安新媒体矩阵入驻今日头条!》,载快资讯网,https://www.360kuai.com/pc/91a3ca727930fef45?cota=4&kuai_so=1&tj_url=so_rec&sign=360_57c3bbd1&refer_scene=so_1。

安群众工作也必须要巧妙沟通，润物无声，以贯彻公安工作群众路线为落脚点、以和谐警民关系为构建目标，与时俱进、顺势而为，积极开设了兼具地域特色和职业特色的警务QQ群、公安微博、公安微信、抖音等沟通平台，积极主动地同人民群众进行沟通交流，努力营造和谐的警民关系。

### （一）沟通的界定及方法

沟通，从字面理解，一是挖通沟渠，使两水相通，来自《左传·哀公九年》，“秋，吴城邗，沟通江淮”。二是彼此通联。新时代公安群众工作的沟通主要是指公安人员借助新媒体技术、工具，在公安警务活动中与人民群众、工作对象之间进行交流互动，实现联系群众、宣传群众、组织群众、服务群众、化解警民矛盾、密切警民关系、维护社会稳定目的的一种沟通行为。

公安机关开展群众工作需要善于用各种方法走进群众心里，确保群众和警察之间的“管道”时时畅通无阻，彼此能对话、能了解、能交流、能达成共识，能迅速开展工作。

在与群众沟通的时候，民警首先要掌握法律基本素养这一基本功，其次要能准确判断当事人心理以采用适宜的沟通方法，最后要有较好的语言表达能力，主要包括概括能力、应变能力。由于当事人的文化层次、生活环境、性格脾气等有所迥异，因而民警和各类型的人进行语言沟通时，须因人而异，看人说话。一是要对群众一视同仁，互尊互信。民警要自始至终平等对待所有人，使当事人对公安机关产生信任，沟通才能顺畅。二是要学会用语平和，用通俗白话，把群众心结娓娓解开。民警应将晦涩难懂的法条用通俗易懂的语言对其摆清事实，讲明道理，使其认识到错误和处理方式的不当。倘若民警满口法学术语，非但无法调解矛盾，还可能使当事人对民警产生反感，效果容易事倍功半。三是设身处地，晓之以理，动之以情。人和人之间是需要交往的，公安群众工作更是在与群众交往过程中开展的，而交往是需要感情的。如果没有感情，人际关系是无情的，冷漠的，警民关系就会变得僵化难解。在服务群众过程中，日常执法执勤工作中，要深刻理解坚持以人民为中心的深刻内涵，面对不同纠纷中不同的人要学会将自己摆进去，巧妙沟通，润物无声，真正做群众的贴心人，与群众打成一片。四是学会用网言网语。公安民警也要学网、懂网、用网，学会网言网语，创新与群众沟通的方法，提升舆论引导力、影响力、公信力，营造更好的警民关系。

现实中,一方面,人往往是一个复杂体,更多的时候不可能只是简简单单的棱角清晰、泾渭分明;另一方面,中国的语言博大精深,同样的语言在不同的环境下由不同的人讲出会有不同的理解,上面的只言片语也只是管中窥豹,重要的是真正走进群众心里,急群众之所急、想群众之所想、忧群众之所忧,在与群众沟通的时候要注意语言的运用、拿捏,才能在沟通中达到听得进、记得住、做得好的效果。

### (二)沟通的几种媒介

据相关考证,"媒介"一词最早见于史书《旧唐书・张行成传》:"观古今用人,必因媒介。"[①]这里"媒介"一词指的是使双方(人或事物)发生关系的人或事物。关于"媒介"的学理界定,学者们的看法各有不同,其中学者邵培仁是这样界定的:"所谓媒介,就是指介于传播者与受传者之间的用以负载、传播、传递、延伸特定符号和信息的物质实体。"[②]同时,康青在《管理沟通》一书中这样讲道:沟通过程中,信息都是通过一定的媒介传播的。[③] 由此可以推断,媒介在沟通过程中起到了联系沟通双方的桥梁作用。研究发现,目前具备担当新媒体时代警务沟通媒介的有六种:网上公安局、网上派出所、网上警务室[④]、警务 QQ 群、公安微博、公安微信。但是,由于网上公安局、网上派出所、网上警务室的功能较为庞杂,其功能的实现也多依赖电子计算机,相较于警务 QQ 群、公安微博、公安微信,其便携性较差,使用限制较多,不具备警务沟通大规模应用的条件。故本书所研究的新媒体时代群众沟通的媒介主要是指警务 QQ 群、公安微博、公安微信。

1. 警务 QQ 群

QQ 是腾讯公司研发的一款即时网络通讯工具,具有快捷、方便、功能强大、

---

① 罗昶:《突发事件传播的媒介分析与应对——以媒介融合为视域》,经济科学出版社 2011 年版。

② 陆桂生、邹迎九:《媒介管理通论》,复旦大学出版社 2008 年版。

③ 康青编著:《管理沟通》,中国人民大学出版社 2006 年版。

④ 网上警务室是以互联网为载体,以信息技术综合应用为支撑,以本社区内用户和进入互联网警务社区的网民为服务对象,为其提供综合性警务服务的虚拟网络警务社区,是对传统社区警务工作信息化的再现和延伸。参见王世卿:《网上社区警务室略论》,载《中国人民公安大学学报(社会科学版)》2010 年第 2 期。

能建群等特点,QQ 一经问世便获得了海量用户。2014 年 4 月 11 日晚间腾讯 QQ 同时在线用户数突破 2 亿。同年,We Are Social(全球性社交营销代理机构)的调查排名显示腾讯 QQ 以 8.29 亿人次月活跃账户排名全球大型网络社交平台第二位。2015 年,腾讯公布的"2015 年第四季度及全年业绩"报告显示,2015 年 QQ 的月活跃账户数达到了 8.53 亿,而其中在手机、平板电脑等便携式智能移动设备终端上使用 QQ 的月活跃账户数为 6.42 亿。这些数字清晰地说明了 QQ 拥有庞大的用户群体,同时也从侧面凸显了 QQ 的强大影响力。腾讯财报数据显示,2017 年 QQ 月活跃用户较 2016 年下跌了近 1 亿。2018 年半年报显示,QQ 月活跃用户同比 2017 年下滑 5.5%,QQ 空间同比下滑 9.5%。但 QQ 仍是警民联系的渠道之一,有的时候和其他沟通渠道协同发挥作用。

鉴于 QQ 庞大的用户群体及强大的社会影响力,众多地方公安机关和公安民警自发地将其作为拓展警务工作的一个平台,建警务 QQ 群。警务 QQ 群主要具备联系群众、提供咨询、受理报警等常规功能。这里的警务 QQ 群并不是指其群内成员全都是人民警察,而没有普通民众的 QQ 群;而是指某一 QQ 群内拥有一名或多名人民警察的 QQ 群。在群内,警察向群成员明示自己的真实身份,同时参与群组内的互动聊天,接收并反馈群成员提供的线索建议、解答群成员咨询的相关问题等,旨在为群成员提供便民服务。[①] 同时,在基层民警具体处理一些纠纷案件和事件时,QQ 辅助传递一些量大的信息和证据。

2. 公安微博

微博,就是微型博客(Micro Blog)的简称,也称即时博客(博客的一种变体),是一个基于用户关系的信息分享、传播以及获取的平台,用户可以通过手机借助即时通讯工具(如 QQ、MSN、G - talk、Email、Web 等)向个人微博发布短消息。[②] 与博客相比,微博作为一种交流和分享平台,更注重时效性和随意性,更能表达出发博人此时此刻的思想和最新动态。当前,各大门户网站均开通了属于自有品牌的微博客。

公安微博是公安机关围绕公安工作而开设的,其所发布的信息内容具备权

① 许博、王旭:《网络社会警察公共关系危机与消解——以警察 QQ 群和警务博客为例》,载《铁道警官高等专科学校学报》2011 年第 6 期。

② 参见邹建华:《微博时代的新闻发布和舆论引导》,中共中央党校出版社 2012 年版。

威性和专业性,发布的人员具有特定身份,对群众的意见建议进行收集、分理、办理、反馈四位一体的意见处理平台,是公安机关与群众分享信息的平台。[①] 全国公安机关开设的第一个官方认证微博是广东省肇庆市公安局于 2010 年 2 月 25 日在新浪微博平台开通的名为“平安肇庆”的官方微博。此后,犹如被打开的“潘多拉魔盒”一样,全国各地公安机关及民警个人掀起了开设公安微博的热潮。时任公安部副部长黄明更是在一次研讨会上讲道:“公开为先、服务为本,是公安微博的价值所在;尊重群众、顺应民意,是公安微博的生命所在。”[②]此讲话为公安微博建设奠定了基调、指明了方向。公安微博的主体有两种形式:一是以公安机关为主体;二是以民警个人为主体。其中,以公安机关为主体的公安微博是最主要的形式,[③]如@ 平安武汉微博、@ 平安北京微博等。

**3. 公安微信**

微信(Wechat)是腾讯公司于 2011 年 1 月 21 日推出的,是一款可在 PC 端及智能移动终端供用户沟通交流使用的即时通讯软件。其工作原理是借助移动网络或无线网络,在只消耗少量数据流量的前提下实现跨通信运营商、跨操作系统平台,将文字、语音、图片或视频快速发送给目标用户,实现双方的信息共享。与 QQ 相比,微信的功能更加便捷、操作更加灵活,因此微信一经推出便造成了大批 QQ 用户的转移,如今大有取代 QQ 成为国内第一大即时通讯应用程序之势。腾讯公布的“2015 年第四季度及全年业绩”报告显示,2015 年微信月活跃账户数和 We Chat(微信进军海外市场的英文名称)月活跃账户数的总量为 6.97 亿,微信的用户区域遍布全球 200 多个国家和地区、用户所使用的语言超过 20 种。在 2019 年,微信的月活数为 1,151,000,000,达到了惊人程度,而 2018 年为 1,082,500,000,在原本基数已经如此大的情况下,还获得了近 1 亿的增长。[④]

公安微信是一款以便利警民沟通、发布警务信息为出发点,以推进公安工作发展、维护社会公共安全为着力点,将微信多元功能与警务工作实践有机结

---

① 魏永忠主编:《网络警务概论》,中国法制出版社 2013 年版。

② 周滨主编:《“微博问政”与舆情应对》,人民出版社 2012 年版。

③ 廖建春:《公安微博的作用及相关问题研究》,载《中国人民公安大学学报(社会科学版)》2011 年第 3 期。

④ 《2019 微信最新数据报告来了!》,载知乎,https://zhuanlan.zhihu.com/p/102069027。

合的特色政务微信，是公安机关创新社会公共安全治理的重要方式。[①] 2012 年 9 月 6 日全国公安机关开通了第一个公安微信公众平台——平安肇庆。[②] 至此，公安微信正式进驻公安机关并服务于公安机关。受此影响，全国各地公安机关及民警个人纷纷响应、借鉴，开通了各具特色的公安微信公众平台，为更好地开展公安警务沟通工作贡献了力量。据中国传媒大学媒介与公共事务研究院新媒体实验室最新不完全统计，截至 2014 年 10 月 31 日零时，中国政务微信发展总量已突破 13,000 个，公安类微信数量居首位。[③] 截至 2017 年 6 月，民警个人名义开设的有影响力的微信号 25 个（关注人数大于等于 1000 人），覆盖网民 320 万。[④]

### （三）沟通的多重意义

#### 1. 了解民意，体察民生，转变工作思路

公安机关的宗旨是“全心全意为人民服务”，那么如何能够达到“全心全意为人民服务”的目标是公安机关及其领导者需要认真思考的命题。公安机关属于国家行政机关，是国家管理机构的重要组成部分，公安工作能否让人民群众满意关乎到国家在人民心目中的形象，影响着政府的公信力。现实生活中，公安工作多是在上级领导的指示或命令下展开的，这些指示或命令中的绝大部分合乎人民群众心声，能够为人民群众创造实惠，实施的时候也能够迅速获得人民群众的谅解与支持；但这些指示或命令中也存在部分有可能违背了为人民服务的初衷，不但不能给人民群众带来方便反而制造了麻烦，究其缘由多为领导干部对基层民众的现实需求了解不够。

对于上述描述的问题，公安机关领导者需要从实际出发，通过沟通交流，掌握民众最关心的问题、最需要迫切解决的问题，认真研究做出正确决策，进而转变工作思路，真正实现全心全意为人民服务的宗旨目标。传统媒体时代警务沟通渠道的匮乏阻碍了警民间的有效沟通，公安机关不能准确掌握民情民意，人民群众不能准确向上反映利益诉求，由此给和谐警民关系的构建带来了不小的

---

① 王柏杨、刘以雪、王世卿：《公安微信在警务实践中的应用初探》，载《公安教育》2015 年第 6 期。

② 闵政、林笛：《公安微信如何走出“成长的烦恼”》，载《人民公安报》2013 年 8 月 5 日。

③ 张志安、曹艳辉主编：《政务微博微信实用手册》，南方日报出版社 2014 年版。

④ 李小波、韩春梅：《成长与规范：中国警察个人微信公众号发展研究》，载《山东警察学院学报》2017 年第 6 期。

阻碍。随着新媒体时代的到来，新媒体工具广泛应用于公安机关的警务沟通过程中，真正地架起了一座密切警民关系、畅通警民沟通的新桥梁，起到了了解民生民意，广纳良言的目的。例如，2010 年春节期间，有网民通过微博发文称安徽省阜阳市太和县宫集镇有人利用残疾儿童行乞，且手段十分残忍。很快，广大网民在“安徽公安在线”政务微博留言近千次，要求解救流浪儿童。“安徽公安在线”政务微博立即按照程序将此信息转交给阜阳市公安局，让其立即调查，争取尽快给广大民众一个满意的交代。此案例成功地诠释了新媒体时代警务沟通平台对公安工作的指引作用，为公安机关更好、更快、更准确地了解民众期盼、解决民众疾苦提供帮助，以此来收获民众最大的满意。[①] 同时，2011 年春节期间发起于微博端的“随手拍照解救乞讨儿童”的活动得到了公安部的积极响应，进而积极倡导“微博打拐”行动更是佐证了民众的某些合理诉求是可以影响公安工作方向的。

2020 年 11 月 27 日，天津市公安局北辰分局在北辰区青光镇集贸市场举行的“深入开展‘冬季攻势’行动暨被盗物品返还大会”迅速在网上走红，引起全国各地群众连连叫好。在柳州分局的返赃大会上，民警在返赃的同时，还创新了与群众沟通的方式，在活动现场通过唱山歌、展示宣传板报、发放宣传单等方式，宣传扫黑除恶专项行动、防范电信诈骗、防范妇女儿童被拐、如何远离毒品等，使公安群众工作更加便民化、通俗化，百姓也更加容易、非常乐于接受这样的形式，实现了群众满意和公安工作顺利开展的双赢局面，赢得了群众们的一片赞誉。

**2. 密切警民关系，打击违法犯罪**

无论是古代警察时期，还是近代警察时期，警察的主要职责都是打击违法犯罪、维护社会治安稳定。警察通过其强制手段实现打击违法犯罪的目的，但是相较于人数众多的违法犯罪分子，警察的数量是有限的，期许完全只依赖自身的力量就实现维护社会稳定的目标基本是不可能的。犯罪产生的根源在社会，因此打击犯罪的主力军也在社会，而这个主力军就是数以千计的人民群众。

处于社会转型期的国家，社会生活中充满着各种各样的矛盾，如果这些矛盾不能得到及时解决，就极易诱发犯罪。犯罪产生了，就需要公安机关人民警察及时进行案件侦破来消除犯罪给人民群众造成的恐慌心理。但是茫茫人海，

---

① 公安部发言人办公室编：《公安微博：实践与前景》，群众出版社 2012 年版。

隐匿其中的犯罪分子给公安机关侦破案件、抓获犯罪分子制造了难以想象的困难。这个时候就需要公安机关人民警察及时动员人民群众,通过向人民群众公布相关案情,让人民群众了解犯罪对社会产生的严重危害,得到人民群众的谅解与支持,动员人民群众积极参与到案件侦破过程中,提供有价值的线索,实现群防群治的警民合力。公安工作出现困难了,需要人民群众协助时才想到要联系人民群众、走群众路线的行为无异于学生考试时的临时抱佛脚行为,其效果可想而知。那么如何能够实现需要人民群众协助时的一呼百应?这就需要公安机关在前期做好群众路线工作,多与人民群众沟通,密切警民关系,而这正是新媒体工具的特长所在。通过新媒体工具在警务沟通工作中的大范围推广,警民联系得到了前所未有的加强,警民关系上升到了新的历史高度,同时也取得了丰硕的成果。

2013 年年底,广西壮族自治区桂林市公安局叠彩分局率先创建了广西首个微信警务室,同时其配套服务"叠彩警局"微信警务平台正式被运用于日常警务工作。自 2013 年年底"叠彩警局"微信警务室创建以来,截至 2014 年 5 月 17 日,该微信警务室共接收 2000 多条群众信息,帮助 30 多名流浪人员顺利返家,受理群众咨询、求助近 600 起,联系、服务人民群众的能力得到了很大提升。① 得益于新媒体工具在警务沟通中的积极作用,警民关系得到前所未有的加强,其在公安机关打击违法犯罪工作中的地位也越来越重要。②

3. 有效沟通可以防止网络谣言的"蝴蝶效应"

关于谣言传播的影响因素,有学者给出了一个公式:谣言的流通量 =(事件的)重要性 ×(事件的)模糊性 ÷ 公众批判能力。谣言产生与事件的重要性和模糊性成正比,而与公众的判断能力成反比。事件涉及的话题越重要,事实越模糊,谣言的影响范围就越大;反之,如果网民有足够的判断信息真伪的能力,那么谣言便会不攻自破。在网络谣言的种种影响之中,网络谣言所呈现的"蝴蝶效应"是其高度杀伤力和强大破坏性的最好解释。

警民沟通有效,就可以在谣言的初级阶段,充分考虑到要通过媒介的即时、快捷、便利等条件,提前发布事实真相,让绝大多数公众明白事件的事实真相,从而达到制止谣言于萌芽状态。2016 年发生在广东某市的交警街头执法案件,

---

① 莫小松:《叠彩微信警务出战斗力》,载《法制日报》2014 年 5 月 17 日。

② 郑明:《"公安微信"成为群众的平安热线》,载《人民公安报》2013 年 11 月 13 日。

网上传播的视频反映的并不是事情的全貌，而是其中截取的一段，重点突出了警察摔抱孩子的随行当事人，当然这个随行者后来的行为也涉嫌违法，但由于她是怀抱孩子的当事人，因此，很多不明真相的网友就迅速加入传播视频行列并发表个人观点，攻击执法警察。当地公安机关迅速调查事实真相，很快就发布了警察街头执法的完整视频，多数网友虽然对摔抱娃女有不同看法，但最重要的是前期抱娃女先掌掴民警的视频片段，很快就制止了网上谣言，从而也就平息了事态。再如，2019 年的湖南警察打人事件，当事人贺某称"警察夫妻打人"，引发全网关注，舆情爆发，随后调查发现当事人存在亲吻涉事民警夫妇幼女行为，并先动手殴打女性警察，导致当事男性民警还击。随着警方调查结论公布，舆情快速反转。①

## 五、纠纷调解，定分止争

### （一）纠纷调解的现实

党的十九大报告明确，"中国特色社会主义进入新时代，我国社会主要矛盾已经转化为人民日益增长的美好生活需要和不平衡不充分的发展之间的矛盾"。人民不断增长的各种需要和各种不能充分地满足之间就必然产生问题，这些问题一旦遇到触及点就有可能引燃矛盾和纠纷，而且这种矛盾和纠纷的不断产生和存在将要持续一个相当长的时期。

纠纷调解的现实情况具体如下（以菏泽市 2019 年第一季度的调查统计为例）：

1. 纠纷类别及数量占比分析

据统计，第一季度全市各级各类人民调解组织共调解矛盾纠纷 5237 件，其中邻里纠纷 1670 件，占 31.88%；婚姻家庭纠纷 1670 件，占 31.88%；房屋宅基地纠纷 313 件，占 5.97%；合同纠纷 226 件，占 4.32%；道路交通事故纠纷 184 件，占 3.51%；土地纠纷 204 件，占 3.90%。

2. 重点、难点、焦点分析

（1）婚姻家庭、邻里纠纷是调解的重点，婚姻家庭和邻里纠纷 3340 件，占总

① 参见李小波：《涉警舆情结构及其演化机理分析》，载《公安学研究》2020 年第 3 期。

数的63.78%。究其原因,一是夫妻因感情不合而离婚引发的财产分割、子女抚养等纠纷问题。往往是夫妻婚前缺乏了解,婚后缺乏沟通,导致感情破裂。二是当事人权利意识扩张,因通风、采光、污水排放等生活琐事而互不相让。三是子女赡养老人引发的纠纷也时有发生,老人要求子女履行赡养义务,还有子女经济困难或对赡养责任区分存在分歧,从而引发家庭矛盾纠纷。

(2)房屋宅基地、征地拆迁纠纷是调解的难点。征地拆迁、房屋宅基地纠纷517件,占纠纷总数的9.87%,城区道路升级改造、环境绿化、商品房施工、公益设施配套建设等面临大量的征地拆迁工作;农村土地流转、承包经营等经济活动推进过程中,因拆迁征用土地而产生一系列的纠纷。其主要原因是补偿标准不统一,征地补偿费用标准偏低且分配不均衡,补偿资金发放不到位,个别拆迁户漫天要价,无理取闹等。此类纠纷兼有利益性、群体性特点,如不能及时调处化解,极易引发群体性事件。

(3)劳动争议是关注的焦点。第一季度,菏泽市涉及劳动纠纷133件,占案件总数的2.54%,主要集中体现为工伤、经济补偿金和劳动报酬三种情形。其主要原因是工资偏低,被拖欠现象严重;劳动时间长,安全条件差;缺乏社会保障,职业病和工伤事故多;培训就业、子女上学、生活居住等问题引发了不少社会矛盾。第一季度,恰逢春节,大多数农民工要求结算工资返乡过节,拖欠工资类纠纷显得尤为突出。

由此可见,现实中纠纷调解与群众生活息息相关,任务量大,工作难度不小。

### (二)纠纷调解的实现

调解纠纷,是公安工作的重要组成部分。在多数派出所,纠纷类110报警数量占110报警总量的30%以上,甚至更多,耗费基层派出所大量的时间与精力。实践证明,掌握适宜的方法,能够有效提高调解工作的效率。这里选取七个案例,展现民警调解纠纷的过程,并对调解方法进行点评。

#### 1. 热处理法

某日上午,杨某与李某在行车过程中发生碰擦。本是一起简单的交通事故,但杨某因爱车心切,与李某发生口角,后又互殴,导致李某头破血流,杨某被扇多个耳光。路人报警。

民警到场后，将双方传唤至派出所后，立即着手验伤、制作笔录等取证工作。取证后，民警便对双方当事人展开调解工作。由于民警对二人的责任划分明确，二人又各自认识到错误，均希望尽快了事忙自己的工作，很快达成了调解协议。民警趁热打铁，当日下午便主持双方签订了治安调解协议书。

该案中，民警采用的是“热处理法”。“热处理法”，是指调解人员在案情较为简单，双方对权利义务的归属分歧较少的时候，趁热打铁，一举将矛盾化解。实务工作，多数纠纷案情都比较简单，多数当事人也比较讲道理，明事理，因此该法适合多数纠纷。本案中，民警发现当事人对责任的划分没有大的分歧，又不想为此浪费过多精力时，趁机快刀斩乱麻，采用“热处理法”及时将二人间的纠纷化解，也节约了公安机关的时间与精力。

**2. 换位思考法**

许某与倪某是同一个工地上工作的同事。某日，双方因工作琐事发生争吵。争吵本是小事，但许某情绪一时失控说了粗话，涉及倪某之母。因倪某与母亲感情极深且其母又已去世，倪某恼羞成怒，用拳头攻击许某未果后，持械将许某的电瓶车一侧砸坏。许某报警。

民警到场了解情况后，将双方带回所里处理。事后，双方各不让步，相互指责。办案民警首先找许某谈话，让许某换位思考自己的母亲若被辱骂了该作何反应。不久，许某意识到自己确实有错在先，向倪某道歉。此时，倪某情绪缓和了很多，也自知砸车系违法行为，与许某握手言和，达成调解协议。

该案中，民警采用的是“换位思考法”。“换位思考法”，是调解人员引导双方当事人转换角色，换位思考，使其在考虑个人得失的同时，也要替对方利益着想，然后再循循善诱，因势利导进行调解，达到化解矛盾的目的。该法比较适合固执己见，即所谓一根筋的人。本案中，倪某之所以毁坏他人财物，是因为许某有错在先，故民警先让许某换位思考认识自己的错误向倪某道歉后，矛盾的主要部分就化解了，最终也收到良好的效果。

**3. 模糊调解法**

数年前，陈某从李某处购得一批货物并支付部分款项，余 2000 元未交付，双方约定待陈某经济宽裕后再付。因陈某、李某两家沾亲带故，双方当时口头约定未立字据。后李某向陈某索要欠款,陈某表示已在李某家中向其妻履行,但未开具收条且并无证人,而李某妻子则否认收到欠款。双方赌咒发誓,但均无确切证据。两家关系恶化,直至报警。

民警了解情况后认为,根据"谁主张,谁举证"的规则,履行2000元货款的事实应由买方即陈某证明,如无法证明则可能承担不利后果。但基于两家本是亲戚且互为邻里,民警建议双方计深远,在事实不清楚的情况下各让一步,陈某向李某支付1000元了结此事,双方不得因此事再发生矛盾纠纷。双方均表示同意。

该案中,民警采用的是"模糊调解法"。"模糊调解法",是指调解人员在事实不清的情况下,不擅自划分当事人责任,而是另辟蹊径提议或拟定一个双方都能接受的方案促使当事人各自让步达成协议。对于那些陈年旧案或争议的焦点根本无法理清楚且当事人又不肯让步的纠纷,可以尝试使用该法。本案中,在陈某与李某买卖纠纷的尾款履行无法搞清的情况下,就是采用了这个方法,收到了满意的效果。

4. 以案释法法

顾某途经李某家门口时被李家的狗咬伤,在医院处理伤口并注射疫苗花费医药费共计800元以后,顾某要求李某赔偿医药费,但李某认为自己并无过错,不需要承担赔偿责任。顾某为此报警。

调解时,顾某认为,狗虽被拴着,但铁链较长使其活动范围较广才导致自己被咬伤,李某应承担全部责任。而李某认为自己拴狗已履行了对狗的看管义务,顾某受伤系其缺乏基本的注意义务所致。民警认为李某不认错的原因主要是缺乏法律知识,便向其普及了民法的相关规定。结论是,李某应承担全部责任。在民警的劝说下,李某终于认识到了自己的过错,答应赔偿顾某800元的医药费,并向顾某道歉。纠纷得以圆满解决。

该案中,民警采用的是"以案释法法"。"以案释法法",是指调解人员围绕案件事实、证据程序和法律适用等问题对当事人进行释法说理、开展法治宣传教育,使当事人意识到自己的错误,放弃不合理的诉求,达到调解的目的。该法比较适合文化层次较高又讲道理的当事人。本案中,李某不愿意赔钱系其对法律认识不到位而非耍赖。故在民警对其解释清楚法律规定后,纠纷就迎刃而解了。

5. 风俗习惯法

李某经批准与陈某相邻建房，但其房屋建成后房脊正对陈家大门。陈某反对，出面阻止却遭李某拒绝，李某执意如此建屋。但陈某并未就此罢休，持续找李某理论并扬言要上访，甚至要找亲戚朋友将李某的房屋推倒。李某报警求助。

民警了解事情原委后发现，李某的房屋确按政府部门的批准手续修建，在法律上没有问题，但当地有“屋脊不能正对别人堂屋或大门”的风俗习惯，否则会被认为不吉利。李某在建房时应当顾及风俗习惯，考虑陈某的思想顾虑，其行为存在一定过错，故建议李某对陈某作些精神补偿。李某认识到自己的错误，愿支付陈某5000元作为补偿。至此，该纠纷画上了圆满的句号。

该案中，民警采用的是“风俗习惯法”。“风俗习惯法”，是指调解人员使用某地区普遍认可、遵守的习惯、禁忌等行为模式、规范，去化解当事人间纠纷。中国各地文化差异较大，在一些地方习惯法还有一定的市场。这样的地区，有时可采取此法调解纠纷。不过，采用此法不能违反公序良俗。本案中，李某建房从法律上确实没有任何过错，但基于当地的风俗习惯确实是不妥当的。此时，民警不仅要注意法律规定，还要考虑当地的风俗习惯，提出的调解方案让双方服气，显然是一个成功的案例。

6. 民主评议法

周某去朋友家做客，临走前特别嘱咐妻子王某要照顾好自己年迈且行动不便的母亲，王某答应并要求周某早些回家。谁知周某酒过三巡忘了妻子的叮嘱，王某便将怒火撒到了本就不招自己待见的婆婆身上，不仅不给饭吃还对其一顿臭骂。

周某回家听到母亲的控诉后，质问王某为何如此苛待母亲，王某却埋怨周某喝酒太多且回家太晚。夫妻两人从口角发展到厮打，邻居见状便报了警。

民警到场后制止了双方，对周某进行批评教育，但双方仍然争吵不断。民警见状，索性邀请围观的左邻右舍来评理。多数邻居认为，王某作为媳妇，因丈夫晚回家一会儿就小题大做，且苛待年迈的婆婆实在有违做人底线。也有少部分邻居认为，周某作为一家之主，一喝酒就忘了家庭责任，也有一定的过错。在舆论的压力下，王某渐渐底气不足，说话声明显变小，最后向婆婆道歉。而周某也认识到了自己的错误，顺势向王某道歉。至此，该起家庭纠纷迎刃而解。

该案中,民警采用的是“民主评议法”。“民主评议法”,是指调解人员在自己的方法不能奏效的时候,调动身边多人的聪明智慧,对当事人施加心理压力,达成调解的目的。该法比较适合对调解人员抱有偏见,或者不相信调解人员调解能力的人。本案中,民警在常规手段无法达到目的的时候,采用了该法,立即使王某在心理上认输,最后认错,纠纷及时得以调解,达到理想的目的。

7. 说案引导法

老徐在某建筑工地工作的时候,手不慎被建筑物件砸伤,为此要求老板赔偿一笔费用私了,老板却执意坚持相关费用须通过合法程序解决。老徐认为老板有意为难自己,几日后带着亲戚朋友将工地大门堵上。老板报警。

民警到场后告知老徐,既然老板要走法律程序解决工伤问题,你就应收集好证据维护自己的利益。哪知,老徐越听情绪越激动,原因是老徐读书少,法律意识淡薄,根本就不知道如何收集证据,也不愿意通过法律途径解决自己与老板的纠纷。之后,民警改变策略,给其详细地讲述了近期发生的一起工伤纠纷的处理流程。老徐听完民警的讲述后,表示愿意通过合法途径解决。

该案中,民警采用的是“说案引导法”。“说案引导法”,是指调解人员运用调解成功的相似案例,以案说法进行剖析,让双方当事人结合自己的案情,对纠纷重新思考,最终达成调解协议。该法比较适合文化层次较低,法律意识淡薄的人。当然,使用这类方法要求民警经验丰富,案例真实。本案中,民警在使用“以案释法法”失败后,及时调整策略,采用了该法,让老徐不再固执己见,避免了老徐与老板的矛盾升级。

上述七个案例中,前两个案例分别为殴打他人、毁损他人财物引发的纠纷,后五个案例分别是买卖纠纷、饲养动物损害责任纠纷、相邻纠纷、家庭纠纷和工伤纠纷,都是基层派出所经常遇到的治安纠纷和民间纠纷。这些纠纷的处理是否得当,关系到百姓的切身利益,也影响着辖区的治安秩序。因此,能否用适宜的方法处理好这些纠纷很重要。

当然,上述案例中,民警都是采用了一种方法便将纠纷予以调解了。在实务工作中,由于案情和当事人的诉求随时会发生变化,不少纠纷并非通过一种方法就能解决,具体运用哪种方法或数种方法综合运用,需因人因时因事而定。此外,除了上述七种方法外,还有冷处理法、熟人介入法、联合调解法、算账法、上下台阶法、个别约谈法、心理施压法、委婉暗示法等。

## 六、发动群众，圆平安梦

### （一）中国梦与平安梦

2012 年 11 月 29 日习近平总书记在参观《复兴之路》展览时首次提出并阐述实现中华民族伟大复兴的中国梦，指出："实现中华民族伟大复兴，就是中华民族近代以来最伟大的梦想。"实现中华民族伟大复兴，是近代以来中国人民最伟大的梦想，我们称为"中国梦"，基本内涵是实现国家富强、民族振兴、人民幸福。

平安梦是中国梦的重要组成部分，平安是国家繁荣昌盛、人民幸福安康的前提。公安机关在平安梦的实现中占据着重要的地位，因为公安机关的性质是人民民主专政政权中具有武装特点的治安行政和刑事司法的专门机关，担负着维护国家安全和社会治安秩序的基本任务。当然在这个平安梦的实现过程中，公安机关要发挥职能作用，投身于平安中国建设，同时还要充分发动群众，调动群众的治安积极性，筑牢维护国家长治久安的铜墙铁壁。

### （二）发动群众的理论

1. 人民群众是历史的创造者

马克思历史唯物主义从社会存在决定社会意识和物质资料的生产方式是人类社会存在和发展的基础的基本原理出发，认为人类历史首先是生产发展的历史，是物质生产的承担者——劳动群众的历史，于是得出了人民群众是历史的创造者的结论。马克思指出："历史活动是群众的事业，随着历史活动的深入，必将是群众队伍的扩大。"毛泽东指出："人民，只有人民，才是创造世界历史的动力。"

2. 公安工作的群众路线

它是指一切为了群众，一切依靠群众，从群众中来，到群众中去。它是包括研究群众、服务群众、保护群众、宣传群众、组织群众、依靠群众的一系列的理论、原则、制度和方法的总称。

3. "无增长改善论"的新时代探索

在针对盲目增加警察编制带来的种种弊端进行充分的评估分析后，1976 年，时任英国德文郡警察局长约翰 · 安德逊在其著作《从人力资源到观念的转变》中率先提出了“警力无增长改善论”，它的核心含义是在保持警力资源基本不增加的基础上，通过充分发动群众和充分利用社会资源力量并加强对警察的专业训练，提升警察自身内核力，达到技能超群，最终实现警力资源的优化配置和社会治安维护力量的增值扩张。

长期以来，中国的警务改革基本延续了约翰·安德逊“警力无增长改善论”，并取得了长足的进步。但是，纵观中国的警务改革，更多考虑的是公安内部挖潜。中国当前的“警力无增长改善”应该是以发动群众为核心圈，壮大警用辅助人员为辅助圈，公安内部挖潜为外围圈，以此构筑的“三圈”共同体更契合“警力无增长改善论”的内涵，也更符合中国国情。一方面，群众路线是我党的伟大创造。放眼世界，在国际共运史上，中国共产党经过长期革命斗争形成的群众路线，是前无古人的伟大创造。在当代世界政治史上，中国共产党在中国特色社会主义建设事业中坚持的群众路线，又以其在新实践中方兴未艾的新发展而日益凸显出独特的历史创造性和优越性。群众路线是我党的优良传统，也是公安机关的根本政治优势所在。1963 年毛泽东同志批示推广“枫桥经验”，2013 年习近平总书记批示把“枫桥经验”坚持好、发展好，把党的群众路线坚持好、贯彻好。群众中蕴藏着巨大的能量和资源，借助群众的力量，利用好社会资源打击和预防违法犯罪，警力问题将会得到极大缓解。另一方面，群众路线契合警务发展规律。不管是“警力无增长改善论”，还是枫桥经验，无不强调要发动群众、依靠群众，这也符合共建共治共享的发展理念。约翰·安德逊倡导的社区警务，即立足社区，实行警察与群众的合作，通过警察的服务，密切警民关系，更多地强调警察与社区的良性互动，增强群众的参与意识，形成控制网络，从而达到治理的效果。社区警务的核心本质是发动群众参与社会治理，这一理论引领警务变革，成为警务基层基础的核心。在可以预见的很长一段时间，市、县两级公安机关警力、装备、信息化投入不可能持续大幅增长，要实现由公安机关“单打独斗”到“群防群治”的转变，就必须牢固树立“警力有限，民力无穷”的思路，积极争取支持，充分利用各种社会资源，加强群防群治工作。

### （三）发动群众的实践

1. 安徽马鞍山市公安局的实践

“警力有限，民力无穷。”我们要顺应新时代对群防群治工作提出的新要求，抓住关键环节，坚持把群防群治工作作为巩固社会治安防控体系建设的头等大事，进一步加强领导，强化责任，构建覆盖城乡的群防群治框架，完善社会治安防控体系建设。[①] 以县、区党委、政府为主体，马鞍山市建立多元化经费保障机制，明确不同类型群防群治组织的经费来源。花山区每年安排400万元用于“红袖标”工程，雨山区按5000元标准为每个警务室发放群防群治补贴，博望区每年拨付106万元解决“一村一警”经费。同时，马鞍山市建立考核激励制度，在城区所有社区设立“积分超市”。为了鼓励群众参与，该局还专门制定了《马鞍山市公安局对群众协助公安机关打击违法犯罪奖励办法》，“义警”们通过“举报平台”提供线索，协助抓获违法犯罪嫌疑人或查处侦破案件的，将会获得相应的积分和等值微信红包，对于提供重大线索的，根据线索价值可以获得最高10万元现金奖励。

**2. 浙江诸暨枫桥义警的实践[②]**

党的十九大报告提出，要“打造共建共治共享的社会治理格局。加强社会治理制度建设，完善党委领导、政府负责、社会协同、公众参与、法治保障的社会治理体制，提高社会治理社会化、法治化、智能化、专业化水平”。逐步将各类人员纳入群防群治队伍，完善和发挥群防群治力量，创新社会治理，是打造共建共治共享社会治理格局的题中应有之义，也是让群众更有获得感、幸福感、安全感的必由路径。社会治理的重心在基层，基层的稳定决定国家的稳定。作为“枫桥经验”诞生地的枫桥派出所，始终坚持依靠和发动群众参与警务工作这一基本精神，深入开展常态化大走访、互动型平安议事和拜群众为师等活动，不断创新群众工作方法。

在基层社会治理工作中，诸暨市公安局始终坚持以人民为中心，牢牢抓住创新社会治理这条主线，精心培育各类社会组织，奋力打造多元共治新格局。“红枫义警”正是在这样的背景下脱颖而出，成为枫桥镇平安公益类社会组织的典型。浙江诸暨的枫桥镇区域面积165平方千米，辖29个行政村和2个居委会，实有人口8万，其中户籍人口7.2万。枫桥派出所现有民警27名，辅警69

---

① 《马鞍山：“科技 + 人力”，群防群治增添新活力》，载网易号，https://dy.163.com/article/DA7HV52C0514G019.html;NTESwebSI=5604D3C25F36598DA5331B15A7F93EB3.hz-subscribe-web-docker-cm-online-rpqqn-8gfzd-di161-6785987mg4p-8081。

② 本部分结合了本课题组2017年赴枫桥镇调研的资料。

名。从警察和辖区人口的比例来看,存在严重的警力不足问题。警力有限,但民力无穷,枫桥派出所民警在走访群众,服务群众的过程中,了解到了群众的诉求,创造了向民力要警力来弥补警力不足的有效办法。2017 年年初,枫桥派出所民警在走访群众过程中,发现镇上有一大批群众想当志愿者。当时恰逢居委会拟举办一场晚会,由于参与人员较多,安保力量不足,社区民警组织了 40 多名积极群众到晚会现场维护秩序,确保了晚会活动顺利举行。活动后,志愿者们趁热打铁,自发组建了"枫桥志愿者协会",成为"红枫义警协会"的雏形。2017 年 6 月中旬,辖区中考英语听力考试开考了。因枫桥镇中周边车流较大、噪声严重,急需大量警力参与周边交通秩序的维护。在赵信的组织下,40 余名"红枫志愿者协会"队员自发到镇中周围劝导车辆绕行,赢得考生家长一致好评。这不仅激发了队员们参与警务活动的积极性,更进一步加强警民合作,为最终整合建立"红枫义警"队伍奠定了基础。2017 年 7 月 21 日,枫桥派出所镇南警务站启动义务巡访仪式,"红枫义警"正式成立,这时红枫义警数量达到 119 名(见表 2)。

**表 2　红枫义警人员数量发展情况**

| 时间 | 红枫义警人员数量 |
|---|---|
| 2017 年 1 月 | 40 人 |
| 2017 年 7 月 | 119 人 |
| 2019 年 3 月 | 136 人(含民警 5 人,协警 3 人,党员 43 名) |

(1)红枫义警的组织结构。首先,党建引领。枫桥在继承传统枫桥经验的基础上,结合当前新时代进行了一系列的创新,其中第 1 条就是"枫叶红大地,党建聚人心"[①]。具体体现在红枫义警的组织建制上,"红枫义警"志愿组织现有队员 136 名(含民警 5 名,协警 3 名),其中党员 43 名(党员组织关系没有完全转入,都挂靠在原单位)。建立党支部一个,支部书记由 1 人担任,3 名党员负责组织,支部性质为工人性党支部。[②] 其次,统一领导。"红枫义警"社会志愿

① 金伯中:《新思想孕育新经验——对新时代"枫桥经验"的一点认识》,载《公安学刊(浙江警察学院学报)》2018 年第 1 期。

② 2018 年 3 月 31 日电话调研枫桥义警得到的最新数据。

组织在诸暨市公安局指导下科学制定组织章程，明确以诸暨市公安局为主管单位，由枫桥派出所负责日常管理。再次，组织架构。“红枫义警”志愿组织按照“一会三站 X 组”的架构组建，“一会”即建立“红枫义警”志愿组织理事会，负责协会的日常工作；“三站”即依托派出所 3 个警务站配设“红枫义警”工作站；“X 组”即根据工作需要建立若干工作组织，形成“三位一体”的架构体系。根据协会管理和工作的需要，设立协会顾问、会长、副会长、秘书长、副秘书长、工作组长等管理岗位，科学的组织架构保障了组织的稳定与运行的高效与顺畅。在派出所新建安防体验区二楼设置“红枫义警”志愿组织活动中心，作为“红枫义警”志愿组织的综合办公场所、品牌展示之地和日常活动中心、培训中心。最后，科技统领。通过“红枫义警”志愿组织的微信服务号，对财务、会务实行网上全程公开，实现社会组织社会管。①

(2)红枫义警的宗旨。红枫义警自成立以来，在诸暨市公安局枫桥派出所的引导下，以“崇法尚义、积安向善”为宗旨，积极投身于枫桥平安建设，坚持每天巡逻，共参与各类安保活动 59 场，化解矛盾纠纷 17 起，法治宣传 35 次，参与失踪救援 26 次，协助公安机关抓获违法犯罪人员 13 名，破获各类治安刑事案件 26 起，已经成为心系平安的枫桥“新警力”。

(3)红枫义警的“五有五必”制度建设。所谓“五有”，分别是有党建引领、有宗旨章程、有工作场所、有工作内容、有工作档案。2017 年 12 月，枫桥派出所推动建立了红枫义警党支部，由社区民警兼任党支部书记，在宏观上把握队伍的发展方向。制定出台《红枫义警队伍建设方案》《红枫义警协会章程》，并确立了“崇法尚义、积安向善”的工作宗旨，使每一个红枫义警队员从自身遵纪守法开始做起，用善心善举带动自己的家庭、朋友圈不断地积聚正能量，积小安为大善。红枫义警成立之初，没有专门的工作场所，每天的工作安排都在红枫义警队员的家里，枫桥派出所积极争取党委政府支持，开辟场地专门建设红枫义警工作站，并确定红枫义警从最初的巡逻防范开始做起，发展到现在包括积极参与矛盾化解、流动人口管理、社区矫正人员管理、法治宣传、爱心救助等多方面工作内容。在开展工作的同时，不断积累完善工作档案，建立工作例会制度

---

① 杨晟杭：《探析我国治安志愿组织的发展路径及其完善——以浙江省诸暨市枫桥镇“红枫义警”为例》，载《公安学刊(浙江警察学院学报)》2019 年第 1 期。

进行交流提升工作能力。所谓“五必”是指:①凡是从事红枫义警工作一年以上必发给荣誉证书;②凡是红枫义警队员有重要事项或特殊困难必上门看望并尽力帮助;③凡是红枫义警队员遇到打击报复必坚决及时查处;④凡是逢年过节必统一上门慰问;⑤凡是做出显著成绩必及时给与表彰奖励。

(4)红枫义警的职责。①治安巡逻防范。红枫义警从最初建立开始就不断地协助辖区派出所和警务室从事治安巡逻工作。据调查,红枫义警最初参与进来的一批义警大多是从事商业活动的人员。首先,他们有一种从事志愿工作的意愿,如义警协会秘书长陈荣周曾经是经营百货店的老板。他就结合自己在其他地方经商和在枫桥经商的个人安全感不同的比较,深切地认识到枫桥这里的良好治安环境需要大家共同来经营。他自己年轻时就喜欢仗义执言,心里有一个“义”字,因此,他就成为第一批加入义警的人,并且成为义警的主要负责人和“现身说法”的召集人。其次,具有自我实现的前提条件。枫桥义警中的一部分人从事商业的这一工作特性,决定了他们具有时间上的灵活性,经济收入的可支配性,按照马斯洛的需要层次论分析,他们实现了基本的几个需要后,会寻求比较高一层级的自我实现的需要。从事义警工作,能够更加充分地展示其自我实现的这一特性。和警察一样从事匡扶正义的工作,或者真的和警察一起巡逻的那种感觉在有些地区的确可以感召人、吸引人。因此,他们很多人陆陆续续加入这支队伍,迈入了协助治安巡逻的行列。比如,为了孩子们的考试提供安全的环境,是很多家长的共同心愿,谁不愿意从事这样的工作,奉献自己,快乐别人。例如,在一次巡逻中,一名“红枫义警”队员从村民口中得知,有两辆外地牌照的车辆很可疑,车上有人杀黄鳝,还将黄鳝血倒入矿泉水瓶,并掺入眼药水。“红枫义警”立即将这一可疑情况报告给派出所,并第一时间赶往现场。“正是有了他们的及时报告,红枫派出所顺利打掉了一个‘碰瓷’团伙。”红枫义警队员们巡逻在枫桥镇的角角落落,为辖区群众提供了安全感,也赢得了良好的信誉。他们常说一句话,“地球不爆炸,我们不放假”。参与矛盾化解。红枫义警的巡逻是常规任务,而调解主要传承于枫桥经验,从德高望重的老人到一般的调解员,甚至是义警成员,都掌握了很多调解“原理”,也掌握了一些技巧。红枫义警协会秘书长兼队长陈荣周说:“虽然我不懂法,但是我懂情。”他们能够站在群众的角度想问题,因此,在日常生活中,在巡逻的路途中,遇到一些小的纠纷矛盾,能解决的他们都会主动帮助化解或者提供初期的一些意见和建议,对于一些确实调解不了的纠纷，报告派出所民警进一步进行化解。总之，他们坚持将矛盾化解在基层，化解在萌芽状态这一枫桥经验的精髓。②流动人口管理。截至2017年年底，我国流动人口总量为2.44亿人。[①] 这么庞大的一个流动群体，对于分散流入所在地的当地基层公安机关来说，对其及时的管理和服务并非易事，因此，很多地方对流动人口是采用警察和社会组织力量一起来管理。“治理型社会组织是以提升流动人口福祉为目标，以社会服务为手段，以理性协商、互利合作为行为特征，乐于同政府合作的社会组织，对社会治理具有积极的促进作用。”[②]红枫义警参与对流动人口的管理主要是对流动人口进行登记、管理和服务。另外，通过以房管人等手段做好流动人口的犯罪预防等工作。尤其是对邪教严格控制，“邪教到哪里，祸害到那里，这是个致命伤”。因此，发现异常情况及时报告派出所。③社区矫正管理。红枫义警的工作，涉及面很广，不仅协助公安派出所工作，还协助司法局从事社区矫正工作。“社区矫正指的是与监禁相对的行刑方式，把符合矫正条件的罪犯置于社区中，有专业的社会团体或者社会工作人员对其进行犯罪心理以及行为恶习的矫正，从而使其更好回归社会。”[③]红枫义警受司法所的委托，已经从事了部分社区矫正工作。这些被矫正对象主要是参与义警的相关治安志愿工作，在奉献社区的工作中使自己得以矫正。前后共有10余个社区矫正人员，除了年纪大的，其余都来参加“红枫义警”的活动，每周来义务劳动一天，一个月来四次。通过参与义警的志愿活动，从原来的说粗话、脏话，行动不好好配合到后来的完成矫正后，不需要来参加活动仍要求来。从侧面反映了不需要硬性地灌输法律知识，用真情、情理打动的方式有效发挥了社区矫正的作用。④法治宣传引导。常规的法治宣传引导，主要体现在日常的义警工作中，如街头巡逻，调解纠纷等。真正更好地发挥法治宣传引领作用的是天天拿在手里的手机中不断推送转发派出所、社区警务室有关防范信息和社会服务内容的义警微信群。⑤爱心救助服务。2017年10月3日晚上7时左右，枫桥派出所接警大厅门口，一名中年人慌慌张张地

---

① 国家统计局：《中华人民共和国2017年国民经济和社会发展统计公报》，载国家统计局官网，http://www.stats.gov.cn/tjsj/zxfb/201802/t20180228_1585631.html。

② 肖子华、林颖、赵小平：《社会组织参与流动人口服务的现状、问题与政策建议——基于对80家社会组织的调研》，载《人口与社会》2018年第6期。

③ 王婧莹：《关于社区矫正制度问题的探究》，载《法制与社会》2019年第4期。

跑进来。“警察同志,我家80多岁的老爷子下午4时多走丢了……”值班民警孙法均听闻此事,先安抚中年人的情绪,然后迅速布置警力开展寻找,并把老人照片及走失时间、地点等信息发布到微博、微信朋友圈,试图尽快发现线索。“喂,是孙警官吗?听说有个老人走失了,我们已组织人员集合,安排大家分组寻找,希望能帮上忙。”距家属报警不到10分钟,孙法均就接到“红枫义警”负责人骆晓勇打来的电话。原来,她在微信朋友圈看到走失老人的信息后,第一时间召集了“红枫义警”队员。入秋后的枫桥,夜间气温较低,老人还穿着单衣单裤,为了加快寻找进度,有的“红枫义警”队员开着私家车沿路寻找。“找到了!”晚上11时许,微信群里传来了喜讯。历经3个半小时,队员们终于在枫桥镇孔雀城附近找到了走失老人。“那种喜悦只有亲自找寻的人才能体会。”他们还在大年三十的巡逻途中捡拾到28,000多元钱,及时报警,很快寻找到失主,并将钱全数送还。

# 专题九　专业实训篇

## 一、警察敲门的艺术及实训①

做好群众工作，离不开与群众的沟通交流，然而，与群众沟通，首先要亲民、爱民、为民、知民。原公安部部长孟建柱曾经说过："社区民警要进得了门，说得上话，交得了心。"因此，学会"敲门"，是对群众的感情问题和观念问题，也是对群众权利的尊重，是民警必须掌握的基本功。

随着社会的快速发展和转型，人与人之间、机构与机构之间、不同的社会群体之间的社会心理在发生重大变化。以前走街串巷、邻里之间熟络一片的景象被当前闭门不出、邻里关系淡漠的景象所取代。在当前"钢筋水泥混凝土"所铸造的壁垒森严的都市丛林中，一扇扇防盗门隔开了人与人之间的距离，也给派出所社区民警入户走访群众带来了实际困难。在基层民警工作中，需要敲群众家门的情况也很多。例如，入户走访，调查摸底，统计数据，协助办案部门找人取证，甚至抓捕违法犯罪嫌疑人有时也需要采取敲门的方式。为了更好地服务人民，维护辖区内治安秩序，能够敲开群众的门是社区民警群众工作最基础的一环。因此，敲门成为社区民警开展群众工作的必修内容。

### （一）敲门的相关理念

#### 1. 敲门是对公民权利的尊重

根据我国《宪法》第 39 条的规定，中华人民共和国公民的住宅不受侵犯。敲门有三大重要的社会功能：一是尊重功能，即尊重门里人对其私人空间的支

① 本部分参见王世卿：《社区民警敲门方略研究》，载《公安教育》2011 年第 1 期。

配权及其是否开门的选择权；二是提示功能，即敲门人通过敲门，表示要进入门里人的私人空间；三是预测功能，即门里人可以根据敲门事实的发生，预测敲门人要进入其私人空间。因此，从尊重公民权利这个角度讲，要非常重视敲门这个环节。

2. 敲门要讲究艺术

敲门时用手掌敲，谓之拍门；用拳头敲，谓之捶门；用脚敲，谓之踢门，唯有用手指敲才算是真正的敲门。前三种敲门法无疑有着不友好、不礼貌的色彩，除非万不得已，一般都不宜采用。著名作家贾平凹在《敲门》一文中就写到："有人问我最怕什么？回答：敲门声。在这个城里我搬动了五次家，每次就那么一室一厅或两室一厅的单元，门终日都被敲打如鼓。每个春节，我去郊县的集市上买门神，将秦琼敬德左右贴了，二位英雄能挡得住鬼，却拦不住人的，来人的敲打竟也将秦琼的铠甲敲烂。敲门者一般有规律，先几下文明礼貌，等不开门，节奏就紧起来，越敲越重，似乎不耐烦了，以至于最后'咚'地用脚一踢。如今的来访者，谦恭是要你满足他的要求，若不得意，就是传圣旨的宦官或是有搜查令的警察了。"因此，就真正的"敲门"而论，也有讲究的必要。急促而有力地敲，是提醒主人注意：我有急事，请快开门吧！舒缓而轻柔地敲，是告诉主人：我来访了，你有空吗？请让我进来吧！如果敲门时，再辅以"对不起，有人吗？"这一类的问话，就更显得文明而有教养了。还有人这样说，敲门是有学问的。敲一下，过一会儿再敲一下，表示自己是陌生人，有怕打扰主人的意思。敲两下，表示自己与主人比较熟悉，相当于说"你好"，有"我可以进来吗"的意思。如果敲三下，表示自己与主人很熟悉，相当于问"有人吗"。如果敲四下以上，就是很不礼貌的了。在网上有一些有关部门领导对敲门的观点，某一领导说："作为秘书，你进我的办公室应该敲两下，而且不能用力太重；如果没有得到我的允许，就过一会儿再敲两下，两次敲门的间隔时间不能太短，短了，就成了捣蒜了，也是很不礼貌的。"笔者也在郭德纲的相声中听到关于敲门的"折指弹门"之说，一个"折"、一个"弹"体现非常独到的敲门艺术。笔者认为，用一声轻叩试探，二声三声确认门内有无人来达到敲门的效果，切忌三声后就走人。稍作停留，才不至于造成门内人出来了，而你已经走人的尴尬境地。最为大忌的敲门是，握紧拳头用力连续猛击——这不是报丧就是报急。有关公务员面试技巧中就明确告知：不同场合和环境，敲门的声音大小、轻重、快慢缓急、所用的手指等应有所不同。就公务员面试考场这个严肃的场合，考生应用右手食指弯曲后敲门（左撇子除外），其余手指握在手心，不要用多个手指甚至手背、手掌敲门，声音会很杂乱，不好听。声音应大小适中，间隔 0.3—0.5 秒，敲三下，敲门声音要坚定而不紧张，有一定力度，但很谦虚。不要太快，那样会给考官很轻慢的感觉；不要太慢，那样给人懒洋洋的印象；不要太轻，那样考官听不到，听到了也认为你胆子太小，紧张过度，过分谦卑；也不能太重，那样考官受到猛烈惊吓，以为土匪上门，野蛮的感觉是最要不得的。敲门完毕，等待 3—5 秒，如果没听到考官说请进的口令，考生应当再次敲门，声音适度提高一点点。如果没有间隔，连续敲门，考官可能会感觉你像是执法人员上门检查。连敲四声以上，给人感觉很烦，少于三声，有点傲慢轻薄。大家可以在自己家里面实地练习一下，让自己的父母、同学听听，直到掌握要领为止。用心体会以上文字，其不仅是敲门的学问，扩大到其他方面，也是这个道理。总之，要给人以良好的感觉和风貌。这些体会在公务员工作中和其他场合也会受益匪浅。这一切，人的一生中，不会遇到谁去校正你敲门的方式，但你给人好与不好的印象是天天在微妙而无声地发生着的。我们在一些影视作品中常能看到一些粗暴敲门的镜头，大多是一些没礼貌或专横跋扈的人，这种敲门法，大多在第一时间就得到了门内人的反感，更不用说开门后的恶劣态度了，结果必然是该说的话不投机，该办的事也办不妥。

3. 敲门是有技巧的

历史和现实中一些成功和失败的敲门案例，都说明敲门有很大的学问和技巧。第一，敲门的时间选择要妥当。应该选择在群众合适的时间，这一定要建立在民警对辖区群众比较了解的情况下。例如，我们可以先看户籍档案资料，对这一家的基本情况有一个基本的把握，否则就会造成“扰民”的嫌疑。在 20 世纪 50 年代发生在上海的一个典型案例中，一位名叫胡锦的民警中午敲门后未作等待就匆匆走人，后引起门内的人十分不满，竟然把这个事情反映到（统战）部门，这是引发误会的重要原因。目前基层社区民警在参与全国公安大走访中，总结出了很多宝贵的走访经验，如有的社区民警就明确在走访时机把握上要准。走访工作是随机的，一般是由社区民警自行选择合适的时间，时间选择是否合适、妥当，将直接影响走访的效果。从一般意义上讲，走访时机应该选择在群众下班时间，但又不能太晚，因为这一时间走访，群众大多愿意和你交流，也更需要民警的安慰和理解。调研中有的民警就认为最好是选择在星期天或节假日着便服走访,这会让被访者感觉到你是把他(她)当作家人或好朋友对待,他(她)们就会和你说知心话。当然,也有的民警选择预约走访,这时就不要失约拖沓,千万不要因为其他事情或自己忘了预约好的时间而错过。社区民警管的事情多而杂,但对于走访群众的工作,必须做有心人,群众要你办的事,必须记牢,在本子上记一记(像湖州的王法金就是小本子不离身),或利用手机提醒功能。你和群众约好走访谈话的日子,千万不能失约。说不定被访的群众还请了假在等你呢! 俗话说"以小见大",如果你失约了,又没有及时地进行很好地沟通和说明,群众会认为你架子大,说话不算数,面对这样的警官,谁会信任你,谁会跟你讲心里话,要是再去事后补救可能就"事倍功半"了。第二,敲门要注意艺术。切忌敲门的等待时间不足。既然敲门了,就要稍作等候。敲门也许惊扰了门内的人,但开门后善意的解释和合乎常规的礼仪也许能够化解不快的心情。敲门声音不能过大。由于民警上门走访大多都是在群众生活居住区,敲门过响会对其他人的生活造成侵扰。2001 年 4 月中旬的一天夜里,河北省唐山市新区公安分局太平路派出所民警在境内六小区清理流动人口过程中,因"习惯动作"过强,敲门声激怒了一杨姓老者。于是,为了讨个"说法",这位老者便在第二天来到派出所登门"求教"。对此,正在派出所参加"三项教育"学习的当时的分局局长高度重视,立即召集在所民警,有意识地让大家都听一听老者的陈述,并引导大家深刻反思一下自己的工作作风。当时的所长认真听完这位老者的陈述后,心里很不是滋味,当场代表全所民警给老者道了歉,并表示今后一定以此为戒,彻底端正工作作风。次日,为了进一步挽回社会影响,当时的副指导员又和当事民警一起,再次登门道歉,同时深入征求这位老者及其家人对公安工作的意见和建议。该派出所因敲门声音过响,群众不满意而主动道歉一事,着实让当地群众心里"热乎了好大一阵子"。他们说:"公安机关这种'小题大做'、较真儿的做法让人心服"。第三,敲门时要自报身份。敲门就要自报身份,否则就不要敲门,这是敲门的规则之一。这一规则强调的是门里门外的区别。门里门外人的地位不同,门里人和门外人的行为规则也不同。由门里向外看叫瞭望,是知情权的行使;由门外向门里看叫窥视,有侵害隐私权的嫌疑。设置了门,门里的人就有了私人空间的支配权;门外的敲门人就因其敲门行为产生了义务,即报告其真实身份的义务。谁敲门谁报名,这是天然法则,敲门而不报名其实质等于骚扰无异;敲门不报名却硬要进门,其实质与破门而入无异。

如果不想让门里人知道敲门者的身份,那么意图敲门者就不要敲门,主动权在敲门一方,相应的义务与责任也在敲门一方。这些案例当然比较特殊,民警在实际工作中也不尽然会碰到这样的事,但关于敲门的技巧,笔者要强调的是,敲门的效果实现关键在于务实和落实。敲开门是开展警务工作的第一步,警务工作的效果实现须做到务实和落实。俗话说,"以小见大,细节中见真情"。社区民警管理的事情多而杂,但对于开展走访群众的工作则必须做有心人,群众要你办的事,必须记牢;你约群众走访谈话的日子,千万不能失约。敲门的目的不仅是为了进门,而且是为了更好地提供服务,为了开展警务工作。对于信任的民警,群众才愿意讲心里话,也就是打开群众的心门,才有助于提高警务工作的针对性和有效性,而这也是建立良好、互信、和谐的警民关系的重要基础。

目前,随着社会经济的发展和人民生活水平的提高,群众的门多种多样,有的已经安装上了电子门铃,有的安装上了可视电话,但敲门作为社区民警的基本功这一点是不会改变的。[①] 收集的资料与实地调查的情况反映出很多地方公安局所评选的优秀社区民警都相当注重自己的敲门方式,从点滴做起,赢得群众的尊重。要高度重视和维护人民群众最现实、最关心、最直接的利益,是密切党群关系、干群关系、警民关系的需要。唯有学会"敲门",把耳朵贴着大地,才能警民连心,倾听民声,关心民生,取得群众的拥护和支持。《管子·形势篇》中有这样一名言:"道之纯厚,遇之有实,虽不言曰'吾亲民',而民亲矣。"因此,笔者在此呼吁,要做好公安群众工作,应当将"敲门"实训一课纳入人民警察培训的重要内容。唯有如此,才能夯实群众工作的基础,构建和谐的警民关系。

### (二)社区民警敲开群众门的方法

#### 1. 融入社区,让社区居民接受自己

基层的社区民警尤其是新调入辖区的社区民警,在社区中遇到老百姓要进行自我介绍。全国一级公安英模汤敏进行自我介绍的方法是,"我是汤敏,我是来辖区为您们服务的"。而不应是"我是社区民警××,我是来管你们的"。转换一种表达方法,转变一种心态,就能给群众留下较好的第一印象。这方面的反面案例也不少,笔者在有关资料中就看到过群众非常反感警察以管人者自

---

① 王世卿:《社区民警敲门方略》,载《公安教育》2011年第1期。

居，群众说：“一些民警官不大，架子不小，摆出一副管人的架势，咱只好敬而远之。”这样的民警怎么能敲开群众的门呢？

2. 多在辖区巡逻，和辖区群众打成一片

多走动可以增加群众的熟悉感和安全感，也就是国外警察强调的“见警率”。融入群众，成为其一分子，群众遇到问题和困难才会在第一时间想到你并求助于你。很难想象，一个从不进社区的民警怎么能做好社区工作？

3. 警民恳谈，拉近距离

学习浙江台州市公安局推行的警民恳谈的做法，通过警民恳谈这种形式，让群众有话有地方说，有问题有地方解决，产生社会归属感。当前，由于我国社区居住环境的变化，辖区的居民大多是社会人，而非以前的单位人，居民相互之间熟悉的程度很低，相互之间距离感加大。民警通过恳谈活动，一方面拉近了警民之间的距离，另一方面也了解了社会治安情况，有助于及时调解纠纷、化解矛盾和解决问题等，而这也是敲开门的前提。

4. 服务上门——敲开群众的门

社区民警敲开群众的门不难，难的是真正敲开群众的“心门”。社区民警与辖区群众的心与心的交流必须建立在民警真心为民的基础上，只有心心相印才能心手相牵。服务为本，是敲开门、办好事的根本。一方面，利用发放警民联系卡、送身份证上门、送户口簿、送护照上门等方式顺利敲开群众的门。另一方面，开展案件回访上门，积极推行案件回访和执法告知制度，对决定立案和查破案件的情况，要及时告知受害人或其家属；对未破案件或未能及时办结、及时追回、返还涉案财物的，要在不影响案件侦破的情况下，定期回访受害人或其亲属，告知案件办理进展情况及未办结、未退赃原因，进一步增强公安工作的透明度。

### （三）网络时代的警察敲门原则与技巧

1. 网络时代警察敲门的原则

“互联网+”时代的到来，为各项公安工作的开展提供了便利的条件，也为警察的服务和沟通提供了多种渠道，如网上警务室、网上公安局、微博、QQ、微信等网上交流渠道。所有这些都预示着网络时代的警察敲门和传统的敲门有很大的不同，“网络来敲门”将是传统群众工作方法的创新。首先，人权原则。

在网上空间、网上私人领域同样要尊重公民的权利。比如,个人微信、微博、邮箱等私人领地,警察不能不敲“门”擅自闯入。当然除了个别人在个人的私人领域触犯国家的相关法律和法规或其他个别情况。其次,法治原则。敲门也是警察执法的环节之一,而且是基础环节,警察在敲门时一样要在法治的框架内,任何违背法律的敲门行为都是不被允许的。比如,有个别民警会因为个人私事或为他人办私事任意敲开群众的家门。网络时代,一些网络警察在执法工作中利用自己的技能借助网络的路径敲开了百姓的网上门户,这也是有的。因此,网络时代警察的敲门也要强调遵循法治原则。再次,预约原则。预约原则主要是指警察敲门入户走访前应当和群众进行沟通。一方面体现尊重群众,另一方面也便于警察能够实际地敲门入户。网络时代为预约提供了便利,任何网络电话、邮箱、微信等都能为如何走访提供预约的条件。因此,预约也是警察精神文明的体现,当然,紧急警务除外。最后,沟通原则。在互联网时代,沟通无时不在,因此,网络时代的敲门原则,不可不谈的当然是沟通原则。传统的敲门工作技巧正在辅以互联网,将是相得益彰的服务群众创新形式。在能够通过一些网上工具沟通的前提下,一定要进行沟通了解,掌握相关的信息,有的时候可能就无须再去真实地敲开群众的家门了。当然有的时候,我们也要具体问题具体分析,沟通要有度,以免在沟通中泄露了什么信息,惊了当事人,影响你的敲门入户走访,更有甚者当事人可能逃之夭夭。

**2. 网络时代警察敲门的方法、技巧**

网络发展迅猛,为警察工作提供便捷的同时,也充分体现其负面影响。首先,网民数量攀升。中国互联网络信息中心(CNNIC)发布了《中国互联网络发展状况统计报告》,报告显示截至2019年6月,我国网民规模达8.54亿。网民结构不均衡。还显示,我国手机网民规模达8.47亿,这个数据较2018年年底增长了2984万。同时,网民使用手机上网的比例由2018年年底的98.6%提升至99.1%,也就是说,目前我国的网民大多使用移动互联网。[①] 移动互联网塑造的社会生活形态进一步加强,“互联网+”行动计划推动政企服务多元化、移动化发展。其次,网民学历、年龄呈现新的特点。从学历结构看,中低端学历人

---

① 《中国网民统计数据:手机网民达8.47亿》,载快资讯网,https://www.360kuai.com/pc/9a723594f92612a6f?cota=3&kuai_so=1&sign=360_57c3bbd1&refer_scene=so_1。

口偏多,在我国目前的8.54亿网民中,近九成中国网民没有上过大学,初中、高中/中专/技校学历的网民群体占比分别为38.1%、23.8%;专科学历人数占10.5%,本科以上占比为9.7%。[①] 从年龄结构来看,截至2019年6月,10—39岁网民群体占网民整体的65.1%,其中20—29岁网民群体占比最高,达24.6%;40—49岁网民群体占比由2018年年底的15.6%提升至17.3%;50岁及以上网民群体占比由2018年年底的12.5%提升至13.6%,互联网持续向中高龄人群渗透。[②] 从学历结构和年龄结构看,互联网继续向中低学历和中高年龄群体渗透。移动互联网的普及,便利了警察工作,为警察的网络敲门提供了很多的基础条件。但网民结构不均衡、网民移动性大、网民素质的参差不齐等因素制约了网络时代群众工作的广泛开展,再加上网络的放大、复制效应等也可能为警察工作带来负面的影响。因此,根基互联网继承传统,创新发展警察的敲门工作也是当务之急。

第一,网络敲门之微敲门,传递信息与服务。众多网络平台,如平安北京、平安肇庆等微信、微博,通过常规的网上信息发布,朋友圈传送,无数条便民服务信息不经意间都传入了千家万户。另外,一些网上社交媒体在一些恐慌事件发生后能够及时传递事件的后续信息,在不经意的一次次网络微敲门中阻止了民众的恐慌,控制了民众的蔓延的紧张情绪。

第二,网络敲门之中度音,防范预警常提醒。一些地方的民警结合自己所管辖的范围,有针对性地发布微警务信息,如定期将犯罪情况,通过微信、微博等客户端传递给广大辖区民众,极大地提高了预防犯罪的能力和水平。当然,对于一些老弱病残和生活困难的老百姓还是要辅以传统的敲门入户走访的方法和技巧。

第三,网络敲门之重音,紧急警务重重敲。遇到诸如暴恐事件,公民紧急求助,可以通过网上直播、网上连线、多方警务合作形式,网络时代的敲门必须发出重音,才能发挥快速反应的效用,才能降低犯罪的危险程度。有的紧急情况,需要网上和网下联动敲门、传统和现代结合的敲门才能发挥相得益彰的效果。

---

① 《中国网民统计数据:手机网民达8.47亿》,载快资讯网,https://www.360kuai.com/pc/9a723594f92612a6f?cota=3&kuai_so=1&sign=360_57c3bbd1&refer_scene=so_1。

② 《2019互联网发展报告:网民规模达8.54亿20-29岁群体占比最多》,载ZNDS智能电视网,https://news.znds.com/article/40425.html。

曾经在网络上传播的警察通过网络救助自杀女的事迹，也是网上网下警察交互敲门共同努力的结果。网络时代警察如虎添翼，继承传统警务方法和技巧，在此基础上的创新发展是一个永无止境之路，警察敲门的方略研究永远在路上。

### （四）警察敲门的实训

有关公安群众工作的课程，其中的敲门实训环节，着重培养学员们亲民、爱民观念，提高学员群众工作能力。学员们经过前期的实训方案，在实训中不断地在不同情境中进行多角色扮演和不同敲门方式的尝试，进行换位思考，体会警察敲门的酸甜苦辣。通过这样反复的敲门实训，他们掌握了敲门技巧、文明礼貌的敲门艺术，也深刻地认识到民警走千家，访万户，听民声，访民意，践行为人民服务的宗旨这里边的确是有大学问。

1. 敲门实训方案

第一，实训目的。通过敲门的模拟训练，使学生能够根据社区的特点和具体问题，制订符合本辖区的敲门实训计划，以此加强学生对公安群众工作相关工作制度的重视，并能具体设计敲门，在具体工作中落实好敲门的各个环节。第二，实训课时：2 课时。第三，实训地点：校园、教室（战训馆、实训教室）。第四，实训准备。（1）布置任务。首先，明确实训的目的是训练大家对敲门的认识，达到敲好门，敲开门并和群众对上话、为群众提供好服务、获得调查、询问了解的情况等的结果并交上心，这是最佳的效果。其次，要注意敲门的动作、敲门时文明礼貌用语以及敲门的时间等环节。最后，敲门后的一些环节，如入门的位置、入门后的礼貌、交谈的艺术等。（2）场地设计。需要给每个小组准备一个实训的场景，社区一家人、一个商店、一个酒吧、一个旅馆、一个网吧，等等。（3）道具准备。记事本，笔。

2. 实训规范

第一，遵守纪律，分组活动时不得从事与实训内容无关的活动，更不能擅自离开实训场地。第二，爱护实训场所的物品，注意保持环境卫生。实训结束后，所有物品回归原位。第三，各小组应对要实训的内容进行认真调查和准备，注意发现问题和重点。根据情况设计多种敲门的实训方法和制度，并拿出落实敲门的具体设计。

3. 实训组织

根据上课人数的具体情况进行分组。每个小组选出一位组长,由组长组织小组训练活动。选出一位记录员,记录实训过程并填写实训报告。选出一位汇报人,演练展示时进行汇报。小组成员根据任务要求对社区进行考察,并根据实训的场景、人物、任务等进行角色分配,按照要点进行实训。如果时间允许,还要进行角色互换实训。教师进行巡视指导。

4. 实训步骤

第一,各小组熟悉任务,进行分工。第二,小组成员以校园为社区对环境、部位和人员等进行敲门的调查。第三,制订落实敲门实训的计划。第四,撰写敲门实训报告。实训报告要求包括以下几点:标题:(社区、刑警、治安警察等)民警敲门实训报告。内容:具体实训场景。小组人员:姓名、学号等。具体实训的情况:明确敲门的目的、地点、任务、具体的实训要求,详细地描述动作、语言、细节。有条件的可以录像和照相,以能够反映实训全貌。

5. 验收、总结

第一,小组汇报实训情况和遇到的问题并尽量及时解决。第二,教师对小组模拟敲门情况进行抽查,随机选取若干小组实地模拟演练。第三,教师对各组实训组织、演练等情况进行点评。

## 二、纠纷调解的实训及案例分析

### (一)纠纷调解实训方案

1. 实训目的。通过模拟训练,使学员掌握调解矛盾纠纷的基本步骤,能够举一反三,解决处理不同类型的矛盾纠纷,从而为化解社会矛盾,构建和谐社会发挥应有的作用。

2. 实训课时:2 课时。

3. 实训地点:教室、战训馆、实训教室。

4. 实训准备。

(1)布置任务。学习治安调解中群众工作内容,熟悉矛盾纠纷调解的步骤、方法,小组熟悉实训案例并进行演练准备。(2)场地设计。按照本次实训需要对实训场地进行布置。(3)道具准备。桌、椅、水杯、电话、桌签等。

5. 实训要求。

(1)遵守纪律,分组活动时不得从事与实训内容无关的活动。(2)爱护实训场所的物品,注意保持环境卫生。(3)各小组在模拟演练时必须注意角色投入,尤其扮演群众的同学,尽可能模拟真实,这样才能让扮演民警的同学有话说,能够进行调解。

6. 实训组织。

学员共计40人,5人为一组,共计8个组。每个小组选出一位组长,由组长组织小组训练活动。选出一位记录员,记录实训过程并填写实训报告。选出一位汇报人,演练展示时进行汇报。小组成员根据任务要求进行矛盾纠纷调解的演练,教师进行巡视指导。

7. 实训步骤。

(1)各小组熟悉任务,进行分工。(2)小组成员在实训场地进行实训演练。(3)拍摄实训视频和撰写实训报告。

8. 实训验收、总结。

(1)小组汇报实训情况和遇到的问题。(2)教师对小组模拟训练情况进行抽查,随机选取若干小组实地模拟演练。(3)教师对各组实训组织、演练等情况进行点评。(4)布置撰写本次实训报告任务。

### (二)实训相关知识

1. 民警调解矛盾纠纷的步骤。(1)降温,控制现场,避免矛盾进一步恶化。(2)核实身份。一是核实是否有违法犯罪嫌疑,二是了解其身份信息,正确使用调解方法。(3)了解情况。主要了解矛盾纠纷发生的原因,分清主次责任,了解双方的要求和目的。(4)调解。运用多种调解方法进行调解。(5)签字。(6)教育。矛盾双方或一方有过错、违法等情况,民警调解完成后进行恰当的批评,防止矛盾再次发生。

2. 民警调解矛盾纠纷的原则。(1)合法原则。(2)公正原则。(3)公开原则。(4)自愿原则。(5)及时原则。(6)教育原则。

### (三)纠纷调解典型案例分析

#### 案例一　警察处置买肉纠纷[①]

1. 案情简介

一大早,张某拿着一块猪肉非常生气地甩到李某肉摊上,称昨晚为招待家里客人,买了5元钱的肉炒菜,结果到家切肉时发现肉变质有味。李某听了也很气愤,辩称自己一向本本分分做生意,从来不卖变质肉,质问张某为什么发现肉有问题不马上过来,而是过了一夜才来,分明是肉放一夜放臭的。张某说,忙着招待客人根本来不及再到市场来。因为肉不能吃,荤菜只好换成素菜,影响了招待客人。关键是你卖肉应讲诚信,怎么能卖变质肉,今天你必须赔这5元钱肉。李某瞪圆眼睛,手里切肉的刀咚咚地剁在案板上说,我的肉什么问题也没有,赔你5元钱,门儿都没有。二人你一言我一语,争吵愈演愈烈,引来不少人围观。旁边卖水果的王某报警。

接警民警到肉摊前,了解到双方仅仅是为了5元的肉钱就大吵大闹,觉得实在不值得花时间为他们调解,于是掏出5元钱,塞给张某,让其不要吵了,赶紧离开。不想张某大怒,认为民警把他看成斤斤计较、占便宜、无事生非的小人,转而指责民警工作方法简单、无能。李某也不高兴,认为民警给张某这5元钱,就等于说肉有质量问题,错在自己,指责民警处理纠纷过于简单。民警不但没有调解成功,反倒引火烧身,冲突双方的矛头都指向民警。

2. 思考题

(1)如果你是民警如何调解这个矛盾?

(2)本案民警的处理为什么矛盾双方都不满意?

(3)矛盾纠纷调解的步骤和方法是什么?

3. 案例评析

本案调解失败,关键在于民警从思想上并不重视民间纠纷,缺乏风险意识,认识不到群众间的这些小矛盾有些是高危矛盾,应该用法律和智慧去调解。矛盾双方在冲突中极易选择薄弱出口,将怨气发泄到民警身上。为免祸及己身,

---

① 参见王辉忠:《公安民警“三懂四会”群众工作能力实训教程》,中国人民公安大学出版社2020年版,第245页。

民警在调解时要注意:第一,纠纷双方争论很激烈时,民警要三缄其口,不作表态。因为纠纷双方争论很激烈时,都认为自己有理,都希望民警帮自己说一句话。如果民警稍加评论,对某一方有利,那么,另一方就会恼怒民警,民警就会陷入其中而难以自拔。这时少说话,不作任何评论。等到纠纷双方争论累了,情绪稳定下来时,再作调解。第二,民警一定要保持中立,不偏不倚。纠纷双方都会说自己有理,民警不可仅凭感觉认为哪一方有理而进行调解,必然认真倾听双方的述说,并进行分析,再结合其他方面的佐证,弄清事实的真相后再作调解。第三,民警在矛盾纠纷旋涡中一定要保持镇定和耐心,不可急躁,或简单驱散了事,否则会引起群众的不信任和反感,甚至会使矛盾纠纷程度加剧。第四,对复杂疑难的矛盾纠纷,不要轻易进行调解。有的矛盾纠纷属于历史遗留问题,时间长、跨度大,而且牵涉面广,或者因其他种种原因,变得非常复杂。面对这样的矛盾纠纷,民警如果调解不好,会使问题更加复杂。因此,当确认自己无能力调解这样的矛盾时,就要报告领导,由领导组织他人进行调解。

### 案例二　调解纠纷,预防上访:处置"美特好"纠纷事件[①]

#### 1. 案情简介

某年年初,海河所某警务室民警在走访过程中获得信息,辖区"美特好"超市因更换供货商,引发员工和原供货商恐慌,出现围攻管理人员、到管委会集体上访现象,事态有进一步扩大可能,极易引发群体性事件。

某年4月21日,"美特好"超市因经营结构重大调整而与约300名职工、300余名供货商、100余家招商户发生纠纷。4月22日10时许,"美特好"超市内聚集数十名员工,阻止超市管理人员将营业款送至银行保存。中午,"美特好"超市管理层分别与员工代表、原供货商、租赁商谈判,结果不理想,员工和供货商对超市管理层普遍不信任,聚集在办公区要求管理层解决问题,下午,供货商围堵管理人员并集体到管委会上访。

经社区民警走访调查,开发区"美特好"超市系山西美特好连锁店,在烟台设有2家——"美特好"开发区店和"美特好"幸福店,开发区店有员工279人,供货商300余家,出租商位60余家。当时"美特好"高层决定更换供货渠道,改

---

① 王世卿:《以社区警务室为依托　构建和谐警民关系》,载《公安教育》2009年第9期。

由“家家悦”供货，于是员工间纷纷传言“美特好”超市已经被“家家悦”超市收购，所有员工将被辞退，员工害怕失业，聚众向“美特好”超市索要解除合同赔偿金；部分员工害怕得不到保障，开始偷窃超市内的商品；原供货商害怕超市高层卷钱走人，要求封存商品并索要赔偿。

经过调查后了解到“美特好”超市存在以下矛盾隐患：

“美特好”超市管理层确实在与“家家悦”谈供货事宜，由“家家悦”负责“美特好”的供货，对此事“美特好”超市管理层事先没有与员工沟通。“美特好”管理层称，改变供货商不会影响员工的利益，原供货商按照合同处理。

“美特好”员工对管理层的说法普遍有异议，员工内部传言认为更换供货商就是将“美特好”卖给“家家悦”，“家家悦”新世界店将搬迁到彩云城“美特好”店，“家家悦”接手后肯定会辞退“美特好”的员工。目前“美特好”员工普遍担心以后的工作得不到保障，特别是部分“美特好”员工是从“家家悦”跳槽来的，因此抵触情绪很大，员工要求“美特好”管理层按照单位解除合同给予赔偿。

原供货商担心超市现有供应的货物得不到保障，害怕“美特好”管理层私下将货物拉走，并要求给予赔偿。“美特好”出租商位与美特好超市签有租赁合同，担心超市改制后提高租金、变更合同或解除合同。

海河所社区民警和所领导经过认真的走访、调查后，认为这不是一般的民事纠纷，需要上报公安分局，公安分局接到指令后，统筹研究警务沟通方案，经过几个回合的说服、调解、沟通工作，成功说服了上访的人员20余名。在后期事件处置过程中治安部门与管委会相关部门密切配合，历时15天圆满地解决了纠纷事件，避免了哄抢事件的发生。5月5日17时，“美特好”职工全部复工，招商户进入正常经营，供货商已开始正常结算货款。

2. 案例评析

在我国，公安派出所包括警务室承担了主要的警察调解职能，警察调解包括治安纠纷调解和一般民事纠纷调解。按照《公安机关治安调解工作规范》的规定，治安调解是指对于因民事纠纷引起的打架斗殴或者损毁他人财物等违反治安管理、情节较轻的治安案件，在公安机关的主持下，以国家法律、法规和规章为依据，在查清事实、分清责任的基础上，劝说、教育并促使双方交换意见，达成协议，对治安案件作出处理的活动。民间纠纷是指公民之间、公民和单位之间，在生活、工作、生产经营等活动中产生的纠纷。对不构成违反治安管理行为的民间纠纷,应当告知当事人向人民法院或者人民调解组织申请处理。当然在这里需要申明这一点,《人民警察法》第 21 条对警察职责的有关规定,明确“对公民提出解决纠纷的要求,应当给予帮助”,这一规定意味着警察应当调解民事纠纷,这里就明确警察调解纠纷包括治安纠纷和民事纠纷。另外,从群众的利益考量,群众不愿意到人民法院和人民调解组织调解,这是基于诉讼成本和公信度的考量,愿意到公安机关来进行调解的,公安机关的人民警察面对群众的要求应该积极、力所能及地进行调解。

本案例就是因“美特好”经营方面的问题而导致员工的紧张、不满,员工阻碍超市的经营活动并进而发展到去管委会上访的极端行为。归根结底超市经营问题有可能影响到员工自身的利益(一些员工害怕因超市经营管理方面的调整而下岗)。按照《公安机关治安调解工作规范》第 4 条违反治安管理行为的六种情形的规定,此案例反映的事实并没有发生违反治安管理的行为。此类纠纷仍属于一般民事纠纷的范围。因此民警通过走访了解并积极介入纠纷的初期调解是非常正确的,符合社区警察有关纠纷调解的职责要求。在这里就调解具体的实施进行简要分析:第一,纠纷萌芽阶段的走访和了解。第二,“美特好”员工到管委会上访阶段,会同公安分局治安管理大队采取必要的措施,一方面维持好上访群众的秩序,严防发生重大的事件;另一方面积极对上访群众进行沟通、说服工作,了解他们的诉求、充分考虑他们的顾虑以及承诺将会同有关部门解决他们的实际困难和问题。也向他们讲明在“五一”小长假期前到政府上访的利害。真正是动之以情,晓之以利害,使上访群众情绪稳定并顺利撤回。第三,在最后的问题解决阶段,社区民警及时了解动态,掌握“美特好”员工的情绪,并会同管委会的有关部门,一起解决“美特好”的纠纷。公安分局前后出警 100 多人次,历时 15 天,纠纷终于圆满解决。

这次纠纷的解决,社区警察一直扮演着重要的角色,职责定位也很明确。从最早发现纠纷到随后的劝解上访群众,维持上访秩序,到最后阶段配合有关部门顺利解决纠纷。充分体现社区民警利用警务室工作平台,走访群众解决群众实际问题,构建和谐社区、建立和谐警民关系的真实一面。在公安机关的实际工作中,利用社区警务室有针对性地防范上访,已经积累了一定的工作经验。根据辖区情况,有效保障情报信息收集,确保事先发现,事先预警,及时布控掌握动态,有效地避免事态扩大。

## 案例三 关于家庭矛盾的调解实训:还家庭宁静与祥和[①]

1. 案情简介

有一对30岁左右的年轻夫妻,开着一家有两间门面的电动车修理门市部。这天丈夫干了一天活感觉有些疲惫,妻子领着孩子逛街回来晚了而耽误了做饭的时间,被丈夫数落之后夫妻就相互争吵,继而双方撕扯起来,怒气之下丈夫用小木板凳砸到妻子胳膊,胳膊前臂有红肿瘀痕。丈母娘知道后前来为女儿助阵,以家暴为由报警并要求女儿离婚,接警人员到达现场了解情况后立即进行现场调解。

2. 相关知识

(1)调解:是指中立的第三方在当事人之间调停疏导,帮助交换意见,提出解决建议,促成双方化解矛盾的活动。在中国,调解主要有四种形式:①人民调解:是人民调解委员会主持进行的调解;②法院调解:是人民法院主持下进行的调解;③行政调解:是基层行政机关主持下进行的调解;④仲裁调解:是在仲裁机构主持下进行的调解。公安机关主要参与两种形式的调解,即进行治安行政调解和组织参与人民调解。

(2)公安机关参与调解的意义:①在社区警务工作中,坚持"问题不出村,矛盾不上交,平安不出事,服务不缺位"的工作目标,调解工作正是社区警务工作目标的具体内容之一。②德治与法治的统一是公安基层实践工作的重要要求,"法安天下、德润民心"是基层治安民警工作中所掌握的两把灵活尺度。公安调解工作正是体现出了德治与法治相统一的目标要求。③调解工作一般比较简单快捷,不仅节约警务资源,而且有利于当事人双方的诸多利益,更有利于社会安定、人民团结。

(3)适于治安调解的范围:因民间纠纷而引起的打架斗殴、损毁他人财物、故意伤害、侮辱、诽谤、诬告陷害、非法侵宅等违反治安管理行为。具体方面有:①亲友、邻里、同事、在校学生之间因琐事发生纠纷的。②行为人的侵害行为是由被害人的事前的过错行为引起的。③其他适用调解处理更易于化解矛盾的。

(4)不适于治安调解的范围[②]:①雇凶伤害他人的;②结伙斗殴的,寻衅滋

---

① 来自河南鹿邑社区民警陈爱民的案例实训方案。

② 可参考《基层警务疑难问答》中"如何把握调解范围?"的内容。

事的;③多次实施违法行为的;④当事人明确表示不愿意调解处理的;⑤当事人在调解过程中又针对对方实施违反治安管理行为的;⑥调解过程中违法嫌疑人逃跑的;⑦其他不宜调解处理的。

3. 基本流程

公安行政调解程序一般包括:①申请。调解一般建立在双方当事人自愿的基础之上的,所以应先由纠纷当事人提出申请(较为简单的可口头申请)。②受理。根据案事件性质,分析是否属于可以调解范围,决定是否进行调解。③调查。调解也要遵循以事实为根据,以法律为准绳的原则,所以应完善陈述、走访、询问、取证等调查程序。④调解。确定调解时间和地点后通知双方当事人,最好能邀请有助于调解的相关证明人参与调解。⑤结案。调解一般为一次,调解成功则制作调解协议书并履行调解协议内容,调解不成时可适当增加一次。

公安社区警务工作中的民间普通矛盾纠纷可不受次数、地点、时间、程序等限制。化解人民内部矛盾是公安社区民警的日常职责,调解尚没达到立案标准的矛盾纠纷可不受调解程序的制约。

4. 实训解析

(1)本案例属于家庭矛盾引起的家庭暴力案情,显然属于治安调解范围。

(2)一般在家庭纠纷中,当事双方都有问题、都有错误,本是鸡毛蒜皮的家庭琐事,往往争执不休、互不相让,将矛盾引向更加复杂繁乱深远的其他方面。常言道:清官难断家务事,家家有本难念的经。我们无法厘清过往和杂乱,只需要把握当前矛盾点,抓住各自缺点错误、心里顾念和感情软肋,快刀斩乱麻式地平息当前火辣辣的气氛。

(3)家庭纠纷中一般涉及夫与妻、父与子、老与少、男与女等家庭成员,在调解过程中要适当兼顾各自不同的身份、地位、风情、习俗等。比如,此案例中,丈母娘是上一辈的老人,应给予充分的尊严和照顾;妻子是心胸较小的女人,应考虑女人的虚荣和面子;丈夫是家中的顶梁柱,因两个孩子还小且在现场,要考虑其在家中的身份地位。①

(4)场面上的劝说语言:因为这么芝麻绿豆大点的事,吵闹到大庭广众之下,好看吗?有意思吗?/吵,就知道吵!吵就能吵出对错来,就能吵出道理来

---

①　针对此段可以延伸"社会知识的重要和理解万岁"两方面的内容。

啦？/夫妻吵架闹矛盾是再正常不过的事，但无休无止，闹这么大动静就过了……（先训丈夫）你这么个大男人，有什么可暴怒的，有什么事就想办法解决，动不动在媳妇身上撒气，能长多少面子；（再训妻子）男人在家都不容易，苦活累活都得干，想办法挣钱养活这一大家子，你也得体谅着点，不能动不动就跟丈夫生气；（说丈母娘）您是长辈哩，咱们都希望孩子过得好，有事要担待着点，要想法压着孩子们的性子，尽量减少生闲气的机会……

（5）私下单独沟通时的劝说内容：场面话是无法彻底消除各人心中的怒火、委屈和埋怨的，还需要让各人真心理性地冷静下来。（拉开丈夫说悄悄话）你这样做有意思吗？最终结果只会闹离婚，你看孩子都这么大了，离婚容易吗？再说了，离婚了，你就能找个更好的了？二婚的话很可能比这更糟呢！男子汉大丈夫让着点媳妇不丢人，现在社会不兴动不动就打媳妇了，媳妇真要计较的话还真得按家暴案件办理……（拉开妻子说悄悄话）这样闹下去，你还真想离婚啊！其实，在当前社会离婚也没啥，难道你不想想孩子，看这两个孩子多可爱，离婚了孩子怎么办？孩子成不了材就算了，问题是因此孩子就给废了……

5. 实战特技

调解过程中一般应坚持“平、和、情、理”四字方针，即言行举止要平等、公正，树立被信任感；创造一个亲近、祥和、安定的氛围；晓之以理、动之以情，以民间通理疏导；晓之以法，分析后果，正反案例说服。关于具体的调解方法技巧从“冷热、软硬、单双、情理”这四个矛盾词八个字讲起：

（1）冷热法，即冷处理和热处理。这两个词语来源于材料工艺学中专业术语，材料加热到一定温度后冷却到常温的这段过程叫热处理，再从常温继续冷却到零下更低的一个温度值的这段过程叫冷处理。①冷处理：一般针对比较激烈的纠纷，这类纠纷当事人一般脾气比较暴、情绪比较躁，遇事易冲动，情感升温快。针对这类当事人，不急于介入，不急于评说，不急于出结果。应该冷静地放一段时间，给当事人一个充分的回旋思考时段。切记：冷处理不都是真的不管不问，而是面冷实热，也就是常说的冷处理热查办。②热处理：一般适用于事情小、积怨小、后果轻、对错各半、纠纷简单、事实清楚的案事件。只要是当事人能冷静下来的情况，基本都可以采取热处理的方法。这种方法最大的好处是：可以趁热打铁、快刀斩乱麻、抓主要、抓关键、抓重点。否则夜长梦多可能会带来意想不到的新麻烦，往往经过酝酿、商讨、琢磨之后把简单的事情复杂化、单一的问题多样化、无理的部分狡辩化等现象出现。所以特别在接处警过程中能热处理的，绝不带回进行冷处理，应该现场了解取证、分析决断、寻根源、解疙瘩、当场解决。

(2)软硬法，即民间常见的软磨硬抗现象。软调法就是靠软磨长泡或不温不火或和颜悦色或倾听陪聊等太极打法。硬调法则是锣对锣、鼓对鼓地对吵强辩。两种方法迥异、各有特点、各有利弊、各有所指、各有成效。①软调法：一般多适用于那些文化水平较低、私心私利较盛、脾气倔、认死理的当事人，多见于老弱病残人群。这部分人属于弱势群体，没有多少顾虑禁忌，动不动就上访告状、玩奸耍滑，大理不通、小理成堆，得理不饶人、无理赖三分，而且行政法又没法处理或者处理的话会适得其反。所以只有这种软调法才可能让他(她)在时间面前慢慢服气。这种方法不需要多大能力和太多的技巧，主要是调解人要有春风化雨的耐心和慢雕细琢的好性格。②硬调法：硬调法一般适用于吃硬不吃软的人，有一种人似弹簧，你强他就弱，你弱他就强。对付这种人一定要在气势上压制住，让他处于心理劣势、环境弱势，使本就脆弱的虚张声势、无理取闹在不利的势场中被快速瓦解。

切记：此法运用得当，效果会十分明显。但对调解人的要求也高，不仅政策理论水平要高、语言表达能力要强、法律基础知识要全，还要有引导控制现场的能力等。

(3)单双法，即单调法和双调法。双调法就是俗称的"一个唱红脸、一个唱白脸"的同主并行相互搭配的调解方法。单调法则是相对于双调法的众人搭台、一人主唱的调解方法。相对于双调法而言，单调法对调解人的要求会更加高，因为调解人根据实际情况变化，需要在个人情绪、角色转换上临场适时自行把握。所以，实践中推崇提倡双调法。①单调法：单调法一般适用于调解人与被调解人双方或主要的一方有些特殊关系的时候，如亲戚、邻居、朋友，或与此三者有特殊亲近关系的。调解时民警利用这些固有亲近关系的信任感，减少调解中不必要的阻碍，促使调解的顺利达成。②双调法：适用范围非常广泛，对于单调法所适用的情况中，如果调解人做不了红脸的，使用双调法也是可以的。所以，能找个充当红脸、会做红脸的调解人很重要，红白互为主次、借机转换，将调解过程演绎成一段融人伦五常、软硬通吃的精彩生活伦理欢喜剧是成功调解的要诀。

(4)情理法：情理法就是说情摆理，晓之以情、动之以理地摆道理、说事实、讲法律、论权衡。此法多适用于性格沉稳、理性有余、明辨是非、有一定知识的当事人。

此法是各种调解方法的中心所在,所有调解方法在所有案事例的调解过程中都需要靠情理法达成最终目的。有关系借关系,没关系拉关系,拉近不了关系找名人权威等,以亲身经历、以案说法,寻找心理短板,切中顾虑要害,促使当事人幡然醒悟或无奈妥协。本节上述案例中的调解方法就是做好的注脚。

6. 注意事项

(1)在实战操作过程中,分析适于或不适于调解范围时,不易僵化地按照规定条款一一对照,应灵活审视,综合考虑社会效果、法治效果、德治效果的统一。注意把握以下几点:①一定是属于《治安管理处罚法》范畴内的案件,或是不属于案件的所有矛盾纠纷。②必须是双方自愿,哪怕是经过思想工作之后的自愿。③要充分考虑案事件恶劣性质和社会影响。

(2)在调解过程中,会无意中遇到形形色色的人,会碰到各种各样的事,会听到不合常规的诉求等,对于一个七情六欲俱全的警察来说,冲动生气就是一件再寻常不过的事了。所以,控制情绪是调解民警最基本的素养,耐性是调解过程中必需的坚持,大量的调解案例证明:峰回路转往往就是在坚持中出现的奇迹。

7. 特别提醒

(1)语言不当是调解中偶尔可能出现的现象,但调解民警是正义的化身、正确的代表,绝不能因错误、不雅的浑话脏语被当事人抓住而大做文章,否则不仅于调解不利,陷自己于囫囵之中,还会给单位和公安形象带来负面影响。所以,调解民警要正己、正心、正言,力求能让正确的做法和善意的话语成为民间优秀化的谈资和积极性的笑料。①

(2)如果调解成功的话,立即制作调解协议书是自然而然的常识,但往往容易被忽视的是:应坚持在协议内容被执行完毕后再签字。调解是处理手段,签字之后的调解协议书具有法律效力,然而调解协议的执行不是强制措施,是双方在自愿基础之上执行,滞后协议执行势必会有夜长梦多的可能性,会让调解的努力付诸东流。所以,调解成功之后,应立即制作调解协议书并立即执行完

---

① 此处可以穿插有关因调解语言失当而陷入被动并被处理的案例。

毕之后再实施双方签字生效,且调解协议书的最后一条内容应该写上:此协议一式三份,自双方签字之后立即生效。

8. 能力拓展

(1)大道至简,万物归一。这么多、这么细的调解方法和技巧不是记一记、背一背就能掌握的,只有在长期的实践中才能逐步经历感悟。年轻的警察后备军们怎么办?等待经历漫长实践的成熟?其实,复杂的本质都是简约,将看似复杂的调解化繁就简之后就只有一个字:说。只要你会说就可以参与调解了,当然,你能说到点子上、关键处就更好了,如果你能凭借你自有的社会心理学等知识,看出当事人的所求、所愿、所想,并句句珠玑,那你就是高手了。记住,凡事没有那么难!只要你费心用情去做,一切都会变得简单。

(2)学说绕口令。绕口令是生活艺术作品,本是相声演员的最爱,它不仅能给人带来愉悦快乐,更能锻炼一个人说的能力,先让口齿伶俐了,你才可能成为说的强者。试想,一个口齿不清、慢慢吞吞、惜话如金的人如何做好群众工作?又如何能周旋在当事人之间做好调解员?故欲做好治安警察,先练好基层民警最基本的主要功底:说。常说绕口令就是速成之道。

# 专题十　未来展望篇

党的十九届四中全会指出,“中国特色社会主义制度是党和人民在长期实践探索中形成的科学制度体系,我国国家治理一切工作和活动都依照中国特色社会主义制度展开,我国国家治理体系和治理能力是中国特色社会主义制度及其执行能力的集中体现”。新时代,坚持和完善中国特色社会主义制度,推进国家治理体系和治理能力现代化建设,是实现“两个一百年”奋斗目标、实现中华民族伟大复兴的中国梦的必然要求。2020 年 10 月 26 日至 29 日,党的十九届五中全会审议通过了《中共中央关于制定国民经济和社会发展第十四个五年规划和二〇三五年远景目标的建议》,全会提出“十四五”时期经济社会发展要以推动高质量发展为主题,以深化供给侧结构性改革为主线,以改革创新为根本动力,以满足人民日益增长的美好生活需要为根本目的,统筹发展和安全,加快建设现代化经济体系,加快构建以国内大循环为主体、国内国际双循环相互促进的新发展格局,推进国家治理体系和治理能力现代化,实现经济行稳致远、社会安定和谐,为全面建设社会主义现代化国家开好局、起好步。

过硬的群众工作能力是我国公安工作取得伟大成就、获得巨大发展的宝贵经验。公安群众工作能力是公安机关人民警察参与国家公共安全治理活动所必需的能力。在推进国家治理体系和治理能力现代化建设背景下,研究公安群众工作能力具有极其重要的现实意义。加强和提升公安群众工作能力,是公安机关贯彻落实“以人民为中心”发展理念的必然要求,是公安机关提高安全治理效能和为民服务质量的必然要求,更是推进国家治理能力和治理体系现代化的必然要求。

## 一、治理方略：国家治理体系和治理能力现代化建设

### （一）国家治理体系和治理能力基本问题

习近平总书记指出："国家治理体系和治理能力是一个国家制度和制度执行能力的集中体现。国家治理体系是在党领导下管理国家的制度体系，包括经济、政治、文化、社会、生态文明和党的建设等各领域体制机制、法律法规安排，也就是一整套紧密相连、相互协调的国家制度；国家治理能力则是运用国家制度管理社会各方面事务的能力，包括改革发展稳定、内政外交国防、治党治国治军等各个方面。"①在此基础上，对于"国家治理体系"和"国家治理能力"的概念界定就成为深入研究和应用治理理论的重中之重。

1. 国家治理体系的内涵

（1）国家治理体系的提出背景

关于中共中央提出的"国家治理体系和治理能力现代化"一词，最早见于党的十八届三中全会通过的《中共中央关于全面深化改革若干重大问题的决定》。推进国家治理体系和治理能力现代化的目标，是为了更好地全面深化改革，实现中国共产党领导下的政治稳定和社会长治久安。国家治理是一项广泛和深刻的历史性工程，它的过程不可能是一帆风顺的，也不可能是一蹴而就的。国家治理不仅是国家机关对社会的管理，还包括正确处理国家机关之间的关系、国家与公民间的关系以及公民与公民之间的关系，是全面有效协调社会关系的概念，涉及如何进行更好的权力配置、提高政府自身的管理水平等方面。国家制度必须构建起相应的治理体系，既要完善治理的方式和治理结构，又要提高应对和消解社会问题的治理能力。② 国家治理体系必须要与当前的时代、国情、民情相匹配，要随着实际情况而不断调整体系的结构和组成。完善和发展中国特色社会主义制度，要在现有的制度框架下推进改革，而不是另起炉灶、走其他的社会道路。这就要求必须建立与我国实际国情相适应的、具有中国特色的国

---

① 《习近平：切实把思想统一到党的十八届三中全会精神上来》，载《人民日报》2014 年 1 月 1 日，第 2 版。

② 海力思：《新时代国家治理体系与治理能力现代化的内涵、特征与路径》，载《党史博采》（下）2019 年第 3 期。

家治理体系,只有这样才能实现与我国的国情相适应,并且坚持以问题为导向不断完善发展。

(2)国家治理体系的内涵

"制度论"视角下的国家治理体系的内涵。有学者从国家治理和社会发展的角度上,将国家治理体系界定为制度,即维护社会公共秩序和规范权力运行的一系列制度和措施的总和。既包括规范政府行为的行政管理规范、大政方针、法律法规等,也包括影响市场行为和社会行为的一系列制度和程序的总和。其中政府治理、市场治理和社会治理是现代国家治理体系中三个最重要的次级体系,内容上包括国家的行政体制、经济体制和社会体制。国家治理体系是一个国家根据自己的国情所设计的保持经济社会可持续发展、实现社会公平正义和谐的基本制度和法律保障。①

"系统论"视角下的国家治理体系的内涵。有学者则把国家治理体系理解为系统或体系。这种观点认为国家治理体系是一个由多种因素构成的一个有机系统。有学者认为,国家治理体系是一个以目标体系为追求,以制度体系为支撑,以价值体系为基础的结构性功能系统②;是"根据什么理念、采取怎样的制度安排和具体的技术手段"来治理国家的一个综合体系③;是社会利益关系、政治权力关系和公民权利关系相互联系、整体构成的有机系统;是由指导思想、组织机构、法律法规、组织人员、制度安排等要素构成的体系,按照构成可分为系统、结构、层次三个方面④;是一个多层次的、立体化的宏大系统,由三个基本的子系统构成,处在顶层的是由执政党的领导、人民当家作主、依法治国三大要素有机构成的核心子系统。⑤

中国特色社会主义背景下"国家治理体系"的基本内涵。2013 年,党的十

---

① 李抒望:《正确认识和把握国家治理现代化》,载《学习论坛》2014 年第 2 期。

② 何增科:《理解国家治理及其现代化》,载《马克思主义与现实》2014 年第 1 期。

③ 宣晓伟:《国家治理体系和治理能力现代化的制度安排:从社会分工理论观瞻》,载《改革》2014 年第 4 期。

④ 许耀桐、刘祺:《当代中国国家治理体系分析》,载《理论探索》2014 年第 1 期。

⑤ 研究者认为,底层代表的是使各个领域之间实现整合与协同的各类具体规则制度组成的保障子系统,中层的是由政府、市场和社会的协同与互动所构成的关键传动子系统;而高层侧重于上层建筑层面的国家决策和政府管理。参见胡宁生:《国家治理现代化:政府、市场和社会新型协同互动》,载《南京社会科学》2014 年第 1 期。

八届三中全会作出了《中共中央关于全面深化改革若干重大问题的决定》，文件首次明确地宣布“全面深化改革的总目标是完善和发展中国特色社会主义制度，推进国家治理体系和治理能力现代化”。“国家治理体系”的核心内涵是党的领导、人民当家作主、依法治国的有机统一，具体包括强化执政党领导地位，进一步建设人民民主和以法治为基础建立规范的国家治理体系等目标。可以说，在中国特色社会主义的背景下，国家治理体系的内涵应当随着中国特色社会主义现代化建设的不断完善而丰富发展。在我国，国家治理体系就是保证党领导人民有效治理国家的制度体系。它的范畴很广，既包括人民代表大会制度这一保证人民当家作主的根本政治制度，同时也包括中国共产党领导的政治协商制度、民族区域自治制度、基层群众自治制度等基本政治制度，公有制为主体、多种所有制经济共同发展的基本经济制度，以及经济、政治、文化、社会、生态文明和党的建设等各领域的体制机制、法律法规。这些构成了一整套紧密相连、相互协调的国家制度，是党领导人民治理国家的基本依托。因此在我国，国家治理体系是一个围绕着相关制度所建立的有机整体，制度是组成机体的“细胞”，而组合起来则是一个相互配合、多元共治的整体。

**2. 国家治理能力的内涵**

(1)国家治理能力的基本内涵

关于国家治理能力，习近平总书记曾多次在公开场合对国家治理能力的具体含义进行过解释。在此基础上，各级政府机关、党报学者以及实务部门也从国家治理的领域、治理能力内容、国家治理过程等角度，对这一概念进一步深入和细化。有学者从社会功效的角度，将国家治理能力理解为行使公共权力、履行国家职能、制定公共政策、提供公共产品、分配社会资源、应对突发事件、维护社会稳定、建设和谐社会、促进社会发展、处理国际关系等各个方面的能力①，包括意志力、执行力、凝聚力、发展力、创新力、变通力、沟通力、协调力、纠错力等②；也有学者从国家资源的管理角度，认为国家治理能力是对国家资源的统筹管理能力：不仅包括国家资源的生产与汲取能力，而且包括国家资源管理与分

---

① 许耀桐、刘祺：《当代中国国家治理体系分析》，载《理论探索》2014 年第 1 期。

② 丁志刚：《全面深化改革与现代国家治理体系》，载《江汉论坛》2014 年第 1 期。

配能力,是动态发展的治理能力。[1]

有学者从国家治理结构分析了国家治理能力的内容,包括六个方面:一是在继承和改造中重建大众认同的、开放的核心价值体系;二是通过政治体制改革和民主法治建设维护和完善权威的决策系统;三是通过行政体制改革、服务型政府建设和问责制的建立,重建公众的信任;四是加强社会协商机制,培育和促进各类民间团体发展和自律,逐步建立有序的政治参与和良性的政治互动;五是完善国家宏观调控政策的决策体制,调整政府干预和市场运行之间的关系,维持和促进经济可持续增长;六是完善社会再分配体制和社会福利制度,建立起与社会经济发展相适应的社会保障体系。[2]

(2)国家治理能力内涵的本土考察

习近平总书记指出,"推进国家治理体系和治理能力现代化,就是要适应时代变化,既改革不适应实践发展要求的体制机制、法律法规,又不断构建新的体制机制、法律法规,使各方面制度更加科学、更加完善,实现党、国家、社会各项事务治理制度化、规范化、程序化"。[3] 国家治理体系和治理能力现代化的提出,具有重要的意义。国家治理体系和治理能力现代化,是一种全新的政治理念,表明中国共产党对社会政治发展规律有了新的认识,这是对马克思主义国家理论的重要创新,同时治理理论的与时俱进对以公安机关、国家安全机关为代表主体的社会治安工作也提出了新的要求。从长远来看,国家治理能力的建设对于中国政治环境的安定和谐、人民生活的幸福安康具有重要意义。其范围涉及的领域较广,分布于社会生活的各行各业,因此国家治理体系和治理能力现代化建设的完善需要从国家、执政党、民主政治等多重视域进行探讨。

总体来说,国家治理能力是指国家在内政、外交方面综合治理能力的总和,既包括改革发展稳定、内政外交国防,也包括治党治国治军等各个方面,国家治理能力现代化,体现了我们党治国理念的新变革,是实现社会主义现代化的必然要求。国家治理能力的完善代表着社会主义民主政治的新发展,关系中国人民的福祉,关乎民族的未来。推进国家治理能力建设,既要充分发挥国家层面

---

① 郑言、李猛:《推进国家治理体系与国家治理能力现代化》,载《吉林大学社会科学学报》2014 年第 2 期。

② 徐湘林:《"国家治理"的理论内涵》,载《人民论坛》2014 年第 10 期。

③ 习近平:《切实把思想统一到党的十八届三中全会精神上来》,载《求是》2014 年第 1 期。

的支持和执政党的统领作用，又要保证给予人民群众充分参与的政治空间。

### （二）国家治理体系和治理能力现代化建设的多视角考察

党的十八届三中全会首次提出“推进国家治理体系和治理能力现代化”这个重大命题，并把“完善和发展中国特色社会主义制度，推进国家治理体系和治理能力现代化”确定为全面深化改革的总目标，从而大大加快了制度建设和治理能力建设的步伐。党的十八届四中全会对全面推进依法治国的若干重大问题做出决定。党的十九大在决胜全面建成小康社会、开启全面建设社会主义现代化国家新征程的战略部署中，对制度建设和治理能力建设做出了战略安排。党的十九届二中、三中全会分别就修改宪法和深化党和国家机构改革做出部署，在制度建设和治理能力建设上迈出了新的重大步伐。党的十九届四中全会从政治上、全局上、战略上全面总结党领导人民在我国国家制度建设和国家治理方面取得的成就、积累的经验、形成的原则，凝练概括我国国家制度和国家治理体系所具有的显著优势，全面回答了在我国国家制度和国家治理体系上应该“坚持和巩固什么、完善和发展什么”这个重大政治问题，明确了新时代坚持和完善中国特色社会主义制度、推进国家治理体系和治理能力现代化的总体要求、总体目标和重点任务。① 党的二十大提出，以巨大的政治勇气全面深化改革，打响改革攻坚战，加强改革顶层设计，敢于突进深水区，敢于啃硬骨头，敢于涉险滩，敢于面对新矛盾新挑战，冲破思想观念束缚，突破利益固化藩篱，坚决破除各方面体制机制弊端，使中国特色社会主义制度更加成熟更加定型，国家治理体系和治理能力现代化水平明显提高。国家治理体系是由国家在经济、政治、文化、社会、生态等各个领域的治理方略构成的，国家治理能力是国家统筹各个领域的治理，使其相互协调、共同发展的能力。国家治理体系与治理能力是社会的、历史的，现代社会的国家治理体系与治理能力有着时代的内涵和要求。当代中国，完善和发展中国特色社会主义制度，必须推进国家治理体系和治理能力现代化。

国家治理体系和治理能力现代化不仅是全面深化改革的总目标，也是社会

① 石仲泉：《国家治理体系和治理能力现代化的里程碑》，载《人民日报》2019 年 11 月 27 日，第 9 版。

主义现代化建设的关键。对于国家治理体系和治理能力现代化的多视角考察可以在宏观层面对国家发展动态进行剖析,从而理解我国推动国家治理体系和治理能力现代化的历史必然性,为进一步研究和完善国家治理体系和治理能力现代化提供借鉴和参考。从宏观上说,对于国家治理体系和治理能力现代化的考察可以从国家发展、执政党的执政能力以及民主政治的发展三个角度进行。

1. 治理体系和治理能力现代化:国家发展的视角

国家发展到一定阶段,随着国家、社会治理格局的改变,原有的治理体系和治理能力逐渐不再适应国家发展需要。因此,国家的可持续发展需要新的国家治理体系和治理能力作为支撑。① 一方面,从治理能力的全球化发展要求来看,既要正视我国改革开放带来的变化,又要与我国现阶段的实际国情相适应。只有坚持具体问题具体分析的科学治理观,才能切实推进国家治理现代化。随着全球意识形态碰撞的加剧,多极化和全球化的发展对中国国家治理现代化提出了新的挑战和要求,国家治理思维也应该转向适应全球化治理思维,以谋求更高发展。另一方面,从国家内源性发展来看,社会分工的不断深化推动着中国国家治理体系和治理能力现代化不断发展,其具体形式是从碎片化的一元治理模式逐渐转变为网络型多元治理模式。② 随着我国社会主义现代化建设的进程加快,我国将在完善和发展中国特色社会主义制度和推进国家治理体系和治理能力建设等方面,采取更多具有前瞻性和革命性的变革。③

国家治理体系和治理能力现代化体现了经济社会发展的必然性和国家发展的需要程度。社会主要矛盾的转化是确定国家治理体系和治理能力现代化愿景目标、战略路径和行动议程的客观基础。④ 由此可见,我国现行的国家治理体系,是在我国历史传承、文化传统、经济社会发展的基础上长期发展、渐进式改进、内生性演化的结果。另外,国家治理体系和治理能力发展是一种调适过程,更是与现代社会相融合的过程。这其中不仅包括国家上层建筑层面的理论

---

① 胡佳、罗雪连:《国家治理体系和治理能力现代化研究综述》,载《湖北行政学院学报》2018 年第 4 期。

② 宣晓伟:《国家治理体系和治理能力现代化的制度安排:从社会分工理论观瞻》,载《改革》2014 年第 4 期。

③ 高小平:《国家治理体系与治理能力现代化的实现路径》,载《中国行政管理》2014 年第 1 期。

④ 唐皇凤:《社会主要矛盾转化与新时代我国国家治理现代化的战略选择》,载《新疆师范大学学报(哲学社会科学版)》2018 年第 4 期。

构建,更包括社会大众层面的支持和共治。国家和社会协同共治是现代国家治理的根本要求。基于国家外部压力体系的挑战、内部制度化要求的驱动、执政党精英的意识推动以及现代国家执政理念的确立等多重因素,国家历史发展历程推进了国家治理现代化。同时,随着"一带一路"合作平台、"人类命运共同体"和"全球治理"等对外战略思想的提出,我国正经历从治理到善治再到全球治理的发展过程。这必然要求国家治理体系和治理能力现代化,以适应对外战略需求。特别是,习近平人类命运共同体理念自提出以来,伴随着"一带一路"倡议等全球合作理念与实践而不断丰富,逐渐为国际社会所认同,成为推动全球治理体系变革、构建新型国际关系和国际新秩序的共同价值规范。[①]

综上可知,国家治理体系和治理能力现代化建设理念的出现并不是一种偶然现象,它是国家发展到一定阶段的一种必然结果。因此,既要充分认识到国家治理体系和治理能力现代化的历史必然性,又要构建与中国实际现状相适应的治理体系和治理格局。目前,我国学界较好回答了"为什么要实现国家治理体系和治理能力现代化"及"实现国家治理现代化对一个国家有何利益"这两个问题:国家治理体系和治理能力现代化是国家发展水平层面提出的内外部治理性问题,其核心任务在于提高国家治理能力,以更好应对全球化危机,化解国内重大矛盾,实现国家跨越式发展。

2. 国家治理体系和治理能力现代化:执政能力的视角

国家治理水平是衡量执政党执政能力的重要标准。国家治理体系和治理能力现代化建设,是执政党提升执政能力的重要举措,也是执政党稳固执政地位的重要手段。党的治理现代化是国家治理现代化的关键。在中国特色社会主义制度的"图谱"中,党的领导制度是国家的根本领导制度,统领和贯穿其他制度。党的领导制度体系在中国特色社会主义制度体系中居于统摄地位,坚持和完善中国特色社会主义制度、推进国家治理体系和治理能力现代化,首先必须坚持和完善党的领导制度体系,这是根本政治要求。[②] 党的十九届四中全会审议通过的《中共中央关于坚持和完善中国特色社会主义制度　推进国家治理

① 参见冯颜利、唐庆:《习近平人类命运共同体思想的深刻内涵与时代价值》,载《当代世界》2017年第11期。

② 石仲泉:《国家治理体系和治理能力现代化的里程碑》,载《人民日报》2019年11月27日,第9版。

体系和治理能力现代化若干重大问题的决定》将“坚持和完善党的领导制度体系”列为13个方面制度之首,并且做出“中国共产党领导是中国特色社会主义最本质的特征,是中国特色社会主义制度的最大优势”这一重大论断。

中国特色社会主义的显著优势就是党的领导,要充分发挥党领导一切、协调各方的作用,就要坚持党的治理现代化对国家治理现代化起到的决定性作用,充分发挥执政党的领导优势,将党的治理现代化和国家治理现代化相辅相成。一方面,党的治理目标需要国家治理体系和治理能力现代化的支撑。“党政军民学,东西南北中,党是领导一切的,是最高的政治领导力量。”中国共产党对政治方位要求的提高,也必定提高国家治理体系和治理能力现代化水平,进而服务政治目标实现。实现国家治理现代化与加强党的执政能力建设,在中国社会情境下是相辅相成的,党的能力建设和国家治理能力建设是一种统一关系。[①] 另一方面,国家治理体系和治理能力现代化的核心是党的领导能力建设。中国共产党治理现代化建设,关键在于领导能力建设。加强党的领导能力建设是推进国家治理体系和治理能力现代化的关键。[②] 加强和提升党的领导能力建设,可以为国家治理体系与治理能力现代化的发展提供保障。[③] 国家治理制度的设计和完善,必须依靠提高党的领导制度现代化和科学化水平实现。中国共产党作为我国的执政党,既是主导国家治理工程的主体,又是国家治理能力建设的主要推动者。为适应推进国家治理现代化的要求,必须对自身的执政理念、组织机构、制度建设等进行深刻变革。

综上可知,在推进国家治理体系和治理能力现代化的过程中,在执政党层面,如何提升中国共产党执政能力和实现党的执政能力现代化是重中之重。关于国家治理现代化和执政党执政能力现代化之间的关系,一般认为国家治理现代化和党的治理现代化是密不可分的,两者之间相辅相成。党的治理现代化是国家治理现代化的前提条件,而推进国家治理体系与治理能力现代化也有利于提高党的执政能力现代化水平。两者相互促进,相互结合,共同推动治理格局

---

① 孙岩、王瑶:《国家治理现代化与党的执政能力:中国的逻辑》,载《广西社会科学》2016年第6期。

② 余斌:《加强党的领导能力建设,推进国家治理体系和治理能力现代化》,载《求实》2015年第11期。

③ 竺乾威:《国家治理现代化与领导能力提升》,载《理论探讨》2016年第6期。

的演变、完善和发展。因此,实现国家治理现代化必须始终坚持中国共产党的全面领导,同时要不断提高党的执政能力和治理能力。①

3. 国家治理体系和治理能力现代化:民主政治的视角

发展社会主义民主政治是国家治理体系和治理能力现代化建设的一个重要目标,也是国家治理体系和治理能力现代化建设合法性的价值诉求。基于现代化国家治理体系顶层设计框架构建角度,协商民主往往是被重点关注的对象。中国共产党领导的多党合作和政治协商制度是我国一项基本政治制度,中国共产党是执政党,其他各民主党派是参政党,双方是亲密合作的友党关系。因此现代化的协商民主体系应列入国家治理体系现代化的目标体系当中,这样既保证了执政党在国家治理层面的主导作用,又保障了协商民主下公民的正当政治参与权。保证公民正当的政治参与是国家治理体系和治理能力现代化的重点内容。另外,从国家治理合法性视角来审视,我国学者彭中礼认为,民生政治是考量国家治理体系合法性的重要价值面向。② 这既是我国人民民主专政的体现,是我国全心全意为人民服务宗旨的体现。从未来价值导向来看,民主是国家长治久安的保证,国家治理现代化要依托民主现代化实现。从国家治理现代化价值的实现途径视角来看,国家治理体系和治理能力现代化建设要秉承"价值合理性"的目标去努力实现社会的公平与正义。既要坚持科学的价值导向,同时也要保证社会治理体系的平稳有序进行。因此必须对构成国家治理制度能力各要素的体制与功能机制进行根本性变革,努力打造一个民主的、法治的、公正的、廉洁的、高效的国家治理能力体系。③

由此可见,基于民主政治视角,学界在民主政治与国家治理体系和治理能力现代化的内在关系基础上,重点研究协商民主对国家治理现代化的作用。完善合理的协商民主制既可以充分反映我国多党合作的民主政治生活,又可以从民主层面提高国家治理决策的科学性。民主价值是国家治理体系和治理能力现代化的重要价值追求,民主政治是衡量国家治理成果的价值标准之一。

---

① 胡佳、罗雪连:《国家治理体系和治理能力现代化研究综述》,载《湖北行政学院学报》2018 年第 4 期。

② 彭中礼:《推进国家治理体系和治理能力现代化的法理阐释》,载《中共中央党校学报》2014 年第 1 期。

③ 魏治勋:《"善治"视野中的国家治理能力及其现代化》,载《法学论坛》2014 年第 2 期。

### (三)中国特色社会主义国家治理体系和治理能力现代化建设

党的十九届五中全会指出,当前和今后一个时期,我国发展仍然处于重要战略机遇期,但机遇和挑战都有新的发展变化。当今世界正经历百年未有之大变局,新一轮科技革命和产业变革深入发展,国际力量对比深刻调整,和平与发展仍然是时代主题,人类命运共同体理念深入人心,同时国际环境日趋复杂,不稳定性不确定性明显增加。坚持中国共产党领导下的国家治理体系和治理能力现代化建设是实现中华民族伟大复兴的重要保障,不仅是对执政党本身执政能力的考验,更是对以公安机关为代表的社会治理机关的重大考验。公安机关担负着维护国家安全和社会治安稳定的重要任务,既是贯彻落实国家治理决策的先锋队,又担负着连接国家治理与人民群众幸福安康的桥梁和纽带作用。

1. 推动中国特色社会主义国家治理体系和治理能力现代化建设的政治优势

当下,我国推动国家治理体系和治理能力现代化具有一系列重大的政治优势。

(1)党的领导是国家治理体系和治理能力现代化的最大优势。

“国家治理体系和治理能力是一个有机整体,推进国家治理体系的现代化与增强国家的治理能力,是同一政治过程中相辅相成的两个方面。有了良好的国家治理体系,才能提高国家的治理能力;反之,只有提高国家治理能力,才能充分发挥国家治理体系的效能。”①党的领导是中国特色社会主义最本质的特征,是中国特色社会主义制度的最大优势,“东西南北中,党是领导一切的”,要充分发挥执政党的统领作用,充分发挥中国共产党的先锋队和模范作用,坚持和巩固党的领导不仅是基于我国历史和国情的必然选择,而且也是中国特色社会主义背景下,国家治理体系和治理能力现代化的最大优势。因此,必须维护党中央的权威,把党的领导贯穿到推进国家治理体系和治理能力现代化的各领域和各方面。②

---

① 俞可平:《推进国家治理体系和治理能力现代化》,载《前线》2014 年第 1 期。

② 李安峰:《新时代推进国家治理体系和治理能力现代化的显著优势与内在逻辑》,载《新疆社会科学》2020 年第 1 期。

(2)习近平新时代中国特色社会主义思想是国家治理体系和治理能力现代化的科学指南。

习近平新时代中国特色社会主义思想是马克思主义中国化的最新理论成果,是立足于中国现实国情而提出的科学的行动指南。当今中国正处于历史的机遇期,我国经济社会发展迎来了从富起来到强起来的伟大转变,社会生产力显著提高;综合国力,经济、科技、军事实力,文化软实力和国际影响力不断增强,人民生活水平和幸福指数明显提升。党的十八大以来,以习近平同志为核心的党中央坚持立足国情、科学决策,从全面实施"脱贫攻坚""精准扶贫",再到全面建成小康社会、构建人类命运共同体,以习近平同志为核心的党中央在中国特色社会主义现代化建设的实践征程中提出了一系列治国理政的新理念、新思想和新战略,解决了很多长期以来存在于我国历史生活中的积弊,推动党和国家建设事业取得了历史性成就和历史性变革,并在此基础上形成了习近平新时代中国特色社会主义思想,这是中国实现"两个一百年"奋斗目标的行动指南。

(3)中国特色社会主义制度是国家治理体系和治理能力现代化的根本保障。

衡量中国特色社会主义制度的实施及其执行能力的集中体现,就在于是否能完善好发展好国家治理体系和治理能力现代化。"国家治理体系就是规范社会权力运行和维护公共秩序的一系列制度和程序。它包括规范行政行为、市场行为和社会行为的一系列制度和程序,政府治理、市场治理和社会治理是现代国家治理体系中三个最重要的次级体系。更进一步说,国家治理体系是一个制度体系,分别包括国家的行政体制、经济体制和社会体制。"①国家治理能力是国家治理行为的集中反映,也是对国家治理体系的稳定性、科学性和有效性的实践检验,一个国家的治理体系和治理能力的效能,很大程度上是由国家的社会制度所决定的。改革开放四十多年来,在中国共产党领导下,我们把中国特色社会主义制度优势转化为国家治理效能,有效保证了人民享有的权利和自由。与此同时,国家经济文化体制、社会服务体制和政治体制改革等方面也取得了阶段性、历史性的成就,有效推进了国家治理体系和治理能力现代化,证明了中

① 俞可平:《推进国家治理体系和治理能力现代化》,载《前线》2014 年第 1 期。

国特色社会主义制度的优越性和强大的生命力。

2. 中国特色社会主义国家治理体系和治理能力现代化建设的路径

“打铁必须自身硬。只有练好‘内功’并且具有过硬的本领,才能提高治国理政的能力,进而实现治理能力的现代化。”①坚持和完善中国特色社会主义制度、推进国家治理体系和治理能力现代化是一项系统性的工程,既要坚持和完善好执政党的领导作用,又要坚持好制度自信,走中国特色社会主义道路;同时筑牢文化根基,只有从党的领导、文化建设、制度自信三方面坚持和完善,才能保证中国特色社会主义背景下国家治理体系和治理能力现代化的健康良序发展。

(1)完善执政党领导体系,坚持中国共产党总揽全局、协调各方的领导作用,提高党科学执政、民主执政、依法执政水平。

党的十九届四中全会指出,“坚持和完善党的领导制度体系,提高党科学执政、民主执政、依法执政水平”。② 党政军民学、东西南北中,党是领导一切的。全面推进国家治理体系和治理能力现代化,首先必须坚决维护党中央权威,充分发挥中国共产党“总揽全局、协调各方”的领导作用,切实把党的领导落实到国家治理各领域各方面各环节,完善党的领导体系就是要不断推动全党增强“四个意识”、坚定“四个自信”、做到“两个维护”,自觉在思想上政治上行动上同以习近平同志为核心的党中央保持高度一致。同时,要加强制度自信宣传教育,提高党员干部治理能力,支持各类人才贡献智慧和力量,推进制度创新。

推进国家治理体系和治理能力现代化,不仅要保证党的权力必须与国家制度合理衔接,而且要具有敢于“刀刃向内”的决心和勇气。既要通过具有形式合法性的程序将党的权力意志转换为国家的制度理性,保证国家治理格局的良性发展;又要加强执政党自身能力建设,增强自身组织和工作能力的完善和发展。深化国家治理体系和治理能力现代化,首要的是加强党的领导体系改革,完善党对各领域各方面工作的组织领导,通过优化党的组织机构,从职能上解决党

① 习近平:《切实把思想统一到党的十八届三中全会精神上来》,载《求是》2014 年第 1 期。

② 新华社:《中国共产党第十九届中央委员会第四次全体会议公报》,载《社会与公益》2019 年第 12 期。

对一切工作领导的体制机制问题，从主体上解决党长期执政条件下党政军群之间的权力关系问题，确保党的领导更加坚强有力，使“全党统一意志、统一行动、步调一致前进”①。

（2）坚定制度自信，坚持好中国特色社会主义道路是国家治理体系和治理能力现代化的实现途径。

世界上不存在完全相同的政治制度，也不存在适用于一切国家的政治制度模式。“评价一个国家政治制度是不是民主的、有效的，主要看国家领导层能否依法有序更替，全体人民能否依法管理国家事务和社会事务、管理经济和文化事业，人民群众能否畅通表达利益要求，社会各方面能否有效参与国家政治生活，国家决策能否实现科学化、民主化，各方面人才能否通过公平竞争进入国家领导和管理体系，执政党能否依照宪法法律规定实现对国家事务的领导，权力运用能否得到有效制约和监督。”②经过长期努力，我们在解决这些重点问题上都取得了决定性进展。中华人民共和国成立 70 多年来的伟大实践已经充分证明，社会主义民主政治具有强大生命力，中国特色社会主义政治发展道路是符合中国国情、保证人民当家作主的正确道路。因此，坚定中国特色社会主义制度自信，首先要坚定对中国特色社会主义政治制度的自信，增强走中国特色社会主义政治发展道路的信心和决心。③

党的十八大以来，以习近平同志为核心的党中央坚持和发展中国特色社会主义道路，在立足中国国情的基础上，高度重视国家治理体系和治理能力现代化建设，并且结合中国实际提出了许多新思想、新论断，取得了历史性成就。通过把治理主体的思想改造和治理主体的能力相融合，使我们党既夯实了信仰又完善了制度，有效推进了国家治理体系和治理能力现代化，彰显了中国特色社会主义道路的优越性。“方向决定道路，道路决定命运。”所以，在推进国家治理体系和治理能力现代化的征程中，我们“既不走封闭僵化的老路，也不走改旗易帜的邪路”，而是走中国特色社会主义道路。

---

① 杨俊：《党的政治建设理论论纲：“名实”与“事理”——学习习近平总书记关于党的政治建设系列重要论述》，载《理论探讨》2019 年第 6 期。

② 习近平：《在庆祝全国人民代表大会成立六十周年大会上的讲话》，载《求知》2019 年第 10 期。

③ 强亦忠、许红：《制度自信：多党合作和政治协商制度发展和完善的重要保证》，载《江苏省社会主义学院学报》2019 年第 1 期。

(3)坚守文化根基,汲取中国智慧。

坚持和完善中国特色社会主义制度必须坚守中国自身的历史文化根基。2013 年 8 月,习近平总书记在全国宣传思想工作会议上的重要讲话中指出:“独特的文化传统,独特的历史命运,独特的基本国情,注定了我们必然要走适合自己特点的发展道路。”①中国特色社会主义道路的选择与发展,立足于中华优秀传统文化,是坚持马克思主义基本原理与中国具体实际相结合,与中华优秀传统文化基因相结合的产物。正是马克思主义理论与中华优秀传统文化的精神品质、价值追求等高度契合,从而使其在中国落地生根,实现了马克思主义中国化。中国特色社会主义制度的发展,必须充分考虑中国传统、文化积淀等因素的基础性作用,加强对中华优秀传统文化的挖掘和阐发,并通过中华优秀传统文化的创造性转化、创新性发展,为中国特色社会主义制度建设提供良好的思想文化环境。可以说,如果没有中华文化沃土的滋养,就不可能有中国特色社会主义制度的勃勃生机。“中华优秀传统文化已经成为中华民族的基因,植根在中国人内心,潜移默化地影响着中国人的思想方式和行为方式,为中国特色社会主义制度培育了文化之根。”②也正是因为有着深厚的历史文化根基,中国特色社会主义制度才拥有无可比拟的显著优势。

当代中国的国家治理体系的推进必须汲取中国历史上国家治理的智慧,并且学会根据社会主义制度的国情不断创新发展。中华优秀传统文化中的思想观念、人文精神、道德规范、意志品质等不仅承载着先辈们的智慧精髓,更是滋养当代中国人精神世界、提振当代中国人精神力量的源头活水和不竭动力。中华优秀传统文化是我们民族的根和魂,如果抛弃传统、丢掉根本,就等于割断精神命脉,我们将成为无源之水、无本之木。国家治理体系的推进和国家治理现代化的转变既不是一蹴而就的,更不是依靠“拿来主义”就可以完成的,而是一个不断发展、逐步改进、内生性演化的结果。③

---

① 《习近平:胸怀大局把握大势着眼大事　努力把宣传思想工作做得更好》,载《人民日报》2013 年 8 月 21 日,第 1 版。

② 左鹏:《论习近平对中华优秀传统文化的继承和弘扬》,载《社会主义核心价值观研究》2016 年第 3 期。

③ 胡超:《加强党对坚持和完善中国特色社会主义制度、推进国家治理体系和治理能力现代化的领导——学习贯彻党的十九届四中全会精神系列党课文二十九》,载《党课参考》2020 年第 2 期。

## 二、公安领导在国家治理体系和治理能力现代化建设中的担当与使命

长期以来，公安队伍特殊的使命、特殊的性质、严明的纪律，使公安队伍领导干部素来以刚毅、果敢、豪迈、巍魄之类的颇具“武将”特质的性格特点著称，在全党全国人民都凝聚在奋进新时代，奋斗“十四五”，奋发新征程的巨大感召下，我们有一些领导干部对于政治学习是浅尝辄止、学用脱节的“表态政治”[①]“口号政治”，是“坐而论道的清谈客”[②]，在治理方式上还存在明显的“抄作业”[③]“一刀切”“不精细”现象，在组织动员上还停留在“放养式”“贴海报”“大喇叭”“宣传单”“铁脚板”等传统方式上，在风险防范化解上还停留在“开会动员”“发文部署”“等方案”“要方案”，在科创联动上对互联网、大数据、区块链、人工智能也仅仅停留在听说过、看见过、能表述的层面，种种此类。时代和形势把我们推到了一个越进越难、越进越险而又不进则退、非进不可的局面。笔者认为，群众工作作为我们公安工作的基础工作，要实现平安中国建设的“四化”，就要先在群众工作中落实，这就要求我们公安领导干部率先转变思维、提升能力，以群众工作科学化、社会化、法治化、智能化为中心，着力在创新社会治理方式、增强组织动员能力、提升风险防化水平、发挥科创联动效应上下功夫，迅速担当起建设平安中国、实现国家治理能力和治理体系现代化进程中的使命和任务。

### （一）创新社会治理方式，让公安群众工作更加科学化

平安中国建设工作会议上，时任中央政法委书记郭声琨同志传达习近平总书记的重要指示，紧紧围绕坚持和完善中国特色社会主义制度、推进国家治理体系和治理能力现代化总目标，以共建共治共享为导向，以市域社会治理现代化、基层社会治理创新为抓手，建设更高水平的平安中国。这就要求公安工作坚持公安改革和社会治理创新，找准问题、切中要害，以赋能平安中国建设和创新社会治理方式为中心，以共建共治共享为重要导向，用全周期管理、全要素联

---

① 赵刚印、曾峻：《从新冠肺炎疫情防控看干部治理能力的“短板”及其提升路径》，载《理论探讨》2020 年第 6 期。

② 习近平：《在知行合一中主动担当作为》，载《人民日报（海外版）》2019 年 3 月 2 日，第 1 版。

③ 赵刚印、曾峻：《从新冠肺炎疫情防控看干部治理能力的“短板”及其提升路径》，载《理论探讨》2020 年第 6 期。

动为依托,用系统治理、全程治理、常态治理、源头治理为重要支撑的一体化治理综合体,实现基层社会治理创新和市域社会治理现代化,以达到国家治理体系和治理能力的现代化总目标。

1. 科学创新基层社会治理方式,构建城乡基层社区治理体系

社区和乡村是中国特色社会主义制度下社会治理、政治治理、经济治理的最小单元,是和群众联系最紧密的部分,城市居委会和乡村村委会是国家体制的神经末梢。完善基层社会治理体系,就要构建全方位、多时空、可联动的城乡基层社区治理体系。

(1)最大限度地盘活存量。要健全党组织领导的自治、法治、德治相结合的城乡基层社区治理体系,完善基层民主协商制度,实现政府治理同社会调节、居民自治良性互动。① 要发挥群团组织和社会组织在社会治理中的作用,公安领导干部要动员社区民警组织社区干部、下沉干部、楼长、居民骨干、物业职工、社区志愿者等力量联防联控、群防群治,形成多元主体参与的共建共治共享格局。尤其要把住在辖区内的所有党员、人大代表、政协委员、共青团员在平时就编入基层网格、写入志愿者名册,实行常态化管理,探索"平时植根基层、发挥作用",战时"召之即来、战之能胜"的新体制。② 疫情期间在北京,4100 余名"穿警服的副书记"充分发挥密切联系群众优势,最大限度地将物业、社区党员干部、离退休党员、志愿者组织起来,加强人员出入登记,开展邻里守望,组织清洁消毒,最大限度地充实了基层居民自治的"存量"。③

(2)尽最大可能用足增量。要健全基层群众自治制度,增强群众自我管理、自我服务、自我教育、自我监督实效。④ 要继承和发扬新时代枫桥经验,推动公安治理重心向基层转移,构建城乡社区治理新格局。以基层党建引领社区组织建设为抓手,构建"社区民警 + 党员 + 群众"排查、会商解决矛盾隐患一体化机

---

① 《中共中央关于制定国民经济和社会发展第十四个五年规划和二〇三五年远景目标的建议》第 48 条。

② 陈一新:《把抗疫精神财富转化为社会治理现代化的强大力量》,载《学习时报》2020 年 7 月 24 日,第 1 版。

③ 《赓续奋进以大美"枫"景映照"中国之治"》,载中国警察网官方百家号,https://baijiahao.baidu.com/s? id = 1666813236280109670&wfr = spider&for = pc。

④ 《中共中央关于制定国民经济和社会发展第十四个五年规划和二〇三五年远景目标的建议》第 56 条。

制，促进人民调解、行政调解、司法调解“三调联动”，实现“调解不反弹、信访案件少、矛盾不上交”。[①] 总结推广诸暨枫桥的“红枫义警”、北京街头的“朝阳群众”、湖北武汉的“红色物业”等城乡社区工作新机制，广泛组织动员人民群众共同参与社会建设、参与治理活动、分享治理成果，有效构筑人人治理、人人尽责、人人享有的社会治理新格局。

(3)最大限度地用好变量。公安机关要加快基层社会治理智能化建设，推广落实“互联网＋治安服务”，着力打通服务群众“最后一公里”，要发挥互联网、大数据、人工智能、区块链的乘数效应，实现社区运行“一网联动”、社区服务“一网通办”、社区治理“一网统管”，不断提升基层社会“智治”水平，构建网格化管理、精细化服务、信息化支撑、科学化运行、开放共享的基层治理服务平台。

**2. 科学创新市域社会治理，推进市域社会治理现代化**

市域社会治理在国家治理体系中具有承上启下的关键地位，是国家治理的重要基石。随着新时代经济社会发展，人口等各类要素越来越向市域聚集，推进市域社会治理现代化的重要性和紧迫性愈加凸显。市域层面具有一整套紧密相连、衔接协调的体制机制和制度安排，构成较为完备的社会治理体系，具有解决社会治理中重大矛盾问题的资源和能力，是将风险隐患化解在萌芽、解决在基层的最直接、最有效力的治理层级，处于推进基层治理现代化的前线位置。[②] 所以新时代的社会治理要着重把加强市域社会治理体系和治理能力现代化作为撬动国家治理现代化的一个战略支撑点来抓，城区公安分局和城市公安局要积极开展市域社会治理现代化试点，以政治强引领、以法治强保障、以德治强教化、以自治强活力、以智治强支撑，善于以联动融合、开放共治等理念协调社会关系，善于以法治思维、法治方式调处化解矛盾纠纷，善于以法治、道德等理念规范社会行为，善于以大数据、人工智能等新技术防控社会风险，不断提高市域社会治理中群众工作能力，提高统筹谋划能力、政法改革能力、创新驱动能力、破解难题能力、依法打击能力、舆论导控能力，加快推进市域社会治理现代化，努力建设更高水平的平安中国。[③]

---

① 《赓续奋进以大美“枫”景映照“中国之治”》，载中国警察网官方百家号，https://baijiahao.baidu.com/s?id=1666813236280109670&wfr=spider&for=pc。

② 陈一新：《推进新时代市域社会治理现代化》，载《人民日报》2018年7月17日，第7版。

③ 陈一新：《推进新时代市域社会治理现代化》，载《人民日报》2018年7月17日，第7版。

3. 全周期管理是社会治理现代化的金钥匙，要用新理念提升社会治理水平

习近平总书记强调，要树立全周期管理意识，加快推动城市治理体系和治理能力现代化，努力走出一条符合超大型城市特点和规律的治理新路子。[①] 我们要提升理念，积极创新，用“全周期管理”提升社会治理现代化水平。要坚持系统治理，把握社会治理的整体关联性，强化全要素协作配合，重视各方面任务的整合贯通，形成覆盖全面、触角灵敏、上下联动、各方协同的治理体系，避免“头痛医头，脚痛医脚”。坚持全程治理，完善事前、事中、事后全程治理机制，形成从源头到末梢的完整治理链条，下绣花功夫，把每个环节的工作做扎实、做到位，确保不出纰漏。坚持常态治理，着眼战时、立足平时，建立平战转换机制，常态做好应对风险准备，增强社会治理韧性。坚持源头治理，树立上游思维，及早发现问题，及时采取有效对策，未雨绸缪，防患于未然，力求用最少的成本和代价解决问题。

## （二）增强组织动员能力，让公安群众工作更加社会化

公安机关有效地组织、发动群众，直接关系到社会稳定安全的工作成效和党委政府决策的落实，是发挥群众工作坚强战斗堡垒作用的重要维度。要有效地组织发动群众，首先就要尊重群众，把人民群众的意愿、要求和利益作为想问题、作决策、办事情的出发点和归宿，以扎扎实实的工作为人民群众谋取实实在在的利益。[②]

新冠肺炎时期的中国速度自然离不开全民的积极响应和自上而下的动员效率，这样的成就也使我们认识到新时代的公安群众工作离不开对群众广泛而彻底的动员。总结疫情时候的经验与不足，新形势下增强组织动员能力让群众工作社会化，就要构建以人民为中心的多元、一体、联动的社会动员体系。

1. 要构建“民为本”的社会动员体系

在专群结合的基础上，创新专群结合、组织发动群众的思路和方式，充分发挥群防群治威力，充分拓展人民群众参与新渠道，拓展人民群众协商新载体，拓

① 《深圳经济特区建立 40 周年庆祝大会隆重举行　习近平发表重要讲话》，载《人民日报》2020 年 10 月 15 日，第 1 版。

② 温剑：《着力提高做好群众工作的能力》，载《红旗文稿》2009 年第 12 期。

展人民群众共享新机制，拓展人民群众评价新体系，把做好群众思想政治工作与解决群众实际问题结合起来，把成熟的调研结果与具体解决措施结合起来，把经常化调查与透彻化研究结合起来，着力疏通群众的堵点、化解群众的难点、破除群众痛点，切实解决好群众的操心事、揪心事、烦心事，对于涉及面广、群众关注度高的突出问题，要始终坚持问题导向，要集中力量精准发力，以问题为靶心开展调查，以问题为“磨心”研究路子和对策，做到一针见血、有的放矢。[①] 针对“新群众”“新空间”“新装备”的特点和规律，领导干部要动员广大民警在开展群众工作时要解除群众思想上的“心疙瘩”、消除群众认识上的误区，放下架子，俯下身子，当好群众的“学生”，摒弃“官老爷”思想，做到勤于联系群众，善于沟通群众，乐于为群众办事，牢固树立坚持以人民为中心的理念，把群众利益放在动员目的的第一位。[②]

2. 要构建“多元化”的社会动员体系

构建政社互动机制，充分挖掘群团组织与社会组织的动员潜能，在党委的领导下实现政府和社会优势互补、良性互动，发挥公安主导作用、社会协同作用，引导各类社会组织和市场主体充分发挥专业优势，积极参加服务社会、防控风险、化解纠纷等工作，助力解决平安建设难题。同时，充分利用各类新兴社会组织和民间团体植根基层、服务民众的特质，通过素质优良的骨干队伍展开引导、说服和动员工作，并建立相应的荣誉体系和表彰制度，及时吸纳流动党员担任本地区建设的“响应者”、“参与者”和“推动者”，使之成为党组织联系不同方面群众的中介机构，发挥其对所属成员思想动员、凝聚共识、行为引导的积极作用，迅速形成以公安为主体、社会多元主体共同参与的社会动员体系。

3. 要构建“一体化”的社会动员体系[③]

就动员主体的角度而言，必须进一步探索以社区民警、村党支部、基层党员、积极分子为轴心的四级社会动员发动体系，提升组织内部的运作效率，减少

---

① 云祖轩：《群众工作能力是必修基本功》，载云南日报网，https://www.yndaily.com/html/2017/lilunzongheng_0922/108636.html。

② 云祖轩：《群众工作能力是必修基本功》，载云南日报网，https://www.yndaily.com/html/2017/lilunzongheng_0922/108636.html。

③ 《建设更高水平的平安中国》，载中国政府网，https://www.mps.gov.cn/n2255079/n4242954/n4841045/n4841050/c7519514/content.html。

不必要的中间环节。就动员客体的角度而言，建构多元化社会力量广泛参与的社会动员响应体系，通过“熟人圈”“趣缘圈”“业缘圈”搭建“关系式”动员的社会网络，积聚社会动员所依赖的社会资本①。就动员介体的角度而言，公安机关必须借助互联网、新媒体、大数据等高科技工具增强与普通民众的直接互动和思想交流，将其作为引导社会舆论、凝聚社会共识、动员社会力量的“主战场”，以多样化、即时化、生动化的传播形式向群众宣导政治理念，形成有效动员所必需的价值基础和理念认同。② 通过动员主体、客体、介体三个角度全方位多层次创新群众动员工作，构建组织运行高效、社会响应迅速、传播形式多样的一体化联动动员体系。

### （三）提升风险防范化解水平，让公安群众工作更加法治化

习近平总书记对平安中国建设作出重要指示指出，“聚焦影响国家安全、社会安定、人民安宁的突出问题”，“防范化解影响安全稳定的突出风险”。“十四五”规划提出要正确处理新形势下人民内部矛盾，坚持和发展新时代“枫桥经验”，畅通和规范群众诉求表达、利益协调、权益保障通道，完善信访制度，完善各类调解联动工作体系，构建源头防控、排查梳理、纠纷化解、应急处置的社会矛盾综合治理机制。

作为公安领导干部，既要有宏观的广阔视野，又要有微观的操作能力，既要能谋划思路，又要有推动落实的套路，既要看得出问题，又要拿得出破解问题的对策，在关键时刻有担当、有魄力，站得出来、冲得上去；在危急关头有定力、有能力，临危不乱、指挥若定，给群众以力量，给社会以信心，为党争光分忧。

1. 着重在法治轨道上提升风险预警、防控水平

随着社会转型加速发展、全面改革深入推进，社会分化逐步加剧、利益格局深刻调整，信息网络快速发展、社会舆论蔓延发酵，社会领域风险的叠加效应、联动效应、放大效应十分明显。③ 要坚持源头预防，强调防患于未然、早发现早

---

① 《基层党组织如何提升引领动员能力》，载党建网，https://baijiahao.baidu.com/s?id=1624313647683775994&wfr=spider&for=pc。

② 《基层党组织如何提升引领动员能力》，载党建网，https://baijiahao.baidu.com/s?id=1624313647683775994&wfr=spider&for=pc。

③ 武贺：《论建设社会治理共同体》，载《兵团党校学报》2020年第5期。

解决，要抓住问题、矛盾、纠纷产生的根源，将其解决在萌芽、解决在基层、解决在激化之前，建立健全源头治理机制，做到小事不出村，矛盾不上交，从源头上预防和化解社会风险，采取定期排查、超前排查、专项排查、集中排查、滚动排查等多种形式，超前研判矛盾纠纷的态势，厘清成因，分辨性质，积极预防。[①] 要坚持常态预防，重点关注新型电信诈骗、互联网犯罪、套路贷、跨境赌博等依托信息产业的高科技犯罪，常态做好应对重大风险的思想准备、法治准备、组织准备和物质准备，做到防范在先、发现在早、处置在小，及时把重大风险控制在市域、化解在市域，确保风险不扩散、不外溢。同时要重点关注互联网、新媒体、农民、就业、征地拆迁、克扣工资、环境污染等新兴问题，这些问题如果解决不好，逐渐积累起来，就会导致群体性事件，影响党的执政地位。要坚持制度预防，要紧盯影响社会稳定的重大风险，加强源头治理力度，完善市县领导干部常态化下基层接访等制度，提高防范化解风险的前瞻性、系统性、协同性，运用制度威力应对风险挑战的冲击，[②]为改革发展创造稳定的社会环境，为全面建设社会主义现代化强国提供良好秩序。[③] 要健全正确处理人民内部矛盾的工作机制，加强和改进信访工作，综合运用政策、法律、经济、行政等手段和教育、协商、调解等方法，依法及时妥善处理群众反映的问题，息访止诉，消弭矛盾。[④] 要建立以利益调节为核心的社会整合机制，发挥城乡基层自治组织协调利益、化解矛盾、排忧解难的作用。

**2. 着重在法治轨道上提升风险处置、化解水平**

风险一旦产生，就要迅速采取有效措施妥善处置、化解。要坚持依法处置。重视法治在风险化解中的作用，坚决摒弃“信访不信法”等人治思维，以法律作为处置风险、化解矛盾的准绳，运用法治思维和法治方式消除社会分歧、化解社会矛盾、维护社会秩序。要坚持及时处置。处置不及时，潜在的问题就会变成现实的风险，区域性风险就会酿成全局性风险。未来必须把小矛盾小问题解决

---

① 陈一新：《把抗疫精神财富转化为社会治理现代化的强大力量》，载《学习时报》2020 年 7 月 24 日，第 1 版。

② 《建设更高水平的平安中国》，载中国政府网，https://www.mps.gov.cn/n2255079/n4242954/n4841045/n4841050/c7519514/content.html。

③ 武贺：《论建设社会治理共同体》，载《兵团党校学报》2020 年第 5 期。

④ 中央党校中国特色社会主义理论体系研究中心：《新形势下如何提高群众工作能力》，载人民网，http://theory.people.com.cn/n/2013/0628/c40531-22007785.html。

在基层,把大问题大风险解决在市域。要坚持精准决策。要着力提升领导干部的应急处置能力,坚持深入群众、疏导群众、依靠群众,克服不敢深入现场、不敢面对群众,优柔寡断、久拖不决,简单粗暴、激化矛盾等问题,加强科学决策、民主决策、依法决策、精准决策的程序及实体的精细管理和控制,坚决防止因决策不当引发矛盾。要积极践行新时代"枫桥经验",进一步完善矛盾纠纷化解机制,推动警力和社会治理重心向基层下沉,充分发挥人民调解在维护社会和谐稳定中的"第一道防线"作用,不断提升基层治理能力和服务水平。公安机关应全面推行警民联调机制,实现行政调解和人民调解有机衔接,让矛盾纠纷更多地消除在萌芽状态、解决在基层一线。

### (四)发挥科创联动效应,让公安群众工作更加智能化

习近平总书记在全国公安工作会议上强调,要坚持"改革强警、科技兴警""履行好党和人民赋予的新时代职责使命"。2020 年 11 月 2 日,时任公安部部长赵克志在公安部直属机关干部大会上指出,"要持续推进公安大数据智能化建设应用""加快构建立体化、信息化治安防控体系"。在深入推进国家治理能力和治理体系现代化的进程中,公安工作应着力推进科技和创新同步发展、同频震动,构建联防联控、群防群控、智防智控治理新体系,让公安群众工作更加智能化。

建设数字中国、智慧社会是推进国家治理体系和治理能力现代化的重要抓手。推进公安大数据智能化建设运用就要依托人工智能、大数据、云计算、物联网等技术,打造通用化、模块化、可复用的公安基础工作、公安群众工作应用平台,总结创新推广多源数据融合、综合治理、价值挖掘与智慧展现等一体化解决方案,消除信息应用壁垒,解决不同警种、不同层级公安机关、不同地域公安机关数据互通的应用难题,解决社会、企业针对公安的信息数据消极保护防御困状,赋能智慧应用业务,为科技强警、科技兴警等新基建提供精准服务。

以知识、数据和创新为核心生产要素,以智能化技术、产品和解决方案为载体,以新一代信息技术应用和创新发展为重要支撑的智慧公安建设是转变公安基础工作、公安群众工作发展方式、优化体制结构、提高服务质量的重要引擎。要以公安传统打防服务模式去中心化变革为核心,用坚持人民至上的理念,依托产业信息技术革命带来的红利,深入推进情指行为一体的社会治理、组织动

员、风险防化、科创联动的高效运作体系、社区警务保障服务体系、风险预警防控处置体系。

**1. 坚持数据布防和智能服务融合发展,推动运作体系高效顺畅**

坚持城乡深度融合的原则,强化视频监控智能改造、联网汇聚和共享应用,织密视频图像、无线嗅探、物联射频等前端多维感知网络,研发视频图像实战应用和智能解析系统,实现全息感知、自动比对、闭合设防,提升城乡整体智能防控水平。加快市、县公安机关大数据指挥服务中心和派出所综合指挥室标准化建设,优化"常态、战时、应急"三种作战指挥模式,升级市县、基层所队为一体的智能指挥实战平台,推动警务资源、指挥手段、处置要素图上展现、融合应用、统一调度。①

**2. 坚持社区警务与网格治理融合发展,推动基础工作联动智能②**

以云上应用为基础,深入实施"警务上云"工程,加快市县一体化的警务云建设,健全完善人工采集、智能感知、外部协作等多元化数据采集汇聚体系,做大做强公安数据中心。以移动应用为突破,全面配发新一代移动智能终端,分类研发指挥调度、巡防查控、执法服务、移动办公等应用模块,搭建智能分析模型,精确推送数据产品,加快构建全时在线、全警联动、全程服务的移动警务新模式。以实战应用为核心,深化智慧派出所、交警队、刑警队、监管场所和警务服务站建设,深度应用视频图像、人证核验、4G 执法记录仪等智慧手段,着力提升全警创新应用水平。要坚持和发展新时代"枫桥经验",按照"共建共治共享"的目标,把社区警务工作融入"全要素"网格化、智能化管理服务体系,构建融合共治的社区治理新格局。要推广数据资产区块链存证云平台的运用,提供标准化电子档案存证服务,加快警务窗口部门的"网上办、指尖办、即时办"便利群众,缩短办理服务业务的时间,提高群众满意度。③

**3. 坚持预警预测与落地处置融合发展,推动应急处突提质增效④**

在智慧警务建设中应依托大数据指挥服务,主动参与风险预警防控攻坚

---

① 陈旭:《公安工作高质量发展应坚持走融合发展之路》,载《人民公安报》2019 年 4 月 7 日,第 3 版。

② 陈旭:《公安工作高质量发展应坚持走融合发展之路》,载《人民公安报》2019 年 4 月 7 日,第 3 版。

③ 中国航天科工:《创新智能产品系统　加速布局信息时代》,载《中国航天报》2020 年 11 月 5 日,第 3 版。

④ 陈旭:《公安工作高质量发展应坚持走融合发展之路》,载《人民公安报》2019 年 4 月 7 日,第 3 版。

战，全面实施全警情报战略，升级数据分析、情报研判等工具模型，强化矛盾风险滚动排查、源头化解和前端控制，不断提升风险预测预警预防的能力和水平。根据突发事件类别及规模，优化应急预案、力量和物资保障体系，强化警情研判、数据分析，以互联网、云计算等大数据为依托，严格落实依法处置、舆论引导和社会面管控"三同步"机制，切实增强舆情处置应对能力。

《文心雕龙·养气》曰："器分有限、智用无涯"，智能技术有限，智慧应用无限。要在大数据的基础上，用科技强警、科技兴警的重大战略指引，全方位、深层次、全周期创新运用智能技术、智慧产业，加快构建立体化、信息化治安防控体系，实现国家治理能力和治理体系的现代化。

"纸上得来终觉浅，绝知此事要躬行。"我们领导干部在开展群众工作时[①]以站稳立场为"着力点"，置顶人民至上；以精通业务为"支撑点"，增强服务能力；以夯实作风为"突破点"，提升工作成效，做适应新时代公安工作要求的专门性和复合型领导干部。要始终把群众利益放在优先位置，正确统筹处理好发展与群众事物之间的关系。要从人民群众最关心、最直接、最现实的利益问题入手，把群众的眼前利益和长远利益兼顾好、处理好，找准工作重心和发力点。要迅速转变思维、适应新形势，立足科学化、社会化、法治化、智能化，着力创新社会治理方式、增强组织动员能力、提升风险防化水平、发挥科创联动效应，以担当铸忠诚，以实干赴使命，积极投身于国家治理能力和治理体系现代化的宏伟进程中。

群众利益无小事，重要的是把嘴上说的、纸上写的、会上定的，变成具体的行动、实际的效果，让人民群众有实实在在的获得感，才能真正赢得群众的拥护和支持。最后引用清代诗人郑板桥所作的一首七言绝句《潍县署中画竹呈年伯包大中丞括/墨竹图题诗》结束本章的内容。

衙斋卧听萧萧竹，疑是民间疾苦声。
些小吾曹州县吏，一枝一叶总关情。

---

① 符娟：《立足"四点"提高群众工作能力》，载人民论坛网，http://www.rmlt.com.cn/2020/1013/595770.shtml。

# 后　记

历时一年多的煎熬,从最初的激情似火到后来的惴惴不安,从大纲和初稿的一气呵成到几次请教相关专家,和来自基层实践的学生探讨,前前后后劳心劳力,就是为了推出一本在公安群众工作领域真正兼具教育实践指导意义和学术价值的精品。写到最后的时候,越来越怕,像襁褓中的孩子疼爱得不知所措,不敢出手又期盼赶快亮相,个中滋味,如人饮水,冷暖自知,一言难尽。

作为学人,30 余载,作书也不是一两次,专著、编著也曾写过几本,但恰是本书让我在出书前如牛负重,压力陡然与日俱增,连着几个月常常夜不能寐。本书的分量很重,按照上级的要求,应该是一本适合公安领导干部群众工作能力的教材,但实际上,大量的案例是来自很多基层民警的工作实践经验。这两者之间的距离曾让自己有放弃的念头。但基层治理实践的需要、初心和责任的担当、追求精益求精的秉性,让我继续前行。大功告成后,回想过来的日子,心中五味杂陈,有喜悦、有激动、有忐忑、有遗憾……今天翻阅,仍觉不足有二,但其中的初心不改,信念永在。

本书能最终付梓,首先要感谢学校和学院的支持,尤其是得到了一流学科建设经费资助;其次要感谢法律出版社的推动、专业设计指导以及编辑校对等的辛苦付出;最后要感谢所有参编同志,他们是王世卿(中国人民公安大学犯罪学学院教授)、王春梅(甘肃政法大学公安学院教授)负责专题一;翟金懿(中国人民公安大学马克思主义学院副教授)负责专题二;王世卿负责专题三;吕壮(中国人民公安大学犯罪学学院讲师)、邵博文(中国人民公安大学法学院讲师)、王世卿负责专题四;李姝音(中国人民公安大学犯罪学学院副教授)负责专题五;邵博文、苏宇(中国人民公安大学法学院教授)、张润(中国人民公安大学法学院讲师)、吴道霞(中国人民公安大学法学院副教授)负责专题六;王世卿负责专题七；王世卿、李植（上海市某律师事务所律师）负责专题八；王世卿、陈爱东（河南省鹿邑市公安局基层社区民警）负责专题九；王春梅、刘满存（河南省驻马店市公安局民警）负责专题十。

编　者

二〇二三年五月二十一日